U0926124

廉政理论与实践丛书　黄先耀　郑德涛　主编
廉政研究学术系列　倪星　主编

中国廉政制度创新研究

倪星　肖滨　主编

中山大学出版社
·广州·

图书在版编目（CIP）数据

中国廉政制度创新研究/倪星，肖滨主编．—广州：中山大学出版社，2012.10
（廉政理论与实践丛书/黄先耀，郑德涛主编．廉政研究学术系列）
ISBN 978－7－306－04299－6

Ⅰ．①中…　Ⅱ．①倪…　②肖…　Ⅲ．①廉政建设—中国—文集　Ⅳ．①D630.9－53

中国版本图书馆CIP数据核字（2012）第212944号

出 版 人：祁　军
策划编辑：嵇春霞
责任编辑：徐诗荣
封面设计：林绵华
责任校对：陈　霞
责任技编：何雅涛
出版发行：中山大学出版社
电　　话：编辑部 020－84111996，84113349，84111997，84110779
　　　　　发行部 020－84111998，84111981，84111160
地　　址：广州市新港西路135号
邮　　编：510275　　　　传　真：020－84036565
网　　址：http://www.zsup.com.cn　　E-mail:zdcbs@mail.sysu.edu.cn
印 刷 者：广州市怡升印刷有限公司
规　　格：787mm×960mm　1/16　20.5印张　390千字
版次印次：2012年10月第1版　2012年10月第1次印刷
定　　价：45.00元

目 录

CONTENTS

第一部分

腐败与反腐败的理论与方法

公共行政的二元性与廉政建设的艰巨性

马国泉①

公共行政的二元性，并不是一个新的概念，前人早有发现。两百多年前，美利坚合众国的开国元勋之一、被誉为“美国宪法之父”、之后又出任合众国第四任总统的詹姆斯·麦迪逊（James Madison）就已对此旗帜鲜明地提出了他的看法。1788年，当大家对新政府满怀期望的时候，他却警告民众，指出新政府的领导人也一样是有着七情六欲的凡夫俗子，他们的错误和过失也一样在所难免。所以，为了防止政府滥用权力、违法乱纪，新政府一定要牢牢记住自己的两项使命。

一、两项使命

公共行政的二元性首先就表现在政府肩负的两大使命。麦迪逊写道：“如果凡人都是天使，我们就不需要什么政府。如果由天使来治理凡人，政府就无需内在的或者外界的制约。在规划一个由凡人来管理凡人的政府时，老大难的问题在于：你必须首先设法让政府能够控制被统治者，然后又强制政府去控制它自己。”②简言之，政府有两大使命，即管好社会和管好自己。实践证明，与管好社会相比，管好自己的难度更大，任务更艰巨。政府管不好自己的事例，在人类几千年的历史上可谓层出不穷，数不胜数。

---

① 马国泉，傅尔布莱特政治学/公共行政学资深专家，美国洛杉矶加利福尼亚州州立大学政治学教授，行政领导研究中心主任。

② “If men were angels, no government would be necessary. If angels were to govern men, neither external nor internal controls on government would be necessary. In framing a government which is to be administered by men over men, the great difficulty lies in this: you must first enable the government to control the governed, and in the next place oblige it to control itself.” 见 James Madison. 1985. “The Federalist No. 51, February 6, 1788”, In Alpheus Thomas Mason and Gordon E. Baker (eds.). *Free Government in the Making*, 4th ed. New York: Oxford University Press.

二、两类义务

公共行政的二元性还表现在政府工作人员所遵循的两类义务。德怀特·沃尔多（Dwight Waldo）是一位著名的美国政治学者，对公共行政学的发展作出了不可磨灭的贡献。针对政府工作人员应该以什么样的标准来引导自己的行为，他归纳出十二条公务员伦理指南：对宪法的义务，对法律的义务，对民族和国家的义务，对民主的义务，对组织和官僚的规范的义务，对专业和专业主义的义务，对家庭和朋友的义务，对自己的义务，对中层集体的义务，对公众利益或总体福利的义务，对人类或世界的义务，对宗教或神的义务。这十二条，实际上可以分作两类，即对国家、社会的义务（obligations to state and society）和对个人、自我的义务（obligations to self）。①在一般情况下，履行这些义务，对公务员来说，并没有什么太大的困难。难的是，一旦两者发生矛盾，后者的诱惑或者压力太大，问题就来了。沃尔多的公务员伦理指南为后人提出了几个问题：①公务员在执行公务的时候，能不能始终做到大公无私？②在秉公行事的大前提下，是不是允许大公小私，先公后私？③这个大和小、先和后的尺度又该怎么把握？

三、两种责任

公共行政的二元性也表现在政府工作人员所面临的两种责任。特里·库珀（Terry Cooper）是美国研究行政伦理的权威学者。在讨论公务员的客观责任（objective responsibility）时，他指出，他们既须对本单位的上司直接负责（immediately responsible），又得对主管政府各部门的制定政策的民选官员以及全体公民负责。库珀称后者为“较不直接的”（less proximate）和“最不直接的”（least proximate）问责关系（relationship of accountability）。他认为，问责可以从实际和道德的层面上来理解。完整的责任既要求道德上的问责也要求实际上的问责。②但是，对于这两种责任间时有发生的冲突和矛盾，他却没有继续深究细探。在现实生活中，不少政府官员和政府部门，以小集团的利益为

① 见 Dwight Waldo. 1999. “Public Administration and Ethics” In Frederick S. Lane（ed.）. *Current Issues in Public Administration*, 5th ed., New York：St. Martin's Press.

② 见 Terry L Cooper. 1998. *The Responsible Administrator：An Approach to Ethics for the Administrative Role*, 4th ed., San Francisco：Josey－Bass Publishers.

重，不顾整体，无视大局，贪污腐化，不正反映了这种二元性对廉政建设的潜在威胁吗？

四、两种态度

对公务员这份工作持两种不同的态度，是公共行政二元性的又一个方面。事实上，进入政府部门工作的人并非个个都怀抱为公众服务的崇高理想。有的是为了服务（service），有的则是为了生存（survival）。前者视公职为奉献，后者把为政府工作作为养家糊口，进而发财致富的大好机会。前者首先考虑的是无偿的贡献，不讲报酬；后者脑子里始终想的是有价的付出，觊觎加倍奉还。无论在美国还是在其他国家，政府的公务员对公共行政所持的这两种态度过去有、现在有，将来仍然会有。一方面，当一个公务员，勤勤恳恳、踏踏实实地为公众服务，确实光荣；另一方面，伴随着这个光环的，还有很多实实在在的福利，以及形形色色的特权，令某些人垂涎欲滴。如何坚持不懈地抵御这些物质的诱惑，不滥用权力，不假公济私，是对人性的一大挑战。

五、两条仕途

正是因为看到物质的引诱会影响公务员的行政行为，曾参与起草美国的《独立宣言》，后担任美国第二任总统的约翰·亚当斯（John Adams）在1789年说过这么一段话："一个人要想从事公职，就必须不论何时何地待人接物都要秉公行事。他首先要铭记在心的应该是绝不让自己的诚信受任何人的干扰。为此，他不应该依靠公职来养家糊口。他要有自己的职业，以诚实地生活，之后如果应邀出任公职，才可以遵循独立的、不为人操纵摆弄的原则从事公共事务。"[①]亚当斯担心的是，一旦公职成了挣钱的工具，就会受人摆布，在从事公务时就会偏离甚至违背秉公办事的原则。他认为，有自己的职业，应邀出任公职时才能够廉洁奉公地服务大众。可见同样进入政府部门的人走的可能是两条

① "Integrity should be preserved in all events… through every stage of his existence. His first maxim then should be to place his honor out of reach of all men. In order to do this he must make it a rule never to become dependent on public employment for subsistence. Let him have a trade, a profession… where he can honestly live, and then he may engage in public affairs, if invited, upon independent principles." 见 John Adams. 2001. "Letter to Thomas Boylston Adams, September 2, 1789", excerpted in David McCullough. *John Adams.* New York: Simon and Schuster. 转引自 John D Donahue and Joseph S Nye Jr. 2003. *For the People: Can We Fix Public Service?* Washington, DC: Brookings Institute Press.

不同的仕途：有的人追求的是自愿的奉献（voluntary offer），也有人视之为有酬劳的职业（vocational job）。这是公共行政二元性的又一个方面。

六、两字之争

可以看到，公共行政的二元性具体体现在五个方面。第一，政府具有两大使命，既要管好社会，又要管好自己。第二，政府工作人员应遵循的义务可以归纳为两类，即对国家、社会的义务和对个人、自我的义务。第三，他们肩负着两种责任，即他们对本单位上司的直接负责，对民选官员以及全体公民的“较不直接的”和“最不直接的”责任。第四，他们对身在政府、服务公众也有着两种不同的态度，或是为了服务，或是为了生存。第五，这些人进入政府部门可能走两条不同的仕途，或者致力于无偿的奉献，或者视之为付出是为了回报的职业。

实际上公共行政的二元性实际上就是“公”（public）与“私”（private）的两字之争。“公”字挂帅的，必然力争管好社会又管好自己，懂得以国家和社会的利益为重，既对自己的上级负责也对民选官员和全体公民负责，牢记投身公职是为了服务百姓，为了奉献。“私”字当头的，只管别人，不管自己，处处以小集团的利益为重，从私利出发，只对顶头上司言听计从，把当官看成是发财致富的捷径。廉政建设要着眼的，就是在政府部门，在广大公务员中间将“公”字最大限度地发扬，把“私”字尽量地加以抑制。

七、两家之论

如何扬“公”抑“私”，长久以来，学界众说纷纭，大体上分为两派。他们的领军人物分别是在哈佛大学担任政府教授（Professor of Government）的卡尔·弗理德利奇（Carl J. Friedrich）和任教芝加哥大学的赫曼·范纳（Herman Finer）。前者认为，大部分政府官员都能以服务公众为重，以自己奉献社会为荣，兢兢业业，知悉廉耻。他们的伦理价值是抵御不正之风的可靠的内在屏障。后者相信，政府官员必须从外部加以约束，一旦放任自流，其言行举止就很容易与公众的利益背道而驰。说白一点，弗理德利奇强调的是内在制约（internal constraint）的重要性，而范纳则主张加强外部的制约（external constraint)。[①]

究竟两者间哪一种制约更为有效？打从这两位学者于上个世纪40年代初拉开这场辩论的序幕以来，始终难有定论。普遍的共识则是，两者各有利弊。制约官员的行政行为，应当内外结合，双管齐下。

八、两种制约

可以说，正是当年的两家之争，促发了日趋成熟的共识，使越来越多的人认识到，对政府官员的制约必须齐头并进，既要建立外部的制约，又要建立内部的制约，两者缺一不可。外部的制约包括立法系统、司法系统对行政部门的制约，也包括社会和舆论对政府的制约。必须强调的是，外部制约要广泛扎实。第一，制约和监督要多方位地实施。第二，制约要常态化，形成制度。第三，制约机构要保持相对的独立。内部制约包括制定公务员的道德规范，定期进行公务员的道德教育和道德培训，等等。这种制约不能沦为空谈，一定要切实做到深入人心。实际上，光说深入人心还不够，对官员的道德教育更要深入童心，使之成为全社会的共识，才更有助于在政府内外树立廉洁诚信的风气，构筑起防御腐败侵蚀的牢固屏障。

当然，对政府官员的制约还牵涉到一个对政府的信任，或者说对政府的不信任问题。美国有学者认为，美国构架其政治过程的整个宪政机器，是基于对政府官员滥用权力必然存在的认识，基于有必要也有可能遏制滥用权力的认识，基于对滥用权力是人性缺陷的自然产物的认识。这种认识，是一种对政府不信任的认识，但这种不信任是对政府的“健康的不信任”。与之相对的则是“不健康的不信任”，即出于为个人谋取私利、冀望日后可以掌权滥权的对政府的不信任。这种对政府的“不健康的不信任”鼓吹的是，政府一旦腐败就必然无可救药。[②]言外之意是，唯有破釜沉舟，重起炉灶。这种对政府的“不健康的不信任”于廉政建设一无好处。而对官员的制约、廉政的建设需要的则是“健康的不信任”。

---

① 见 Carl J Friedrich. 1940. “Public Policy and the Nature of Administrative Responsibility”. in Carl J Friedrich and Edward S Mason (eds.). *Public Policy: A Yearbook of the Graduate School of Public Administration.* Cambridge, MA: Harvard University Press. 范纳则是持相反意见的主要学者。见 Herman Finer. 1941. “Administrative Responsibility in Democratic Government”. *Public Administration Review.*

② 见 Shela Kennedy and David Schultz. 2011. *American Public Service: Constitutional and Ethical Foundations.* Sudbury, MA: Jones and Bartlett Learning.

九、两种教育

无论是外部制约或者内部制约，都离不开教育。能否办好教育，怎样提升教育的质量，不但涉及廉政建设的成败，更关系到一个国家的前途和命运。杰姆·法尔格（Jim Vargo）是一位研究职业治疗的加拿大学者，1994 年被“推动和支持教育理事会”（the Council for Advancement and Support of Education）选为加拿大的年度教授。在颁奖典礼上的获奖致辞中，他情恳意切、语重心长地说道：“我相信，每个人都需要两种教育：一种教我们学会怎样谋生，另一种让我们懂得怎样做人。”[①]如何落实好这两种教育，让新的一代既学会怎样谋生更懂得怎样做人，不单是教育界也是全社会面临的重大挑战。只有抓好这两种教育，特别是关于怎样做人的教育，才能使新的一代对诚信、对廉洁树立起清楚的、深刻的、牢固的认识，才能增强他们抵御不良倾向的免疫力，才能有助于逐步铲除滋生腐败的土壤。

2010 年 10 月，中国的河北大学发生一起车祸。一名被撞的学生经抢救无效死亡，另一名学生经紧急治疗后才脱离生命危险。然而肇事者却口出狂言称，“有本事你们告去，我爸是李刚”。这起闹得沸沸扬扬的“我爸是李刚”事件，其暴露的不只是某个贪官的腐败，更令人警觉的是，该事件折射出了教育领域中教育学生懂得如何做人的欠缺和失败。

十、美国版“我爸是李刚”

无独有偶，2011 年 1 月，在大洋彼岸的美国加利福尼亚州，美国版“我爸是李刚”也曝光媒体，粉墨登场。主角是该州前众议会议长法毕安·纽尼兹（Fabian Nunez）的公子伊毕安（Eabian Nunez）。2008 年 10 月，他和一帮哥儿们在加州南部的圣地亚哥州立大学附近喝酒闹事，与另一群大学生冲突打架，出了人命。他们随即匆匆跳进汽车，远走高飞，直奔 500 英里以外、位于该州北部的州首府萨克拉门多市，在那里将作案时所穿的衣服烧去，把作案的凶器扔进河里。法庭的记录显示，伊毕安尽管心有余悸，但仍心存侥幸，强作镇静，安慰他的哥儿们说，其父从政多年，神通广大，一定会把他们搭救出来。

果然不出所料。这位父亲虽是民主党要人，却和共和党籍的州长阿诺·施

① “I believe that everybody probably needs two educations: one to teach us how to make a living, and one to teach us how to live.” 见 *History Trails*, Winter 1994/1995, University of Alberta Alumni Association.

瓦辛格（Arnold Schwarzenegger）十分投合。法毕安·纽尼兹在议长任内，曾为州长所提的加州《防止全球暖化法》大力护航。州长投桃报李，在2011年1月卸任前的最后一天，大笔一挥，将议长公子的16年有期徒刑减为7年。[①]减刑的理由是：第一，伊毕安是初犯，原判过重；第二，人不是他杀的，不应和杀人凶手判决一样。

美国版的“我爸是李刚”在美国也招来了舆论界的一片谴责，其矛头则是指向政客们公器私用的卑劣行径。至于那位还得在铁窗后熬上几年的高官子弟在案发后和哥儿们所说的那段话，却没有引起人们的反省：美国的教育在教育学生如何做人方面出的毛病该怎样医治？

结语：尽责的意识

公共行政的二元性体现在它必须面对的两大使命，体现在政府工作人员应遵循的两类义务，他们应肩负的两种责任，他们对公务员这份工作所持两种不同的态度，以及他们进入政府部门所可能走的两条不同的仕途。穷根究底，公共行政的二元性就是“公”与“私”的两字之争。正是这种二元性，使廉政建设的任务更加艰巨，更加复杂。

也正因为如此，反腐倡廉不可能轻易解决，也不可能一蹴而就。廉政建设必须内外结合，双管齐下，既要有外部的制约，也要有内部的制约。外部的制约要广泛，内部的制约要深入。

有效的制约，离不开教育，特别是如何做人的教育。这样的教育不但要深入人心，更要深入童心。学生接受的教育应该如此，公务员接受的教育也应该如此。为人处世要懂得诚信，服务社会要能够尽责。早在1787年，美国著名的政治家，独立战争的领袖之一本杰明·弗兰克林（Benjamin Franklin）就说过，鼓舞着公职人员的是一种尽责的意识，是社会对其服务的尊重。受聘为社会服务是一项荣誉，并不是为了领取薪金、收取费用或者获取特权。实际上，无论从事什么公共服务，获利越少，享誉越高。[②]两百多年已经过去，每一位政府工作人员都应该扪心自问：我在树立尽责的意识方面又做得如何？与日俱

---

① *Los Angeles Times*, January 4, 2011.

② “They are supported by a sense of duty and the respect paid to usefulness. It is honorable to be so employed, but it was never made profitable by salaries, fees, or perquisites. And, indeed, in all cases of public service, the less the profit, the greater the honor.” 见 Benjamin Franklin. 1787. “Dangers of a Salaried Bureaucracy”. In Wiliam Jennings Bryan, ed., *The World's Famous Orations*, Vol. Ⅲ, America I. New York: Funk and Wagnalls Co.

进还是每况愈下？

参考文献

[1] Adams, John. 1789. "Letter to Thomas Boylston Adams, September 2, 1789". excerpted in David McCullough, *John Adams.* New York: Simon and Schuster.

[2] Cooper, Terry L. 1998. *The Responsible Administrator: An Approach to Ethics for the Administrative Role*, 4th ed. San Francisco: Josey – Bass Publishers.

[3] Finer, Herman. 1941. "Administrative Responsibility in Democratic Government". *Public Administration Review.*

[4] Franklin, Benjamin. 1787. "Dangers of a Salaried Bureaucracy". In Wiliam Jennings Bryan, ed., *The World's Famous Orations*, Vol. Ⅲ, America I. New York: Funk and Wagnalls Co.

[5] Friedrich, Carl J. 1940. "Public Policy and the Nature of Administrative Responsibility". In Carl J. Friedrich and Edward S. Mason, eds., *Public Policy: A Yearbook of the Graduate School of Public Administration.* Cambridge, MA: Harvard University Press.

[6] Kennedy, Shela, and David Schultz. 2011. *American Public Service: Constitutional and Ethical Foundations.* Sudbury, MA: Jones and Bartlett Learning.

[7] Madison, James. 1788. "The Federalist No. 51, February 6, 1788". In Alpheus Thomas Mason and Gordon E. Baker, eds., *Free Government in the Making*, 4th ed. New York: Oxford University Press.

[8] Vargo, Jim. 1994/1995. *History Trails*, Winter.

[9] Waldo, Dwight. 1999. "Public Administration and Ethics". In Frederick S. Lane, ed., *Current Issues in Public Administration*, 5th ed. New York: St. Martin's Press.

海外学者眼中的中国腐败问题：一项文献综述（1980—2010年）

李　辉①

前言：处在十字路口的中国腐败问题

随着经济改革与政治发展的不断深入，腐败问题作为一种与之相伴随的不正之风（unhealthy tendency）（Mayer，1989），一直以来都为党和国家所重视，大批中国学者的相关研究都在这一问题上作出了重要贡献（过勇，2007；何增科，1995，2003；胡鞍钢，2001；任建明、杜治洲，2009；王沪宁，1990）。而自20世纪80年代以来至今，海外学者对于中国腐败问题的研究也产生了丰硕的成果，这些成果对于我们今天研究和思考腐败问题是有借鉴意义的，笔者希望通过对这部分文献的回顾能为国内的腐败研究作一些贡献。

这部分文献虽然数量庞大，但研究的焦点集中在对一个问题的回答上——中国腐败的根源在哪里？围绕着对于这一问题的回答，产生了两个分支的解释路径：一支可以归纳为国家权力扭曲说，循着传统的"权力导致腐败"的经典解释，分析中国目前国家权力的制度安排和制度制定过程中所存在的问题，认为这是导致腐败蔓延的根源（Bernstein，2000；Gong，1994，1996，2002，2004，2006，2009；Lü，1999，2000a，2000b；Ma，1989；Manion，1997，2004）；而另一支则持市场转型诱因说，认为不能仅仅将国家权力的扭曲作为自变量来解释腐败，权力如何被扭曲的，以及扭曲的程度是如何变化的，这些问题都需要被进一步解释。许多学者将原因归结于市场转型所产生的各种激励因素，也就是说权力扭曲带来的腐败问题之所以在中国高速蔓延，主要是由于市场转型和经济自由化（Baum，1991；Liu，1983；Meaney，1991；Oi，1991；Sun，1991，1999，2004，2009；Wedeman，1997，2000，2002，2004；White，

① 李辉，复旦大学国际关系与公共事务学院政治学系讲师，复旦大学基层社会与政权建设研究中心研究员。

1996)。到底是国家还是市场,是进一步市场化来抵消国家权力的垄断和扭曲,还是进一步强化国家权力约束市场带来的自由化和负面激励效应?这其实是转型国家所面临的普遍性问题,因为国家权力涉入市场体系的程度决定了权力转化为财富的能力,因而也就决定了该国腐败的程度。而处在转型中的国家,如中国目前的情况,国家权力涉入市场并不仅仅是为了获取财富,更重要的在于维持政权合法性以及控制市场失灵。这样就把权力摆在了一个十字路口上,继续干预市场必然为腐败创造更广泛的机会,而撤出市场可能要面临经济下滑的风险,这也就是许多学者所说的腐败作为一种经济发展与国家权力的平衡问题而存在(亨廷顿,2008;Sun and Johnston,2009:3)。中国的腐败问题走到了一个十字路口上。

一、国家权力扭曲说:中国腐败研究的国家视角

根据"国家的三只手"理论,国家可以充当无为之手、扶持之手和掠夺之手。在奥尔森著名的"流匪"与"驻匪"的比喻中,掠夺性是国家这一公共权力载体的固有属性,但是国家由于发现了在其领地范围内的"共容性利益",因此并不必然将掠夺性显露出来(奥尔森,2005)。但是奥尔森忽视了一个问题,国家与社会的共容性利益,仅仅能保证国家促进社会发展的意愿,而并不保证国家可以将其意志加以有效地推行。中国目前政府和社会之间有着广泛的共容性利益,有着强烈的发展社会的意愿,但是腐败依然居高不下,问题的症结在哪里呢?许多学者从权力扭曲的角度来解释这一问题,即制度的文本安排与制度的运作过程之间会发生落差。下面让我们来具体看一下。

(一)政策的非预期后果

在当代中国腐败研究领域中,公婷(Gong Ting)较早地将中国腐败问题纳入政治学和行政学视角下进行分析。她认为,在中国的腐败问题上,传统的基于人性和道德的解释过于宽泛,应该从新中国成立以来一系列的政策后果进行分析(Gong,1994)。其通过分析1949年到1992年之前中国的一般政策、组织政策和反腐败政策与腐败活动之间的关系,认为1949年以来新中国的腐败问题主要是作为各项政策的非预期后果(unintended consequences)而存在的。政策的非预期后果问题其实是一个普遍性的问题,需要进一步追问的是,这种政策执行中的不确定性和扭曲背后的机制是什么?兰普顿(David M. Lampton)提出,中国的政策执行问题中存在着严重的"政策内容"(content of policy)与宽泛的"社会政治情境"(sociopolitical context)之间的背离

（Lampton，1987）；米兰妮·曼宁（Melanie Manion）则认为，中国政策执行中之所以会发生权力扭曲，是由于权威化的决策（authoritative decisions）与个体化利益（individual interests）之间的冲突（Manion，1991）；欧博文和李连江认为，在中国基层政权中存在着严重的对于中央政策的“选择性执行”（selective policy implementation）问题（O'Brien and Li，1999）。公婷认为，国家能力的重要内容是官僚系统的组织能力，政策的非预期后果之所以会发生，是由于过高的政策目标与过低的组织能力之间的落差所造成的（Gong，1994）。这是由于自1949年来的中国作为新兴国家，面临着一系列的政策问题，而又无法对这些政策在中国的政治情境下所能产生的后果作出准确的预判，因此非预期后果的问题是不可避免的。

（二）组织内卷化理论

吕晓波（Lü Xiao－bo）从组织的角度来看待中国的腐败问题，认为中国目前的腐败问题是由组织内卷化（organizational involution）带来的。“内卷化”原本是格尔兹用来描述爪哇水稻农业生产经济中的集约化到边际报酬递减的现象（Geertz，1963）。杜赞奇使用了“国家政权的内卷化”来说明20世纪前半期，中国国家政权越是向地方扩张，越无法维持合法性的现象（杜赞奇，2003）。因此如果用内卷化来描述一个政治现象，一般是指政治中的投入由于某些因素而导致的边际报酬收缩的现象。吕晓波认为，革命后的中国面临着一个组织现代化的问题：“一个国家，在吸收和扩展许多‘现代’（如理性的、经验的、非个人的）结构的同时，却拒绝或者无法使自身适应于以及转化成一个日常化的和科层化的现代官僚体系；同时，它又没有能够维持最初有自身特色的能力与认同。它的成员既不是通过革命的意识形态，也不是通过现代制度与实践，而是通过一种强化了的复杂的传统运作模式来进行调整和适应。”（Lü，2000）换句话说，所谓的组织内卷化，是指国家组织从革命时代到后革命时代的转型过程中所出现的现象。吕晓波认为革命型的组织在面对突如其来的日常化政治事务时，既没有建立起现代的科层组织系统，又丧失了革命时期的各种意识形态认同。这与肯·肖艾（Ken Jowitt）在解释苏联的政治腐败问题时所提出的“新传统主义”（neo－traditionalism）理论有异曲同工之妙，这里的新传统主义主要是指苏联政党缺乏足够的组织整合能力。肖艾认为，组织整合（organizational integrity）是指“一个组织所保有的一种特殊的实践（而不是话语上的）能力，拥有这一能力的组织，可以通过确认社会—政治任务与执行策略，而使得个别的下属成员能够服从于整个组织的一般利益”。（Jowitt，1983）这也就是通常所说的组织内部利益整合的问题。肖艾认为，腐败就意味着一个组织丧失了这样一种整合组织成员个人利益与集体利益的能力，这种腐败被称为组织腐败（organizational corruption），区别于组织中的腐败（corruption in organization），最典型的代表就是“小金库”现象和“三乱”（乱收费、乱罚款、乱摊派）现象。

（三）地方分权中的委托—代理问题

还有一些学者认为分权导致腐败，他们将视野放在地方政府的层面上，认为中国的腐败之所以会如此猖獗，主要原因在于为了激励地方政府的积极性，中央对地方不断进行权力的下放。公婷提出了“地方代理人的双重身份”来解释这一问题，认为地方政府之所以会表现出如此强的掠夺性倾向，主要原因在于随着改革开放的深入，中央逐渐向地方放权，而这种放权式的地方分权是一种不完全的权力转移，于是地方政府获得了双重身份——同时作为国家的代理人和地方经济的委托人而存在。作为代理人，地方政府在改革开放之后随着权力下放，获得了更多的管理地方经济的权力；而随着中央为刺激地方经济增长而鼓励地方政府间的竞争，地方政府又成为经济委托人，在制定地方政策方面有了更广泛的自由裁量权，这两种权力都是带来财富和滋生腐败的有力工具（Gong，2006）。

李（Park K. Lee）和邝（Charles C. L. Kwong）就认为20世纪80年代进行“分灶吃饭”的财政改革与90年代的分税制改革，对地方干部的经济行为产生了一系列不同的影响。从“财政包干”到“分灶吃饭”的改革，对地方政府和干部发展地方经济产生了很强的激励，地方政府为了获得预算外收入，不得不去发展地方经济与企业，他们称这一时期的地方政府为发展型政府（developmental government）。而随着1994年分税制的推行，“80年代地方政府的‘发展型’角色逐渐演变成90年代的‘掠夺型’角色”（Lee and Kwong，2003）。许多地方政府都将地方的国有企业、集体企业甚至私人企业看做地方的财产一样，从中攫取税收。

白思鼎（Thomas P. Bernstein）和吕晓波认为，农民负担过重主要是地方政府在执行中央国家的税收政策时，过于随意和具有掠夺性（Bernstein and Lü，2000）。也就是说在中国乡村，税收是国家建构引发的问题。现代国家具有恒定的税收体制，但是在中国农村，税收变成了随意而不可预测地征集费用和罚款的方法，这不是我们通常认为的现代国家的行为。

二、市场转型诱因说：中国腐败研究的市场视角

国家主义的视角在解释中国腐败问题时，会不可避免地遇到这样一个棘手的问题，即随着国家逐渐从转型初期的调适状态中脱离出来，国家的理性化程度与现代化程度应该是逐渐增强的，那么为何中国的腐败现象却愈演愈烈呢？笔者认为，上述理论是一种强调国家主导作用的范式，其所涉及的腐败形式也大多是国家组织的“自体腐败”（auto - corruption），而很少涉及交易式腐败（transaction - type corruption）（Scott，1969），也即是忽视了来自市场和社会文化的诱导性因素。持市场诱因说的学者将问题聚焦在：为什么市场化改革以来中国的腐败问题越来越严重？他们将问题的爆发归结于市场化以来产生的各种诱导性因素，正是因为这些诱因才使得国家组织不断面临新的问题。

（一）腐败蔓延与中国的经济增长并存？

腐败与增长之间的关系，一直以来是腐败研究中的一个核心问题，同时也是最难以回答的问题。在早期功能论学派看来，在新兴国家中腐败对于经济增长有可能产生促进作用（Leff，1964）。之后一些学者用定量的方法检验了腐败和经济增长之间的关系，认为二者之间呈现负相关关系：腐败会抑制投资（Mauro，1995），并且会扭曲公共项目的建设（Tanziand Davoodi，1997）。而市场转型中的中国，似乎提供了一个相反的经验，中国连续30年保持了高速增长率，而从惩处人数、案件数和涉案金额等情况来看，腐败情况也是愈演愈烈。①

斯科特·肯尼迪（Scott Kennedy）提出了“条件理论”来回应这一问题，他认为：“尽管腐败在传统市场经济中会损害经济增长，在转型经济体系中它有几种不同的影响。如果政府政策不能够实现高效率，腐败可以使得经济个体避免低效。如果腐败与自由市场承担同样的功能，黑市也会变得更有效率，但是如果供应方垄断市场，那么就会阻碍经济增长。由腐败而得到的利益可以再被重新投资来帮助经济增长，而腐败也有可能带来更多改革的动机。”（Ken-

① 这里需要提醒读者注意的是，由于腐败问题在很大程度上是个“黑箱”，因此“实际腐败率”这个指标是无法测量的，许多学者使用公开报道的资料建立数据库，使用的指标包括：处罚人数、移交司法部门人数、案件数量、信访数量、涉案金额、腐败的潜伏期长短等等，发现这些指标同时随着时间的推移而上涨，以此来判断中国的腐败情况在加重。但是这种测量也有一个问题，就是这些指标的上涨有可能是国家反腐败机构加大惩处力度和扩大规模造成的，并不一定就是实际腐败率的增加，如何控制这个变量是个难题。因此，关于这一问题的争论并没有结束。

nedy，1997）肯尼迪对这一功能主义式的问题，做了纯粹功能主义式的回答，即在转型经济中腐败在不同的条件下会发生不同的作用。

魏德曼（Andrew Wedeman）通过大量的数据分析，描述了亚洲许多国家和地区包括日本、韩国、中国香港、新加坡等，在高速发展的阶段也经历过一段时期的高度腐败情况，他称之为“东亚悖论”（the East Asian paradox）（Wedeman，2002）。而关于中国，他并没有对这一问题进行解释，只是认为：“我们在中国所观察到的腐败与经济增长相伴而行的现象，并不是没有先例。相反，像日本、韩国、英国、法国以及美国一样，中国也目睹了腐败随着经济的高速增长而增长。为什么在高速发展的早期阶段经常会带有腐败的蔓延，以及腐败的加剧与高速发展之间是一种什么样的关系？这些问题已经超出了本项研究的范围，而且我绝没有像过去‘功能论’模型的支持者那样，暗示在腐败的蔓延和高速发展之间有一种积极的因果关系。相反，在这里，关键问题是将中国放在一个合适的观察视角下，并且要承认，尽管改革以来腐败的蔓延触目惊心，并且随着改革的逐渐深化而加强，但是这一模式是有历史先例的。事实上，从历史上来看，腐败与发展并不是对立的两种现象，尽管在当今世界上二者之间存在着一种负相关的关系。”（Wedeman，2004）

（二）局部性市场改革理论

在腐败与中国的市场改革这一对关系问题上，瑞嘉·鲍（Richard Baum）等人提出了“局部性市场改革”（partial reform）理论。该理论认为，中国在前十年的市场改革中实际上造成了市场制度与计划指令制度二者的并存，两种制度的内在冲突可能会引发一系列不良后果，其中就包括腐败现象。（Baum，1991）

康明奈（Connie Squires Meaney）认为，局部性的市场改革在中国的城市中造成了一种“分裂性腐败”（disintegrative corruption）（Meaney，1991）。康明奈这里借用的是约翰斯顿（Michael Johnston）的概念。约翰斯顿曾经在《腐败的政治后果》一文中将腐败划分为两种类型：整合性腐败（integrative corruption）与分裂性腐败（disintegrative corruption）（Johnston，1986）。整合性腐败是指在一个社会中，腐败以特殊主义的社会关系网络形式——各种庇护网络和裙带关系——而存在，那么在客观上就起到了连接个体的作用；而分裂性腐败是指腐败的网络形成了扩张弹性很小的分化的一个个利益集团，这些集团之间有着明显的利益冲突。康明奈认为，在市场转型中的中国社会，关系性的社会交往方式在官员群体之间大量存在。而1978年之后的市场改革不仅没有进一步打破这种关系交往，反而释放出了大量以这种交往为基础的掠夺资源的方式。同时，由于这种掠夺方式与混合市场（hybrid market）的结合，反过来更加强了关系交往在人际交往中的重要性，这种特殊主义的资源分配方式的正义性与公平性非常之低，以至于资源越来越循着关系网络流入少数人的手中，最终会导致社会的分裂。

戴穆珍（Jean Oi）考察了局部性市场改革对中国乡村政治经济的影响，认为中国乡村中存在着两种不同类型的腐败：一种是官僚腐败（bureaucratic corruption）；一种是庇护主义（clientelism）。“前者可以理解为是一种使得国家付出成本的腐败——它拿走国家的资源或者违犯政府的法规。关系在这里不是一种交换形式；这种形式的腐败意味着，物品或资源更多的是单方面地从国家向干部或地方层级流动。相对而言，庇护主义意味着一种在干部和农民之间的私人利益的互惠流动。”（Oi，1991）通过这两种形式的腐败，暗示着一个更加自由的市场环境并不必然导致官僚控制的结束或者干部权力的转移。

（三）改革腐败与管理间隙

马国泉（Stephen K. Ma）是较早注意到中国腐败与市场化改革之间关系的学者之一。马将改革开放以来所产生的腐败行为称为改革腐败（reform corruption），主要是为了描述改革与腐败同时并存这样一个现象。马认为，以往对中国腐败问题的研究过度关注意识形态因素，而忽略了结构性因素。马将改革本身与改革政策相区分，改革并不必然带来改革腐败，但是腐败很容易由改革政策所引发。改革本身没有问题，关键问题在于如何改革，也就是为了改革所采取的具体政策以及政策的执行。马提出“管理间隙”（manage gap）概念作为对这一现象的解释，管理间隙主要是指在强调以经济发展为重心的政策环境下，产生了“商业管理需求的不断增长”与“对公共行政的不充分关注”之间的间隙。（Ma，1989）大量的政府公职人员不是投身到为经济活动提供服务中去，而是尽可能地直接参与经济活动，以从中牟利。

（四）腐败与中国的市场转型

西方学者在改革开放的最初期就以敏锐的学术嗅觉捕捉到了腐败与经济发展之间的关系，艾兰·刘（Alan P. L. Liu）在《中国腐败的政治学》一文中指出，在1977年到1980年的《人民日报》中，开始出现对腐败问题的报道，而统计这些报道的省际分布可以看出，大部分的报道都集中在工业化程度比较高的省份，而边缘地区和工业化程度相对较低的地区，如内蒙古、宁夏、新疆、西藏和广西完全没有相关报道。因此，刘得出结论，认为腐败与中国将要开始的工业化与现代化相关（Liu，1983）。

高登·怀特（Gordon White）更关注腐败对中国政治与社会走向的影响。在怀特看来，中国与苏联形成了截然不同的两种转型模式：后者是一种伴随着政治民主而来的市场经济模式；而中国与越南则是一种在基本的权威国家社会的政治框架不变的前提下进行的经济自由化模式。因此，怀特在文中认为，寻租理论对中国转型过程中腐败现象的解释力十分有限。他认为，应该从社会结构的视角来看待这一问题："在90年代中期席卷中国的腐败浪潮确实是转型的一种现象，但是不仅仅是经济体系从指令计划到市场经济的转型，而且是一个新兴的能够影响经济的群体在官商结合的过程中被创造出来。"（White，1996）

孙燕针对以吕晓波为代表的国家视角提出：不断滋长的腐败主要植根于经济自由化之中。她认为，中国腐败的形式、性质、特征等都随着市场转型带来的制度嵌入的变化而变化。如早在20世纪80年代市场化改革之初，形成了国家与市场"双轨制"的价格体系，为公职人员提供了大量寻租机会，这种活动在80年代的中国就被称为"倒"。孙燕认为，20世纪80年代的改革带来了一系列结构上的漏洞（structural loopholes），包括半行政半市场的混合经济体制，缺乏必要的监督和制约制度，以及中央对地方不断放权等（Sun，1991）。与国家主义视角不同，孙燕主要关注的是1978年市场化改革以后的腐败问题，孙燕把市场转型分为两个阶段。第一个阶段是从1978年到1991年，这一阶段产生腐败的原因主要是改革政策与制度滞后所造成的结构性漏洞，但是这些政策所造成的结构性漏洞。第二个阶段是在1992年以后，国家采取了一系列改革进行了弥补，部分解决了其中的问题，但是又出现了新的情况：一是随着计划经济体制的解体，生产要素的市场化使得干部所能控制的资源空前增长，包括土地、资本和人力；二是在行政费用中腐败减少的同时，资本市场成为腐败的重灾区；三是在国有企业股份化的过程中，对公司财富的掠夺成为主要形式；四是随着中央计划指令的消退，地方化的新"指令性"干预又出现了；五是一些发展型的、试图完善市场的行为也释放出了新的掠夺机会，如扶贫、社会福利和基础设施建设等。（Sun，2004）

三、有待进一步研究的新取向：比较与微观的视角

在对当代中国腐败问题的研究文献中，除了以上两个大的理论范式之外，近年来开始将中国作为一个个案与其他国家的腐败问题进行比较研究，包括以下几篇文献。

首先是约翰斯顿的对于全球腐败征候群的一个类型学研究，他把全球各国

的腐败现象划分为四个征候群：权势市场，精英卡特尔，寡头与帮派，官僚权贵。（约翰斯顿，2009）由于篇幅问题，这里无法一一加以详细阐述。但是不得不提的是，在这四种征候群中，中国被归类于官僚权贵的腐败类型，在约翰斯顿看来，这种类型是四种类型中最为严重的类型，也是最难以治理的类型。

拉尔森（Tomas Larsson）针对中国与俄罗斯腐败问题的比较，提出了一个非常有意思的问题：为什么同样是超级大国，同样经历了经济改革与转型，在国际评价指标体系中同样存在严重的腐败问题，而俄罗斯的腐败对经济增长的伤害要比中国大（Larsson，2006）？拉尔森使用了经济发展的比较优势（comparative advantage）、腐败的组织性（the organization of corruption）和租金的性质（the nature of rents）来解释这一问题。作者提出，由于中国在经济发展模式上的选择较俄罗斯有相对比较优势，而腐败的组织性没有俄罗斯那么强，在租金的性质上中国较多的是有益租金而俄罗斯较多的是有害租金，因此俄罗斯的经济受到腐败问题的“惩罚”更为严重。

孙燕和约翰斯顿将中国与印度的腐败问题放在一起比较，试图回答腐败与民主的关系问题。在国际评价指标中，一般认为，印度的民主程度高于中国，而腐败程度同样比中国严重，那么以往民主制度有利于遏制腐败的假设在这里就受到了挑战。作者认为，应该在腐败与民主二者的关系中加入一个新的变量，那就是经济发展速度，相对于印度来说，中国的经济高速增长提高了国家控制腐败的能力，使得中国更类似于一个发展型国家（developmental state），而印度只沦为一个低能力的民主国家（poor democracy）（Sun and Johnston，2009）。

笔者认为，针对中国目前的情况，可以进一步加以研究的路径还有很多：一是文化人类学的研究，如中国地方腐败的社会组织网络是如何形成的；二是犯罪心理学和越轨社会学的研究视角，在不同的腐败行动中，如贿赂、贪污、挪用等发生时的心理机制是什么；三是地方性的比较研究，中国在不同地区的腐败程度和经济发展状况与腐败是何种关系等。不过这些研究对于材料质量的要求非常高，可能一时难以实现。

结论与讨论

综上所述，笔者认为国家与市场两种视角其实只是一个硬币的两面而已，尤其是1992年之后的市场化改革带来的腐败，很明显离不开转型过程中政治组织的“路径依赖”，如地方的“新指令性”干预等。因此，这一争论与其说是解释性变量的不同，还不如说是提出问题的不同。国家视角回答的是中国整个时期的腐败为什么会发生，而市场视角的问题是腐败为什么在市场化以后会“高速”蔓延。其次，循着上面两条路径研究腐败，很容易将视角局限在“国家—市场”这一对二元关系之中，而腐败行为的复杂性被忽略了。比如，在国家和作为行动者的官僚之间的关系，官员和商人之间的关系，国家和社会的关系，等等。笔者认为，笼统地将转型期中国腐败的原因归于国家或者市场都是不恰当的，腐败作为一种复杂的社会行为，其原因必定是多方面的，必须针对不同类型的腐败进行细致的案例研究，或者是能较好控制变量的比较研究，才能将腐败研究进一步深入下去。

参考文献

[1]（美）奥尔森. 2005. 权力与繁荣. 苏长和，嵇飞，译. 上海：上海人民出版社.

[2]（美）杜赞奇. 2003. 文化、权力与国家：1900—1942 年的华北农村. 王福明，译. 南京：江苏人民出版社.

[3] 过勇. 2007. 经济转轨、制度与腐败. 北京：社会科学文献出版社.

[4] 何增科. 1995. 政治之癌：发展中国家腐化问题研究. 北京：中央编译出版社.

[5] 何增科. 2003. 中国转型期腐败与反腐败问题研究. 经济与社会体制比较，(2).

[6] 胡鞍钢. 2001. 中国：挑战腐败. 杭州：浙江人民出版社.

[7]（美）亨廷顿. 2008. 变动社会中的政治秩序. 王冠华，刘为，等译. 上海：上海人民出版社.

[8] 任建明，杜治洲. 2009. 腐败与反腐败：理论、模型与方法. 北京：清华大学出版社.

[9] 王沪宁. 1990. 反腐败：中国的实验. 海口：三环出版社.

[10]（美）约翰斯顿. 2009. 腐败征候群：财富、权力和民主. 袁建华，译. 上海人民出版社.

[11] Baum, Richard. 1991. “The Perils of Partial Reform”. In Richar Baum ed., *Reform and Reaction in Post - Mao China: The Road to Tiananmen*. New York: Routledge.

[12] Bernstein, Thomas P, and Lü, Xiao - bo. 2000. “Taxation without Representation: Peasants, the 13. Central and the Local States in Reform China”. *The China Quarterly*, 163: 742 - 763.

[13] Geertz, Clifford. 1963. *Agricultural Involution: The Process of Ecological Change in Indonesia*. Berkeley: University of California Press.

[14] Gong, Ting. 1994. *The Politics of Corruption in Contemporary China: An Analysis of Policy Outcomes*. London: Praeger Publishers.

[15] Gong, Ting. 2002. “Dangerous Collusion: Corruption as Collective Venture in Contemporary China”. *Communist and Post - Communist Studies*, 35 (1): 85 - 105.

[16] Gong, Ting. 2004. “Dependent Judiciary and Unaccountable Judges: Judicial Corruption in Contemporary China”. *The China Review*, 4 (2): 33.

[17] Gong, Ting. 2006. "Corruption and Local Governance: The Double Identity of Chinese Local Governments in Market Reform". *The Pacific Review*, 19 (1): 85 - 102.

[18] Gong, Ting. 2009. "The Institutiona lization of Party Discipline Inspection in China: Dynamics and Dilemmas". In Ting Gong and Stephen K. Ma, eds., *Preventing Corruption in Asia*. London and New York: Routledge.

[19] Jowitt, Ken. 1983. "Soviet Neotraditionalism: The Political Corruption of a Leninist Regime". *Soviet Studies*, 35 (3).

[20] Kennedy, Scott. 1997. "Comrade's Dilemma: Corruption and Growth in Transition Economies". *Problems of Post - Communism*, 44: 28 - 36.

[21] Lee, Park k and Kwong, Charles C L. 2003. "From Developmental to Predatory Government: An Institutional Perspective of Local Cadres's-rategic Economic Behavior". In Joseph Y. S. Cheng, ed., *China's Challenges in the Twenty - first Century*. Hong Kong: City University of Hong Kong Press.

[22] Lü, Xiao - bo. 2000. "Booty Socialism, Bureau - Preneurs, and the State in Transition: Organizational Corruption in China". *Comparative Politics*, 32 (3): 274 - 275.

[23] Lü, Xiao - bo. 2000. *Cadres and Corruption: The Organizational Involution of the Chinese Communist Party*. Stanford, Calif.: Stanford University Press.

[24] Lü, Xiao - bo. 1999. "From Rank - seeking to Rent - seeking: Changing Administrative Ethos and Corruption in Reform China". *Crime, Law, and Social Change*, 32 (4): 347 - 370.

[25] Ma, Stephen K. 1989. "Reform Corruption: A Discussion on China's Current Development". *Pacific Affairs*, 62 (1).

[26] Ma, Stephen K. 2009. "Policing the Police: A Perennial Challenge for China's Anticorruption Agencies". In Ting Gong and Stephen K. Ma, eds., *Preventing Corruption in Asia*. London and New York: Routledge.

[27] Manion, Melanie. 2004. "Lessons for Mainland China from Anti - corruption Reform in Hong Kong". *The China Review*, 4 (2): 81 - 98.

[28] Mauro, Paolo. 1995. "Corruption and Growth". *Quarterly Journal of Economics*, CX (3).

[29] Mayer, James T. 1989. "China: Modernization and 'Unhealthy Tendencies'". *Comparative Politics*, 21 (2): 193 - 213.

[30] Meaney, Connie Squires. 1991. "Market Reform and Disintegrative Corruption in Urban China". In Richard Baum, ed., *Reform and Reaction in Post - Mao China: The Road to Tiananmen*. New York: Routledge.

[31] Lampton, David M. 1987. "The Implementation Problem in Post - Mao China". In David M. Lampton, ed., *Policy Implementation in Post - Mao China*. California: University of California Press.

[32] Larsson, Tomas. 2006. "Reform, Corruption, and Growth: Why corruption is more Devastating in Russia than in China". *Communist and Post - Communist Studies*, 39: 265 - 281.

[33] Leff, Nathaniel H. 1964. "Economic Development Through Bureaucratic Corruption". *American Behavioral Scientist*, Ⅷ (3): 8 – 14.

[34] Liu, Alan P. 1983. "The Politics of Corruption in the People's Republic of China". *The American Political Science Review*, 77 (3): 602 – 623.

[35] O'Brien, Kevin J, and Li Lian – jiang. 1999. "Selective Policy Implementation in Rural China". *Comparative Politics*, 31 (2).

[36] Oi, Jean C. 1991. "Partial Market Reform and Corruption in Rural China". In Richard Baum, ed., *Reform and Reaction in Post – Mao China: The Road to Tiananmen*. New York: Routledge.

[37] Scott, James C. 1969. "The Analysis of Corruption in Developing Nations". *Comparative Studies in Society and History*, 11 (3).

[38] Sun, Yan. 1991. "The Chinese Protests of 1989: The Issue of Corruption". *Asian Survey*, 31 (8).

[39] Sun, Yan. 1999. "Reform, State, and Corruption: Is Corruption Less Destructive in China than in Russia?". *Comparative Politics*, 32 (1).

[40] Sun, Yan. 2004. *Corruption and Markets in Contemporary China*. New York: Cornell University Press.

[41] Sun, Yan, and Micheal Johnston. 2009. "Does Democracy Check Corruption? Insights from China and India". *Comparative Politics*, 42 (1).

[42] Tanzi, Vito, and Hamid Davoodi. 1997. "Corruption, Public Investment, and Growth". *IMF Working Paper Wp/97/139*. Washington D. C.: IMF.

[43] Wedeman, Andrew. 1997. "Stealing from the Farmers: Institutional Corruption and the 1992 IOU Crisis". *The China Quarterly*, 152: 805 – 831.

[44] Wedeman, Andrew. 2000. "Budgets, Extra – Budgets and Small Treasuries". *Journal of Contemporary China*, 9 (25): 489 – 512.

[45] Wedeman, Andrew. 2004. "Great Disorder under Heaven: Endemic Corruption and Rapid Growth in Contemporary China". *The China Review*, 4 (2).

[46] White, Gordon. 1996. "Corruption and the Transition from Socialism in China". *Journal of Law and Society*, 23 (1).

台湾地区的廉政反贪研究在做什么：议题、特色与展望

田蕴祥①

前　言

2000 年 3 月，民主进步党提名的陈水扁当选台湾地区第二任民选领导人，结束了中国国民党自 1949 年以来在台湾地区 50 年的执政。当时政权之所以轮替转移，其实有很大的原因是因为台湾民众对于前执政的中国国民党的陈腐感到不满，期待标榜清新改革的民主进步党能够有不一样的作为。然而令人遗憾的是，在民主进步党从 2000—2008 年的 8 年执政期间，不但政府官员的贪腐情况没有改善，反而更加严重；特别是前领导人陈水扁及其家族的贪污案件，更引起了海内外媒体的高度关注，而陈水扁本人也在任期结束之后被收押入狱，接受一连串的司法调查。

由于台湾地区近年来各级政府官员与政治领袖贪污舞弊案的接连发生，不仅影响民众对政府领导的信任，也损害了国际形象。我们可以从一些国际组织的调查中，客观地看出台湾地区政府部门近年来的廉洁水平变化。以国际透明组织所公布的全球贪腐印象指数 Corruption Perceptions Index（CPI）为例，台湾地区在 2008 年时从 2007 年的第 34 名爆跌至第 39 名，到了 2009 年则是在全球 180 个纳入评比的地区中排名第 37，2010 年最新的排名则为第 33 名，虽然排名情况止跌并逐渐回升，但若是与同属东亚的中国香港、新加坡、日本相比，仍然落后许多（Transparency International，2010）。以上所述，可以说是让廉政反贪事务唤起台湾学术界高度关切的主要原因。

廉政反贪是台湾地区公共管理学界的热点，然而它并不是一个崭新的议题，从 20 世纪 80 年代起即有学者加以关注讨论。综观台湾学界当前对于廉政反贪的相关研究讨论，可以说是非常丰富，然而却并没有专文对于台湾地区现

① 田蕴祥（1979— ），男，台湾省高雄市人，讲师，博士，从事组织与战略管理、人力资源管理等研究。

有的相关研究成果进行系统性的整理探讨，这对于廉政反贪研究而言，是一项有待填补的空缺。因此，本文最主要的研究目的，即在于对台湾地区近年来学术界对于廉政反贪的研究内容与特色，进行归纳分析，希望能够带给关注此议题的研究者在日后研究上一些省思与参考。

一、概念界定：从“反贪腐”到“公共服务伦理”

什么是贪腐？国际透明组织（Transparency International，TI）将贪腐定义为“滥用受委托的权力谋取私利”（the misuse of entrusted power for private benefit）（Pope，2000）；亚洲开发银行（Asian Development Bank，ADB，2010）则认为贪腐是指“滥用公共或私人职位以谋取个人利益”（the abuse of public or private office for personal gain）。在过去廉政反贪的研究中，对于贪腐的概念基本上是围绕在上述这些相关定义上。从这些定义中可以发现，贪腐不只局限在指涉政府官员滥用职权而已，而是涵盖了任何人滥用职权以获取不当利益的行为。如果是专指政府部门，那么在相关名词上常见的还有“行政伦理”（administrative ethics）以及“公务伦理”（public ethics）。

什么是伦理？伦理可以说是我国传统的道德，它可以视为是一种内在的规范，透过大众共识所形成的社会准则，目的是在于区别对与错、好与坏。（蔡祈贤，2009）不同的机关职业有不同的伦理，回顾台湾十多年来公共管理学界，从早期的“行政伦理”、“公务伦理”，随着一些国际组织与西方学者开始使用“公共服务伦理”（public service ethics）一词来说明政府部门的伦理含义，近年来也有愈来愈多的学者开始在相关的论述上使用“公共服务伦理”一词（PUMA，1998，2000，2005）。虽然名词并不完全一致，但所指的概念内涵其实并无差异。

不少公共管理学者对于伦理的定义有各自的见解。例如 Rosenbloom 与 Kravchuk（2005）认为：伦理可视为是自我课责的一种形态，或是对公共服务者的一种“内在制约”；然而内在制约可透过许多正式要求而确保执行，使得服务者的行为符合许多类型的外在标准。尽管学者们对于伦理的定义不尽相同，但是广义的伦理概念，基本上包含了禁止与应为两个层面的意义，也就是说伦理对于政府部门人员而言，不仅是指对于违法行为的消极禁止，同时也包含被期待达到的角色与应有行为，是一种更高一层的积极期待。（Gilman，2005）

为了对台湾地区在廉政反贪的研究有全面的了解，无论研究者对于廉政反贪的概念界定是狭义或是广义，以及所使用的名词为何，只要是与政府部门相关的讨论，则皆在本文的研究范围之内。

二、廉政反贪的研究类型

透过台湾地区重要的学术网站——“国家”图书馆全球资讯网的“博硕士论文资讯网”与“台湾期刊论文索引”系统，在综合整理近十多年来台湾地区廉政反贪相关的研究之后，笔者归纳整理出国外经验的介绍借鉴等8项主要的研究类型，以下将分别对于这些研究类型进行介绍评述。

（一）国外经验的介绍与借鉴

在台湾地区廉政反贪的相关研究中，不少研究者是将其他国家在廉政反贪上的制度经验作有系统的介绍论述。这类研究又可以分成两大类型：一种是直接探讨某个或某些国家政府部门的廉政反贪议题；另一种则是透过国际组织的调查研究，或是从国际组织在廉政反贪的推动之中，以了解全球最新的发展趋势。

举例而言，在个别国家研究的部分，邱瑞忠（1991）介绍了美国规范性行政伦理的研究源起以及演进发展；卢建旭（1994）曾对美国行政伦理理论研究进行批判分析；萧武桐（1996）阐述了英美两国行政伦理的发展；陈俦美（2000）分析了日本公务员的贪渎问题，检讨其发生的因素，并讨论有关尽速建立国家公务员伦理法等防堵日本渎职事件的方法，希望借此作为台湾处理渎职贪污事件的参考；黄一峰（2000）从行政伦理的观点，探讨英国文官惩处方式以及相关的救济管道。

在国际组织的部分，不少国际组织对于伦理议题进行了相关讨论建议与调查，其中经济合作与发展组织（Organization for Economic Cooperation and Development，OECD）与国际透明组织的建议与做法，相较于其他组织而言，更普遍地被提及与应用。经济合作与发展组织的动态发展一直是台湾公共管理学者关注的焦点，詹静芬（2007）从OECD国家的经验，论述关于行政伦理机制的建立，同时也兼论美国相关的发展；江岷钦和侯汉君（2003）也从OECD国家的经验，比较研究各个国家的廉政制度。

另外，在政府部门的廉洁监督与促进工作上，非政府组织扮演着相当重要的角色。1993年成立于德国柏林的国际透明组织，是国际上唯一专门致力于打击贪污腐败的非政府组织，其后在全球各个地区陆续成立了地区性的透明组织，扮演着当地社会反贪倡廉的民间领导者角色。台湾地区学术界、企业界、政府界、传播界与法界人士在2000年至2002年开始与国际透明组织进行交

流，并着手筹备与推动成立台湾透明组织，并终于在2002年9月28日正式成立。（台湾透明组织，2010）

在透明组织的研究上，像余致力、陈敦源、黄东益（2003）介绍了国际透明组织与台湾透明组织在反贪腐事务上的运作；余致力、苏毓昌（2006）尝试从国际透明组织所进行的全球国家廉政体系切入，思考台湾当前倡廉反贪的基础工作。

（二）华人社会的制度情况

每年在国际透明组织所公布的廉洁评比中，东亚有两个表现始终亮眼的地区：一是中国香港，另一个则是新加坡。从文献检阅中我们发现，台湾地区有不少研究是在讨论东亚地区华人政府的廉政问题与政策，无非是希望能从临近的地区中吸取成功的经验。叶晏绫（2007）以新加坡为例，介绍新加坡廉政制度的建立与运作，同时试着从中分析探讨新加坡反贪的成功因素；陈崇华（1998）、曾台伟（1998）研究了中共的廉政建设与监督机制。有的则是从事比较研究，像陈仲伟（2008）、林金俊（2005）对海峡两岸的廉政制度进行比较；彭立忠、张裕衢（2007）分析比较了中国内地、中国香港、中国台湾、新加坡四个地区的贪腐程度，认为借鉴港、新两地的作为，合理地降低政府对经济活动的干预，并透过强化肃贪机构的独立性，以及政治领导人的自清，才能有效改善贪腐的危害。

（三）政府组织的相关研究

有一些研究者是从政府组织的角度切入来思考伦理的相关政策问题。这类型的研究又可以分成两类。一种是检讨现有廉政管理机构的运作成效问题。台湾地区负责廉政反贪事务监督管理的单位为政风机构，主要工作内容为掌理政府机关人员贪渎不法的预防、发觉及检举案件处理、公务机密、机关安全维护等相关事项。近年来，由于政府官员贪腐弊案接二连三发生，学界与政府当局开始思考是否现行的体制运作出了问题。例如，翁源灿（2000）、陈书乐（2003）曾研究台湾地区防治贪污的政风机构，探讨政风人员在政府机关中所扮演的角色，以及评析政风组织所应负责的功能。

此外，为了能够确保政府部门的廉洁运作，是否有必要仿效其他国家地区成立类似香港的“廉政公署”，或是新加坡的“贪污调查局”之类的廉政机构？这是台湾地区目前政界与学界热烈讨论的议题之一，相关的有曾长景（2004）、廖雯玲（2003）、姜建明（2007）等人的研究，除了探讨现有廉政机构组织的运作方式与产生的问题之外，重点更集中在研拟台湾廉政机构组织设计方案的原则建议。

（四）伦理法制的相关研究

除了组织层面的研究之外，还有另一类型的研究是从法制面的角度，针对与伦理相关的法制面进行探讨。有些研究者从现行的相关法规进行评析。例如，许玉秀（2002）探讨公务员的贪污图利罪；刘淑惠（2000）分析评估游说法相关的立法重点与评估；柯耀程（2003）评估检讨贪污治罪条例在适用上的问题。

此外，由于台湾地区目前并未具有一至两项统合性的伦理法典作为上位法或基准法，整体的伦理法制呈现的是一种高度分散且庞杂的情形，因此学界也开始思索是否有必要建构一套完整的公职人员伦理法，若是确实要着手建构，那么应该包含哪些内容，以及在负责与执行机制上应该如何规划设计？这方面相关的讨论有陈敦源、蔡秀涓（2006）的研究。

（五）治理能力观点的相关研究

在廉政反贪议题的研究中，有一类型的研究主要是从国家竞争力、政府绩效管理能力或是民主治理能力等观点，来论述重视廉政反贪的必要性，其中有部分文献，并没有以廉政反贪作为标题名称，但其内涵却依旧有所涉及廉政的内容。这一类型的研究主要有，施能杰（2006）从策略性人力资源管理的观点探讨文官体系能力与政府竞争力；余致力（2006）、林向恺（2008）、余致力与胡龙腾（2008）论述反贪腐与民主两者之间的关系；陈敦源与蔡秀涓（2006）从反贪腐与公职人员伦理准则谈国家发展的伦理基础。

（六）贪腐原因探讨与防治对策之研究

有为数不少的研究是针对政府部门人员的贪腐与不廉洁的原因进行分析思考，并且提出相关的防治策略。这类型的研究可分为两大类：一种是单纯政策型的论述，例如邱瑞忠（2000）从行政伦理的角度探讨行政官僚贪污防治之途径；另一类则是以实证调查为研究方式，先找出贪腐行为的原因，进而以经验研究的结果来提出相关的防弊措施机制，例如胡佳吟（2005）、王永福（2008）分析了公务员贪污犯罪的特征与影响因素，温新琳（2005）研究了台北市政府公务人员贪渎行为与防制策略。

（七）政府部门人员的实证性研究

上述一至五项是属于较宏观层面的类型，至于在第六项中所提到的调查研究，针对这点，台湾地区的公共管理学界长期以来在微观实证性研究上有相当程度的累积成果，在廉政反贪的议题方面有一部分的研究就是采用实证性研究方式完成的。实证性研究可分为定性与定量两大类型。在定性研究的部分，江明修、姜志贞、陈定铭（1997）早在十多年前就曾以深度访谈的定性研究方法，进行台北市政府政策规划人员决策价值的探讨；苏毓昌（2005）以地方县市政府的反贪腐治理策略为研究主题，对其反贪腐治理策略与成效进行长期观察；罗宽惠（2008）采取质性深度访谈方式，以台东县政府一级主管处长及所属机关首长为对象，检验地方政府主管精英的伦理价值判断，并讨论如何解决在伦理决策专业判断过程中所面临的困境。

在定量研究的部分，赖姿妃（2009）透过问卷调查的方式，对于台北市政府公务人员行政伦理的知觉、行政网络的知觉与其对贪腐防治认知之间的关系进行探讨，从而提出具体可行的建议；陈坤发（2001）透过台湾地区各县市政府课长级以上现职人员所表达的看法，分析探讨地方行政精英对行政伦理相关环境与规范的认知与态度；焦秋萍（2009）也曾采用问卷调查法探讨新竹市政府公务人员的公务伦理认知。

当然，也有学者是同时采用定性与定量研究的方式对廉政议题进行分析。例如，詹静芬（2003）曾透过深度访谈与问卷调查的方式，探讨台湾地区行政机关中级主管的行政伦理认知的来源、伦理内涵的重要变项、伦理困境的情况以及解决伦理困境的方法。

（八）探讨廉政伦理与其他变项之间关系的研究

在廉政反贪议题的研究上，有另一种类型的实证研究，虽然同样是使用问卷调查的研究方式进行，不过廉政伦理并不是整个研究架构中唯一的概念议题，而只是其中的一个变项而已。这类型的研究主要是在探讨伦理与其他组织行为议题变项之间的关联性，例如陈以亨、张石光、林莹滋（2001）探讨高雄市税捐稽征处转换型领导、行政伦理与组织公民行为三者之间的关系；李淑惠（2009）研究了公务员的廉正知觉、行政伦理与专业职能对组织承诺的影响。

三、研究特色

从上述对于台湾地区廉政反贪相关研究文献的分类回顾，透露出台湾地区对此议题的研究已有一定的累积与成熟性，也呈现一些具有参考价值的研究特色，在此将这些研究特色分述如下。

（一）掌握全球发展脉动

所谓“他山之石，可以攻玉”，从之前的介绍中我们可以明显发现，中国台湾地区公共管理学界非常重视其他国家与国际组织在政府治理上的政策做法，由于中国台湾地区学术界长久以来受美国的影响甚深，在文献解读与国情了解方面也没有语言上的隔阂，因此对美国以及英语区国家的制度发展自然投入较多的关注心力，这点也确实反映在廉政反贪的研究上。

另外，华人地区的发展经验也是台湾地区研究者在本议题上所重视的焦点之一，这或许可以归因于政府的治理型态与文化背景引起了研究者的浓厚兴趣。东亚地区的华人世界虽然由不同的政府所治理，但是却有着同源的文化血脉，不同治理型态的政府是否在廉政反贪上是否有着相似的困境？各地的制度经验又是如何？差异何在？彼此间有哪些值得相互效法的经验？这方面比较性的研究议题确实有继续深入探讨的空间。

（二）解决本地问题的研究导向

在廉政反贪的研究上，研究者其实不仅积极掌握其他国家或地区在廉政反贪上最新的政策发展，同时也考虑到台湾本地的政治司法体制，进行斟酌调整，进而提出可行的政策建议。这种对于所在地的现状投入大量的关注与省思，以解决问题为研究目标，展现以实务应用为导向的意涵与企图心，可以称得上是台湾地区当前廉政反贪研究的一大特色。

（三）跨学科的观察视角

若尝试从文献出处来源来观察研究者的学科专业背景，我们可以发现，廉政反贪议题其实不仅是公共管理学界研究的焦点，同时也受到了其他领域例如法学、犯罪学、政治学、一般管理、区域研究等学科研究者的关注。不同学科领域之间一方面彼此互有交集，另一方面由于分析观察的角度不尽相同，这也让廉政反贪的研究探讨更加的多元丰富。

（四）验证导向的调查研究

丰富的实证研究应该是台湾地区在公共管理研究上的重要特色之一，我们可以清楚地看到，研究者在廉政反贪的相关研究上，不仅只是在议题概念上的讨论而已，同时会采取调查的方式加以验证，以作为论述与政策建议的依据。至于调查的方法，无论是定性的访谈法或是定量的问卷调查法，皆有研究者采用。另外，在廉政反贪实证研究的议题上，不仅有一般性的认知态度调查，也有统计模型因果关系的建构，呈现出多面向的特色。

（五）研究层级对象层面广

在调查机关的组织层级方面，现行的相关研究显示，从地区行政机关到地方县市政府，均有研究者加以关注，层级非常广泛；此外，在研究对象上，不仅有研究是以某研究机关的全体人员进行调查，也有专门针对政府组织中高级主管或是基层公务人员的研究，研究对象非常多元化。

四、未来研究展望

在上述的分析介绍之后，其实可以发现，台湾地区在政府部门的伦理研究上，仍有许多值得继续深入发展的空间，另外也有需要进一步厘清的地方，谨列举如下：

（一）强化各地方政府间的比较研究

从前面的介绍中可以得知，台湾地区的研究者重视借鉴其他国家或地区的制度经验，并加以分析比较，但是除此之外，地区内各县市政府在廉政反贪相关事务工作上，例如关于在培训课程或是宣导活动方面的规划设计，是否有所不同？或是各地的公务员在廉政反贪工作的认知态度上是否存在差异？这部分的比较研究可以再深入探讨。

（二）使用多元的研究方法进行研究

在政府部门廉政反贪的研究上，虽然已有一些用实证方式进行的研究，但是整体而言，最常见的研究方法还是定性研究的制度评析，未来可以继续在实证研究的部分加强，例如同时结合定性的访谈法或是定量的问卷调查法进行更细腻的探究分析。

（三）考虑不同职务类型的差异

目前在台湾地区廉政反贪的研究中，在研究对象上，多数仍属于一般性的探讨，针对特定职务的公务员进行分析讨论的研究并不多。然而职务因为性质的不同，往往需要有其特殊的行为规范，因此在廉政反贪的研究中，考虑不同职务类型的差异是有必要的。举例而言，不同职务类型的公务人员在廉政反贪议题的相关认知上，是否有所不同？还有，针对政府部门不同的职务性质，有哪些是该职位中明确构成贪腐要件、不该出现的违法行为？特别是在过去处于贪腐模糊争议地带的行为，这些相关的认定标准与法则都有待进一步厘清讨论。

（四）探讨廉政反贪与其他议题之间的关系

未来在廉政反贪的研究上，可以再进一步挖掘新的议题，例如与尝试其他组织行为与人力资源管理的主题相结合，例如工作绩效、工作压力、工作价值观等变项，探讨这些变项之间的关系，拓展丰富廉政反贪研究的范围。

结　论

一个廉能有为的政府，不仅能够得到他人的尊重，也可以赢得人民的信任，更是领导治理的重要基础。任何一个政府如果希望能够朝向一个安定的道路迈进，转型成为优质成熟的行政文化，那么对于廉政反贪的重视与检讨，无疑是一项优先迫切的议题。

本研究尝试回顾整理台湾地区廉政反贪相关的研究，此篇文章背后所透露的是对廉政反贪工作的思考与启示，未来学界应持续对此相关议题投入更多关注，才能累积更多的成果，并作为政府部门行政制度改革的参考基础，对管理实务有所贡献。

参考文献

[1] 蔡祈贤. 2009. 我国行政伦理之探讨与策进. 人事月刊，(5)：63－71.

[2] 陈崇华. 1998. 中共改革开放时期廉政建设之研究. 台北：中国文化大学中国大陆研究所.

[3] 陈俦美. 2000. 当前日本公职人员贪渎问题之研析. 问题与研究，(8)：37－52.

[4] 陈敦源，蔡秀涓. 2006. 国家发展的伦理基础：反贪腐与公职人员伦理准则. 台湾民主季刊，(3)：185－200.

[5] 陈坤发. 2001. 公务人员行政伦理认知研究：地方行政精英调查分析. 台中：东海大学公共事务硕士学程.

[6] 陈以亨，张石光，林莹滋. 2001. 转换型领导、行政伦理与组织公民行为关系之研究——以高雄市税捐稽征处为例. 公营事业评论，(4)：95－118.

[7] 陈仲伟. 2008. 两岸廉政工作比较. 新北：淡江大学国际事务与战略研究所.

[8] 胡佳吟. 2005. 公务员贪污犯罪影响因素之研究. 犯罪与刑事司法研究，(4)：41－82.

[9] 黄一峰. 2000. 英国文官惩处及其救济：行政伦理观点的探讨. 玄奘学报，(2)：295－310.

[10] 姜建明. 2007. 从现行肃贪政策与制度探讨廉政局成立可行性之研究. 高雄：义守大学管理研究所.

[11] 江岷钦，侯汉君. 2003. 民主国家廉政制度的比较研究：以 OECD 会员国为例. 立法院院闻，(8)：29 - 39.

[12] 江明修，姜志贞，陈定铭. 1997. 台湾行政伦理之初探：台北市政府政策规划人员决策价值之质的研究. 中国行政评论，(1)：1 - 56.

[13] 焦秋萍. 2009. 新竹市政府公务伦理认知之研究. 新竹：中华大学行政管理研究所.

[14] 柯耀程. 2003. 贪污治罪条例在适用上的评估与检讨：贪污治罪条例与刑法相关规定之适用与竞合. 月旦法学，(94)：46 - 57.

[15] 赖姿妃. 2009. 从行政伦理探讨台北市政府公务人员贪腐问题. 台北：世新大学行政管理学研究所.

[16] 李淑惠. 2009. 廉正知觉、行政伦理与专业职能对组织承诺的影响. 台北：世新大学行政管理学研究所.

[17] 廖雯玲. 2003. 廉政机构组织设计之研究：结构功能观点. 台北：国立政治大学公共行政研究所.

[18] 林金俊. 2005. 两岸三地廉政制度之比较研究. 高雄：国立中山大学大陆研究所.

[19] 林向恺. 2008. 贪腐与民主. 台湾民主，(3)：167 - 176.

[20] 刘淑惠. 2000. 游说法的立法重点与评估. 月旦法学，(63)：43 - 50.

[21] 卢建旭. 1994. 行政伦理的批判：美国行政伦理理论研究之问题. 研考双月刊，(3)：31 - 46.

[22] 罗宽惠. 2008. 行政伦理认知与冲突之研究：以台东县政府一级主管暨所属机关首长为例. 高雄：国立中山大学高阶公共政策硕士班.

[23] 彭立忠，张裕衢. 2007. 华人四地贪腐程度之比较：以"贪腐成因"为分析途径. 公共行政学报，(24)：103 - 135.

[24] 邱瑞忠. 2000. 行政官僚贪污防治之途径：行政伦理的思考. 东海社会科学学报，19：97 - 120.

[25] 邱瑞忠. 1991. 美国规范性行政伦理的研究源起及其演进. 人事月刊，(2)：23 - 34.

[26] 施能杰. 2006. 文官体系能力与政府竞争力：策略性人力资源管理观点. 东吴政治学报，(22)：1 - 46.

[27] 苏毓昌. 2005. 地方政府反贪腐治理策略之研究：以宜兰县为例. 南投：国立暨南大学公共行政与政策研究所.

[28] 台湾透明组织. 2010. http：//www. tict. org. tw/index. php.

[29] 王永福. 2008. 不同类型公务员贪渎犯罪之特征及影响因素之调查研究. 台北：国立台北大学犯罪学研究所.

[30] 温新琳. 2005. 公务人员贪渎行为与防制策略之研究：以台北市政府为例. 台北：中国文化大学政治学研究所.

[31] 翁源灿. 2000. 政风机构防治贪污之研究. 台北：中国文化大学中山学术研究所.

[32] 萧武桐. 1996. 英美行政伦理的发展. 考铨季刊，(7)：66 - 73.

[33] 许玉秀. 2002. 贪污罪：广义的公务员图利罪. 台湾本土法学杂志，(36)：205 - 208.

[34] 叶晏绫. 2007. 新加坡廉政制度之研究. 新北：淡江大学东南亚研究所.

[35] 余致力. 2006. 倡廉反贪与民主. 台湾民主季刊，(3)：165－174.

[36] 余致力，陈敦源，黄东益. 2003. 非政府组织与反贪腐运动：国际透明组织与台湾透明组织简介. 国家政策论坛，(夏季号)：39－62.

[37] 余致力，胡龙腾. 2008. 拒绝贪污腐蚀台湾的民主成果. 台湾民主，(3)：157－166.

[38] 余致力，苏毓昌. 2006. 国家廉政体系的建构与测量. 研考双月刊，(6)：45－54.

[39] 曾台伟. 1998. 从反腐败斗争看中共廉政监督机制：以中共纪检、监察机关与人民检察院为例. 新北：淡江大学中国大陆研究所.

[40] 曾长景. 2004. 廉政机构组织设计之研究. 台北：国立政治大学行政管理硕士学程.

[41] 詹静芬. 2007. 从 OECD 国家经验论行政伦理机制之建立：兼论美国之发展. 人事月刊，(4)：4－17.

[42] Asian Development Bank. 2010. "Anticorruption and Integrity". http://www.adb.org/Integrity.

[43] Gilman, S. C. 2005. "Ethics Code and Codes of Conduct as Tools for Promoting Ethical and Professional Service: Comparative Success and Lessons". Washington, D. C.: The World Bank.

[44] Pope, J. 2000. *Confronting Corruption: The Elements of a National Integrity System*. Germany, IL: Transparency International.

[45] PUMA. 1998. "Principles for Managing Ethics in the Public Service". Paris: OECD.

[46] PUMA. 2000. "Trust in Government: Ethics Measures in OECD Countries". Paris: OECD.

[47] PUMA. 2005. "Observatory on Ethics Codes and Codes of Conduct in OECD Countries". Paris: OECD.

[48] Rosenbloom, D H, and Kravchuk, R S. 2005. *Public Administration: Understanding Management, Politics, and Law in the Public Sector*. New York: MacGraw－Hill.

[49] Transparency International. 2010. "Corruption Perceptions Index". http://www.transparency.org/policy_research/surveys_indices/cpi/2010.

寻找新的方向：当代中国腐败与反腐败研究文献评估

倪 星[①] 陈兆仓[②]

引 言

伴随当前中国经济社会的转型，腐败与反腐败问题已经成为影响国家治理、政权建设和社会和谐发展的重要议题，国内学者关于腐败与反腐败问题的研究日益增多。来自不同学科背景的学者们纷纷介入腐败问题的研究中，对中国当前的腐败与反腐败问题进行探索，各类研究成果日益丰富。面对这一跨学科的研究领域呈现出的繁荣学术景象，有必要进行梳理、总结与反思，以期腐败研究领域取得真正的知识增长，更好地指导当前国家的反腐败实践。

目前，国内已经有少量论文开始评估中国腐败与反腐败问题的研究现状，学者李秀峰、李俊（2004）对国内公共行政学界的腐败研究现状进行了定量分析，还有一些学者分别对教育腐败（胡少明，2010）、学术腐败（张建华，2006）等具体领域的腐败研究进行了文献评述。然而，上述文献评估或者局限于单一的学科视角，或者关注某个具体腐败领域的研究文献，面对日渐繁荣的腐败与反腐败研究文献，我们需要更加全面和直观的腐败文献评估，以整体审视国内学者对中国腐败与反腐败问题的研究现状如何。

一、当代中国腐败与反腐败研究文献的定量分析

首先，本文拟对当代中国的腐败与反腐败状况使用文献计量的方法进行研究，从数量上来审视该领域文献的发展状况。评估样本具体设置为1980—2009年内地学者公开发表于国内（不含港、澳、台）期刊，且以当前中国腐败与反腐败为主题的论文、文章，专著、会议论文、硕博士论文则不在评估之

① 倪星，中山大学政治与公共事务管理学院教授，博士生导师，副院长。
② 陈兆仓，中山大学政治与公共事务管理学院行政管理专业博士生。

列。本次评估的样本由两部分组成。

基于我国学术期刊发表腐败与反腐败相关研究的现状，综合衡量期刊学术影响力、学科代表性、研究质量等因素，选定《政治学研究》、《中国行政管理》、《国家行政学院学报》、《公共管理学报》、《经济学研究》、《经济与社会体制比较》、《社会学研究》、《社会》共八种期刊，从“中国知识资源库”（CNKI）的“中国期刊全文数据库”中选取以上期刊，选择时间段为1980—2009年，分别按篇名带有“腐败”、“廉政”、“反腐倡廉”、“廉洁”的关键词组进行搜索，并剔除国外学者的文献、研究古代腐败问题及介绍国外反腐经验的文献，以及非学术论文的笔谈、答问、书评、会议论文等，共获得样本论文117篇。

考虑到腐败与反腐败问题研究具有跨学科的广泛性，上述期刊未能涵盖全部学科，另从中国人民大学书报复印资料中心库各个类别的复印资料（以下简称“人大复印资料”）中分别按篇名带有“腐败”、“廉政”、“反腐倡廉”、“廉洁”的关键词组进行搜索，并剔除非学术论文及上述八种期刊中重复的论文，共获得样本论文397篇（受该资料库电子资源所限，选择时间段为1995—2009年）；两个选取来源的样本合并，得到本文所评估的样本论文数量为514篇。

基于评估需要，本文主要选用以下评价指标：

（1）论文发表年份。设计这一指标的目的是为了分析在不同的时间段腐败与反腐败文献的数量情况。

该情况如图1所示：

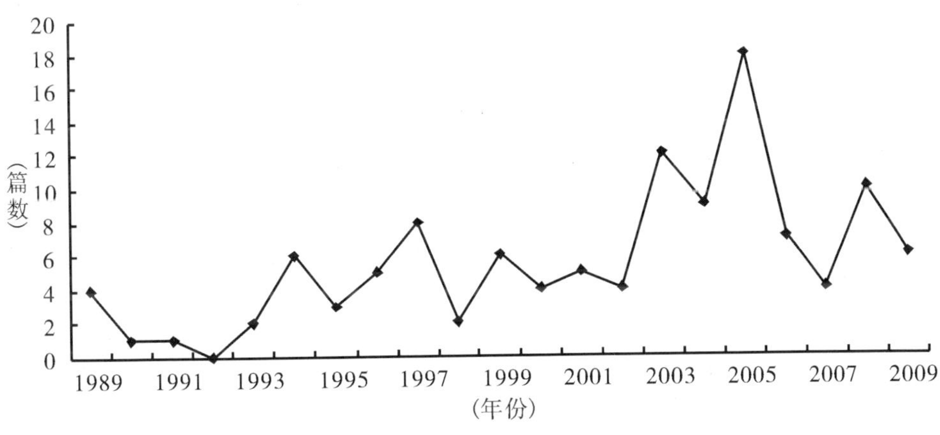

图1 八种期刊中研究文献的时间分布

图1显示的是《政治学研究》、《社会学研究》等八种学术期刊中以腐败与反腐败为主题的研究论文的时间分布状况，图2显示的是包含人大复印资料的总样本中腐败与反腐败研究文献的时间分布。从图1来看，1989—2009年期间腐败与反腐败主题的研究文献起伏较大，1989—2005年期间腐败研究呈现上升趋势。

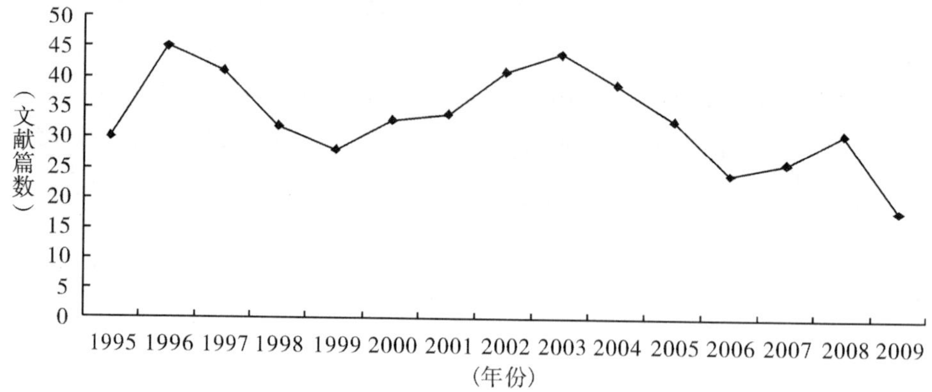

图2　总样本中研究文献的时间分布

然而，合并人大复印资料后可以看出，1995—2009年，腐败与反腐败主题的研究论文呈现出两个时间分布的高峰，即1996—1997年、2002—2003年。除个别年份外，每年文献发表的数量都在25～45篇的区间内浮动。2003年之后，腐败与反腐败研究领域国内公开发表的论文呈现出整体下降趋势。而同一时期，全国各地各种廉政研究机构相继成立，各种廉政领域的学术会议也较为繁荣，似乎与这一数据形成了反差。之所以出现这一现象，本文推测可能由于以下某种原因：一是可能由于在各种学术会议中的相关研究未能公开发表，致使其未被纳入样本；二是由于本样本选取均为权威的核心期刊和人大复印资料，选取标准较高，2006年之后的下降趋势可能暗示着腐败领域研究的质量在下滑；三是说明腐败领域研究的学术关注度在下降，该领域的研究确实可能在萎缩。

（2）研究主题。鉴于我国国内对腐败与反腐败研究的实际情况，将研究主题划分为以下几种（见表1）。这是一个较为繁琐的分类方式，但是为了能更好地分析当前腐败研究的主题分布，这样的分类方式还是有必要的。

如表1所示，就研究主题而言，探讨反腐败的综合论述、反腐败各环节的方略与对策的文献最多，均为78篇，两者合占总文献书目的30.4%；其次是（反）腐败与其他问题的关系、（反）腐败的理论分析、腐败现象与行为、腐败成因与机制，分别占总数的13%、9.7%、9.5%、7.8%。除此之外，其他主题的研究则明显较少。

表 1　研究主题

研究主题	文献篇数	占总文献比例（%）
腐败现象与行为	49	9.5
腐败成因与机制	40	7.8
腐败影响与测量	6	1.2
腐败预防与监督	21	4.1
腐败惩治与处罚	3	0.6
廉政文化与教育	15	2.9
（反）腐败的理论分析	50	9.7
反腐败的经验与实践	15	2.9
反腐败各环节的方略与对策	78	15.2
反腐败的综合论述	78	15.2
（反）腐败与其他问题的关系	67	13.0
具体领域的（反）腐败问题	26	5.1
党政领导人的反腐败思想	30	5.8
执政党的反腐倡廉建设	15	2.9
（反）腐败研究的方法与现状	2	0.4
其他	19	3.7
总数	514	100.0

以上数据较为清晰地显示了当前我国腐败与反腐败研究的主题分布状况。这一分类较细，缺乏透视研究主题的宏观视野。如果将所有文献简单划分为腐败研究、反腐败研究、综合研究和其他四大类，那么可以得到图 3 的数据。图 3 的主题简化分类更简洁地向我们展示了当前腐败与反腐败研究的重心明显偏向于反腐败的研究，以腐败为研究主题的文献数量则明显不足。

（3）研究类型。本文将研究类型划分为经验（实证）研究与（非经验）非实证研究。就研究类型而言，非经验研究有 501 篇文献，占文献总数的 97.5%，经验研究仅有 13 篇，仅占文献总数 2.5%，这两个数据充分暴露出经验研究与非经验研究的严重失衡（见表 2 所示）。如果对比学者何建新（2005）、何艳玲（2006）和武玉坤（2009）等学者进行的有关行政学、公共预算等方面的文献评估，可以发现，这种非经验研究和经验研究之间的“结构性失衡”存在于诸多社会科学领域的研究文献中，而腐败与反腐败研究的这种失衡状况甚至更严重一些，实证研究占文献总数的比例更小。

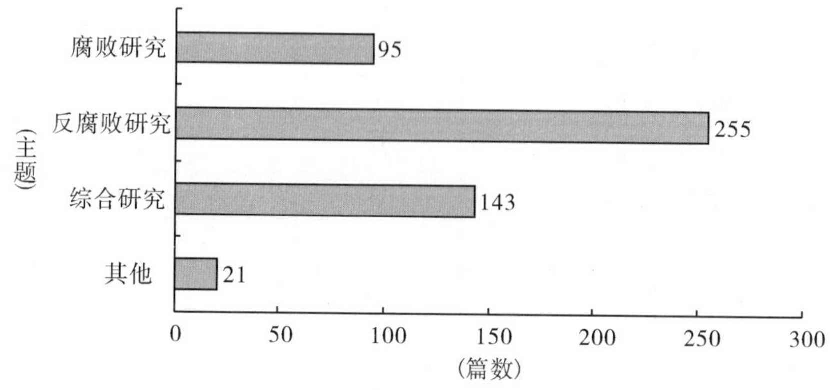

图3　研究主题的简化分类

通常认为，非经验研究可以被称为“规范研究”，然而如果将规范研究定义为“以价值问题为核心关注点，以解读和阐释文本为主要表现形式、通过严谨的逻辑构造来回答某个学科乃至人生与世界的大问题”（颜昌武、牛美丽，2009），那么浏览腐败与反腐败文献中大量的“非经验研究”，可以发现，这些研究也难以划归到规范研究的行列，而是一种国内社会科学领域通行的“问题－原因－对策”三段论模式。

表2　研究类型

研究类型	文献篇数	占总文献比例（%）
非经验研究	501	97.5
经验研究	13	2.5
总　数	514	100.0

（4）基本规范。基于该领域当前的研究现状，借鉴学者肖唐镖、郑传贵（2005）与何艳玲（2007）等人研究政治学与行政学论文时的分类方式，本次评估将此指标界定为三种情况：①无文献引用，无理论对话；②有文献引用，无理论对话；③有理论对话。

统计结果表明（见表3），这些数据显示出当前腐败与反腐败研究中的规范程度不高。文献引用是撰写学术论文的基本规范，理论对话（包括明显的和不明显的）则是研究意识得以厘清和新的理论得以构建的重要前提（何艳玲，2007），然而总样本中36.8%的论文没有文献引用，88.2%的论文没有理论对话，文献引用和理论对话的缺失必然造成重复研究的泛滥和知识积累的不足，由此可见腐败与反腐败领域研究文献的规范性问题突出，这将对该领域研究成果的质量造成很大的损害。

表3 基本规范

资料收集方法	文献篇数	占总文献比例（%）
无文献引用，无理论对话	189	36.8
有文献引用，无理论对话	264	51.4
有理论对话	61	11.9
总数	514	100.0

（5）资金来源。为了检验当前我国腐败与反腐败研究是否受到制度性的资金支持，本次评估设计了这一指标，具体包括国家级社科基金①、省市级政府基金、校级基金、基金会等非营利组织或企事业单位横向项目、国家自然科学基金、未标明或无资金支持等。

如表4所示，就现有研究的制度性资金支持而言，明确标明获得资金支持的文献仅有35篇，占总文献数的6.8%；有高达93.2%的论文没有获得基金支持。这说明我国腐败与反腐败领域的研究缺乏制度性的资金支持。

表4 资金来源

资助情况分类	文献篇数	占总文献比例（%）
国家级社科基金	14	2.7
省市级政府基金	12	2.3
校级基金	4	0.8
基金会等非营利组织	2	0.4
国家自然科学基金	3	0.6
无基金支持或无标明	479	93.2
总数	514	100.0

① 主要指国家社会科学基金和教育部人文社会科学基金。

二、中国腐败与反腐败研究文献观点评述

来自不同知识领域的学者们纷纷介入腐败问题的研究中，从不同的学科视角和逻辑进路出发，对中国当前的腐败与反腐败问题进行探索，各类研究成果日益丰富。总体来看，这些研究围绕“腐败的表现与影响、腐败蔓延的原因、如何有效反腐败”三大问题进行了研究，重点研究了以下四个领域：腐败的定义与类型；中国腐败现象的表现、影响与测量；中国腐败蔓延的成因；反腐败的方略与对策。

（一）腐败的定义与类型

对“腐败”有一个清晰的认识和理解是进行腐败问题研究的前提，腐败概念的定义与界定是腐败研究的基础性工作。因而，腐败研究要回答的第一个问题就是：腐败是什么？国内对于“腐败”概念的理解具体可以分为以下几种：

1. 以公共权力为核心的定义

遵从这类定义的学者往往来自政治学与行政学界，倾向于从权力的视角出发来定义腐败。这种定义的方法和视角是腐败定义中的主流，也与国外盛行的腐败定义相契合。比较有代表性的定义如：腐败是公共权力的非公共运用（王沪宁，1995）；腐败是指公职人员只图私利而故意未能充分履行职责的行为（郑利平，2000）。

2. 以经济交换为核心的定义

这种定义方法通常是用经济学的分析术语来进行表达，认为腐败是将市场交换原则运用于公共事务，使公共权力与私人财富之间发生交易；腐败是指“少数人利用合法或非法手段谋取经济租金的政治活动和经济活动，通俗地讲，寻租就是用较低的贿赂成本获取较高的收益或者超额利润”（胡鞍钢、康晓光，1994）。

3. 以法律规范为核心的定义

这种定义往往从法学的视角出发，认为衡量腐败与否的关键在于是否符合法律规定。

4. 对主流定义的质疑与反驳

有学者认为，经典腐败定义本身需要反思，学界应该摆脱长久以来从经济或政治的特定领域理解腐败的固化思维，转而朝向腐败概念本身，伦理的方法可能成为我们把握腐败概念的有力武器。（韩丹，2007）

关于腐败类型的分析，何增科（2003）认为，中国转型期的腐败可以根据腐败行为主体的性质和数量、腐败行为主体的层级分布状况、腐败行为发生的领域或部门、腐败行为动机等不同的标准而划分为不同的类型；倪星（2004）认为，从经济学的视角出发可以将腐败活动划分为贪污型、互惠型、勒索型、渎职型四种；胡鞍钢（2001）则将中国的腐败类型划分为四种类型，即寻租性腐败、地下经济腐败、税收流失性腐败、公共投资与公共支出性腐败等。这些不同类型的腐败分类为我们呈现了腐败现象在中国的多维度特征并存的复杂状况。

（二）当代中国腐败现象的表现、影响与测量

1. 腐败现象的表现

改革开放以来，在中国腐败问题呈现出什么样的状况、特征和规律？这是我国学术界对腐败的研究需要回答的最基本的问题。

学者们通过不同的测量方法对改革开放以来我国腐败状况进行测量。倪星（2004）采用客观测量法，根据全国检察机关查办案件数量与涉案金额的变动趋势，来分析1980—2002年间的腐败状况，将这一时间段分为四个腐败周期。周淑真（2009）对最高人民检察院1980—2008年正式公布的腐败案件进行汇总统计，根据改革开放以来腐败案件的数量和涉案金额的变动趋势，将1978年以来的腐败发作分为七个周期进行描。不同学者虽然对改革开放以来我国腐败周期的分段有所差异，但他们根据涉案金额、立案侦查数量和大案要案数量等指标发现：腐败现象在1996年和1997年达到历史顶峰，而在1998年之后后腐败的蔓延势头受到遏制，波动幅度减小，但是发案率仍然处于较高水平。

2. 腐败影响与损失的测量

国内学者普遍认可的观点是：腐败对中国社会、经济、政治环境和秩序的侵害是全方位的，腐败是经济发展的障碍、社会不稳定的根源并导致政府效率下降（卜宇，1995）。这是一种学理分析和定性判断，需要更进一步的经验支持，对中国腐败影响的量化估算因此得到进一步研究，这一估算研究在学界以寻租理论为基础而展开。胡和立（1989）对我国价格双轨制时期的腐败金额进行了初步估算。万安培（1995）对1992年、1996年我国寻租的租金规模进行了估算。胡鞍钢（2001）估计，在20世纪90年代后半期（1995—1999年），腐败造成的经济损失和消费者福利损失平均每年在9875亿～12570亿元之间，占全国GDP总量的13.2%～16.8%之间。吴一平（2005）运用经济学中对腐败后果的估算方法，利用中国检察机关和法院审查腐败案件数据，对中国腐败后果进行初步估算。估算结果显示，腐败程度呈不断加深的趋势，腐败

“黑数”也在不断扩大，这说明中国反腐败机构本身也存在着严重的腐败问题，有的反腐败机构和执行者反而被腐败者所俘获，形成集体腐败。还有研究考虑了除政府腐败之外的金融腐败的宏观经济成本，认为金融机构的寻租扭曲了资源价格，造成了金融资源使用效率的低下，而融资腐败的程度取决于资金的稀缺性和发展过程中对资金的需求程度（谢平、陆磊，2003）。

（三）腐败成因的解释与分析

改革开放以来腐败蔓延的原因何在？这是腐败与反腐败研究中的关键问题。不同学者从不同学科视角出发对这一问题进行了研究。

1. 经济学的视角

在关于当前中国腐败蔓延成因的解释方面，最具影响力的主流观点来自经济学的视角。经济学视角着重关注转型经济中的腐败问题，呈现出从公共选择经济学到制度经济学的知识增长。

（1）基于公共选择理论的解释。公共选择中的寻租理论着眼于社会经济生活中公共权力与经济财富进行交换的过程，为腐败成因的解释提供了一个极为重要的经济学视角。公共选择理论基于个人主义方法论，对个人在公共选择活动中同样持有“经济人”的假设。过勇（2006）基于公共选择理论的分析框架，在对经济转轨、制度变革等影响腐败的机制进行了比较深入、系统的研究后认为，造成中国1978年以来腐败蔓延的主要原因是经济转轨和与之相伴的制度变革不适应；倪星（1997）认为，只有利己动机和经济租金这两大因素相结合，通过寻租活动的方式表现出来，才构成腐败行为。

（2）制度经济学的视角。叶国英、吴建华（2005）认为，现有腐败经济学文献强调获得权力是腐败发生的一个必要条件，但忽视了权力配置结构、信息不完备与腐败行为变化的关系，应把不完备制度和不完备信息看成是腐败能否发生的内生性因素。由此得出结论：腐败总是发生在制度和信息不完备的领域；制度和信息越不完备，腐败发生的概率越大（如腐败主体的“高层化”、腐败经济激励从生活资料向生产资料转变、高校腐败案件突出等）、腐败程度越高（合谋腐败动态增加、腐败金额上升）。

（3）信息经济学的视角。张延人、顾江（2001）运用信息经济学基本理论，从一个新的视角对转轨经济中官员的腐败行为加以解释。他们提出在不完全信息条件下的统制经济中，统治者要有效地激励官员必然要以特权为手段，以效率为代价，而这恰恰构成了将来经济转轨过程中官员腐败的主要潜在因素。在统治者主导的制度变迁中，腐败主要来自两个方面的原因：一是来自于统治者保持官僚集团内部效率的需要，二是来自于企业家与统治者在信息水平和激励能力上的差异。前者具有负效应，而后者具有正效应。

2. 政治学与行政学的视角

与经济学关注政府与市场关系不同，政治学、行政学对腐败的研究则直接指向公共权力的本质、特点及其运作体制机制。这类研究的代表性观点是，公共权力天然具有趋于腐败的倾向，腐败源于公共权力的扩张、异化和失范。

林喆（2009）强调一个特定的政治学概念——“权力腐败”。她认为权力腐败是权力异化的特殊表现形式。权力本身具有的不平等性和可交换性等特点，决定了权力一旦不受制约势必走向异化，使权力由应当为公众谋利益的工具，蜕变成为个人谋取私利的手段。曾飞华（2001）则从权力关系中的依赖性程度来理解腐败问题，认为依赖性是权力产生的根源，亦是腐败产生的根源。

3. 社会学的视角

社会学视角下的腐败成因研究主要着眼于社会转型、阶层变动等视角。一是转型期视角。学者陈烽认为，中国的腐败是正在转型之中的非常态、非稳态社会中发生的腐败。二是体制视角，转型期各式各样的腐败路径和运作方式作为正式运行机制的替代物和填充物，织入了过渡性体制的实际运行机制之中。三是阶层视角，将广泛存在的各类腐败行为作为群体性、阶层性现象来理解。改革以后干部阶层的整体权力、地位下降，内部发生分化，失去原有利益平衡，转型期腐败是过渡性体制下干部阶层利益实现机制扭曲的恶性表现（陈烽，1997）。

4. 伦理与文化的视角

持有文化论观点的学者倾向于从文化环境中寻求腐败滋生的诱因，关注文化因素对腐败发生的作用。当前中国社会文化的消极方面可以总结为：一是推崇“官本位”（胡伟，2006）；二是“潜规则”盛行（马庆钰，2002）；三是“人情”伦理（马庆钰，2002）；四是“人治”政治（周瑞华，1997）；五是公共伦理责任丧失（鄯爱红，2005）。在以上诸种被认为是腐败诱因的文化因素，从更深的层次来看都是传统儒家文化伦理思想的多维体现。由此引出一个更为本质的问题——儒家伦理是否就是腐败蔓延的文化根源？

21世纪初，人文学界就此问题发生了一场论战。一方学者认为，儒家伦理应为现实生活中某些屡见不鲜的腐败现象的滋生蔓延承担责任，具有代表性的观点就是学者刘清平提出的“儒家腐败说”、“儒家深度悖论说”（刘清平，2002）；另一方学者则从文献学、法学、伦理学、宗教学、哲学、方法学乃至比较文化学等角度进行了针锋相对的回应，认为儒家文化不应为当前中国社会的腐败泛滥承担责任，反而是一切正面价值的源头（郭齐勇，2004）。

除了对传统文化的抽象思辨，还有学者对腐败官员的贿赂行为予以道德意义上的解读。有研究发现，贿赂是一种通过行动者的自我道德化表演，而嵌入在传统的礼物赠与行为与现代市场交易行为之间的特殊社会交换形态，并非纯粹的市场交易行为。（李辉，2009）

5. 心理学的视角

心理学的视角关注腐败行为者的心理活动，着重从个体或社会心理现象的层面对腐败行为予以解释。其主要观点认为，腐败行为者往往存在“相对剥夺感”、“合理化”的心理防卫机制、“集体安全”心理、“侥幸逃避”心理等。（罗桂芬，1997）

（四）反腐败对策研究

腐败与反腐败研究是一个问题导向和实践导向的研究领域，其最终目的不仅在于解释腐败成因，更在于更好地为反腐败提供智力支持和对策方略。

1. 以政府与市场关系为焦点

从经济学的视角来看，当前中国社会腐败问题即是权力寻租问题，即缺乏节制的行政权力以各种名义在市场活动中索取超额“租金”。尤其是当下处于经济转轨时期，政府与市场之间形成良性协调的关系是腐败治理的关键。因此反腐败的关键是减少行政干预，破除行政垄断，重新定位政府的经济角色（胡鞍钢、过勇，2003）。

2. 以政治与行政体制改革为焦点

政治学与行政学界对腐败问题的思考常常着眼于政治与行政体制本身。王沪宁（1995）将政治过程的腐败防御体制分为宏观体制和具体体制两个方面。宏观体制指社会资源集中和分配的基本体制、资源的管理体制和程序、资源分配的权力分布等。对正在发展市场经济体制的中国而言，从某种意义上来说，更加重要的是宏观体制的建设。何增科（2005）认为，政治领域腐败案件多发高发趋势表明，政治体制改革相对滞后于经济体制改革，制度反腐败的重点应当从经济领域转向政治领域，通过推动政治体制改革与创新，从源头上预防和治理腐败。徐广春（1999）则着眼于对“政府反腐败力度逐年加大，而腐败的程度却逐年升级”这一现象的反思，他认为应在维护有限中央集权的同时，努力推进地方民主。

基于这种逻辑，权力结构的平衡、法治社会的构建、民主政治的发展等宏观政治体制构成了腐败治理的基本制度保障。所有抑制腐败的制度离开了一定的背景体制就不能产生理想的效果。

3. 以公职人员激励为焦点

国内学者一般主张“合理薪酬”与“适时提薪”，或者强调薪酬制度与其他制度措施的配套，对于高薪养廉一般持保留态度，对于公职人员给予与经济发展水平相适应的合理薪酬则是适宜的反腐策略之　。胡鞍钢、过勇（2002）认为，加大预防和打击腐败行为力度与改革公务员激励制度要结合起来，相互推动。周军、刘民权（2004）则提供了从经济学领域看待高薪养廉政策的一个新视角。他们通过建立模型证明：高薪本身并不能廉政，高薪不是廉政的充分条件。

4. 以具体廉政政策为焦点

（1）完善廉政预防政策。对于廉政预防政策，相关学者从宏观预防与微观制度两个层面展开讨论。从宏观方面来看，社会转型时期预防腐败的工作是一项复杂的系统工程，既要构筑严密的“制度防线”用以减少腐败机会，降低腐败“黑数”；也要筑起牢固的“思想道德防线”，主动抑制腐败动机。这是预防腐败的两条主要路径。（禹建柏，2007）

（2）完善廉政监督政策。对于监督政策的完善，学者们从不同监督形式出发探讨了审计监督、财政监督、社会监督、舆论监督等监督机制和政策如何进行完善。学界研究主要建议如下：针对“一把手”腐败问题，应当健全对高中级干部和“一把手”权力的监督制度（杨沫，2005）；新闻舆论监督是反腐利器，是民主治腐的良方之一，需要加强新闻媒体的自由报道和自律建设；财政监督发挥着重要的约束功能，是廉政建设的一个重要手段和具体形式（姜维壮，2002）。针对廉政政策执行中存在的问题，应当加强廉政政策执行监督，减少廉政政策执行失真（王琳、韦春艳，2010）。

（3）完善腐败惩治政策。如何惩治腐败行为是腐败治理中的关键问题。学界对腐败惩治政策方面的研究和建议主要是：以提高腐败成本的方式来降低腐败行为的发生，增加腐败成本的关键是提高查处概率，还应当缩减司法自由裁量权，增加对腐败行为的罚款，制造舆论压力增加精神成本，等等（胡鞍钢、过勇，2002）。针对贪官外逃问题，学者认为应当在经济上建立健全预防和惩治贪官外逃机制，切实抓好遏制资金外逃、加大反洗钱力度、利用民法追缴外逃赃款等重要环节的机制建设等（王明高，2006）。

5. 以改进腐败治理机构为焦点

专门的反腐败组织是各种反腐制度得以有效执行的保障，各类具有反腐败职能的组织进行有效协调配合是实现廉政的重要条件。有学者从反腐组织和机构的视角提出对策。

过勇（2010）认为，中国当前存在反腐败机构之间分工不清晰，专业化程度不高的问题。因此建议纪检、监察机关应统筹协调反腐败工作，加强对司法和执法机关的监督。中纪委、监察部应继续承担颁布有关法规文件、制定战略规划、协调各机构间的职能；加强廉洁教育工作，并将教育对象扩大到全社会等。吴一平（2005）建议成立独立的监督机构，保证监督部门的独立性和公正性，减少其受到上级机关的行政干预。

6. 以执政党建设为焦点

中国现实的政治体制决定了执政党在反腐败中起着不可替代的作用。中国共产党要继续保持特有的性质和执政地位，就必然要自觉领导反腐败斗争，遏制和消除党内腐败现象。为此，学者提出以下对策：①加强党内制度建设，强化党内监督，加强党风廉政建设责任制、党风廉政预警机制、党员干部财产申报制度等（青阳，2002）；②促进党员干部廉洁自律（刘兆山，1997）；③强化党外监督，健全群众监督、舆论监督制度；④发挥民主党派的监督功能，有效地利用民主党派在国家政治中的独特地位，发挥它们的民主监督职能（周淑真、武建强，2009）。

7. 以廉洁文化教育为焦点

进行廉洁教育、塑造廉洁清明的文化环境是反腐败措施中的重要支柱。学者们认为，廉洁教育这个支柱应当同时进行两方面的构建工作：一是建立健全针对公职人员的廉政教育工作体系，强调反腐败必须正视来自不同文化的挑战；二是建立健全针对社会大众的廉洁教育体系。

8. 以立法与司法建设为焦点

建设法治社会，通过严密的法律规则来形成整体性的反腐体系，这一逻辑指引着改革开放以来的反腐败斗争。因而学界有大量的注意力置于法律领域，建议制定和改进各种法律规章，来惩治腐败犯罪。目前学界讨论较多的是制定和出台《反腐败法》。学界认为需要制定一部专门、统一的《反腐败法》，对腐败行为重新给以清晰的界定。

此外，还有学者对其他方面的反腐败法律进行了研究。李灯强等（2007）认为，应当进一步加快研究制定财政监督法以及完善各项财政、预算、税收和国有资产管理法律法规；管宇（2007）认为，在立法方面，我国一些重要制度尚未建立，与《联合国反腐败公约》的基本精神相比较存有冲突与缺失之处。

三、问题与方向

（一）问题

通过对20世纪80年代以来中国腐败与反腐败研究的描述性统计，有助于我们大致了解当前中国腐败与反腐败研究的整体状况。在此基础上，本文对中国腐败与反腐败研究中的问题做如下总结：

1．总体研究质量不高，宏观化、对策式研究盛行

腐败与反腐败领域的研究已经得到广阔发展，但是总体上的研究质量并不理想，研究文献的规范性有待提高。缺乏规范性导致这一领域不断生产重复性研究，使得研究成果的连续性和该领域知识的可积累性遭受严重损害。研究质量问题的重要表现就是综合的宏观论述和如何反腐败的对策研究占据了大量比例，而对腐败现象本身的研究却远远不够。缺乏规范的研究方法和经验数据的支持，使这些研究的结论和所给对策令人生疑。

2．经验主义研究严重匮乏

腐败与反腐败领域的研究还存在一个突出的问题，即经验研究严重匮乏，非经验主义研究大行其道。经验研究匮乏，经验主义方法运用不足，富有价值的经验材料难以获得，这对腐败与反腐败研究造成了研究质量上的伤害。尽管我们可以认为，是腐败现象与反腐败实践本身的隐蔽、不公开造成了经验材料的缺乏，但如果经验研究如此之少，那么当前该领域的文献又具有多少价值呢？这些研究能否帮助我们认识和理解中国腐败现象和反腐败实践的真实世界呢？

3．不同学科研究的碎片化倾向明显

腐败与反腐败研究融合了政治学、经济学、公共管理、伦理学、教育学、心理学等不同学科的知识，是问题导向的跨学科的研究领域。本研究的定量评估也揭示了该领域中各种学科研究途径并存的现状。然而，遗憾的是，各个学科的研究成果并没有真正交融到一起，而呈现出相互隔离的碎片化倾向，每个学科阵地的学者都囿于自身的学科语言和思维视角，对腐败与反腐败的研究也陷入了各说各话的境地。

4．缺乏制度性资金支持

文献评估的总样本中有高达93.2%的文献缺乏资金支持，这无疑对腐败与反腐败研究构成了严重限制，也应当被看做是研究质量不高的重要原因之一。事实上，由于腐败现象的复杂和反腐败实践的多样性，经验材料的收集可能需耗费更多的人力和物力成本，也必然需要足够资金的支持。制度性资金支持的不足会使得大量研究难以取得经验资料，也就无法改变当前文献中经验主义研究匮乏的问题。

（二）方向

笔者对今后腐败与反腐败领域研究发展方向的建议如下。

1. 规范该领域的研究方法，提升研究质量

刘亚平在反思公共行政中的对策研究时认为，对策研究不仅没有有效指导实践者的行动，反而使得公共行政学成为没有门槛的领域，严重损害了研究者的学术尊严、研究中立性和研究品质（刘亚平，2008）。如果研究者继续维持当前这种缺乏质量亦难指导实践的研究，那么腐败与反腐败研究领域也将面临严峻的研究质量问题。因此，必须推动腐败与反腐败领域的研究方法的规范，通过各种措施提升该领域研究人员的方法意识和研究技能，为提升研究质量奠定基础。对于该领域的文献应当进行及时的梳理、综合和发展批判性回应，以促进该领域的知识增长。

2. 大力加强经验主义研究，理解腐败与反腐败的真实世界

由于腐败问题本身的隐蔽性和复杂特征，腐败与反腐败领域的研究者在从事相关研究和收集经验资料时面临着巨大挑战，但是经验主义研究对腐败与反腐败领域而言极为重要，这就需要腐败与反腐败领域的研究者形成集体合力，加强沟通交流，大力推动经验主义研究成果的产生。事实上，我们应该看到，腐败现象的复杂性以及腐败治理实践的丰富性都提示我们应当夯实腐败研究的微观基础，才能在此之上建构中观理论。正是由于腐败与反腐败研究比其他领域的研究面临更大的困难和挑战，所以，更为广泛的经验资料的收集才应当成为研究的重中之重，经验研究方法的文献才应当受到更多的鼓励和支持。

3. 进行科际知识整合，开展跨学科的学术合作

腐败既是一种政治、经济和社会现象，也是复杂的文化、伦理、心理现象，需要社会科学各个分支提供多元化的知识支持。但是，在政治学、经济学与公共行政学为该领域贡献大量研究成果的同时，通过伦理、文化、教育、心理等途径进行的腐败研究则明显不足。这种不平衡性似乎暗示了我们对腐败问题的一种略显褊狭的理解——腐败与反腐败问题被主要看做是政治、经济和管理问题，而不是伦理、教育、文化、心理问题。这造成了部分学科研究成果的过分稀缺和整体失衡。因此，腐败与反腐败领域今后的研究应当注重各学科之间的结构平衡和智力协作，为腐败问题的研究搭建一个融合多元知识体系的研究平台。

总之，我们既需要基于经验材料基础上的实证研究，也需要符合学术标准的规范研究；既需要提升研究者的方法意识和研究技能，也需要加大制度性资金对该领域的进一步支持；既需要不同学科研究者的持续贡献，也需要跨学科的合作性研究和研究成果的融合。公共权力的规范行使和政府的廉洁运行关乎社会公共正义以及公民美好生活愿景的实现。在经济社会剧烈转型和腐败现象持续蔓延的背景下，社会科学领域的研究者有充分的责任和使命对这一极为要紧的“大问题”继续作出智识上的贡献。

参考文献

[1] 颜昌武，牛美丽. 2009. 公共行政中的规范研究. 公共行政评论，(1).
[2] 何艳玲. 2007. 问题与方法：近十年来我国行政学研究评估. 政治学研究，(1).
[3] 王沪宁. 1995. 中国抑制腐败的体制选择. 政治学研究，(1).
[4] 郑利平. 2000. 腐败的经济学分析. 北京：中共中央党校出版社.
[5] 陈可雄. 1994. 反腐败必须釜底抽薪：访著名经济学家吴敬琏教授. 新华文摘，(1).
[6] 胡鞍钢，康晓光. 1994. 以制度创新根治腐败. 改革与理论，(3).
[7] 倪星. 2004. 腐败与反腐败的经济学研究. 北京：中国社会科学出版社.
[8] 韩丹. 2007. 惯用腐败定义质疑. 青海社会科学，(5).
[9] 何增科. 2003. 中国转型期腐败与反腐败问题研究（上）. 经济社会体制比较，(1).
[10] 胡鞍钢. 2001. 腐败与社会不公. 江苏社会科学，(3).
[11] 周淑真. 2009. 改革开放以来我国腐败状况透视和反腐败战略思路的变迁. 探索，(1).
[12] 卜宇. 1995. 社会转型中腐败危害的社会学思考. 社会学研究，(12).
[13] 胡和立. 1989. 廉政三策. 经济社会体制比较，(3).
[14] 胡和立. 1989. 1988 年我国租金价值的估算. 经济社会体制比较，(5).
[15] 吴一平. 2005. 经济转轨、集体腐败与政治改革：基于中国转轨经验的经济学分析. 当代经济科学，(2).
[16] 周黎安，陶婧. 2009. 政府规模、市场化与地区腐败问题研究. 经济研究，(1).
[17] 陈刚，李树，尹希果. 2008. 腐败与中国经济增长：实证主义的视角. 经济社会体制比较，(2).
[18] 杨灿明，赵福军. 2004. 行政腐败的宏观经济学分析. 经济研究，(9).
[19] 过勇. 2006. 经济转轨、制度与腐败. 政治学研究，(3).
[20] 倪星. 1997. 论寻租腐败. 政治学研究，(4).
[21] 过勇，胡鞍钢. 2003. 行政垄断、寻租与腐败：转型经济的腐败机理分析. 经济社会体制比较，(2).
[22] 叶国英，吴建华. 2005. 腐败的内在逻辑：腐败大案要案的经济学解释. 中国行政管理，(11).
[23] 张延人，顾江. 2001. 官僚体制中的契约与激励机制. 经济研究，(10).
[24] 林喆. 2009. 权力制约与权力腐败. 济南：山东人民出版社.
[25] 曾飞华. 2001. 权力与腐败：从罗宾斯的权力理论谈防治腐败. 广东行政学院学报，(1).
[26] 鄯爱红. 2005. 行政伦理责任：抑制行政腐败的有效路径. 国家行政学院学报，增刊.
[27] 陈烽. 1999. 深化当前腐败问题研究的三个视角. 社会学研究，(6).

[28] 陈烽. 1997. 转型期干部阶层的地位变动和腐败的利益根源及治理. 社会学研究，(5).
[29] 段冰冰. 2007. 行政腐败中的文化因素分析. 党政干部学刊，(9).
[30] 胡伟. 2006. 腐败的文化透视. 浙江社会科学，(3).
[31] 马庆钰. 2002. 关于腐败的文化分析. 中国人民大学学报，(6).
[32] 周瑞华. 1997. 权力腐败、文化传统与制度. 湖北师范学院学报，(4).
[33] 鄯爱红. 2005. 行政伦理责任：抑制行政腐败的有效路径. 国家行政学院学报，增刊.
[34] 刘清平. 2002. 美德还是腐败：析《孟子》中有关舜的两个案例. 哲学研究，(2).
[35] 郭齐勇. 2004. 儒家伦理争鸣集：以“亲亲互隐”为中心. 武汉：湖北教育出版社.
[36] 李辉. 2009. 贿赂中的自我道德化与嵌入性腐败. 社会，(6).
[37] 罗桂芬. 1997. 腐败行为与相对剥夺感：官员腐败的社会心理机制透视. 中国行政管理，(5).
[38] 董晓宇. 2002. 公共权力腐败行为的形成机理与遏制思路. 中国行政管理，(4).
[39] 王沪宁. 1995. 中国抑制腐败的体制选择. 政治学研究，(2).
[40] 何增科. 2005. 从源头上预防和治理用人腐败. 国家行政学院学报，增刊.
[41] 徐广春. 1999. 地方民主：可供选择的反腐败战略. 江西行政学院学报，增刊.
[42] 胡鞍钢，过勇. 2002. 公务员腐败成本—收益的经济学分析. 经济社会体制比较，(4).
[43] 周军，刘民权. 2004. 在不确定性条件下高薪养廉政策绩效分析. 数量经济技术经济研究，(12).
[44] 禹建柏. 2007. 简论预防腐败的“双重防线”及其耦合机制. 社会科学家，(1).
[45] 杨沫. 2005.“一把手”腐败现象与制度性缺陷. 国家行政学院学报，增刊.
[46] 姜维壮. 2002. 市场经济、廉政建设与财政监督. 中央财经大学学报，(1).
[47] 王琳，韦春艳. 2010. 廉政政策执行监督的困境及其消解. 广州大学学报，(2).
[48] 王明高. 2006. 中国预防和惩治贪官外逃模型与机制研究. 中南大学博士学位论文.
[49] 过勇. 2010. 完善中国反腐败体制和机制的几点建议. 经济社会体制比较，(4).
[50] 吴一平. 2005. 经济转轨、集体腐败与政治改革. 当代经济科学，(2).
[51] 青阳. 2002. 落实党风廉政建设责任制的问题与对策. 中国监察，(14).
[52] 刘兆山. 1997. 论共产党员的廉洁自律. 发展论坛，(2).
[53] 周淑真，武建强. 2009. 当代中国政党关系结构与政党建设. 江苏行政学院学报，(1).
[54] 李抒望. 2005. 反腐败必须加强廉政文化建设. 领导科学，(12).
[55] 李灯强，吴晓玲. 2007. 预防腐败的财政制度安排. 湖北经济学院学报，(2).
[56] 管宇. 2007. 联合国反腐败公约与我国刑事立法的完善. 国家行政学院学报，(4).
[57] 刘亚平. 2008. 公共行政中的对策研究：批判和反思. 中国人民大学学报，(1).

第二部分

中国廉政建设的历史与未来

地方政府廉政制度创新实践及其行为模式研究

庄德水①

廉政制度创新是政府创新的重要内容，更是一种特殊的政府创新形式。在理论上，政府创新是政府理论、制度、技术和实践的综合创新，其中政府制度创新包括了廉政制度创新。反腐倡廉建设有其内在的规律性，不同于一般行政管理工作，这决定了廉政制度创新既具有其他政府创新形式的共性，也具有其特殊性。改革开放以来特别是党的十六大以来，地方政府在廉政制度创新方面取得的成果和经验，为反腐倡廉建设的改革、发展、稳定提供了有力保证。那么，为什么我国地方政府竞相开展廉政制度创新呢？创新的动力是什么呢？新时期如何推进廉政制度创新呢？这些问题对于当前加强反腐倡廉建设、实现反腐倡廉制度科学化具有参考价值。本文将尝试对这些问题进行理论探讨。

一、廉政制度创新的实践情况

2010 年 5 月 18 日，中央纪委监察部在南京市召开全国反腐倡廉建设创新经验交流会。在会上，13 个单位做了口头交流，50 个单位做了书面交流。会后，中央纪委将交流材料汇编成《以改革创新精神推进反腐倡廉建设》一书，并收录 60 篇未在会上交流的经验材料。其中，96 篇属于不同层级地方政府的廉政创新成果，其余则属于中央部委。本文将基于这 96 个地方政府创新成果材料来分析新时期我国廉政制度创新情况，之所以采取这个研究设计，其原因在于“这次全国反腐倡廉建设创新经验交流会上的有关经验材料，就是对近年来基层反腐倡廉建设创新成果的一次集中展示。这些经验材料内容丰富、各具特色，其中许多经验已经比较成熟、具备在面上推广的条件”（贺国强，2010）。

在这里，根据反腐倡廉制度建设内容，本文把分析对象按廉政教育制度创

① 庄德水，1977 年生，男，浙江台州人，北京大学纪委监察室助理研究员，博士，北京大学政治发展与政府管理研究所研究人员。

新、廉政监督制度创新、廉政预防制度创新、腐败惩处制度创新、廉政管理制度创新以及其他工作制度创新进行分类。根据材料分析，廉政监督制度创新（共33项）、廉政预防制度创新（共15项）和廉政管理制度创新（共23项）之和所占的比例接近74%，这说明当前地方政府廉政制度创新主要围绕当前工作重点和热点问题展开，重视解决一些长期困扰且处于关键地位的工作难题，比如如何监督制约单位“一把手”权力、如何防治关键领域的腐败、如何实现反腐倡廉建设与其他业务工作的协调统一等。监督和预防是廉政建设的两个支柱，通过廉政管理实现二者科学化有利于完善整个廉政制度体系。重视廉政监督制度、廉政预防制度和廉政管理制度的统一，一方面说明监督、预防和管理仍是当前反腐倡廉建设工作的重点，还留有很多问题有待进一步解决；另一方面说明这些廉政制度创新工作必须实现长效性，尽快在相关实践经验基础上形成统一的制度规范和指导规划。

与此同时，地方政府重视廉政教育制度创新（共6项，占6.25%）、腐败惩处制度创新（共7项，占7.29%）和与维护群众利益密切相关的廉政制度创新（包含在其他类中），比如探索如何创新岗位廉政教育、如何防治社会民主领域的腐败问题、如何提高党纪政纪处分执行力等。特别是廉政教育制度创新工作本来就比较难、见效慢，一些地方政府包括杭州市能够尝试创新廉政教育模式，体现了当前廉政制度创新工作已日渐拓展至反腐倡廉建设“深水区”。另外，把廉政制度创新与维护群众利益相联系，重视农村基层的党风廉政建设、政务阳光、公共服务和社会稳定等问题，说明当前廉政制度创新决策具有明显的社会意识，见图1所示。

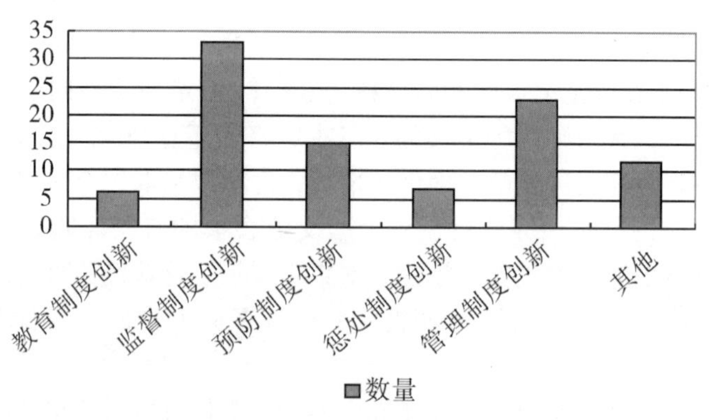

图1　新时期地方政府廉政制度创新情况

“重视现代科学技术尤其是信息技术在反腐倡廉建设中的作用，不断提高纪检监察工作的科技含量，是新形势下防治腐败工作的迫切需要”（中共中央纪律检查委员会研究室，2010）。据有关材料分析，接近一半的廉政制度创新成果提到或涉及廉政技术创新。廉政制度与廉政技术的相互融合，代表了一个新的廉政制度创新趋势，即廉政制度创新将越来越依靠科技的支撑。这也说明，廉政技术对廉政制度创新具有重要的推动力。

根据相关材料分析结果显示，当前廉政制度创新具有三个鲜明特点：一是具有政策性。各地方政府制度创新能够紧扣当前中央反腐倡廉制度建设的主要任务，围绕建立健全惩治和预防腐败体系要求，坚持标本兼治、综合治理、惩防并举、注重预防的方针，及时跟进中央重大决策部署、重要工作、重大活动等开展廉政制度创新。比如，浙江省创新整体构建、行业构建、专项构建、联合构建和科技促建等“4＋1”构建方式；上海市探索“制度加科技”方式，着力提高预防腐败效能等。二是具有专项性。一些地方政府能够针对本地反腐倡廉建设工作的重点难点，抓住关键工作领域和环节，结合本地创新资源、能力和优势等开展廉政制度创新。比如，山西省以煤焦领域反腐败斗争为切入点，推进惩防体系建设；重庆市结合“打黑查办”工作，推进司法领域廉政制度创新；江苏省南京市创新药房托管制度，解决群众看病难、看病贵问题等。三是具有前瞻性。一些地方政府能够把国内外廉政实践成果、公共管理理论和最新科技成果应用于廉政创新工作，形成具有地方特色的廉政制度创新体系。比如，北京市把风险管理和质量管理理论应用廉政管理制度创新，开展廉政风险防范管理；广东省深圳市试行政府绩效管理，创新行政监察制度，提升行政监察工作科学化水平；广西壮族自治区创新行政效能电子监察平台，提升政务公开和公共服务水平；等等。

二、廉政制度创新的行为空间

廉政制度创新处于特定的历史时期，其活动具有特定的行为空间。这个行为空间由国家宪法秩序、执政党政策以及实践知识存量等组成，廉政制度创新基于这个行为空间所限定的客观条件。

廉政制度创新受整个政府制度环境的制约，其中宪法秩序是最重要的因素。“政府的制度创新是在既定的宪法秩序下进行的，宪法秩序通过对基本政治、经济、文化制度的规定对制度创新的总方向作出了界定，其中也包含一套限定政府权力的最基本的规则。”（傅大友、袁勇志、芮国强，2004）根据制度经济学原理，宪法秩序主要从四个方面对廉政制度创新施加影响：有助于社会调查研究，提供创新思想源泉；直接影响创新工作进入政治体系的成本和建立新制度的难易度；影响公共权力的运行方式进而影响创新政策；最后，一种稳定而有活力的宪法秩序会给创新工作引入一种文明秩序的意识。（奥斯特罗姆、菲尼、皮希尼，1992）宪法秩序限定廉政制度创新的行为空间，“它规定确定集体选择的条件的基本规则，这些规则是制定规则的规则”（奥斯特罗姆、菲尼、皮希尼，1992）。我国宪法明确规定中央与地方的国家机构职权的划分，要求在中央统一领导下，充分发挥地方的主动性、积极性，各地方政府可以在国家宪法法律框架内开展制度创新活动。这不仅赋予了地方政府的廉政制度创新权力，而且为地方政府廉政制度创新提供了法律依据。在宪法秩序框架内，地方政府成为廉政制度创新主体，能够自主地开展廉政制度创新工作。为了规避创新风险，地方政府往往采取“做了再说”的创新策略，即地方政府有意识地邀请专家学者来访，通过专家学者之口来“说”成绩；或利用新闻媒体宣传当地的制度绩效；或主动介绍当地的制度创新，向上级领导主动汇报工作等，希望通过制造声势和既成事实来获得上级政府的认同，争取正式的进入权。（杨瑞龙，1998）只要廉政制度创新行为没有超越宪法规定的界限，这种行为就会以“自发秩序”的形式存在，甚至向其他领域拓展。

廉政制度创新行为的价值取向取决于中央精神和政治决策层意志。中央精神和政治决策层意志主要来自于三个方面：一是党的中央委员会全会、中央纪委全会的正式讲话、决议和文件等；二是党的领导集体关于廉政建设方面的讲话；三是党中央、中央纪委制定的有关廉政建设的党内法规。中央精神和政治决策层意志是廉政制度最直接的指导力量。比如，北京市的廉政风险防范管理是对中央反腐倡廉要求的创造性贯彻。该市在经验交流时指出：“为适应反腐倡廉新形势、新任务，深入贯彻落实党的十七大提出的‘三个更加注重’的要求，进一步加大防治腐败工作力度，在中央纪委监察部和市委市政府的领导下，北京市认真总结推进反腐倡廉建设新经验，积极运用现代管理新理念，努力探索预防腐败工作新机制，全面开展了廉政风险防范管理工作。”（北京市纪委、监察局，2010）湖北省武汉市的廉政建设责任制报告制度则是对《关于实行党风廉政建设责任制的规定》的贯彻执行。该市在经验交流时指出：“《关于实行党风廉政建设责任制的规定》强调：各级党委（党组）应将贯彻落实党风廉政建设责任制的情况向上级党委、纪委报告。……为进一步强化‘一把手’的履责意识，我们从 2007 年开始在区一级试行单位党委（党组）负责人向区纪委全会报告责任制落实情况并接受纪委委员评议的制度。”（湖北省武汉市纪委、监察局，2010）地方政府的廉政制度创新在很大程度是对中央反腐倡廉建设方针政策的具体贯彻执行，换言之，是执行中央政策的一项重要举措。只要中央没有明令禁止，并且廉政制度创新活动可以从中央文件甚至个别语句中找到相应依据，地方政府就可以把创新活动付诸实践。这些实践一方面可以为廉政制度创新本身提供经验和动力；另一方面可以在中央尚未作出明确表态或默许的前提下，逐步突破中央精神和政治决策层所规定的界限，拓展廉政制度创新的行为空间。当然，若赋权或分权制不明晰或不完善，则相关制度限定会抑制地方政府的创造性。

廉政制度创新还受到知识存量的影响。任何制度创新都需要相应的创新成本，包括创新信息、方案制订、策略评估等，这些成本影响了廉政制度创新的选择集。这说明，我们需要通过知识积累来增加知识存量，提高人们对廉政制度创新收益的预期。知识存量一方面来自于政府管理理论和廉政建设理论创新；另一方面来自于各地方政府以及国际社会的廉政制度创新实践。这两部分知识存量对廉政制度创新行为的存续形成约束条件。就前者而言，当前，各地方政府日益重视与高校、科研机构的合作，积极发挥专家学者对廉政制度创新的参谋作用，设立专门的专家咨询委员会，通过学术研讨会、课题调研、学术讲座等形式开展咨询活动。专家学者把新的政府管理和廉政建设理念、理论、方法、技术等引入廉政制度创新领域，拓宽了地方政府廉政制度创新工作的思路和视野，有助于实现廉政制度建设的科学化。比如杭州市纪委成立“惩治和预防腐败联合研究中心”（CPCC），负责举办西湖廉政论坛，联系国内外廉政研究专家，支持和鼓励专家学者把最新研究成果落户杭州。就后者而言，当前，随着各地方政府廉政建设的深入开展以及与国际社会廉政建设工作交流的不断加强，一些地方政府开始采用学习、借鉴和合作策略进行廉政制度创新。比如，杭州市的岗位廉政教育创新就是一例。2008 年 10 月，该市“借鉴美国等国家和香港等地区针对不同岗位公职人员开展不同行为规范教育的做法，紧密结合杭州市纪检监察工作实际，进行公职人员岗位廉政教育创新”（杭州市纪委、监察局，2010）。当然，学习国外创新经验并非要进行体制性创新，而是要进行操作性创新。实践表明，借鉴其他地方政府和国际做法可以有效地降低创新成本，减少创新失败的经济风险，并提高制度创新的预期收益。

三、廉政制度创新的实践模式

地方政府是廉政制度创新的“第一行动集团”，即主要决策者和发起者，并支配着创新活动的进程。那么，地方政府发动廉政制度创新的动力来自哪里呢？这些动力机制对廉政制度创新会产生什么影响呢？在这里，为了研究方便，根据廉政制度创新的动力机制，我们把廉政制度创新模式分成贯彻型创新模式、发展型创新模式和竞争型创新模式并加以分析。

贯彻型创新的动力来自于中央政府、上级政府部门和政治领导人的意志。如前所述，中央精神和政治决策层的意志限定了廉政制度创新的行为空间。具体而言，在我国，各地方政府的廉政制度创新是一个政治实践活动，不能违背政治要求，更不能超越政治界限。廉政制度创新是对现行体制的健全完善，是在现行体制内完成的，而不是对现行体制的替代。对于地方政府来说，根据中央精神来开展廉政制度创新，不仅可以降低创新决策成本和创新失败的政治风险，而且可以为廉政制度创新找到政策依据和合法性基础。毕竟中央和上级政府是体制内资源的提供者，也是创新合法性的确认者。因此，贯彻型创新成为当前地方政府开展廉政制度创新的重要模式。比如，江苏省的廉政制度创新即是一例。该省在经验交流时指出，“近年来，作为中央纪委惩防体系建设工作联系点，我们在省委省政府的坚强领导下，坚决贯彻中央部署要求，紧密结合实际，坚持以构建基本框架增强体系的整体性，以推动实践创新增强体系的特色性，以运用信息技术增强体系的有效性，扎实推进具有江苏特点的惩防体系建设”（江苏省纪委、监察厅，2010），从“坚强领导”、“坚决贯彻”、“紧密结合”等用语中可见一斑。在贯彻型创新中，基于地方政府领导层的高度重视及相应的财政、人力、物力等支持，廉政制度创新的决策力和执行力都比较强，新的廉政制度创新做法往往能够在当地得到推广并形成实践经验，从而为中央和上级政府研究探索廉政制度创新提供借鉴。一些好的创新做法甚至还可能上升成为中央决策层的政策主张。当然，客观地说，贯彻型创新带有浓厚的政治色彩，是在中央方针政策正式指明创新方向后才开展的。中央政府的政策偏好与倾向直接决定了地方政府廉政制度创新的价值。创新活动本身具有政治表态和向上负责的意味，地方政府易于把创新变成“口号化”，夸大自己工作的创新性，即便是常规工作也要换个说法来体现创新（陈雪莲、杨雪冬，2009），这在一定程度上影响了地方政府的创新持续力。

发展型创新的动力来自于地方政府实际工作的发展需要。具体而言，一方面，各地方政府自身面临着新的反腐形势的挑战，新的腐败问题不时出现，这需要各地方政府创新原有的廉政制度，改变原有廉政制度体系，以创新推动廉政建设深入开展。另一方面，发生在地方政府内部的腐败案件严重影响了当地政治生态，为了重塑政府形象并获得当地社会公众的政治信任，各地方政府必须对腐败案件所暴露出来的问题有针对性地开展廉政制度创新活动。可以说，发展型创新模式既可能是主动之为，也可能是被动之为，更多情况是主动之为与被动之为的结合。如此，我们可以进一步归纳出三种创新：一是“发展—主动”式创新。比如云南省的廉政制度创新活动。“云南是边疆、民族、山区、欠发达省份，经济社会发展面临着许多困难和挑战，政府部门中不同程度地存在着办事效率不高、工作作风不实、服务态度不好、履职不到位等问题，影响了政府职能的充分发挥，制约着经济社会的健康发展。为从根本上转变这种状况，”该省“着力推动以制度建设为核心的政府自身建设”（云南省纪委、监察厅，2010）。二是“发展—被动”式创新。比如山东省济南市的廉政制度创新活动。“2007 年以来，济南市先后发生了中国轻骑集团经济犯罪窝案和市人大常委原主任段义和爆炸杀人案，给济南经济发展、社会稳定带来严重危害，”针对于此，该市“以创新思路寻求治本办法”（山东省济南市纪委、监察局，2010）。三是“发展—主/被动”式创新。比如，上海市“制度加科技”的廉政制度创新方式即属此类。该市“吸取社保资金案的教训，针对工作中存在的一些制度设计不够科学，缺乏针对性和操作性，难以真正执行；一些制度在执行中弹性空间大，容易变形走样，没有真正发挥作用等问题，以权力制约为关键，以制度建设为根本，以信息技术为支撑，探索‘制度加技术’方式，努力提高反腐倡廉设计的科技含量，增强反腐倡廉制度的执行力，着力提高预防腐败的效能，服务和保障科学发展”（上海市纪委、监察局，2010）。在发展型创新中，地方政府比较重视本地的反腐倡廉形势，注重从实际工作出发来开展廉政制度创新活动。因此，发展型创新的突出特点是回应性，即地方政府能够针对现实工作中出现的难点、热点问题及时采取创新措施，探索建立相应的廉政制度加以解决。比如山东省新泰市的纪委全委会工作制度创新、青海省的信访监督制度创新、四川省广安市的“片组＋巡查”工作机制创新等。从中可见，发展型创新重视问题导向，把创新活动寓于实际工作中，并逐步形成一个有机的工作制度体系，为保证廉政制度创新的有效性提供了制度基础。当然，由于现实问题层出不穷、具体创新工作千头万绪，若没有一个明确的创新规划，廉政制度创新易于受到外界环境的影响，陷入“问题超载”的困境。

竞争型创新的动力来自于地方政府的政绩冲动和竞争。“地方政府竞争，虽然在形式上表现为政府之间的竞争行为，但是政府的选择在很大程度上是各地政府“一把手”的决策选择，政府之间的竞争实质上就是各地政府官员之间的竞争。我们将官员之间的这种竞争行为称之为‘官员晋升锦标赛’”。“官员晋升锦标赛是指上级政府对多个下级政府部门的行政长官设计的一种晋升竞赛，竞赛优胜者将获得晋升，而竞赛标准由上级政府决定，它可以是 GDP 增长率，也可以是其他可度量的指标。”（周黎安，2010）对一些地方政府来说，廉政制度创新就是这样一个“可度量的指标”。一些地方政府领导层为了获得上级甚至中央的重视，纷纷加入“官员晋升锦标赛”，把廉政制度创新作为政治竞赛，在工作中不断推出创新内容和做法。各地方政府相互学习借鉴甚至开展创新竞争，在相当程度上推动了廉政制度创新活动的大规模开展。比如，电子监察的广泛运用除了中央精神的推动外，与地方政府争先实现监察电子化和科技化有关，因为似乎不这样做，就无法赶上其他地方政府的创新步伐。地方政府之间所展开的竞争，其实是领导层的“政绩”竞争，廉政制度创新工作成为“政绩”的考核内容。换言之，地方政府领导层的个人职务升迁是与廉政制度创新的竞争联系在一起的，并且廉政制度创新成效与地方政府领导层的人事变动和“政绩”冲动直接相关。由此，廉政制度创新带有鲜明的领导个人色彩。若地方政府领导层比较重视或关注某项廉政制度，则这项制度创新工作就比较容易进入政策议程，获得政策支持和财政支持；反之，则亦然。可以说，竞争型创新为廉政制度创新提供了强大的动力，地方政府领导层为了更快地取得“政绩”，必然要结合中央精神，根据实际工作情况，有意识地开展创新活动。但不可否认，竞争型创新的持续力是值得怀疑的，毕竟不同届的地方政府领导层的关注点和创新重点不同，随着领导个人的职务变动，一些廉政制度会随之被束之高阁。并且，一些地方政府领导层为了体现“政绩”，往往会忽视现实条件的限制，违背廉政制度创新的客观规律，采取急功近利的创新方法，进而导致廉政制度创新的“表面化”和“短视化”，使创新活动仅仅停留在内部工作总结和向上经验汇报层面上。竞争型创新实践表明，廉政制度创新同其他政府创新工作一样，都与政府本身的发展逻辑、行为特征和内在结构等因素是相关的，推进廉政制度创新是一项系统政府工程。

四、廉政制度创新的发展策略

从以上分析可见，我国地方政府廉政制度创新的动力主要来自于政府内部，属于内驱式创新。这些创新活动与现行行政体制、政府管理方式以及官员个人“政绩”冲动是密切相关。如何保证廉政制度创新的持续力，避免陷入“历史周期率”，是一个现实问题。

在传统集权型体制下，中央和上级政府实际上掌握了廉政制度创新的主导权，地方政府要开展创新活动往往要取得他们的认可，否则创新决策者可能会付出过多的创新代价。随着行政体制的改革和公共治理方式的改进，原有的集权体制在一定程度上出现了松动，中央和上级政府开始对地方政府的廉政制度创新持“中立”立场，只要不涉及原则性的政治问题，采取既支持也不反对的态度，以旁观者的姿势关注创新活动。这样的态度为地方政府的廉政制度创新活动提供了很大的灵活度，也为一些具有创新意识的地方官员提供了创新冲力，使他们能够放下过重的思想包袱，发挥出主动性和积极性，探索解决原有制度的痼疾。一些地方政府尝试在政策边缘开展廉政制度创新工作，典型的如新疆阿勒泰、浙江慈溪、湖南浏阳等地所开展的官员财产申报制度创新。对之，一方面，专家学者和社会公众对这些创新行为寄予期待；另一方面，政治决策层保持默许和“试试看”的态度。正因为此，当这些创新活动在社会范围内引起广泛争议时，创新工作仍能继续开展，中央只在适当时候对之加以评价。“意识形态是减少提供其他制度安排的服务费用的最重要的制度安排。”（科斯、阿尔钦、诺思，1994）在意识形态环境发生变化的情况下，地方政府作为“第一行动集团”应当学会如何在现行行为空间内，努力争取权力中心的认可；充分利用政策默许，尝试触及一些比较敏感的廉政制度创新活动。中央和上级政府不要对廉政制度创新工作本身寄予过高的政治期待，也不应视其为政治偏离行为，加以压制或批评，而应将其视之为政府反腐倡廉建设的一项经常性工作。毕竟廉政制度创新属于反腐倡廉建设领域，即使创新失败也不致产生大的负面效应。廉政制度创新行为空间的拓展是一个长期的实践过程，增量式的创新将会在政治体制框架范围内逐步突破原有的政策限制，把创新触角伸向“法无明文规定”的地方。

仅仅依靠体制内的资源而不从体制外寻求创新支持是无法保证廉政制度创新的持续力的。各级政府已不可能垄断所有的廉政制度创新资源，特别是创新知识资源。一部分创新资源来自于社会公众。随着社会公民意识的觉醒和公民社会的发展，社会公众日益重视反腐倡廉建设，愿意参与政府的廉政制度创新活动并与其形成合作关系。地方政府作为廉政制度创新的“第一行动集团”，可以把社会团体和公众纳入“第二行动集团”，让他们实质性地参与廉政制度创新的调查研究、方案制订以及方案采纳等环节的工作。社会团体和公众参与廉政制度创新可以拓宽创新思路，并使创新方案更具社会接纳性。为此，地方政府应当重视网络监督和舆论所反映出来的廉政制度问题和网民建议，不妨尝试一些富有创意的政策点子。专家学者是廉政制度创新的重要推动者，“从当前政府创新实例看，在专家学者充分参与下，其成功率较高。专家学者不仅在创新理论上提供指导，更能对具体创新方案进行修正，防止政府官员创新中的自利倾向”（金太军，2008）。能否充分发挥专家学者的作用，能否与专门的廉政知识机构合作，是衡量一个政府廉政制度创新能力的重要指标。为此，地方政府应当采取借用“外脑”方式与廉政专家学者合作，让专家学者针对本地廉政制度创新任务有目的地开展专题研究，帮助设计方案并参与具体实施工作。更重要的是，专家学者比政府官员拥有更自由的言论权，由专家学者来表明某种创新态度和立场，比由政府官员来做要好得多，风险也要小得多。并且，专家学者可以向权力中心争取一定的创新行为空间。

廉政制度创新本身也需要“制度化”、“规范化”。创新不是无序的竞争，也不是对权力中心的资源争夺，更不是对“政绩”的炫耀。不同地方政府所开展的廉政制度创新，不管是在设计和形式方面，还是在成果和绩效方面，都是存在差异的。这些差异为地方政府加强廉政制度创新经验交流提供了现实性。为此，各地方政府之间应形成协同创新关系，共享创新平台和资源，避免重复建设和资源浪费。更重要的是，要改变对政府官员的考核指标，重视廉政制度创新的长效性，毕竟大部分创新活动不可能在短期内取得明显成效。若一味地以数量来考核官员，那么创新将可能沦为一个“政绩工程”。虽然创新活动在短期内表现得轰轰烈烈，但一旦主管政府官员调离或离任，那么相应廉政制度创新将可能会名存实亡。因此，有必要依据廉政制度创新的内在规律性，经科学论证，制订专门的廉政制度创新计划，明确创新目标、创新主体、创新步骤以及创新协调机构等；有必要把廉政制度创新纳入政府创新和政府发展的总体部署，综合考虑创新工作的系统性和长期性。

参考文献

[1] 贺国强. 2010. 认真总结推广基层实践成果和经验、以改革创新精神推进反腐倡廉建设. 中国共产党，(8)：5.

[2] 中共中央纪律检查委员会研究室. 2010. 革故鼎新、激浊扬清：全国反腐倡廉建设创新经验交流会材料综述. //中共中央纪律检查委员会研究室编. 以改革创新精神推进反腐倡廉建设：全国反腐倡廉建设创新经验交流会专辑. 北京：中国方正出版社.

[3] 傅大友，袁勇志，芮国强. 2004. 行政改革与制度创新. 上海：上海三联书店.

[4]（美）V. 奥斯特罗姆，D. 菲尼，H. 皮希尼. 1992. 制度分析与发展的反思：问题与抉择. 北京：商务印书馆.

[5] 杨瑞龙. 1998. 我国制度变迁方式转换的三阶段论：兼论地方政府的制度创新行为. 经济研究，(1)：7.

[6] 北京市纪委，监察局. 2010. 全面推行廉政风险防范管理、探索预防腐败工作新机制. //中共中央纪律检查委员会研究室编. 以改革创新精神推进反腐倡廉建设：全国反腐倡廉建设创新经验交流会专辑. 北京：中国方正出版社.

[7] 湖北省武汉市纪委，监察局. 2010. 创新党风廉政建设责任制报告制度、把第一责任人的责任落到实处. //中共中央纪律检查委员会研究室编. 以改革创新精神推进反腐倡廉建设：全国反腐倡廉建设创新经验交流会专辑. 北京：中国方正出版社.

[8] 杭州市纪委，监察局. 2010. 以风险防范为核心、推进廉政教育个性化人性化创新. //中共中央纪律检查委员会研究室编. 以改革创新精神推进反腐倡廉建设：全国反腐倡廉建设创新经验交流会专辑. 北京：中国方正出版社.

[9] 江苏省纪委，监察厅. 2010. 突出实践特色、坚持创新发展、加快推进惩治和预防腐败体系. //中共中央纪律检查委员会研究室编. 以改革创新精神推进反腐倡廉建设：全国反腐倡廉建设创新经验交流会专辑. 北京：中国方正出版社.

[10] 陈雪莲，杨雪冬．2009．地方政府公共管理创新：经验与趋势．长春：吉林大学出版社．

[11] 云南省纪委，监察厅．2010．立足制度建设和管理创新、积极推进廉洁政府建设．//中共中央纪律检查委员会研究室编．以改革创新精神推进反腐倡廉建设：全国反腐倡廉建设创新经验交流会专辑．北京：中国方正出版社．

[12] 山东省济南纪委，监察局．2010．深化四项改革、全力打造廉洁高效济南．//中共中央纪律检查委员会研究室编．以改革创新精神推进反腐倡廉建设：全国反腐倡廉建设创新经验交流会专辑．北京：中国方正出版社．

[13] 上海市纪委，监督局．2010．探索“制度加科技”方式、着力提高预防腐败效能．//中共中央纪律检查委员会研究室编．以改革创新精神推进反腐倡廉建设：全国反腐倡廉建设创新经验交流会专辑．北京：中国方正出版社．

[14] 周黎安．2010．官员晋升锦标赛与竞争冲动．人民论坛，(5)：25．

[15]（美）R．科斯，A．阿尔钦，D．诺思．1994．财产权利与制度变迁：产权学派与新制度学派译文集．上海：上海三联书店，上海人民出版社．

[16] 金太军．2008．政府创新能力影响因素分析．政治学研究，(2)：105．

新中国成立以来反腐廉政制度变迁及其历史经验

李斌雄[1] 黄红平[2]

中国共产党的性质和宗旨决定其与各种消极腐败现象是水火不相容的。新中国成立以来，党在复杂的历史条件下始终高度重视反腐廉政建设，各项工作取得令人瞩目的成就。特别在反腐廉政制度建设上，鲜明的成果是，向逐步构建起中国特色反腐廉政制度体系的基本框架迈进，反腐败工作基本实现有制可依。按理说，反腐廉政制度建设应是一个连续的制度变迁过程，其本质是要降低腐败的治理成本，提高治理的收益。但由于历史的因缘错会，执政条件下党对反腐廉政制度的探寻并非一帆风顺，而是在跌宕起伏的制度变迁过程中逐步走上依靠制度建设根治腐败的正确轨道。

一、改革开放前党对反腐廉政制度的艰辛探索

对现实而言，人们在留恋改革开放前社会的整体性相对廉洁时，往往冠之以群众运动反腐或思想教育反腐的功效，而容易忽视制度反腐的因素，认为这只是改革开放后的发明。事实上，改革开放前党在探索反腐廉政建设的具体路径上，确实过多地采用群众运动和思想教育的方式，尽管当时主要依靠制度反腐的思路还不太坚定，制度变迁的过程不是很顺利，但其大致轮廓已经体现出来。具体来讲，改革开放前党对反腐廉政制度的艰辛探索，大致上经历了一个良好开端、曲折发展和全面困顿的制度衰退过程。

（一）社会主义革命时期反腐廉政制度的良好开端

区别于以前的任何社会形态，新中国成立的伟大意义就在于，在中国共产党的领导下新中国废除了遗祸千年的专政制度，建立起人民民主专政的国体和人民代表大会制的政体，并以根本大法的形式予以确认。在新中国成立前夕通

---

① 李斌雄，武汉大学政治与公共管理学院思想政治教育系教授，博士生导师。

② 黄红平，武汉大学政治与公共管理学院博士生，讲师。

过的具有临时宪法地位的《中央人民政治协商会议共同纲领》中明确规定，人民享有管理国家和社会的根本权力，享有对党和国家机关工作人员的选举、监督、管理和罢免等基本权利，在国体和政体层面上为反腐廉政建设提供了制度保证。此外，《共同纲领》还特别要求，“中华人民共和国的一切国家机关，必须厉行廉洁朴素的为人民服务的工作作风，严惩贪污、禁止浪费，反对脱离人民群众的官僚主义作风”（中共中央文献研究室，1996）。

但历史的发展趋势总难以如人所愿。在国家政权初建的过程中，全国范围内以贪污浪费为主要表现形式的腐化浪潮纷至沓来，深刻地验证了毛泽东在党的七届二中全会上的预料。为保持党的纯洁，巩固无产阶级政权，中共中央在毛泽东的领导下连续发动了一系列声势浩大的群众性政治运动。在这些群众运动中，反腐廉政制度更多地表现为临时性的决定、指示或规定，而不是相对正式的法律法规。追问这种局面的主要原因：一是当时大规模的腐败所带来的情形危急，党不可能也完全来不及制定完善的反腐廉政制度；二是当时全国政权初建，敌我间的阶级斗争仍在很大范围内存在，党必须以群众运动方式为主，在总结实践经验的基础上同时开展制度建设的反腐模式，才有可能巩固新生的政权。从现在的法治眼光看，后来的研究者在探讨此时期反腐廉政制度建设时，经常脱离当时的历史背景，给予太多的指责，显然是有失公允的。

随着反腐败斗争经验逐渐积累，反腐廉政建设的制度化和法制化倾向日益显现。1952 年 4 月，为规范“三反”和“五反”运动中的反腐行为，中央人民政府委员会第十四次会议批准政务院颁发的《中华人民共和国惩治贪污条例》（以下简称，《条例》）。《条例》坚持严肃与宽大相结合、改造与惩治相结合的方针，不仅保证了当时反腐廉政建设的顺利开展，而且成为新中国成立后几十年来惩治腐败的主要法律依据，是新中国第一部系统性的反贪法规。1954 年第一届全国人民代表大会第一次会议通过的《中华人民共和国宪法》明文规定，一切国家机关人员必须接受群众的监督，“中华人民共和国公民对于任何违法失职的国家机关工作人员，有向各级国家机关提出书面控告或者口头控告的权利”（中共中央文献研究室，1996）。对此，刘少奇在《关于中华人民共和国宪法草案的报告》中专门解释说，党的这种领导核心地位，绝不应当使党员在国家生活中享有任何特殊的权利，而“只是使他们担负更大的责任”，“中国共产党的党员必须在遵守宪法和一切其他法律中起到模范作用”。（中共中央文献编辑委员会，1985）

实事求是地说，此阶段的反腐廉政建设是新中国制度反腐的良好开端。“它较好地适应了中国共产党执政之初的党风廉政建设和反腐败工作的需要，为遏止腐败现象的发生和蔓延、树立中国共产党领导下的新政权廉政形象和巩固党的执政地位提供了有力的法律依据和制度保障。”（潘泽林，2009）其中最为值得称道的是，在反腐廉政建设实践中一系列根本制度的建立，为新中国惩治和预防腐败制度框架的初步形成奠定了坚实的基础。但同时也必须看到，当时建立起来的制度大都属于基本制度的范畴，各项具体的反腐廉政制度仍是比较缺乏，或需要进一步的完善和深化。

（二）社会主义建设时期反腐廉政制度的曲折发展

1956年秋，党的“八大”召开和社会主义三大改造的基本完成，标志着新中国进入全面建设社会主义时期。随着新生政权的巩固和党的执政地位的牢固确立，特别是社会主义生产关系的建立，党内一批有识之士开始深刻反省传统的群众运动反腐模式，探讨如何通过制度建设来防治腐败问题。在党的“八大”政治报告中，刘少奇提出，要在党的各级组织中贯彻执行民主集中制，“一切重大问题的决定都要在适当的集体中经过充分的讨论，容许不同观点的无约束的争论，以便比较全面地反映党内外群众的各种意见，也就是比较全面地反映客观事物发展过程中的各个侧面”（中共中央文献编辑委员会，1985）。在关于第二个“五年计划”的报告中，周恩来认为扩大民主更带有本质意义，而要解决这个问题，“就要在我们国家制度上想些办法”（中共中央文献编辑委员会，1984）。在修改党章的报告中，邓小平慎重指出，在党代会常任制的基础上，党不仅要加强党员的思想教育，更重要的是要从各方面加强党的领导作用，并且从国家制度和党的制度上进行适当的规定，以便对党的组织和党员实行严格的监督，既需要实行党的内部监督，“也需要来自人民群众和党外人士对于我们党的组织和党员的监督”（中共中央文献编辑委员会，1994）。

某种程度上，1956年召开的“八大”是党在执政条件下开展反腐廉政建设具有里程碑意义的重要会议。简要说，这次会议的主要贡献有：一是在党章中强调发扬党内民主和健全集体领导的重要性，确立以制度建设进行反腐廉政的工作思路，为后来加强反腐廉政制度建设提供了党内根本大法的基本依据；二是在党员义务的规定中，首次明确规定党员须严格遵守党章和国家法律的要求，体现出执政党重视以制度治党的思想。在党的八届二中全会上，刘少奇提出，要避免“波匈事件”的悲剧，“要规定一些必要的制度，使我们这个国家发展下去将来不至于产生一个特殊阶层，站在人民头上，脱离人民”（刘少奇，1988），因此要制定一种群众监督制度以加强人民对领导机关的监督。随后，邓小平在参加组织工作会议和全国监察工作会议上指出，共产党要接受监督，最为关键是干部问题，“民主集中制的贯彻执行，这也是一种监督。还有党员和群众的监督，党的监督制度的监督，组织部门对干部实行鉴定制度的监督”（中共中央文献编辑委员会，1994）。

遗憾的是，此阶段党以制度建设来防范腐败的有益尝试并没有完全坚持下来，反而开始在观念上出现倒退迹象。1956 年年底《人民日报》发表社论指出，“制度是有决定性的，但制度本身并不是万能的。无论怎样好的制度，都不能保证工作中不会发生严重的错误。有了正确的制度以后，主要问题就在于能否正确地运用这种制度，就在于是否有正确的政策、正确的工作方法和工作作风。没有这些，人们仍然可以在正确的制度下犯严重的错误，仍然可以利用良好的国家机关作出不良的事情”。与此同时，毛泽东开始重新酝酿革命时期的反腐方式，认为开展群众性政治运动和思想政治教育是非常必要的。造成这种状况的原因主要在于：一是当时党的主要领导人如毛泽东比较强调运动和教育的作用，而不太注重制度反腐的重要性；二是当时西方敌对势力利用苏共二十大暴露出的问题对社会主义制度进行无端的指责。

在“左”倾错误思想步步升级的背景下，党的八大确立的依靠制度反腐的思想在实践中未能得到很好的坚持，反腐廉政建设被裹挟于无止境的群众性政治运动之中，反腐廉政制度建设在曲折的路途上辗转盘行。尽管如此，此阶段的反腐廉政建设实践亦有可取之处，那就是党内以刘少奇、周恩来和邓小平为代表的主要领导人在新中国成立后已经开始探寻一条不同于革命时代的反腐败新路子，即在继续加强思想教育的同时，将重点转向国家制度和党的制度的完善上，用制度来规范人们的行为，并应较少地采用群众运动的办法，更多地依靠制度建设来防治腐败，制度建设的方向是扩大民主和加强监督等。（何增科，2002）

（三）“文化大革命”时期反腐廉政制度的全面困顿

“文化大革命”是新中国反腐廉政建设史上最为特殊的一个阶段。其特殊性就在于它在全面“左”倾错误路线的指导下，以自下而上的全民动员的模式开展群众性反腐败斗争，完全颠覆了党在全国执政条件下所形成的一些有效管用的反腐廉政建设形式，造成了无可估量的恶果。在这场大规模疾风骤雨式的群众性政治浪潮中，公安机关、检察院和法院等专门反腐机构受到很大的冲击，宪法成为一堆废纸，新中国成立以来好不容易初建的国家廉政体系几乎彻底瘫痪。

痛惜的是，以民主法制为主要表征的反腐廉政制度遭到新中国成立以来最为严重的破坏，反腐廉政建设逐渐偏离正确的发展方向。1969 年党的九大和 1973 年党的十大通过的党章骤然取消党内民主、集体领导、党员的基本权利和义务等相关内容，特别是在党章中取消党的监察机关的条款，正式撤销中央监察委员会，并对党内生活和党内关系的很多方面没有进行明确规定，从而导致党和国家机关内部的监督制度和机制完全被损毁，各级党员干部处于失去监督的真空中，各种“拉关系、走后门”等形式的权力腐败和不正之风盛行。“在这种情况下，这一时期的廉政法律法规建设也就停滞不前了”（夏赞忠，2007）。以至于后来，邓小平在回忆中愤懑地评论道，“九大、十大搞的党章，实际上不大像党章，党员有些什么权利和义务，究竟怎么样才算个共产党员，不合条件怎么办，都没有规定好，需要修改”（中共中央文献编辑委员会，1994）。

二、改革开放后党对反腐廉政制度的逐步推进

依靠制度反腐是世界各国反腐败斗争比较成功的经验，也是中国共产党在认真总结改革开放前近 30 年反腐廉政建设所得出的深刻教训。在此基础上，1978 年党的十一届三中全会以来，党始终高度重视反腐败工作，不断提高反腐廉政制度建设科学化水平，提出逐步构建出符合社会主义初级阶段这个最大实际的中国特色反腐廉政制度体系的思路，从而使新时期党的反腐事业逐步走上制度化、规范化和程序化的道路。具体讲，改革开放后党对反腐廉政制度的逐步推进，大致上经历了一个恢复巩固、深化完善和创新发展的制度进化过程。

（一）改革开放探索时期反腐廉政制度的恢复巩固

经历一系列惊心动魄的政治运动浩劫后，以邓小平为首的老一辈领导人深刻认识到社会主义民主法制的重要性。党的十一届三中全会公报提出，根据过去的经验教训，必须恢复民主集中制，健全党规党纪。1979 年 6 月，邓小平在会见日本客人时指出，“民主和法制，这两个方面都应该加强，过去我们都不足。要加强民主就要加强法制。没有广泛的民主是不行的，没有健全的法制也是不行的”（中共中央文献编辑委员会，1994），“我们过去对民主宣传得不够，实行得不够，制度上有很多不完善，因此，继续努力发扬民主，是我们党今后一个长时期的坚定不移的目标”（中共中央文献编辑委员会，1994）。他解释说，“我们这个国家有几千年封建社会的历史，缺乏社会主义的民主和社会主义法制”（中共中央文献编辑委员会，1994），现在必须要建立社会主义的民主制度和社会主义法制才能解决问题。在南方谈话中，他又特别提出，廉政建设要作为大事来抓，“还是要靠法制，搞法制靠得住些”（中共中央文献

编辑委员会，1993）。

同时，邓小平认为制度是规范人们行为的决定性因素。他反对单纯地把领导人的错误归结为思想作风问题。1980 年 8 月，邓小平在中共中央政治局扩大会议上指出，过去发生的各种错误，固然与某些领导人的思想作风有关，但是领导制度、组织制度、工作制度方面的问题更重要，制度好可以使坏人无法任意横行，制度不好可以使好人无法充分做好事，甚至会走向反面。特别是领导制度和组织制度问题更带有根本性、全局性、稳定性和长期性，这种制度问题关系到党和国家是否改变颜色，必须引起全党的高度重视（中共中央文献编辑委员会，1994）。针对当时大量涌现的歪风邪气，他指出，“官僚主义还有思想作风问题的一面，但是制度问题不解决，思想作风问题也解决不了”（中共中央文献编辑委员会，1994），要克服特权现象，既要解决思想问题，更要解决制度问题。为从根本上解决政治生活领域包括腐败在内的各种问题，邓小平尤其重视政治体制改革。是年 8 月在与意大利记者的谈话中，他明确提出，“这要从制度方面解决问题”，从改革制度着手（中共中央文献编辑委员会，1994）。他特别告诫说，如果不坚决改革现行制度中的弊端，过去出现的一些严重问题今后就有可能重新出现，“只有对这些弊端进行有计划、有步骤而又坚决彻底的改革，人民才会信任我们的领导，才会信任党和社会主义，我们的事业才有无限的希望”（中共中央文献编辑委员会，1994）。

正是在邓小平的倡导下，改革开放探索时期全党在反腐廉政建设总体思路上逐渐达成两点共识：一是反腐败不能搞政治运动而应靠加强社会主义民主与法制建设来解决；二是在腐败成因上，个人的思想和作风问题固然重要，但制度上的问题更为重要，更带有根本性，因此反腐败的根本出路在于积极进行政治体制改革。（何增科，2000）这两点共识在党的十三大报告中有明确说明，要切实加强党的制度建设，“以党内民主来逐步推动人民民主，健全党的集体领导制度和民主集中制，在党的建设上走出一条不搞政治运动，而靠改革和制度建设的新路子”（中共中央文献研究室，1991）。它标志着新时期反腐廉政建设开始逐步走上以党纪国法为主要内容的制度建设路子。在此其中，1980 年党的十一届五中全会通过的《关于党内政治生活的若干准则》最具有代表性。以其为蓝本，大量的反腐廉政制度相继被制定出来，一定意义上对于恢复和巩固党以制度反腐的传统起到重大作用。

此阶段反腐廉政建设的明显特征是，前期主要侧重于体制机制的重建，后期在前期的基础上，遵循只要出现什么问题就制定什么样的条规制度来加以校正的原则，主要侧重于制度体制的巩固和延展。在总体上，此阶段的反腐廉政制度建设仍处于探索时期，“许多制度只是原则性的规定，临时性的暂行办法、暂行规定，并且相互之间缺乏互补性”，但是“这些反腐败制度建设对于保证改革开放的正确方向发挥了重要作用，而依靠制度建设根治腐败的认识，标志着我们党和政府开始认清反腐败工作的基本规律，这对于总结前一段反腐败工作的局限性，及时调整反腐败战略方向意义重大”。（中央纪委研究室，2009）

（二）市场经济体制确立时期反腐廉政制度的深化完善

党的十三届四中全会后，以江泽民为核心的第三代中央领导集体继承和发扬了邓小平关于制度反腐的思想，始终坚持把反腐廉政建设作为关切党和国家生死存亡的大事来抓，在基本路径上不断推进反腐败工作的制度化、法制化和程序化，逐步确立依靠制度建设根治腐败的新思路，从而使反腐廉政制度在前一个阶段的基础上有进一步发展。这体现在：一是在宏观层面上继续推进政治体制改革来解决腐败滋生的制度环境问题；二是在中观和微观层面上继续深化和完善预防诱发腐败的具体制度安排等。

首先，在反腐廉政制度建设的总体规划上，党的十四大和十五大坚持把建立社会主义民主政治和社会主义法制看做是大力开展反腐败工作努力的主方向。以1993年国务院公布的《国家公务员暂行条例》为标志，开始加快国家机构体制和公务员制度改革的步伐。特别是党的十五大明确提出建设社会主义法治国家的宏大目标，为深入推进政治体制改革指明了前进的方向：一是改革重点从党政分开转向加强基层民主政治建设；二是改革领域从重在立法转向立法与司法并重，开始将司法体制改革提上议事日程。在党的十五大报告中，明确地提出反腐廉政建设必须“坚持标本兼治，教育是基础，法制是保证，监督是关键”，“通过深化改革，不断铲除腐败现象滋生蔓延的土壤”。（中共中央文献编辑委员会，2006）

其次，在反腐廉政制度建设的具体规划上，党在抓紧三项基本工作的同时，加快建章立制的进程。1990年，党的十三届六中全会通过的《中共中央关于加强党同人民群众联系的决定》明确提出，要进一步坚持和健全民主集中制，特别是要加强各种监督制度建设，以完备的制度保障党内民主，保证全党在重大问题上的统一行动。在庆祝建党70周年大会上，江泽民郑重指出，“一定要从近年国内外惊心动魄的严酷斗争中警醒，从严治党，建立健全一套拒腐防变的制度，采取切实有效措施，加强党内监督和人民群众监督，同一切消极腐败现象进行毫不留情的斗争”（中共中央文献研究室，2001）。以此为指导，反腐廉政制度建设得以不断加强，特别是从1997年开始党中央即实行制度创新，相继颁发一些重要的党内法规。这些重大措施的出台，“表明我国已经走上通过制度建设从源头上预防和治理腐败的道路”（管淮，2008），制度反腐已变成为全党的共识。

深刻总结这一阶段反腐廉政建设，其最大的变化是在坚持思想教育和严惩腐败的同时，党对反腐廉政制度建设给予了前所未有的重视，逐渐认识到反腐败仅仅依靠事后的打击是远远不够的，而必须依靠制度从源头上防范腐败的发生和蔓延，初步探索出一条适合现阶段基本国情的有效开展反腐败斗争的路子。这条路子的重要经验之一，即要依靠法制反腐，依靠改革体制、创新机制、建立制度来解决腐败问题，与时俱进，不断推进反腐败工作的制度化、法制化和程序化，把反腐廉政建设逐步纳入法治轨道。这标志着党对反腐廉政建设规律的认识进一步深化。

（三）全面建设小康社会时期反腐廉政制度的创新发展

以党的十六大为标志，新世纪反腐廉政建设进入了一个可持续发展的快车道。随着历史方位的深刻变化，以胡锦涛为总书记的党中央对反腐败工作提出新要求，反腐廉政制度获得创新发展的好时光。在党的十六届三中全会上，党首次明确提出要建立健全与社会主义市场经济体制相适应的教育、制度、监督并重的惩治和预防腐败体系。这是党在新形势下开展反腐廉政建设的重大战略部署，标志着反腐败工作迈出坚实的步伐。在此基础上，党的十六届四中全会提出更高的要求，即必须加强反腐廉政制度建设，真正形成用制度规范从政行为、按制度办事、靠制度管人的有效机制，保证领导干部廉洁从政。2005 年中央颁布的《关于建立健全教育、制度、监督并重的惩治和预防腐败体系实施纲要》又提出新目标：到2010 年，初步建成惩治和预防腐败体系基本框架，“再经过一段时间的努力，建立起思想道德教育的长效机制、反腐倡廉的制度体系、权力运行的监控机制，建成完善的惩治和预防腐败体系”（中央纪委，2005）。

特别是党的十七大后，反腐廉政建设着力于制度的纵深推展。在党的十七大报告中，胡锦涛鲜明地指出，“坚持标本兼治、综合治理、惩防并举、注重预防的方针，扎实推进惩治和预防腐败体系建设，在坚决惩治腐败的同时，更加注重治本，更加注重预防，更加注重制度建设，拓展从源头上防治腐败工作领域”（人民出版社，2007）。在新的历史节点上，为深入落实党的十七大关于更加注重制度建设的精神，党的十七届四中全会提出，在坚决惩治腐败的同时加大教育、监督、改革、制度创新力度，“坚持用制度管权、管事、管人，深化重要领域和关键环节改革，最大限度减少体制障碍和制度漏洞，完善防治腐败体制机制，提高反腐倡廉制度化、法制化水平”（《人民日报》，2009）。

2010年，胡锦涛在十七届中纪委第五次会议上明确指出，要建立健全惩治和预防腐败体系各项制度为重点，以制约和监督权力为核心，以提高制度执行力为抓手，加强整体规划，抓紧重点突破，逐步建成内容科学、程序严密、配套完备、有效管用的反腐倡廉制度体系，切实提高制度执行力、增强制度实效。（胡锦涛，2010）

与之适应的是，实践中各项基本反腐廉政制度逐步建立起来，整体上已经向初步形成比较完善的中国特色反腐廉政制度体系框架迈进，标志着新时期党探索出一条符合中国国情的反腐廉政建设的新道路。这个制度体系，包括以党章为核心的党内法规体系和以宪法为核心的国家法律体系两大部分。具体内容主要有：一是权力制约和监督制度日趋完善，一个以党章为核心、以监督条例为主干、以配套规定和其他监督规范为重要补充的党内监督法规制度体系初步形成（《人民日报》，2009）；二是规范国家工作人员的从政行为制度日趋完善，党从反腐倡廉工作实际出发，对领导干部廉洁自律工作重申或提出了若干新的要求，进一步健全和完善了国家工作人员从政行为规范（《人民日报》，2008）；三是关于违法违纪行为惩处制度日趋完善，各级纪检监察机关查办违法违纪案件的法制保证逐步健全；四是反腐败领导体制和工作机制制度日趋完善，各级纪检监察体制和工作机制逐步健全。

概括来说，此阶段反腐廉政制度建设在经历60余年风雨历程后开始有质的飞跃，总体上实现重大转型，形成相对完善的基本制度体系框架。归结起来主要表现为四个转变：一是对反腐廉政建设要靠民主法制的认识由中央倡导向全社会形成共识转变；二是反腐廉政制度建设的目标由单项零散的规划向配套化的制度体系转变；三是反腐廉政制度建设的重心由侧重惩治向注重惩防并举转变；四是反腐廉政制度建设的方法由被动应急向主动应对转变。这深刻表明，在经历运动反腐和权力反腐后，中国已经走上科学化制度反腐的道路。

三、新中国成立以来反腐廉政制度变迁的历史经验

新中国成立以来反腐廉政制度建设尽管在总体路径上走过弯路，但更主要的是取得了巨大成就，总结了历史经验。具体说，如果以党的十一届三中全会为分界线，前期反腐廉政制度变迁表现为一个良好开端、曲折发展和全面困顿的衰退过程，后期表现为一个恢复巩固、深化完善和创新发展并逐步形成相对完整的基本制度体系框架的进化过程。在当前深入推进反腐廉政制度体系科学化进程中，有三点历史经验需要认真借鉴。

（一）构建科学的反腐廉政制度体系必须牢固树立法治观念

从各国反腐廉政建设的实践经验来看，以制度建设根治腐败大致有两种进路：一种是人治环境下的反腐廉政制度，一种是法治环境下的反腐廉政制度。尽管在策略上同样是依靠制度反腐，但由于这两种方式背后隐含的思维观念在本质上不同，决定其最终反腐败的结果是迥然相异的。相对而言，人治环境下的制度反腐大都收效甚微，即使一时有效却又往往难以长久；而法治环境下进行制度反腐一般都卓有成效，并能够获得良性发展。关于这一点，其实在新中国成立以来反腐廉政建设实践中已经得以充分证实。

如果认真审视改革开放前后两个时期，不难发现，这两个时期的反腐廉政制度变迁各自呈现出两种不同的运行轨迹：前者表现为一种制度衰退的递减过程，后者表现为一种制度进化的递升过程。人们可能会追问，为什么会出现如此巨大的反差？事实上，其根本症结在于法治观念的差异。比较来说，改革开放前反腐廉政建设确实过多地采用群众性政治运动的反腐方式，这很难说完全体现的是一种法治思维观念，走的是一条真正法理型反腐廉政制度建设的道路。正因如此，改革开放前反腐廉政制度建设才在曲折发展的道路上陷入停滞的尴尬状态。所以，改革开放后邓小平深刻地认识到社会主义法治的重要性。他特别反对制度因人而变、因事而异，并反复强调“必须使民主制度化、法律化，使这种制度和法律不因领导人的改变而改变，不因领导人的看法和注意力的改变而改变”（中共中央文献编辑委员会，1994）。

（二）构建科学的反腐廉政制度体系必须坚持优化制度设计

新中国成立特别是改革开放以来，关于反腐廉政建设的制度有很多，其内容基本涵盖反腐败工作的各个方面，大到党的建设，小到党员、领导干部的吃喝拉撒等。据不完全统计，党的十五大以来省级以上（不包括军队）制定党风廉政建设方面的法规、规章和规范性文件就高达3800多个，其中仅关于禁止公款吃喝的制度就有37个，但公款消费问题依然没有得到彻底解决，甚至有愈演愈烈的趋势。（《学习时报》，2009）应该说，实践中各种反腐廉政制度是比较健全的，但为什么会仍然出现这种反常情况？这不是反腐廉政制度短缺的问题，也不能将之尽归于是反腐廉政制度的适应性缺失问题。

从本质上说，反腐廉政制度的绩效取决于制度设计的科学性。归结起来，当前反腐廉政制度设计的科学性不足主要表现在：一是现行某些制度规定的内容与实际脱节，不能较好适应反腐廉政建设中的新情况，一些在实践中证明是有效的制度未得到很好的总结和推广；二是现行某些制度过于原则化，弹性过大，即“质”的规定多而“量”的规定少，不利贯彻执行；三是现行某些制度侧重治标的措施多而治本的少，缺少前瞻性和系统性。这表明新形势下反腐廉政制度设计需要深入优化，尊重基层和群众的首创精神，积极借鉴国外防治腐败有益经验，把经过实践检验的成功做法上升为制度，在制度设计中有机地融合现代科技手段等方法，切实解决制度体系的协调性、系统性、权威性和可操作性等问题。

（三）构建科学的反腐廉政制度体系必须努力实现制度创新

在本质意义上，治党治国是一个常规化的制度管理过程，也应该是一个与时代紧密相联的、与时俱进的、不断创新的过程。但是，中国共产党从革命党向执政党转型的过程中，尚不善于通过制度创新和组织内动员的模式来提高管理效率，而“唯一的途径就是通过政治动员手段，以运动方式来弥补组织管理能力的欠发展”（黄小勇，2003）。在这个历史过程中，非合理化的社会动员方式往往取代常态社会应当具备的制度创新，很容易使社会秩序落入混乱的泥潭，并进一步促进制度内卷化，形成制度劣变现象。这就是改革开放前为什么反腐廉政制度始终不能形成相对完善的制度体系的重要原因，也是党在此时期无法从政治运动反腐模式上实现历史性跨越的重要原因之一。改革开放后，党吸取了历史教训，努力促进非常态社会向常态社会的回归，非合理化的社会动员方式向制度创新和组织内动员模式的重大转变，实现了反腐廉政制度建设的新飞跃。

新中国成立以来反腐廉政建设的实践证明，依靠制度创新是有效治理腐败的根本之策。新形势下，党的十七大提出要以改革创新的精神推进党的建设，而党的十七届四中全会延续了十七大关于制度反腐的主进路，提出必须以深化重要领域和关键环节的改革来逐步推进反腐廉政制度创新的新要求，着力于从源头上铲除腐败问题滋生蔓延的土壤。其具体内容主要有：一是在行政管理体制改革方面，要加快推进政企分开、政资分开、政事分开、政府与市场中介分开，进一步减少和规范行政审批；二是在司法体制和工作机制改革方面，要加强对司法活动的监督，健全执法过错、违纪违法责任追究等制度；三是在财政体制改革方面，要完善和规范财政转移支付制度，加强财政性资金和社会公共资金管理，彻底清理“小金库”；四是在金融体制改革方面，要健全金融市场机制，加强金融监管和内控机制建设，完善金融账户实名制；五是在投资体制改革方面，要完善政府重大投资项目公示制和责任追究制；六是在推进现代市场体系建设方面，要按照加快形成统一开放竞争有序现代化市场体系的要求推进相关改革，建立健全防止利益冲突制度，完善公共资源配置、公共资产交易、公共产品生产领域市场运行机制；七是在国有企业体制改革方面，要完善国有企业权力运行制衡机制、薪酬激励和约束机制等（《人民日报》，2009）。开展反腐廉政制度创新，在总体目标上必须正确地把握反腐败工作的基本规律，坚持与社会主义市场经济体制相适应，与经济建设、政治建设、文化建设、社会建设和生态文明建设相协调，与党的建设相融合，努力形成符合现阶段基本国情的国家廉政制度体系。

参考文献

[1] 管淮. 2008. 改革开放以来的反腐倡廉制度和法规建设. 毛泽东邓小平理论研究，(2).

[2] 胡锦涛. 2010. 建设科学严密完备管用的反腐倡廉制度体系. 共产党员，(3).

[3] 黄小勇. 2003. 现代化进程中的官僚制. 哈尔滨：黑龙江人民出版社.

[4] 何增科. 2002. 反腐新路：转型期中国腐败问题研究. 北京：中央编译出版社.

[5] 何增科. 2000. 依靠制度建设根治腐败. 马克思主义与现实，(4).

[6] 姜洁. 2008. 建设中国特色反腐倡廉法规制度体系. 人民日报，01 - 09.

[7] 姜洁，李章军. 2009. 治本溯源防腐败 改革创新添活力. 人民日报，09 - 25.

[8] 江泽民. 2001. 论党的建设. 北京：中央文献出版社.

[9] 刘少奇. 1988. 要防止领导人员特殊化（1956 年 11 月 10 日）. 党建，(5).

[10] 牛余庆. 2009. 制度建设中的几个问题. 学习时报，03 - 16.

[11] 潘泽林. 2009. 反腐倡廉法规制度体系建设问题研究. 南昌大学学报（社科版），(5).

[12] 社论. 1956. 再论无产阶级专政的历史经验. 人民日报，12 - 29.

[13] 夏赞忠. 2007. 中国廉政法律制度研究. 北京：中国方正出版社.

[14] 中共中央文献编辑委员会. 1985. 刘少奇选集（下册）. 北京：人民出版社.

[15] 中共中央文献编辑委员会. 1984. 周恩来选集（下册）. 北京：人民出版社.

[16] 中共中央文献编辑委员会. 1994. 邓小平文选（第 1、2 卷）. 北京：人民出版社.

[17] 中共中央文献编辑委员会. 1993. 邓小平文选（第 3 卷）. 北京：人民出版社.

[18] 中共中央文献编辑委员会. 2006. 江泽民文选（第 2 卷）. 北京：人民出版社.

[19] 中共中央文献研究室. 1991. 十三大以来重要文献选编（上册）. 北京：人民出版社.

[20] 中央纪委研究室. 2009. 中国反腐倡廉政建设理论文选. 北京：中国方正出版社.

[21] 中央文献研究室. 1996. 新中国成立以来重要文献选编（第 1、5 册）. 北京：中央文献出版社.

新中国成立以来中国共产党反腐廉政绩效评价体系的变迁与效应

邓雪琳①

一、新中国成立以来中国共产党反腐廉政绩效评价体系的变迁

（一）1949—1978 年探索阶段的反腐廉政绩效评价体系

新中国成立以后，我国实行了长时期的计划经济。由于计划经济具有指令性调节的特点，所以中国共产党在这时建立的反腐廉政绩效评价体系具有“大整党”、“大运动”、“划成分”、“派指标”等特性，最后甚至演变为“文化大革命”时期的彼此揭发、彼此批斗，将党内互评作为政治斗争的武器加以利用，最终损毁了评价体系正常功能作用的发挥。故新中国成立以后探索阶段的反腐廉政绩效评价体系可分为社会主义改造前后的萌芽探索阶段和“文化大革命”时期的曲折受挫阶段。

在社会主义改造前后的萌芽探索阶段，随着整党运动工作重点的变化，整党运动的浪潮成为该阶段反腐廉政绩效评价体系发展的政治力量。此阶段，反腐廉政绩效评价体系，是以“阶级斗争为纲”作为反腐廉政建设的总体原则，是以思想问题和组织问题作为主要的考核评价内容，是以全民式的政治运动作为主要的考核评价运作方式。新中国成立初期针对党员干部中存在强迫命令、脱离群众的作风、享乐腐化的思想以及弄虚作假等行为，中国共产党开展了反腐廉政绩效评价体系建设。新中国成立以后出台了一系列文件，加强反腐廉政绩效评价体系建设，如《中央关于有严重贪污罪行需逮捕法办的共产党员应首先开除其党籍的通知》、《中央军委及总政治部关于制止某些高级干部腐化堕落违法乱纪行为的指示》、《中国共产党第八届中央委员会第十次全体会议关于加强党的监察机关的决定》等。评价目标是通过党内整党运动以达到纯洁巩固党组织；评价方法有党内上级对下级的考察评价与党员干部自我评价反

① 邓雪琳，电子科技大学中山学院人文社科系副教授，武汉大学政治与公共管理学院博士。

思等；评价标准是反贪污、反腐化、反浪费；评价组织保障机制是中央人民政府政务院人民监察委员会和党的纪律委员会、监察委员会两个版块。通过“三反”运动，党内一些腐化堕落分子、一批贪污蜕化分子被清除出党，肃清了党组织的纯洁性与严肃性，加强了反腐廉政绩效评价体系在党内的威信与实效性。

在“文化大革命”时期的曲折受挫阶段，中国共产党反腐廉政绩效评价走入了极端。具体表现为：①评价内容与方法泛化与无限化，党员干部一切“私”的方面都成为反腐廉政的内容；②采取暴风疾雨式的政治批判作为反腐廉政的工作方式。在这期间，虽然中国共产党作出了多方面的努力，但是，反腐廉政绩效评价体系建设不但没有取得实质的进展，相反在新中国成立初年对反腐廉政绩效评价体系建设探索的成果都遭到了破坏。

（二）1978—2002 年标本兼治、综合治理阶段的反腐廉政绩效评价体系

在改革开放初期，中国共产党清醒地认识到，在改革开放尤其是经济体制转换的历史条件下，容易出现腐败腐化加剧的严峻形势，为此提出了“执政党的党风问题是有关党的生死存亡的问题”的重要论断，采取了一系列重大举措，在不搞群众性政治运动的情况下，大力打击经济领域犯罪和全面整党，开展反腐倡廉工作。20 世纪 80 年代末 90 年代初，面对严峻复杂的形势，邓小平指出：“这个党该抓了，不抓不行了。”并向新一届中央领导集体交代的一个首要任务就是反腐败。以江泽民同志为核心的党的第三代中央领导集体坚持“两手抓、两手都要硬”，明确把反腐斗争作为中国共产党的重要任务；开展了“三讲”教育，确立了领导干部廉洁自律、查办违纪违法案件、纠正部门和行业不正之风的反腐败三项工作格局；提出了“标本兼治、综合治理”的方针。反腐败领导体制和工作机制得到了逐步建立和健全。在此阶段的反腐廉政绩效评价体系建设得到了长足的发展：以“实事求是”作为评价体系的最基本的指导原则，以党员干部在工作中和在工作时间以外的日常社会生活中的廉政情况为评价内容，以领导干部个体和领导班子群体为评价对象，以评价程序合法化、合理化为评价运作模式，以评价体系相关的制度建设、法律法规为建设重点。

1. 评价原则

在这阶段，中国共产党反腐廉政绩效评价体系建设坚持实事求是原则，以马克思主义全面发展的眼光要求评价党员干部，对党员干部提出了勤政、善政、廉能、廉政的标准要求。评价指标体系强调要符合社会发展实际与经济建

设的需要，以工作实绩为主要内容。如在1998年中共中央办公厅印发的《一九九八—二〇〇三年全国党政领导班子建设规划纲要》中明确指出："对党政领导班子和领导干部普遍实行定期考核制度，全面考核德能勤绩，注重考核实绩。根据不同地区、不同部门、不同层次领导岗位的不同特点，制定切实可行的考核指标体系。"2000年6月，中共中央办公厅印发的《深化干部人事制度改革纲要》中提出："在建立党政领导班子任期目标责任制和党政领导岗位责任规划的基础上，研究制定以工作实绩为主要内容的考核指标体系。"并且强调构建的反腐廉政绩效评价体系要符合社会发展实际与经济建设的需要，要有针对性地研究反腐廉政绩效评价体系的发展。中国共产党反腐廉政绩效评价体系建设基本成熟。

2. 评价方法

在恢复发展阶段，中国共产党反腐廉政绩效评价方法改革比较活跃，方法也比较丰富。主要包括这些方法：①民主评议党员领导干部法，就是要加强上级党组织对下级党组织的监督与评议的功能。党的十四大以后提出了"要坚持和完善民主评议党员领导干部的制度"。②领导干部廉政自评与群众监督评价相结合法。这是党的群众路线工作方法在中国共产党反腐廉政绩效评价体系建设中的具体运用。③党员干部廉政情况举报反馈的方法。在2000年6月中共中央办公厅印发的《深化干部人事制度改革纲要》中，提出了"考核结果反馈制度"和"考察预告制度"，标志着反腐廉政绩效评价体系中的制度创新工作取得了很大成果。

3. 评价过程

改革开放以后反腐廉政绩效评价体系中的评价过程继承和发展了中国共产党反腐廉政绩效评价体系的一般评价过程，即反腐廉政绩效评价与被评价对象的工作目标考核、年度考核结合起来，党组织负责认真听取和收集被评价对象廉政情况汇报，参考被评价对象自我评价，吸收群众监督评价力量，最后作出反腐廉政绩效评价结果。如1998年11月中共中央国务院印发《关于党风廉政建设责任制的规定》指出：

> 党委（党组）负责领导、组织对下一级党政领导班子和领导干部党风廉政建设责任制执行情况的考核工作。考核工作要与领导班子和干部考核、工作目标考核、年度考核等结合进行，必要时也可以组织专门考核。对考核中发现的问题，要及时研究解决。……党风廉政责任制的执行和考核，应与民主评议、民主测评领导干部相结合，广泛听取党内外群众的意见。

4．评价组织保障机制

改革开放以后，不但有相对稳定的组织机构专门负责中国共产党廉政绩效评价体系建设，而且还加强了反腐廉政绩效评价体系配套制度的建设。该阶段配套制度包括反腐廉政绩效评价体系建设的领导负责制和工作责任追究制。领导负责制强调反腐廉政绩效评价体系建设中相关领导负责人的责任，为反腐廉政绩效评价体系建设提供坚实的领导保障。工作责任追究制评价体系主要是针对有些部门反腐廉政绩效评价工作流于形式、评价结果不科学、评价过程不公开等而提出的，要追究相关领导的责任，这一制度为得出真实有效的评价结果提供了保障。

（三）2002 年至今惩防并举、重在预防阶段的反腐廉政绩效评价体系

党的十六大以来，在改革开放不断深化扩大、经济持续发展的情况下，中国共产党积极探索新形势下反腐败斗争的特点和规律。党的十七大政治报告明确提出“以完善惩治和预防腐败体系为重点加强反腐倡廉建设”，在坚决惩治腐败的同时，重在治本，重在预防，重在制度建设。中国共产党把反腐廉政绩效评价体系作为重要环节抓紧抓好。党的十六大以后一个相互配套、有机衔接的反腐廉政绩效评价体系已经初步形成。2008 年 5 月，党中央印发《建立健全惩治和预防腐败体系 2008—2012 年工作规划》，标志着规范反腐败领导体制和工作机制的法规制度进一步健全，已经开始向实现“建成惩治和预防腐败体系基本框架”目标迈出了关键步伐。

1．评价原则及标准

党的十六大以后反腐廉政绩效评价体系的评价原则继承了已有的评价原则，这些原则包括实事求是原则、客观公正原则、群众原则、廉政考察评价与工作实绩考察评价相结合原则，其中廉政考察评价与工作实绩考察评价相结合原则是廉政制度评价体系在实践运作中的主要原则。廉政考察评价与工作实绩考察评价相结合原则强调对党员干部进行反腐廉政绩效评价时不能脱离被考察评价对象的工作实绩，不能空谈党员干部的反腐廉政绩效评价工作，不能将党员干部反腐廉政情况的考察评价搞成政治运动的形式。2004 年 4 月，中共中央办公厅印发的《公开选拔党政领导干部工作暂行规定》第四章“组织考察”明确指出：“组织（人事）部门依据干部选拔任用条件和选拔职位的职责要求，坚持德才兼备原则，对考察对象的德、能、勤、绩、廉进行全面考察，对是否适合和胜任选拔职位作出评价。要注重考察工作实绩和群众公认程度。”

党的十六大以后，要求反腐廉政绩效评价标准与评价目标的确定要考虑到

评价对象自身发展的正常需要与合理诉求，在反腐廉政绩效评价体系制度化与法制化建设中不能忽视被评价对象的主观能动性和主体特殊性。可见，“以人为本”的原则已融入反腐廉政绩效评价的实际工作中。

2. 评价方法

党的十六大以后反腐廉政绩效评价体系中的评价方法主要有民主评议法、质询法和巡视法。民主评议法是中国共产党反腐廉政绩效评价方法中的传统。党的十六大以后，反腐廉政绩效评价体系中民主评议法的发展，主要体现在群众评议党员干部廉政情况的意见信息与上级对下级廉政情况的考察评价一样重要，两者的结果成为考察评价党员干部廉政情况的结论，而且群众评议党员干部的作用愈加提高。质询法是是指一方面被评价对象对自身的反腐廉政绩效评价结果有任何异议可以向相关评价机关提出质疑；另一方面广大人民群众对个别党员干部廉政情况的评价结果有异议可以向相应机关反映自己的意见，并对某一具体的廉政评价结果提出质疑。巡视法是指上级领导干部经常深入到基层，对基层党员干部的廉洁情况进行考核评价，掌握第一手资料。2002 年，中共中央纪律检查委员会向党的十六次全国代表大会提交的工作报告中指出：“健全和完善巡视制度，改进巡视工作，重点加强对党政领导班子和主要负责人的监督。各级领导干部要自觉接受监督。……推行质询制度和民主评议制度。充分发挥新闻舆论监督的作用。健全信访举报管理，使群众举报的问题得到认真处理。”

3. 评价过程

党的十六大以后中国共产党反腐廉政绩效评价体系包括年终廉政考核评价、年中廉政情况考察评价和考察预告制。年终廉政考核评价，即年终时发放年度党员干部考察评价表，由被评价对象的上级领导、同事、基层工作服务对象等共同对该评价对象的相关廉政情况进行评价。年中廉政情况考察评价，一般针对特殊事件中的相关党员干部或群众反映比较集中的党员干部召开民主评议会，对某一被评价对象的廉政情况进行集中反馈面谈，达到对被评价者廉政情况批评与自我批评的目的。党的十六大后，中国共产党反腐廉政绩效评价体系在评价过程中提出了考察预告制。2004 年 4 月中共中央办公厅印发的《公开选拔党政领导干部工作暂行规定》中指出：“实行考察预告制。将考察对象的简要情况、考察时间、考察组联系方式等，向考察对象所在工作单位或者向社会进行预告。”考察预告制，揭开了中国共产党反腐廉政绩效评价体系的神秘面纱，开启了反腐廉政绩效评价体系实践民主化、公开化建设之路。

4. 评价组织保障机制

党的十六大以后，反腐廉政绩效评价体系的评价组织保障机制主要包括党员干部的廉政问责制和任职回避制，这两个制度的落实与完善保障了反腐廉政绩效评价体系运作中的公正有效。2005 年，中央纪委第五次全体会议中提出："建立健全干部监督管理的各项制度，进一步健全领导干部个人重大事项报告、述职述廉、民主评议、谈话诫勉制度和回复组织函询制度，依法实行质询制、问责制、罢免制。""要进一步落实干部交流轮岗等制度，完善干部任职回避制度，增强干部队伍的生机和活力。"党员干部廉政问责制是对改革开放初期廉政制度领导负责制的进一步再发展，是指反腐廉政绩效评价体系的工作开展必须有相应领导干部负责，主要负责的领导干部必须对反腐廉政绩效评价信息的收集整理、评价结果的判断等工作承担责任，要追究党员干部反腐廉政绩效评价中相应负责人的领导责任。党员干部的廉政问责制为廉政监督评价工作提供有力组织保障。党员干部任职回避制是指为了保证廉政评价结果客观公正，在反腐廉政绩效评价体系工作中，与被评价对象有提拔、相识等利害关系的评价机关中的相关党员干部要主动申请回避。

二、新中国成立以来中国共产党反腐廉政绩效评价标准的变迁

（一）为人民服务的标准

新中国成立以后，毛泽东坚持这一思想："我们的人民政府，是为人民服务的政府。"他始终认为，人民群众是我党的力量源泉和胜利之本，能否始终保持和人民群众的血肉联系，直接关系到党和国家的盛衰兴亡。人民群众是社会发展的真正动力，中国共产党必须代表最广大人民的利益，这是由党的性质所决定的。为人民服务，是对中国共产党提出的最高政治标准，是对党和国家机关工作人员提出的最高廉洁标准。

（二）"三个有利于"标准

1992 年年初，邓小平同志在视察南方时，提出了"三个有利于"标准。从此，三个"有利于"成为人们衡量一切工作是非得失的判断标准。"三个有利于"的标准，最根本的就是经济标准。同时，邓小平也指出，发展经济是反腐败的根本途径。因此，"实事求是"成为反腐廉政绩效评价体系的指导原则，强调一切从实际出发，以经济建设为中心开展反腐廉政绩效评价体系建设，领导干部的工作实绩成为反腐廉政绩效评价的内容。

（三）"三个代表"标准

实践证明，在特定的历史时期，"三个有利于"标准支撑了中国共产党反

腐廉政绩效评价体系建设，督促各级领导干部在各自的工作岗位上干出实绩。但是，随着我国现代化建设的推进，“三个有利于”标准有待进一步发展与突破：如对“实事求是”的“实事”的理解出现了分歧，“实事”到底是什么值得进一步思考；以“实绩”为反腐廉政绩效评价内容的“实绩”在现实中也产生偏颇，评价结果的量化与竞争演变成过分追求经济效益，脱离实际的间或“政绩工程”映入人民的眼帘。进入新世纪，中国共产党反腐廉政绩效评价体系建设受到了“三个代表”的影响。在党的十五届五中全会上，江泽民突出强调党的作风建设，他指出：“加强新时期党的建设，既要按照‘三个代表’的要求，努力在思想、组织和作风建设上开创新局面，又要坚定不移地发扬党的优良传统和作风。”在党的十五届六中全会上，江泽民指出：

> 要坚持马克思列宁主义、毛泽东思想、邓小平理论的指导，按照“三个代表”重要思想，紧紧围绕经济建设这个中心和改革发展稳定的大局，坚持党要管党，从严治党……以保持党的先进性、纯洁性。贯彻“三个代表”要求，关键在坚持与时俱进，核心在保持党的先进性，本质在执政为民。

在党的十五届六中全会上通过的关于党风建设的决定中，在反腐廉政绩效评价体系建设方面，强调“要爱惜人力、财力、物力……反对搞华而不实和脱离实际的‘形象工程’、‘政绩工程’，正确认识和评价干部政绩，建立和完善科学的考核标准”。“三个代表”标准继承和发展了“三个有利于”标准，推进了中国共产党反腐廉政绩效评价体系建设。

（四）科学发展观标准

随着中国共产党自身建设和发展的需要，科学发展观标准逐渐指引着我党反腐廉政绩效评价体系的建设与发展。胡锦涛指出，反腐倡廉能力，是党的执政能力的重要体现，是巩固党的执政地位的重要保证。坚持反对和防止腐败，是全党一项重大的政治任务，要牢固树立和落实科学发展观，坚持求真务实、与时俱进、团结一心、踏实苦干，要充分认识到以求真务实精神推进反腐倡廉工作的极端重要性。在这一标准影响下，反腐廉政绩效建设体系开始注重体系发展的科学化与人性化；强调对被评价对象开展综合评价与个性化评价，调动主动评价于评价体系之中；主张人们群众的满意度是衡量廉政制度评价体系建设好坏的重要标准，开展多维度廉政社会评价。（许磊，2009）在党的十六届四中全会上，胡锦涛指出：

> 坚持以人为本，全面协调可持续的科学发展观，更好地推动经济社会发展……把推进经济建设同推进政治建设、文化建设统一起来，促进社会全面进步和人的全面发展……建立体现科学发展观要求的经济社会发展综合评价体系。

党的十六大以后中国共产党明确提出，要建立和完善科学的干部政绩考核体系和奖惩制度，形成正确的用人导向和用人制度。考核各级干部的政绩，既要看经济建设成果，又要看社会进步；既要看城市变化，又要看农村发展；既要看硬环境的加强，又要看软环境的改善；既要看当前的发展，又要看发展的可持续性；既要看经济增长的总量，又要看人民群众得到的实惠；既要看经济社会发展的成果，又要看党的建设的成效。要通过制度保证，使勤政为民、求真务实的干部得到褒奖，使好大喜功、弄虚作假的干部受到惩戒，在全党特别是领导干部中形成勤政为民、踏实苦干的浓厚风气。

三、新中国成立以来中国共产党反腐廉政建设的效应

新中国成立以来，中国共产党的党风廉政建设和反腐败斗争是中国共产党永葆党的先进性，永远坚持立党为公、执政为民，全心全意为人民服务，提高党的执政能力，巩固党的执政地位，完成党的执政使命和各个时期历史任务的重要保证。经过60多年的努力，反腐廉政绩效评价体系基本形成。那么，中国共产党反腐廉政建设对我国社会主义现代化建设产生了哪些影响？效应如何？这是有待我们去探究的问题。笔者尝试从政治、经济、文化和社会生态几方面来探析。

（一）政治效应：促进了社会主义政治制度的自我完善和民主政治发展

（1）创新体制，从源头上预防和惩治了腐败行为。通过改革行政审批制度，逐步公开审批程序和结果，规范行政审批行为，重视对行政管理体制改革；通过改革税务、投资、金融制度，加强对预算资金的管理，减少各种权钱交易和利用国家资金谋取利益等腐败行为的产生；鼓励以民主、公开和竞争的方式选拔和任用干部，尝试减少任免制，增强选任制，实行任前公示制度，推进人事制度改革。如广东省2008年面向全国公选100名副处级以上的干部。

（2）严格实行党风廉政建设责任制，坚持和完善反腐败的领导体制和工作机制，形成防治和惩处腐败的局面。

（3）坚持党管干部原则，坚持民主、公开、竞争、择优，形成干部选拔任用科学机制，减少因用人制度欠缺所可能产生的腐败。

（4）重视防控腐败犯罪的法律体系建设。

（5）重视权力制约机制建设，发挥各级人大对同级政府部门和司法机关的权力制约作用。

（6）发展党内民主，完善党内监督，重视纪检、监察、审计、民主党派、社会团体、新闻舆论的监督，形成功能齐全的权力监督机制。

（二）经济效应：促进了社会主义经济制度自我完善和经济发展

（1）把发展生产力作为反腐败的首要出发点。所有的腐败行为都不利于坚持社会主义道路，都会危害甚至葬送社会主义。中国共产党始终清醒地认识到这一点，坚持社会主义道路，把解放生产力和发展生产力作为反腐败的首要出发点。

（2）建立和完善社会主义市场经济体制，为反腐廉政建设提供制度保障。许多在市场经济发展过程中产生的腐败，如权钱交易、走私的猖獗等，只能在市场经济体制的健全和完善过程中被消灭。因此，中国共产党把完善、健全、规范市场经济作为消除某些腐败的必要条件。具体包括：以政企分离为方针对政府和企业在市场经济条件下的职责范围进行界定和立法，以加快宏观调控领域的改革；加快市场经济的法律法规制定，通过经济法制化的途径来杜绝权力经商等导致腐败的非规范行为；按照“产权清晰，权责明确，政企分开，管理科学”的基本要求深化国有企业改革，完善现代企业制度。

（三）文化效应：促进了社会主义先进文化建设

邓小平认为解决党风和腐败问题要靠教育。邓小平同志认为，腐败现象在本质上根源于剥削制度，而在商品经济条件下其赖以生存的思想基础是拜金主义、享乐主义和极端个人主义。因此，要从思想根源上下工夫，坚持经常性的正面教育，抵制封建主义和资本主义腐朽思想的侵蚀。1997 年党的十五大报告中，江泽民明确提出了反腐败“教育是基础，法制是保证，监督是关键”。2004 年 9 月党的十六届四中全会通过的《中共中央关于加强党的执政能力建设的决定》强调：“坚持标本兼治、综合治理，惩防并举、注重预防，抓紧建立健全与社会主义市场经济体制相适应的教育、制度、监督并重的惩治和预防腐败体系。”胡锦涛同志强调“要把廉政文化建设作为建设社会主义先进文化的重要内容”。在反腐廉政建设中，中国共产党一直重视思想文化教育，促进了社会主义先进文化建设。

（1）思想文化教育常规化。中国共产党一直把经常性的思想教育作为反腐廉政的基础措施，将反腐廉政建设渗透到党员干部日常的工作、学习、生活中，时时、事事、处处警醒党员干部，要保持党员先进性、起到先锋模范的作用。

（2）思想文化教育内容上注重连续性、创新性。从以上分析可知，经过60多年的变迁，中国共产党反腐廉政绩效评价与评价标准一直与时俱进，不断创新与发展。但是其中的思想精髓代代相传，做到了反腐廉政思想教育内容上的与时俱进和思想政治工作的不断加强，以筑牢党员干部拒腐防变的思想文化道德防线。

（3）思想文化教育形式多样丰富。根据形势发展需要，中国共产党较多地采取了经常性教育与集中教育结合的方式进行反腐倡廉思想教育。1995年11月，江泽民在北京视察工作时指出："根据当前干部队伍的状况和存在的问题，在对干部进行教育当中，要强调讲学习，讲政治，讲正气。"1996年，党的十四届六中全会作出决定，对县处级以上领导干部进行一次以讲学习、讲政治、讲正气为主要内容的党性党风教育。这次为期3年的教育活动，发扬了延安"整风运动"的精神。从2005年1月开始，在全党开展了以实践"三个代表"重要思想为主要内容的保持共产党员先进性教育活动，历时一年半。

（四）社会生态效应：促进了社会主义和谐社会建设

在构建社会主义和谐社会的过程中，中国共产党必须保持与人民群众密切联系，这是党赖以存在和发展的必要条件，也是共产党巩固执政地位的根本前提。在构建社会主义和谐社会的过程中，共产党必须做到清正廉洁，取信于民，为民服务。通过反腐倡廉，查处腐败分子，规范从政行为，保障了人民群众的经济利益和民主利益不受侵害，规范了社会秩序，营造了健康向上的社会精神，实现人与人之间的和睦相处。开展反腐倡廉工作是构建社会主义和谐社会的重要前提和保障。第一，反腐倡廉有利于促进社会主义政治制度的自我完善和民主政治发展，为构建社会主义和谐社会提供政治基础；第二，反腐倡廉有利于促进经济健康发展，为构建社会主义和谐社会提供物质基础；第三，反腐倡廉有利于促进社会主义先进文化建设，为构建社会主义和谐社会提供文化基础；第四，反腐倡廉有利于实现社会主义公平正义，为构建社会主义和谐社会提供社会基础；第五，反腐倡廉有利于密切党同群众的联系，为构建社会主义和谐社会提供群众基础。

参考文献

[1] 赵丽. 2010. 新中国成立以来我国反腐倡廉建设的发展阶段及特征. 中国特色社会主义理论与实践，(1)：22－23

[2] 中共中央文献研究室. 1996. 加强思想作风建设，把各级领导班子建设成为领导有中国特色社会主义事业的坚强集体. //十四大以来重要文献选编. 上册. 北京：人民出版社.

[3] 中共中央文献研究室. 2000. 关于党风廉政建设责任制的规定. //十五大以来重要文献选编. 上册. 北京：人民出版社.

[4] 中共中央文献研究室. 2006. 中共中央办公厅关于印发《公开选拔党政领导干部工作暂行规定》等五个法规文件的通知. //十六大以来重要文献选编. 中册. 北京：中央文献出版社.

[5] 中共中央文献研究室. 中共中央印发《中国共产党党内监督条例（试行）的通知》. //十六大以来重要文献选编. 上册. 北京：中央文献出版社.

[6] 中共中央文献研究室. 2006. 十六大以来重要文献选编. 中册. 北京：中央文献出版社.

[7] 中共中央文献研究室. 胡锦涛："在中央纪律检查委员会第五次全体会议上的讲话". //十六大以来重要文献选编. 中册. 北京：中央文献出版社.

[8] 中共中央文献研究室. 2003. 中共中央关于加强和改进党的作风建设的决定. //十五大以来重要文献选编. 下册. 北京：人民出版社.

[9] 许磊. 2009. 中国廉政制度评价体系研究. 上海：华东师范大学博士论文.

[10] 中共中央文献研究室. 坚持立党为公、执政为民，树立正确的政绩观. //十六大以重要文献选编. 上册. 北京：中央文献出版社.

第三部分

反腐倡廉与制度建设

廉政工作绩效评估指标体系构建研究[①]

倪　星[②]

一、导言

腐败被称为“政治之癌”，是人类社会健康肌体上的毒瘤。在任何社会中，如何有效地遏制腐败都是一个重大的理论和现实课题。从英国历史学家阿克顿的名言“权力导致腐败，绝对的权力导致绝对的腐败”，到法国思想家孟德斯鸠的忠告“一切有权力的人都容易滥用权力，这是万古不易的一条经验”，再到邓小平同志语重心长地告诫“制度好可以使坏人无法任意横行，制度不好可以使好人无法充分做好事，甚至会走向反面”，应该说历代思想家对于人性的弱点、权力的双重性、防治腐败有过非常深刻的思考。在实践层面，执政党对于腐败的危害一直保持着清醒的头脑，不断摸索和完善各种反腐败方略。中共十五大报告指出，反对腐败是关系党和国家生死存亡的严重政治斗争。中共十六大报告强调，不坚决惩治腐败，党同人民群众的血肉联系就会受到严重损害，党的执政地位就有丧失的危险，党就有可能走向自我毁灭。中共十七大报告再次强调，坚决惩治和有效预防腐败，关系人心向背和党的生死存亡，是党必须始终抓好的重大政治任务，进而明确了新时期反腐败的新方略。但毋庸讳言，当前我国面临的腐败问题依然严峻，廉政工作离人民群众的期望还存在着不小的距离。总结多年的反腐经验和反腐实践，我们认识到反腐败不仅要打击和查处腐败案件，更要科学有效地防范腐败案件的发生，而这些都是基于对腐败程度的正确认识和把握，以及对廉政工作实效的科学评估之上。

---

① 本文系基金项目2009年度广东省人文社会科学重点研究基地重大项目“惩治与预防腐败的评价机制研究”（项目号：09JDXM81003）、教育部应急研究课题“切实改进党的作风，加强反腐倡廉研究”（课题号：2008JYJ065）研究成果。

② 倪星（1969— ），男，湖北随州人，中山大学廉政与治理研究中心、政治与公共事务管理学院教授，博士生导师，主要从事公共管理理论、政府绩效评估、廉政政策等方面的研究。

只有了解现状和事实，才能有的放矢，对症下药。因此，如何建立一套科学客观的指标体系，对各级政府的廉政工作进行绩效评估，正确认识和了解腐败的程度与反腐败工作的真实绩效，从而为深化反腐倡廉提出针对性强的政策建议，就显得极为迫切和重要。国际上已经非常重视此方面的研究，并已经取得了一定的成果。从国内学术界和实践界来看，目前相关的研究尚处于起步阶段。本文充分吸收国内外的相关经验，借鉴系统论和政府绩效评估理论，开发一套具有中国特色的廉政工作绩效评估指标体系，为廉政评估和廉政体系的完善提出较有价值的思考和建议。同时，通过廉政工作绩效评估指标体系的有效运行，能够及时发现公共政策制定和实施过程中的薄弱环节，识别腐败的程度和风险，督促政府部门加大防治腐败的力度。这对于深化反腐败和廉政评估的理论研究，推动各地区、各部门的廉政体系建设，最终从根源上防治腐败都具有重大的理论与现实意义。

二、国内外廉政指标的理论与实践进展

综观国内外的相关研究和实践探索，我们可以发现几种有代表性的廉政工作绩效评估指标。

（一）世界银行的腐败控制指数

世界银行提出了一套包括六类指标的治理指标体系来衡量各国的治理水平，腐败控制指标即是其中之一。腐败控制指标主要通过专家投票和问卷调查来获得信息，分别反映商业风险评价机构等的评价和普通居民、企业家、外国投资者和公民社会对一国腐败状况的主观感知。① 此外，世界银行也广泛吸纳《商业风险服务》、《全球竞争力调查》、《世界竞争力年鉴》等研究成果中的相关数据，并根据相关统计将世界各国分为三类：一是基本上比较廉洁的绿灯国家；二是属于腐败需要控制的黄灯国家；三是腐败非常严重的红灯国家。(郭正义、宇杰，2004)

当前学术界普遍认为透明国际的腐败感觉指数涉及的样本数量较多，应用比较广泛，与其他指标之间相关系数最高，代表性和权威性最高。需要指出的是，早期透明国际、世界银行和联合国反腐败与治理研究机构只是凭借受访者主观印象认知进行评价，现在改为结合受访者或其家人的亲身经历的事实评价进行更为全面的主观评价。“国际学术界还综合使用民意调查（public opinion

① 资料来源于世界银行网站（http：//www. worldbank. org/）。

poll）、入户问卷调查、企业经营者问卷调查、公职人员问卷调查、专家调查和公民报告卡等多种调查手段进行调查，调查对象既包括本国居民，也包括外国投资者等，方法更加客观、科学。”（何增科，2008）

（二）韩国首尔市政府的反腐败指数

1999 年，韩国首尔市政府首先开发出一套“反腐败指数”（Anti - Corruption Index，ACI），用来测量市政府各行政单位的廉洁程度（见图 1）。这是一套整合性指标体系，由两个基本的方面组成，即反腐败认知指数（ACPI）和反腐败努力指数（ACEI），前者主要是通过民意调查，即针对那些和基层公务员有接触的民众进行调查得到的数据；后者主要是基于有关政府部门反腐败努力的事实和统计数据。（庄文忠等，2009）

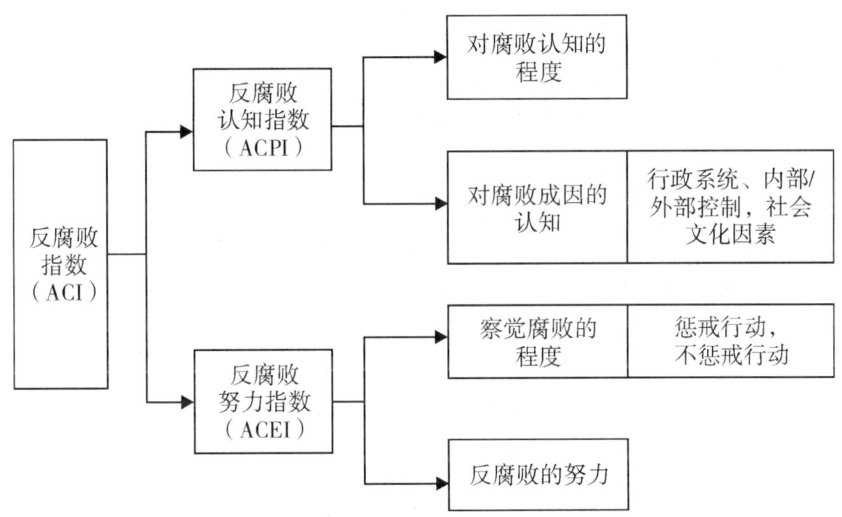

图 1　首尔市政府反腐败指数的架构

资料来源：Bahk，2002（引自庄文忠等，2009）。

ACI 包括主观的认知评价和客观的统计数据。最初的 ACI 有 34 个指标，2000 年降至 23 个指标，如表 1 所示：

表1　2000 年反腐败指数测量指标

对腐败的认知程度	（1）对受贿频率的认知 （2）平均行贿总数的认知
对行政系统的认知	（3）过度管制的程度 （4）解除管制的改善程度 （5）行政程序的简化程度 （6）行政程序透明化程度 （7）行政程序的公平性 （8）资讯揭露的公开化程度 （9）资讯揭露清单的数量 （10）行政电脑化的程度
对内部/外部控制的认知	（11）市民的诉愿和请愿被接受的比例 （12）内部稽核的适当程度 （13）惩戒行动的强度 （14）民众与非政府组织的积极参与程度
社会文化因素的认知	（15）行贿的有效度 （16）腐败网络的组织固化程度 （17）社会文化对腐败的接受程度
惩戒行动	（18）对于受贿采取惩戒行动的次数 （19）除了受贿外，因腐败而采取惩戒行动的次数
不利行动	（20）因腐败而采取较训斥为轻或等同于训斥的惩戒行动次数 （21）对疑似腐败行为提出报告或通知的次数
反对等	（22）抗议案例的数目
反腐败的努力	（23）解除管制功能的数目 （24）资讯揭露案例的数目

资料来源：Bahk，2002（引自庄文忠等，2009）。

该指数通过专家问卷的方式来评估每个分类和指标的权重，此外，首尔市政府将 ACI 测量结果公布可得到以下结果：①让市政府行政部门更为重视腐败问题的处理；②提高民众的反腐败意识，激起社会辩论和得到教育的效果；③为未来的测量建立基准线，可以知道哪里出现错误和需要改革的优先重点；④让腐败问题去政治化，将焦点转移到实质议题上；⑤将反腐败资讯与市民分享，激起市民积极参与反腐败的活动。

（三）中国台北市政府的廉政指标

台湾透明组织和世新大学、台湾大学受台北市政府政风处委托，构建了一套廉政指标体系，这套综合性指标体系是面向台北市政府的，包括主观指标和客观指标的成分，以评量台北市政府一级机关的廉政状况。该指标体系以政府绩效评估的模式即以投入、过程、产出、影响为基本维度，其指标结构如表2所示（庄文忠等，2009）：

表2　2008年台北市政府廉政指标体系的结构

政府廉政指标	投入指标（2）	人力（1）
		预算（1）
	过程指标（4）	采购业务（2）
		防贪查办（1）
		反贪宣导（1）
	产出指标（8）	申诉（1）
		举发（2）
		违纪（1）
		违法（4）
	影响指标（5）	媒体报道（2）
		员工反应（2）
		民意反应（1）

（四）中国内地的相关探索

20世纪90年代中期以来，我国许多地方政府在廉政建设评价体系方面开始了研究。例如1995年，南开大学在天津市纪委的委托下研制了一套廉政建设指标体系，该课题组所提出的廉政建设社会评价系统主要由4组指数构成，即“政治结构指数、公职人员素质指数、官民关系指数和社会环境关系指数”，具体包括12项指标（刘峰岩，1996）详见表3所示。这套指标是国内第一次对廉政评价体系进行系统研究的成果，同时也标志着我国廉政评价体系理论研究和实践探索的开始，这套指标也曾经得到一定的运用，但由于指标体系操作难度大及其他因素，最终没有被广泛推广。

表3 天津市廉政建设评价系统指标体系

廉洁指数			加权因素
政治结构指数	公职人员质量指数	官民关系指数	社会环境关系指数
(1) 国家机关政务公开程度 (2) 国家机关内部监督制约制度建立健全程度 (3) 公职人员录用任用与回避情况 (4) 对公职人员举报的查办率	(5) 公职人员的生活质量与生活水平 (6) 领导干部廉洁自律、密切联系群众状况 (7) 公职人员违法违纪率	(8) 对国家机关和公职人员匿名举报率 (9) 国家机关办公设施与公益设施的比较水平 (10) 群众对廉政建设的满意度	(11) 行业不正之风严重程度 (12) 社会经济发展状况

此方面的努力还包括，北京东城区纪委委托北京大学研制的“党风廉政建设责任制考核指标”，北京市纪委研制的“北京市纪委廉政考核指标体系”，中纪委研究室也研制了一套“十省（区、市）党风廉政建设测评指标体系”。

汤艳文等人通过比较分析海内外反腐倡廉的各指标体系，提出了新的理论框架，即以“投入—效果”的绩效评估方法来测量各级地方政府治理腐败的努力和成效，据此发展出一套我国地方政府廉政建设评估指标体系，主要是通过主观感知的测量方法。（汤艳文、敬义嘉、刘春荣，2008）何增科评估了中国当前的廉政制度体系总体状况及其有效性，肯定我国廉政制度体系建设取得的成绩，认为我国廉政制度体系中的机构性支柱已全部建立，廉政规则体系初具规模；但不足之处在于“我国当前廉政制度体系的各个机构性支柱的发展不平衡，能力强弱各有不同，与机构性支柱相适应的核心规则存在着严重的缺失，选举问责和分权制衡的横向问责机制不健全影响了权力监督制约的闭合性，这些都严重地影响着廉政制度体系效用的发挥”（何增科，2009）。

综上可知，国内外实践界和理论界都日益认识到廉政工作绩效评估的重要性，并在相关方面开展了大量富有成效的探索。但从本质上看，很多指标体系或是相对单一的主观性评价，只能测量主观指标和进行主观权重分配，容易导致结果受到受访者个人价值和判断的影响；或是指标不够全面，只是滞后指标，存在一定的局限性，不能做到科学准确测量；或是仅停留在理论层面，指标体系操作难度大，难以运用到实践当中；或是指标体系没有理论的支撑和指引，在理论上站不住脚；或是指标体系不切合中国实际，难以简单搬用。本文期望能在新的理论框架指引下，将主观指标和客观指标相结合，构建有中国特色的系统性、科学性和更具有可操作性的廉政工作评估指标体系，建立各级政府与非政府组织以及社会各界共同参与的廉政工作评估指标体系。这也是本文的研究重点和创新之处。

三、廉政工作绩效评估指标体系的构建与筛选

廉政工作的核心就是反腐败，而腐败是非常典型的灰色地带，具有明显的隐蔽性和模糊性，因此廉政工作较其他工作更为复杂，涉及的因素和环节更多。要对各级政府的廉政工作进行科学、合理、有效的评估，必须构建一套科学、合理、有效并可操作的评估指标体系。在总的原则上，构建廉政工作评估指标体系必须立足于基本国情及中国实践，同时要充分借鉴国际上的先进评估经验，做到国际经验与中国特色的结合；应当紧紧围绕党和政府的大政方针，一些与廉政工作相关的重大政策和战略都应当在评估指标中有所体现，以此作为评价政府廉政工作状况的基本依据。

（一）腐败行为的发生机理分析

任何一套指标体系的设计都不是随心所欲的，而必须在特定理论框架的指引下开展。在设计廉政工作绩效评估指标体系之前，也必须深刻洞察和剖析腐败行为的发生机理。过勇等基于公共选择理论提出了一个包括腐败动机、腐败机会和制度约束三个维度的腐败成因分析框架，揭示了腐败的发生机理（过勇、胡鞍钢，2003）。本文借鉴这一分析思路，认为腐败行为的发生是腐败动机和腐败机会共同作用的产物。其中，腐败动机是腐败行为发生的主观动因，人的逐利欲望如果突破道德约束，使公职人员觉得腐败是选择而不需要抵制的时候，腐败动机就产生了。腐败机会是公职人员利用其手中所掌握的公共权力谋取私人利益的途径，制度缺陷和漏洞会产生大量腐败机会。有了腐败动机和腐败机会之后，理性的公职人员就要权衡廉洁或腐败的成本和收益，其中最关键变量是腐败行为被查处的概率，这取决于制度执行力度，制度执行在一定程度上决定着制度约束的有效性（见图2）。

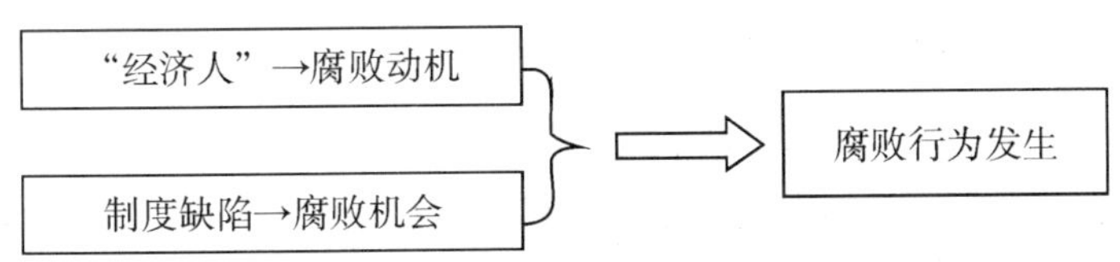

图2　腐败行为的发生机理

由此来看，腐败动机和腐败机会是导致腐败行为产生的两个最重要因素。腐败动机是主观上的欲望，腐败机会是客观上的可能，一旦腐败欲望产生而腐败机会又存在的时候，腐败行为就可能会发生了。同时，上述两个要素之间是相互影响的关系，腐败机会很大程度上是制度缺陷导致的，而腐败动机除了受个人道德水平影响之外，不合理的制度也会诱发腐败动机，即腐败机会对腐败动机也会产生很大影响。腐败动机是由人逐利的本性而产生的，而腐败机会不具有这种普遍性。因此，预防和治理腐败既要重视人的因素，更要在制度完善上下工夫，才能达到最好的廉政工作实效。

（二）廉政工作绩效评估指标的维度选择

廉政工作是政府诸多活动中的一项，我们可以借鉴政府绩效评估的逻辑来设计廉政工作绩效评估指标体系。依据系统论（system theory）的观点，政府的活动可以分为投入、过程、产出和影响四个阶段。在建构政府绩效评估的指标体系时，可以用一个极为简化的模式来表示，即投入（input）、过程（processes）、产出（output）、影响（impact）。本文认为这四个部分构成了政府任何一个活动的完整过程，因此，对廉政工作进行评估也可采用这样的思维模式，指标体系将从投入、过程、产出和影响这四个维度构建。

为了研究和后续操作的便利性，本文将整个廉政工作绩效评估指标体系一分为二，即腐败控制指数和腐败感觉指数。腐败控制指数主要包括“投入、过程、产出”这三个维度，因为这三个维度比较容易提炼出客观指标，将以客观指标为主。腐败感觉指数主要包括“影响”这一维度，而影响维度更多的是反映人的主观评价和感受，因此以主观指标为主，测量方法也采用问卷调查即民意调查，每一个指标对应问卷中的几个问题，通过问卷调查结果统计来评估。而指标作为评估的基本手段，是维度的直接载体，本文将主观指标和客观指标相结合，前者主要反映个人的感受、态度和评价等，后者主要依托各种数据体现。同时廉政工作相比其他各项工作自身有其很强的特殊性，所以在设计评估指标时更要关注其科学性和可行性，保证指标设计科学严谨、针对性强并可操作。

（三）廉政工作绩效评估指标体系的设计与筛选

我们在大量文献梳理和总结的基础上，开展了三次深度访谈，访谈对象分别是在纪委部门工作20年以上的纪委领导、反腐败领域的专家。通过访谈获得了很多有效的信息，也启发了本文的指标体系特别是具体指标的设计思路。访谈对象都对本文拟设计的指标体系框架和维度表示高度认可，并就具体指标设计提出了建设性的意见和看法。专家们对当前国内外反腐败的实际情况特别是中国政府在新世纪推出的廉政政策和战略进行了梳理，指出了当前国内反腐的现状和存在的问题，并提出了具体指标的设计建议。此后，我们召开了一次小型的专家会议，就指标体系的维度、框架和具体指标设计等再次进行了深度的研究和讨论。经过反复推敲和斟酌，最终设计出廉政工作绩效评估指标体系的总体框架。

本文设计出的廉政工作绩效评估指标体系由腐败控制指数和腐败感觉指数组成，控制指数包括 99 个指标，感觉指数包括 18 个指标，指标体系分为投入、过程、产出和影响四个维度，总共有 117 个指标。这只是构建出的一个初步的指标体系，要经过后续的筛选和修正。考虑到德尔菲法能充分发挥专家的作用，集思广益，准确性高，同时能显示出各位专家意见的不同之处，达到取长补短的效果，且符合本研究的特质和要求，因此我们采用德尔菲法，将这一指标体系框架发送给 12 位相关领导和专家进行指标筛选，得到其中 10 位专家的有效反馈。专家们第一轮反馈的意见集中如下：一是普遍赞同和认可本研究所设计出的指标体系的框架、维度和主要指标，特别是腐败感觉指数得到了高度一致的认同；二是有部分专家提出要在投入中增加纪检监察部门负责人的地位指标、在过程维度中增加个人财产申报指标、在影响维度中增加媒体对政府廉政工作的评判指标；三是有专家提出腐败感觉指数要将公众感知细化为政府公职人员、企业家和普通公众对廉政工作的感知，而不是笼统的公众感知；四是大部分专家都认为指标体系从理论上看很全面，但操作起来可能因指标数太多而繁杂，建议下一步要精简指标，只选择与评估目的最相关的指标，以降低后期数据收集成本。

针对专家们第一轮反馈的意见和对指标的具体选择结果，我们进行了技术处理，并将删减和增补后的指标体系第二轮反馈给各位专家，得到了专家们的普遍肯定和赞同，初步达成了一致意见。根据专家们第二轮的建议，我们再次对指标的表述进行了修改，经修正后的最终指标体系如表 4 所示：

表4 廉政工作绩效评估指标体系（修正后）

指数	维度	指标构成	测量指标
腐败感觉指数	A投入	A1 人力投入	A1.1 纪检监察人员数占比
			A1.2 纪委书记在常委会中的地位排名
		A2 财物投入	A2.1 廉政工作经费预算总额
			A2.2 廉政工作经费预算在本级政府总预算中占比
	B过程	B1 廉政宣传	B1.1 纪检监察部门开展公开反腐倡廉宣传工作的次数
			B1.2 纪检监察部门通过网站、电视、报纸、刊物、电台等进行宣传的情况
		B2 廉政教育	B2.1 公职人员平均每人接受廉政教育学习的时间
			B2.2 公职人员家属平均每人接受廉政教育学习的时间
		B3 政府行政效能	B3.1 有关政府行政效能的投诉件总数
			B3.2 政府行政效能有效投诉率
		B4 行政处罚自由裁量权	B4.1 有关行政处罚的投诉件总数
			B4.2 行政处罚有效投诉率
			B4.3 定额处罚的行政处罚事项数占比
		B5 政府建设工程项目	B5.1 政府建设工程项目公开招投标件数占比
			B5.2 政府建设工程项目公开招投标资金额占比
		B6 政府采购	B6.1 政府公开招标采购件数占比
			B6.2 政府公开招标采购金额占比
		B7 国有土地管理	B7.1 修改容积率的土地宗数占比
			B7.2 改变土地用途的建筑面积占比
		B8 行政审批	B8.1 有关行政审批的投诉件总数
			B8.2 行政审批有效投诉率
		B9 插手高腐败风险行业与领域的状况	B9.1 申报无插手参与明令禁止参与的活动的公职人员占比
			B9.2 经监督查证确有插手参与明令禁止参与的活动的公职人员占比
		B10 政务公开状况	B10.1 已按规定予以公开且可以公开之政务信息的件数
			B10.2 经查实的未按照规定予以提供政务信息的投诉件数

（续表4）

指数	维度	指标构成	测量指标
腐败感觉指数	B过程	B11 个人财产申报	B11.1 实行个人财产申报的官员数占比
		B12 配偶子女情况	B12.1 自行申报配偶子女均无移居境外的公职人员数
			B12.2 自行申报配偶子女均无移居境外的公职人员占比
	C产出	C1 腐败举报投诉	C1.1 本级政府公职人员被举报腐败案件总数
			C1.2 本级政府公职人员平均每人被举报腐败案件数
			C1.3 公众具名举报腐败案件数占比
		C2 违法违纪情况	C2.1“一把手”违法违纪案件总数
			C2.2“一把手”违法违纪案件数占比
			C2.3 因腐败行为被纪检监察部门立案查处的案件总数
			C2.4 公职人员平均每人因腐败行为被纪检监察部门查处的案件数
			C2.5 公职人员平均每人的涉腐金额
			C2.6 高腐败风险行业和领域的腐败案件总数
			C2.7 高腐败风险行业和领域的腐败案件数占比
			C2.8 大案要案的宗数
			C2.9 大案要案占比
			C2.10 腐败频度
		C3 惩戒行动	C3.1 因贪污、贿赂等腐败案件移送司法部门获有罪判决的官员人数占比
			C3.2 在被立案侦查的腐败分子中被判10年以上有期徒刑或更重刑罚的人数占比
			C3.3 追回外逃贪官和转移海外赃款的成功率

（续表4）

指数	维度	指标构成	测量指标
腐败感觉指数	D影响	D1 公众对腐败状况的整体印象	D1.1 腐败普遍程度
			D1.2 公职人员清廉程度
			D1.3 腐败高发领域
			D1.4 腐败高发层级
			D1.5 腐败高发环节
			D1.6 腐败状态判断依据
			D1.7 腐败状况的变化趋势
		D2 公众亲身经历腐败事件	D2.1 有否请客送礼送钱经历
			D2.2 请客送礼送钱年均次数和次均花费数额
		D3 公众反腐败意愿和力度	D3.1 对腐败的容忍度
			D3.2 举报意愿和力度
		D4 公众对廉政工作的看法	D4.1 纪检监察部门工作权力大小
			D4.2 反腐倡廉工作成效满意度
			D4.3 工作威慑力
			D4.4 工作问责和外界监察
			D4.5 公众对其的信任度和支持度
			D4.6 公众对其的信心及变化趋势

四、结语

腐败之所以成为世界性难题，是因为其危害性强，隐蔽性高，治理难度大。防治腐败，建设一个廉洁和高效的政府，是世界各国普遍希望达成的目标和使命。对于仍处转型期的中国而言，政府廉政工作更加重要和艰巨，反腐倡廉之路任重而道远。

要有效的防治腐败和推进政府廉政工作，必须对腐败状况和廉政工作现状进行准确的评估和了解。国际上对腐败和廉政的评估工作越来越重视，并在廉政评估指标体系建设方面取得了积极的成效。我国虽然从20世纪末也开始了廉政评估的探索，但总体上处于起步阶段，理论与实际两个层面均有待提升。

本文在借鉴国际先进的廉政评估理论和实践成果的基础上，初步构建出一套廉政工作绩效评估指标体系，期望能够抛砖引玉，为各级政府的廉政绩效评估工作提供参考，为进一步推进反腐倡廉工作和廉政体系建设提供操作性的工具。

限于时间和水平等原因，本文构建出的这套指标体系难免粗糙，仍有很多地方值得推敲和修改。如各项具体指标的信度和效度还有待进一步的检验，指标方向的一致化、指标数据的标准化以及后期数据的收集、处理和计算方式等，都是本文尚未涉及的，需要在以后的理论研究和实践操作中继续完善。

参考文献

[1] 郭正义，宇杰. 2004. 西方学者关于腐败及其评价指数的论述与研究. 理论与现代化，(1).

[2] 何增科. 2008. 腐败与治理状况的测量、评估、诊断和预警初探. 毛泽东、邓小平理论研究，(11).

[3] 庄文忠，等. 2009. "台北市政府廉政指标之后续研究"报告书.

[4] 刘峰岩. 1996. 建立廉政建设社会评价系统论略. 天津社会科学，(4).

[5] 汤艳文，敬义嘉，刘春荣. 2008. 中国地方政府廉政建设测评体系的指标研究. 社会，(5).

[6] 何增科. 2009. 中国目前廉政制度体系总体状况及其有效性评估. 学习与实践，(5).

[7] 过勇，胡鞍钢. 2003. 行政垄断、寻租与腐败：转型经济的腐败机理分析. 经济社会体制比较，(2).

预防腐败的制度体系及其建设路径
——兼论预防腐败局的职能定位①

胡　杨②

一、制度预防在反腐败体系中的战略地位

党的十七大以来，我国逐渐确立了“标本兼治、综合治理、惩防并举、注重预防”的反腐败方针，在加大惩处的同时，注重预防和注重制度建设，更加注重治本，制度预防已经成为当前我国反腐败的基本战略。中央纪委十七届五次全会进一步强调了要建立科学完备的反腐倡廉制度体系，切实提高制度执行力，增强制度实效，制度预防在我国反腐倡廉建设中的战略地位更加凸显。

（一）制度预防是国际反腐成功的基本经验和重要条件

反腐败是一个长期的、复杂的、综合的系统性工程，需要教育、预防、监督、惩处等多管齐下。其中，预防腐败要远比惩治腐败艰难复杂得多，意义也更为重大。综观世界各国反腐成功的经验，当前国际反腐败的一个基本趋势是：各国在不断加大惩处腐败的同时，都更加注重通过建立国家廉政体系来全面预防腐败，特别是更加注重通过预防制度建设来实现预防腐败的功能。预防腐败的制度体系建设及其成效已经成为衡量世界各国反腐败成功的重要标志之一（王秀芬、王艳宁，2008）。

《联合国反腐败公约》在总结世界各国市场经济条件下腐败治理成功经验的基础上，更加凸显了制度预防腐败的战略思路，明确提出了建立预防反腐败

---

① 本文系国家社科规划基金重大项目“有效惩治和预防腐败的体制机制及制度问题研究”（项目号：06andZD040）的阶段性成果，课题主持人：郭学德教授。特此致谢！

② 胡杨（1972— ），社会学博士，公共管理博士后，郑州大学公共管理学院副教授，河南省廉政评价研究中心副主任，全国廉政研究与教育学会理事、副秘书长，郑州市纪检监察学会常务理事、副会长；研究方向为行政监督与反腐败。

机构的必要性，强调“各缔约国均应当根据本国法律制度的基本原则，确保设有一个或酌情设有多个机构来预防腐败”，并对涉及预防腐败的公共部门、私营部门、公职人员行为守则、公共采购和公共财政管理、社会参与以及预防洗钱等十个方面都提出了明确的要求。

（二）制度预防是推动我国反腐模式转型的关键

当前，我国正处于从权力反腐向制度反腐、体系反腐转型的关键期，而实现这一转型的根本在于制度预防功能的全面实现（胡杨，2010）。胡锦涛总书记在中央纪委十七届五次全会强调，要以建立健全惩治和预防腐败体系各项制度为重点，以制约和监督权力为核心，以提高制度执行力为抓手，加强整体规划，抓紧重点突破，逐步建成内容科学、程序严密、配套完备、有效管用的反腐倡廉制度体系，切实提高制度执行力，增强制度实效。

从狭义上看，反腐倡廉建设制度体系主要包括教育制度、监督制度、预防制度和惩治制度建设，预防制度建设重点在于推进廉政风险防控机制建设，建立健全预防腐败信息系统，建立健全防止利益冲突制度，最终形成有效预防腐败的长效机制。

然而，从广义上看，预防制度是相对于惩治制度而言的，广义的预防制度应该包括教育制度、监督制度和预防制度等。因此，预防制度在反腐倡廉制度体系建设中处于更为基础性的地位，只有建立健全预防腐败的制度体系，才能保障我国反腐倡廉制度体系的建立和完善，只有提高预防腐败制度的执行力和实效性，才能全面巩固我国制度反腐模式的确立，推动我国惩治与预防腐败体系的全面构建，最终促进我国反腐模式从权力反腐向制度反腐、体系反腐的顺利转型。

（三）制度预防是预防腐败机构职能定位的基础

2007 年 9 月，国家预防腐败局正式成立，标志着我国预防腐败有了专门性的组织保障。国家预防腐败局的职能定位是，以加强对权力运行监督制约为重点，采取有效措施防止权力滥用以有效预防腐败。具体包括：一是负责全国预防腐败工作的组织协调、综合规划、政策制定和检查指导；二是协调指导企业单位、事业单位、社会团体、中介机构和其他社会组织的反腐败工作；三是负责预防腐败的国际合作和国际援助等。

然而，自预防腐败局成立以来，有关预防腐败机构的模式及其职能定位的争论一直在持续。概括起来有两个主要问题：一是预防腐败机构采取单一预防性模式还是复合型模式，预防腐败机构采取何种手段才能实现预防的功能，是惩治和预防手段并用，还是主要依靠制度性预防？二是预防腐败局应该履行哪些领域的预防腐败职能，仅仅是企业单位、事业单位、社会团体、中介结构和其他社会组织的预防腐败，还是应该将全局性预防腐败工作逐步纳入自己的职责范围？

预防腐败机构模式及其职能定位争议的本质在于制度预防功能及其实现问题。从国际反腐败经验来看，预防腐败是当前世界各国反腐败最重要的治本之策，无论采取何种模式，制度预防是各国预防腐败机构普遍使用的基本手段。预防腐败职能的实现主要是依靠制度预防，而不是惩处（戚翠莲，2007）。由此可见，制度预防是预防腐败机构基本职能定位的基础，预防腐败局的基本职责是预防腐败而不是惩治腐败，预防腐败的关键手段是制度预防。

二、制度预防体系建设的理论基础与实践依据

制度预防体系的构建必须有一个科学的理论基础和实践依据。制度预防理论在总结国际反腐败经验基础上，广泛借鉴行为科学（主要是行为科学的动机理论和需要理论）、新制度经济学理论建立起来的，为我国预防腐败制度体系的构建提供了很好的理论基础和制度框架。

（一）制度预防体系建设的理论基础

制度预防理论将腐败现象解释为由腐败动机、腐败机会而导致腐败行为的动态过程。“腐败是个人或者组织出于自利动机，利用制度上的机会而达成的谋取不正当利益的行为。”（任建明、杜治洲，2009：108）只有在腐败动机和腐败机会同时具备的条件下，也就是说，只有当腐败行为发生达到必要且充分的条件下，腐败行为才会系统地或大量地发生。因此，制度预防理论认为，反腐败必须从教育、预防和打击三个方面入手，教育主要是解决人的动机问题，制度主要是解决腐败机会问题，打击主要是遏制腐败行为问题。

与此同时，制度预防理论还特别强调，在现实条件下，腐败动机是根植于人生来的根本动机之中的，在人类进化的漫长过程中是长期存在的，因此，腐败发生的程度并不取决于腐败动机等深层次原因，而主要取决于腐败的直接原因，即制度上提供腐败机会的多少。因此，制度预防在反腐败整体策略上具有重要的核心地位。治理腐败的根本途径就是要从制度入手，并主要采取预防的方法而不是其他。寻找制度的原因也主要着眼于制度，而不是人。在制度和人的两种因素中，制度是根本性的。制度预防理论如图 1：

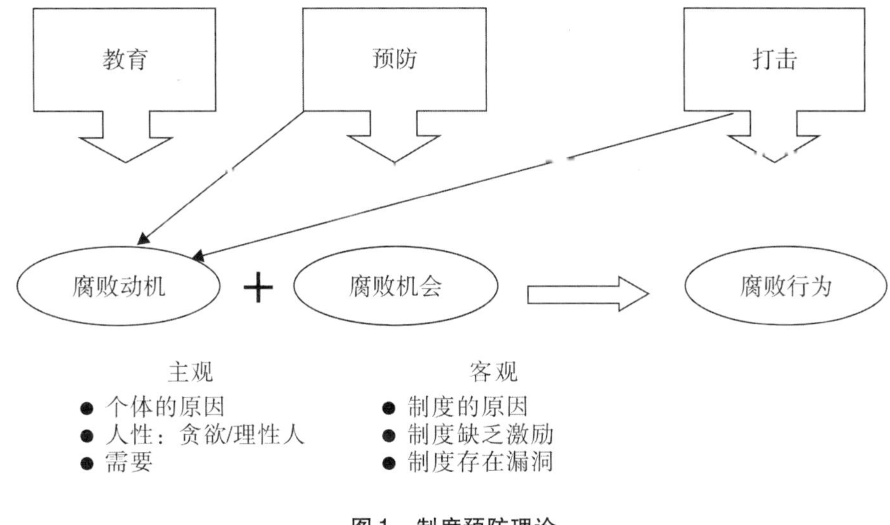

图1　制度预防理论

（二）预防腐败的制度体系框架

制度预防理论认为，从大的方面看，预防制度体系分为约束性制度和激励性制度。约束性制度主要通过监督、控制、制约和强制手段实施预防的制度，如权力监督制度、透明公开制度等；激励性制度主要通过物质或精神上的奖励来实施预防的制度，如高薪养廉制度。另一方面，根据预防制度的作用范围及其性质功能，预防制度体系主要由宏观、中观和微观制度形成的一个相互协调、科学完备的制度体系，每个层次分别包括若干预防制度。

（1）宏观制度。主要是指那些与权力结构及运行机制相关的根本的、影响面广的、基础性的制度，其中以权力制约协调机制为核心，具体包括政治权力制约协调机制、行政权力制约协调机制和具体领域的微观权力制约协调机制建设等。

（2）中观制度。主要是指那些在各个部门、行业、领域推行具有普遍激励和约束功能的一般性预防制度，主要包括信息公开透明制度、巡视制度、行政审批制度、防止利益冲突制度、干部选拔任用制度、舆论监督制度、技术预防制度、社会参与制度等。

（3）微观制度。主要是指那些在特定的重点领域、重点环节、重点人群中推行的具有特殊性的制度，如建筑领域预防腐败制度、教育领域预防腐败制度、医疗卫生领域预防腐败制度、行政部门政府采购制度、商业贿赂预防制度等。预防腐败的制度体系如图 2①：

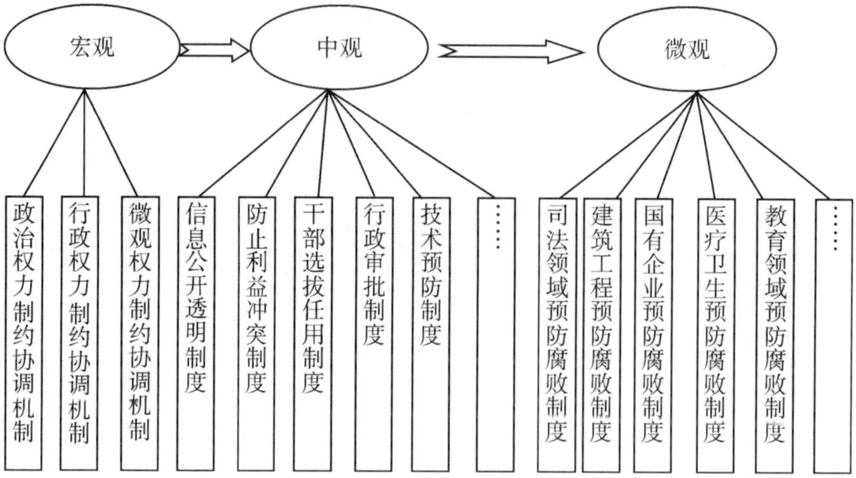

宏观 中观 微观

政治权力制约协调机制
行政权力制约协调机制
微观权力制约协调机制
信息公开透明制度
防止利益冲突制度
干部选拔任用制度
行政审批制度
技术预防制度
……
司法领域预防腐败制度
建筑工程预防腐败制度
国有企业预防腐败制度
医疗卫生预防腐败制度
教育领域预防腐败制度
……

图 2　预防腐败的制度体系

（三）预防腐败制度体系的实践基础

预防腐败制度体系的构建是一个长期的、渐进的系统工程，必须与我国反腐倡廉的总体形势与任务相结合，必须与当前我国预防腐败的体制机制相适应，逐步建立健全具有中国特色的预防腐败的制度体系。

根据透明国际清廉指数的分析，从 1998 年开始，我国清廉指数得分就已经跃过 3，反腐败取得了阶段性的胜利。然而，1998 年以来十多年间，我国清廉指数得分一直在 3.1 ～3.6 之间徘徊，1998 年得分为 3.5，2009 年得分为 3.6，期间没有大的波动。这说明，当前我国正处于腐败与反腐败的相持阶段。在这一阶段，腐败具有深层次性、复杂性、广泛性和隐蔽性等特点，反腐败具有持久性、艰难性、形式性和不确定性等特征。（胡杨，2010）

在相持阶段，预防腐败制度体系的建设至关重要。只有通过建立健全预防腐败的制度体系，才能从根本上逐渐消除深层次性、复杂性、广泛性的腐败机会，克服当前反腐败的形式主义的特征，推动我国反腐败向纵深发展。另一方面，在相持阶段，预防腐败制度体系的建设必须遵循相持阶段腐败发生发展的

① 本文构建的预防腐败制度体系是在吸取任建明教授等提出的预防制度体系层次结构基础上，根据不同预防制度层次的性质及其功能构建起来。（参见《反腐败：理论、模型与方法》，清华大学出版社 2009 年版，第 172 页。）

规律，根据反腐败的持久性和相持性特点来构建预防腐败的制度体系，推动预防腐败制度体系的建立和完善。

预防腐败制度体系的建设是一个长期的、系统的和复杂的过程，涉及方方面面的内容，必须因地制宜，总体谋划，循序渐进，稳步推进。其中一个关键因素是必须有专门性的预防腐败机构来推动和实施，在预防腐败机构职能发展过程中，逐渐建立健全预防腐败制度体系。

预防腐败制度体系的建设必须与预防腐败机构的职能发展相辅相成，互相促进。一方面，通过明确和拓展预防腐败机构的职能定位，完善预防腐败的体制和机制，才能逐步建立预防腐败的制度体系。另一方面，只有通过不断完善预防腐败的体制机制，才能进一步拓展预防腐败机构的职能定位，充分发挥预防腐败机构在制度预防体系建设中的核心地位。如果脱离预防腐败机构职能定位的完善和发展，预防腐败的制度体系建设只能是“空中楼阁”；如果只拓展预防腐败机构的职能范围，而抓不住制度预防的关键，预防腐败制度体系的建设职能流于形式，制度预防的功能将无法实现。

三、预防腐败制度建设面临的问题与挑战

党的十七大以来，随着我国惩治与预防腐败体系建设的不断深入，制度预防已经成为当前我国反腐败的基本战略。国家预防腐败局的成立为制度预防提供了基本支撑，预防腐败的制度体系框架初步形成。然而，由于预防腐败制度体系建设的长期性和复杂性，当前我国预防腐败制度体系建设还面临着以下问题与挑战：

（一）预防腐败机构的职能需要进一步明确和拓展

经过几年的实践探索，我国预防腐败机构的职能逐渐定位为预防腐败的总体组织协调、社会领域反腐败和反腐败的国际合作等几个方面，下设4个部门，分管预防腐败的综合协调、政务公开、惩防体系建设和监督检查等。然而，从制度预防理论来看，当前我国预防腐败机构的基本职能定位还不够清晰完整，主要表现在三个方面。

（1）制度预防的基础性工作没有体现。廉政风险评估预警是预防制度体系建设的基础性工程，缺乏廉政风险预警评估，无法确定预防腐败的重点。虽然目前已经认识到廉政风险预警在预防腐败机构职能定位中的基础性作用，然而，在预防腐败机构的现有具体职能分工中并没有得到体现。

（2）预防腐败的专业性特征没有凸显。预防腐败机构的基本职能是预防，

然而，在预防腐败机构的职能分工中，专业性预防并没有表现出来。如预防腐败机构现有的国际合作、社会领域反腐败等，并不仅仅包括预防腐败，而是涉及相关部门反腐败工作的全局。

（3）制度预防的关键难以实现。制度建设是预防腐败机构实现职能的基本手段。然而，在现有预防腐败机构的职能定位中，还没有能够明确地把制度预防的思想贯串于预防腐败机构工作全局之中，实现制度预防功能的基本思路和具体措施还不够清晰，制度预防功能难以实现。

（二）预防腐败的制度体系建设还不够完善

经过预防腐败相关机构多年的积累和发展，当前我国制度预防体系的基本框架已现雏形，为进一步建立健全制度预防体系奠定了良好基础。然而，从制度预防机理来看，预防腐败制度体系的科学性、完备性和有效性还不够，不同层次制度预防体系之间的协调性、系统性还不足。主要表现在三个方面。

（1）在宏观制度层面，决策权、执行权、监督权相互制约协调机制建设难以推进，如国家权力制约协调机制建设方面，由于政治体制改革的滞后性，国家层面的决策权、执行权、监督权相互制约协调机制建设还困难重重；在行政权力制约协调机制建设方面，深圳市“行政三分制”的改革实验困难重重，意味着当前我国行政三权的制约协调机制建设需要寻找新的突破口。

（2）在中观制度层面，虽然近年来我国已经逐步颁布实施了一系列具有全局性的预防腐败制度，如行政审批制度、领导干部重大事项申报制度以及领导干部廉洁从政准则等。然而，关键性制度如官员财产申报公示制度却难以出台，大部分中观性质的制度的预防腐败难以实现具有普遍约束性的预防功能。

（3）在微观制度层面，虽然已经逐步建立了一系列相关具体领域的预防腐败制度，但制度的执行力问题依然没有得到很好的解决，制度预防的形式主义特征明显，如招投标制度、防止商业贿赂制度等。

（三）预防腐败制度的制定、执行和协调难度大

与惩治制度相比，预防腐败制度的制定、执行和协调往往会面临着不同的政治阻力和社会压力，从而导致预防腐败制度的制定难和执行难。主要表现在三个方面。

（1）在预防腐败制度的制定过程中，预防腐败制度的制定是制定者和执行者在“夺自己的权”、“革自己的命”，自然会受到来自政策制定者及其利益相关者直接或变相地强烈抵制而导致无法建立。（杜治洲、任建明，2007）

（2）在预防腐败制度的执行过程中，往往会触及深层次的政治经济体制

原因，而政治体制改革的不到位和社会主义市场经济体制的不完善，往往会导致预防腐败制度的执行乏力。

(3) 在预防腐败制度的制定和执行过程中，预防腐败制度的制定和执行往往涉及方方面面的利益，需要各个方面的紧密配合、协调一致，而预防腐败的组织协调机制的缺乏或者乏力，往往导致预防腐败制度难以制定和执行。

（四）预防腐败的制度绩效难以评估

从总体上看来，与惩治腐败制度相比，预防腐败制度的对象或客体具有抽象性，预防腐败的制度绩效也具有迟滞效应，从而导致预防腐败制度绩效评价难，实效性差。主要表现在两个方面。

(1) 由于预防腐败制度涉及的内容广泛，制度绩效评价的目标多元，制度绩效具有迟滞效应，难以构建出一个具有科学性、系统性、可操作性的预防腐败制度绩效评价体系，无法建立一个有效运行的预防腐败制度绩效评价机制，从而导致预防腐败制度绩效评价难。

(2) 由于预防腐败制度客体的抽象性，预防腐败制度的约束性和激励性机制差，从而导致预防腐败制度的问责难。特别是当预防腐败的客体是法人或其他组织时，往往难以进行问责。即使是有明确的问责对象，由于预防腐败的责任难以明确划分，导致预防腐败制度的问责难。

四、推进预防腐败制度建设的对策建议

制度预防反腐败战略的确立为我国预防腐败的制度体系建设提供了良好的外在环境，国家预防腐败机构的成立也为我国推进制度预防战略奠定了良好的组织基础。针对当前我国预防腐败制度建设中存在的问题，本文拟从以下几个方面入手以进一步推进我国预防腐败制度建设。

（一）进一步规范预防腐败机构的职能定位，提高预防腐败的专业性

从制度预防理论来看，预防腐败的基本职能定位是预防，实现这一职能的具体手段是制度。因此，预防腐败机构的基本职能定位主要包括四个方面，即廉政风险的评估及其预警，预防腐败制度体系的建立和完善，预防腐败制度建设过程中的指导、协调、监督和检查，具体部门领域的预防腐败制度建设及其落实。每个方面又包括很多具体的制度。因此，在进一步明确预防腐败机构的制度预防职能基础上，应从以下几个方面入手，进一步规范预防腐败机构的职

能，实现预防腐败机构的专业性。

（1）整合预防腐败机构的职能，将以上预防腐败机构的基本职能有机地分解到现有预防腐败机构的内设机构中去。如将廉政风险预警与评估放在综合一室，突出综合一室在预防腐败相关的信息收集、整理、分析、诊断和预警的职能，强化制度预防的基础性工作；将预防腐败制度建设的指导、监督与检查放在二室，也即目前分管惩防体系办的科室，凸显预防腐败制度建设的全局性、科学性、系统性、协调性和有效性。

（2）进一步拓展社会领域预防腐败的职能。在履行社会领域预防腐败职能的基础上，进一步拓展预防腐败机构的职能范围，在社会领域预防腐败的基础上，吸取社会领域预防腐败的经验，逐步将其他相关部门的预防腐败工作纳入预防腐败机构的职责范围之内，推动不同部门、不同领域、不同行业的预防腐败工作机制与制度体系的建立和完善。

（3）要进一步凸显预防腐败机构的制度预防功能。将预防腐败机构的案件查办的职能交由相关案件查办部门，预防腐败机构专管预防腐败，不涉及案件查办工作，并主要依靠建立、完善和监督不同预防腐败制度的制定和执行，充分发挥制度预防的功能。

（二）进一步强化预防腐败的协调机制，增强预防腐败机构的权威性和整体合力

预防腐败工作涉及很多部门、行业和领域，预防腐败制度包括了方方面面的制度，必须建立一个具有综合性、协调性和权威性的预防腐败协调机制。具体包括两个方面。

（1）建立纪检监察的内部协调机制。在纪检监察机关内部，预防腐败职能分散于多个部门，除预防腐败局外，宣教室、案管室、信访室、研究室、纠风室等都具有一定的预防腐败职能。因此，必须理顺预防腐败局及其办公室与委厅机关内设机构的职责关系，进一步明确内设机构在预防腐败工作中所承担的具体责任，形成纪检监察机关内部的组织协调机制，提高纪检监察机关内部预防腐败的整体合力。

（2）建立预防腐败的外部协调机制。除纪检监察机关外，其他党政部门和司法机关如检察院的预防职务犯罪机构等，都承担有全局性的预防腐败职能，党委机关和政府组成部门自身也有内部预防腐败的职责。因此，必须建立更高级别的省级预防腐败工作领导小组，充分发挥省预防腐败领导工作小组的综合协调和统筹推进的作用，整合各个方面预防腐败的资源，提高预防腐败的综合性和权威性。

（三）健全和完善预防腐败制度体系，构建科学完备制度预防体系

预防腐败必须抓住制度预防的关键，以完善预防腐败的制度体系为切入点，构建内容科学、程序严密、配套完备、有效管用的预防腐败制度体系，提高制度预防的有效性。

（1）在宏观制度建设层面，要利用政治体制改革的成果，充分发挥政治体制改革的预防腐败效应，逐渐建立和完善国家层面的决策权、执行权、监督权相互制约协调的权力结构，要继续主动探索行政层面的决策权、执行权、监督权制约协调机制建设的试点工作，推动行政决策权、执行权、监督权的相互制约权力结构和运行机制；要继续鼓励和推动不同层级、不同领域、不同行业、不同部门权力制约监督的体制机制创新，及时总结和推广具体领域权力制约协调机制建设的创新经验，通过具体领域权力制约协调机制创新，推动我国权力制约协调机制的整体发展。

（2）在中观制度建设层面，要广泛借鉴和总结国内外预防腐败的相关经验，尽快出台预防腐败的基础性法律——《预防腐败法》，为我国预防腐败制度体系建设提供根本性的法律保障。在此基础上，要从关键性预防腐败的制度入手，带动相关预防腐败制度的建立和完善，提高预防腐败制度的执行力。特别是继续逐步推动公务员财产申报公示制度的建立，继续探索党务政务信息公开机制的建立和完善，进一步加大网络技术预防制度等的建立和完善。

（3）在微观制度建设层面，要进一步建立健全预防腐败制度的激励和约束机制，提高微观领域预防腐败制度的执行力和实效性；要进一步鼓励和推动重点领域、重点环节、重点人群建立廉政风险预警与制度防控机制，及时总结和推广重点领域、重点环节、重点人群预防腐败制度的成功经验，为我国预防腐败制度体系建设奠定坚实的基础。

（四）加大预防腐败制度的问责力度，提高预防腐败制度的执行力

预防腐败制度的有效性必须依靠有效的问责机制来保障。针对当前预防腐败制度制定难、执行难和协调难等问题，从以下几个方面入手，提高预防腐败制度的执行力。

（1）要进一步深入研究预防腐败制度的特点及其运行规律，分析预防腐败制度制定难、执行难和协调难的内在原因和发生机制，提出建立健全预防腐败制度体系建设的总体思路和具体路径。

（2）在广泛吸取各地预防腐败制度绩效评价体系建设经验的基础上，构建具有指导性的预防腐败制度绩效评估体系，明确预防腐败制度绩效评价的机

制，破解当前预防腐败制度绩效评价难问题。

（3）逐步建立健全预防腐败制度的问责机制。在预防腐败制度建立和完善的过程中，要进一步明确预防腐败制度的问责主体，细化预防腐败制度的问责程序和方法，加大预防腐败制度的问责力度，提高预防腐败制度的执行力和实效性。

参考文献

[1] 杜治洲，任建明. 2007. 十六大以来我国反腐败工作的回顾与展望. 广州大学学报，(11).

[2] 胡杨. 2010. 中国特色反腐模式转型的内在逻辑及发展路径. 马克思主义与现实，(4).

[3] 戚翠莲. 2007. 关于预防腐败问题的思考：兼谈国家预防腐败局的工作重点. //“构建和谐社会与深化行政管理体制改革”研讨会暨中国行政管理学会2007年年会论文集，(11).

[4] 任建明，杜治洲. 2009. 反腐败：理论、模型与方法. 北京：清华大学出版社.

[5] 胡杨. 2010. 推进反腐倡廉民意调查科学化：问题与对策. 中纪委“推进反腐倡廉民意调查科学会”乌鲁木齐座谈会论文.

[6] 王秀芬，王艳宁. 2008. 世界主要国家反腐败经验对中国预防腐败的启示. 河北学刊，(4).

廉政的约束条件及社会机制论纲

黎　民[①]　曹　鲲[②]

廉政作为民众对政府行政的基本要求和对社会管理者的管理，是世界各国国家治理面临的共同挑战和问题。现实状况是，不同政府在廉政与否上差异甚大。尽管廉政与否与各国的特殊国情密切相关，或者说与一国的经济发展、政治与社会体制、文化传统直接联系，但我们认为，在众多具有个别性的表象背后存在规律。因而，有必要探讨廉政所具有的共同约束条件和社会机制。

一、廉政与两种力量的博弈

在现代社会背景下，廉政应该包含廉价政府和廉洁政府两层含义：一方面，要求政府在履行职责时成本低廉；另一方面，要求政府工作人员在履行职责时廉洁自律。

一个政府是否能够廉政，取决于两种不同利益或力量的博弈。

（一）正面的力量

（1）从根本上讲，廉政是民众维护自身权益的正当诉求。民众是政府运行成本的支付人，廉政所体现的廉价政府、廉洁政府，是民众的当然选择。

（2）由于廉政成为执政集团及其所组成的政府维持执政地位的重要前提，因此，在廉政与执政地位的维持高度相关的条件下，执政集团的决策层具有在执政过程中推进廉政的明显动机。

（3）廉政是政府官员基本的职业伦理要求，在廉政与否与其职业声望和职业发展紧密相关时，政府官员也会产生廉政的内在要求。

---

① 黎民，男，武汉大学政治与公共管理学院教授，博士生导师。

② 曹鲲，男，武汉大学政治与公共管理学院博士生，内蒙古财经学院讲师。

（二）负面的力量

作为代理人，政府及其官员由于只履行政府职责而无须承担政府运行的成本，天然存在着增加或扩大政府运行成本的本能冲动；在约束不足时，这种冲动便时时转化为行动，使奢华、浪费以至以权谋私成为常态。

对于政府及其工作人员而言，廉政与否取决于上述两种力量的较量。当正面的力量占上风时，“廉”政就成为主导；反之，“奢”政便成为常态。

二、廉政的约束条件

所谓廉政的约束条件，是指促使廉政的正面力量足够强大并充分发挥作用，使“奢”政成为不可能的基本因素。

廉政的约束条件，可分为政治层面和管理操作层面两方面的条件。

（一）政治层面的廉政约束条件

（1）民众对政府及其工作人员的廉政要求达成明确的、广泛的共识，并形成强大的社会压力，包括从公开批评政府及官员、罢免政治官员，到回收对执政集团执政授权的权力。这是最重要的约束条件。

（2）政府决策层对民众对于廉政的要求形成深刻的认知，并有明确的政治决心来推动廉政建设。

（二）管理操作层面的廉政约束条件

（1）能够建立科学系统的廉政制度体系。

（2）具有足够的执行力，即切实有效地执行廉政制度。

（3）民众能够及时充分地获得政府廉政建设方面的信息，并具有通畅有效的意见表达或监督渠道。

三、基于廉政约束条件的具体分析

（一）成熟的廉政文化是廉政的社会文化基础

所谓廉政文化，是人们关于廉政的思想、信仰、知识、行为规范和与之相适应的生活方式、工作方式和社会评价。在现代社会背景下，廉政文化的核心价值就是民众对于“廉价政府”与“廉洁政府”的共识与追求。成熟的廉政文化是廉政的社会文化基础，没有这个基础廉政制度难以产生，就是有了制度也难以执行。廉政制度是外在的约束，使人“不敢奢”、“不敢贪”，而廉政文化是内在的约束，使人“不想奢”、“不愿贪”。制度若存在漏洞，还会发生制度失灵，而文化对社会成员的影响则是持久和稳定的。在不同的国家，廉政文化的基本价值追求应该是相同的，但由于不同国家、不同民族的历史文化背景各异，廉政文化的发育过程和表现形式则会存在差异。

北欧诸国、美国、新加坡的廉政建设在当今世界上都是具有代表性的。它们都高度重视廉政文化，但廉政文化的发育和培育方式及其表现形式则各有特色。

北欧的自然环境比较寒冷恶劣，在长期与自然抗争的历史过程中，形成了集体利益至上和互助、包容的文化传统。因而北欧诸国政府在施政过程当中，非常重视公平正义和国民福利。这使国民认为社会收入分配比较公平，因此相互攀比、心理失衡、阶层对立的现象很少发生。这种公平的认同心理形成了社会稳定的基石，是北欧诸国廉政文化形成的特殊基础。

美国的廉政文化注重行为规范。美国用了300多年时间建立了比较完善的法律体系。较完备的法律体系有效调整了各政治利益集团和人们日常生产生活中的利益关系，以法律规定作为判断人的自由边界行为的标准，经过漫长的渗透，逐渐内化为人们的自觉行为，产生了与之相适应的法律至上的文化，奠定了美国法制型廉政文化的基础。

而新加坡的廉政文化则带有明显的东方色彩。其特点是：一是政治精英以身作则。李光耀当选总理以后，一直主张反腐倡廉要从最高层抓起，其中国家领导人的言行举止是关键。这一主张与东方社会的“明君”和“清官”情结形成了某种契合。二是注重弘扬传统美德。新加坡在对国民的教育中非常注重对东方文化的“勤劳”、“善良”、“诚信”等优良传统加以继承和发扬。三是注重政治人才的培养和选拔。新加坡的中小学都开设有廉政课程，同时新加坡政府还从青少年中选拔具有从政潜质的人才进行专门的训练和培养，保证政府公职队伍建设的可持续性。这一机制明显是从中国古代儒家教育传统和科举考试制度中汲取了有益的养分。

从对北欧诸国、美国、新加坡的廉政文化特色比较的结果来看，在现代社会背景下，成熟廉政文化的本质是相同的，而廉政文化的发育和培育却没有固定的模式。不同的国家和民族，应该根据各自的文化传统和具体国情推动廉政文化的发育，最终达到“殊途同归”的效果。

反观某些建立了民主政体的东南亚和拉美国家，其严重的腐败现象很大程度上要归咎于这些国家缺乏健康成熟的廉政文化。譬如，在一些拉美国家的官员选举中，贪官当选现象屡见不鲜，其原因在于选民成为受贿的对象。而在曾经被西方社会誉为“东方民主橱窗”的菲律宾，腐败和绑架异常猖獗，这背后折射出的正是菲律宾政治文化中廉政文化的缺失。

（二）民众对政府执政成本和执政方式的有效监督，是廉政的根本保障

一般而言，廉政很难成为政府的自觉行为，它要通过民众的有效监督才能实现。一方面，在廉政国家，正是通过完善的法治、严格的预算编制程序和财政监督制度，规范政府的财政收支行为才有了基本的保障。另一方面，不论制度多完善，总会存在“阳光”照不到的角落，对这些制度的死角，只能依靠享有充分自由的媒体监督和公众的监督。譬如，在美国的“水门事件”中，《华盛顿邮报》通过坚持不懈的调查和挖掘，最终导致了总统的下台。日本众多腐败案件之所以能暴露在光天化日下，媒体和在野党的监督贡献良多。日本高官所受监督可谓“细致入微”，官员们的行踪与行为受到媒体和在野党的高度关注，稍有不慎就会被媒体或在野党抓住把柄，施以致命一击。

廉政纪录不佳的国家都具有一个关键性的共同点，即公众包括媒体对政府执政成本和执政方式缺乏实质性的“知情权”和“监督权”。在缺乏有效监督的情况下，政府和政府官员滥用职权、挥霍公款、追求享乐的“奢政”行为愈演愈烈就成为必然。我们国家当前的状况，就是一个典型。

统计表明，我国近5年财政收入以高出GDP近2倍的增速飙涨，行政性收费和基金、土地收入等则以更高速度增长，导致全口径的政府收入增幅超过一般预算收入。

虽因口径等因素所获结果略有差异，但相关研究都表明，目前中国政府收入占GDP的比重已经超过30%。中国社科院财贸经济研究所所长高培勇主持的课题组，以及中央党校研究室副主任周天勇的测算分别显示，2009年中国政府收入占GDP的比重为32.2%和34.06%。之前，由北京大学－林肯研究院满燕云教授负责的课题组，计算得出2007年中国政府收入占GDP比重就已达到32.28%。周天勇表示，从发展中国家来看，政府实际全部收入占GDP的比重过高，会对创业、投资和就业带来不利影响。他还认为中国没有进入发达国家行列之前，法定政府收入比例不应超过GDP的30%（王长勇，2010）。

2006年，时任中央国家机关政府采购中心主任，现任国务院机关事务管理局副局长的尚晓汀（2006）撰文指出：改革开放以来，我国国民经济有了较快的发展，与此同时，政府行政成本大约每年以20%左右的幅度增长。1978年，我国政府行政管理支出占整个财政支出的比重只有4.7%，2003年

达到 19.03%。25 年来每年平均提高 0.57 个百分点。行政管理支出占财政支出的比重已经超过了国际货币基金组织认可的 15.6% 的合理比重，在国际比较中是属于相当高的。我国政府机构的庞大举世闻名。目前，我国财政供养人数高达 4500 万人，财政负担比例为 1∶26，大大高于其他国家的水平。有统计表明，我国公务用车目前已达 350 万辆，每年用在公车上的开支达 3000 多亿元，大约占全国财政收入的 10% 以上，远远超过我国军费开支，超过全国教育经费和医疗经费之和，数字十分惊人。去年全国政府采购公务用车花了 600 多亿元，今年我国公车采购量再创历史新高，将一举突破 700 亿元，占财政部预计实现的 3000 亿元全国政府采购规模的近 1/4。有专家估计，2004 年我国的公款吃喝达到 3700 亿元，占该年国内生产总值（GDP）的 2.3%，相当于一座三峡大坝的价值。借考察培训为名，公费出国旅游几乎成为各级政府和公共机构的一种普遍现象。据 2000 年《中国统计年鉴》显示，1999 年的国家财政支出中，仅干部公费出国一项消耗的财政费用就达 3000 亿元。2000 年以后，出国学习、培训、考察之风愈演愈烈，公费出国有增无减。据有关专家的估计，中国因腐败造成的损失每年高达 9875 亿～12570 亿元，占全国 GDP 总量的 13.2%～16.80%；各类税收损失是 5700 亿～6800 亿元，占 GDP 的 7.6%～9.1%。另据不完全统计，目前有 4000 多名贪污贿赂犯罪嫌疑人携公款 50 多亿元在逃。国家审计署审计长李金华去年 6 月向全国人大常委会提交的审计报告中指出，由于决策失误、管理不善等造成的损失即高达 145 亿元。

（三）执政集团基于民众诉求的自我约束，是廉政得以实施的前提

面对强烈的民众廉政诉求，执政集团能否积极回应，并以廉政实现为目标，自觉约束自己的执政行为，是廉政能否真正得以实施的前提。

20 世纪 60 年代初到 70 年代末的美国廉政文化运动为我们提供了一个正面的案例。第二次世界大战后，美国为了与苏联争夺霸权和应对经济“大萧条”，大大加强了政府对社会经济活动和私人政治活动的管制和监督职能，政府职能的扩大、政府规模的扩张和政府支出的剧增，引起美国官员中的腐败现象日益增多。20 世纪 60 年代初，美国社会上为此引发了一场强烈要求政治公开化、透明化的政治民主化运动。这场民主化运动，为美国财产申报制度的出台营造了文化环境，为官员、民众及整个社会作了重要的文化心理准备。鉴于腐败现象的增多和政治民主化运动的来势凶猛，美国开始酝酿政府官员财产申报制度。但是，政府各部门并没有认真落实和执行这项规定。有制度没人执行，使政治民主化运动进一步升级，并开始向社会廉政文化运动转变，于是“公共财产理论”、“玻璃缸理论”等各种廉政理论和廉政文化思潮风起云涌。

美国官方在这场文化运动的冲击中对廉政的认识不断深化。美国联邦调查局在调查官员贪污受贿犯罪的报告中，认为白领犯罪才是真正动摇美国社会根基的犯罪。这场长达 16 年的社会廉政文化运动，直接促成了 1975 年到 1978 年美国的《情报自由法》、《监察长法》、《阳光下的联邦政府法》、《九条文官制度改革法》、《财产申报法》、《政府道德法》等一系列重要“阳光法案”的出台，这些法案对于美国政府的廉政产生了重要作用。

而菲律宾前总统阿基诺上台后廉政改革的失败则为我们提供了一个反面案例。菲律宾前总统阿基诺上台后鉴于马科斯覆亡的教训。发誓要与各种腐败做斗争，建立廉政法庭，并设立专职的廉政检察官以肃贪倡廉，但却收效甚微，贪污受贿在其任内并未有所收敛，原因之一就是执法不严，对身边的亲信和亲属中的腐败分子心慈手软，不敢或不愿依法惩处。上行下效，该国反腐败斗争的效果也就可想而知了。

（四）有效的制度建设，是廉政的制度保证

在民众和执政集团之间凝聚起来的廉政共识，只有转化为一整套科学、系统、严密的廉政制度，才能直接对政府的运行过程和政府工作人员的职务行为形成约束。廉政制度须在政府和民众的密切配合下加以贯彻，才能产生实质性的廉政绩效。一个理想的廉政制度设计，既要有法律赋权的独立、专业和受监督的廉政机构体系，又需要民间力量与自由媒体的配合，其基石则是以民主、法治的政体为依托。作为亚洲乃至世界上的廉政典范，新加坡和中国香港的廉政制度建设经验具有重要的参考价值。

20 世纪四五十年代，新加坡一度腐败横行，负责反腐的只是新加坡警方的一个小部门——“反贪污处”。1952 年，反贪污调查局成立，专司打击、预防全国的贪污贿赂等行为，编制仅 13 人，加之相应立法未及时跟上，其作为有限。人民行动党 1959 年执政后，于次年出台《防止贪污法》，法律与机构始相得益彰：机构执行反腐，而法律成为反腐的“尚方宝剑”。在这部法律的授权下，调查局拥有极大权力，从而在反贪工作中如虎添翼，之后大量腐败官员被调查、撤职。1963 年，新加坡政府进一步加强反腐力度，总理公署直接接管反贪污调查局，局长只对总理负责。如此一来，反贪局权力扩大，运作效率提高，真正做到对贪腐厉行“零容忍”，新加坡也由此跃升当时东南亚一枝独秀的清廉国家。（臧博，2010）

香港廉政公署制度则是师法于新加坡，并加以改良的成果。20 世纪六七十年代，香港的腐败情形十分严重，当时的贪污贿赂活动不仅存在于警界，还遍及官场、商界和各个部门，尤其是有组织、有计划的集团式贪污犯罪活动更

为猖獗。1973 年，香港总警司葛柏被发现涉嫌贪污，却在接受调查期间出逃英国，这引来公众极大愤慨，当时的港督授权成立委员会，彻查此事并探索建立反贪机制。这最终促成了香港在 1974 年成立直属于港督的独立反贪机构——廉政公署。随着廉政公署成立，香港当局在总结前人经验的基础上，为保障廉政公署真正成为一个强有力的反腐机构，煞费苦心地设计出了堪称杰作的廉政公署制度。这一制度的特点主要表现在以下三方面：一是立法保障。香港廉政公署不仅有《廉政公署条例》为其职能和权力提供有效可靠的保障。同时，香港当局更制定和颁布了包括《防止贪污条例》、《防止贿赂条例》、《防止选举舞弊及非法行为条例》等在内的一系列旨在肃贪倡廉的法律法规来保障廉政公署职权和职能的有效发挥。二是为其设计了旨在“标本兼治”的系统反腐职能。廉署下设执行处、社会关系处、防止贪污处三个专职部门，构成执法、教育、预防“三管齐下”的新型反腐职能体系。这三个部门在廉政专员的统一领导下，功能互补，相互配合，共同形成一个高效务实的反腐机构。其中执行处负责调查和惩治贪污贿赂犯罪；社会关系处负责引导市民认识贪污的危害，倡导大众拥有廉洁的品德并增强公民的社会责任感，从而争取公众的支持和信任；而防止贪污处的职能重在一个“防”字，审查预防的对象从政府部门到私营企业，其目的主要是帮助被审查部门对可能引发腐败的工作制度和工作程序进行修正，防范腐败于未然。三是防止反腐机构的腐败。为了有效治理腐败问题，廉政公署拥有极大的独立性和专断的权威，如果不加以制约，这种权力将对社会产生更大的危害。为此，从廉政公署成立伊始，香港当局在《廉政公署条例》和《防止贿赂条例》当中就设定了专门的条款，专门为廉政公署“量身定做”了一套监督、制约机制，使廉政公署自身具备较强的抗拒腐蚀能力。

通过对廉政约束条件的具体分析，我们可以得出以下结论：满足廉政约束条件的基本要求，是实现一国政府实现廉政的基本前提。同时，廉政约束条件的建立不可能一蹴而就，必须经过较长时期的发育和培育过程。即使世界上一些典范的廉政国家或地区，也是如此。

四、对形成廉政社会机制的若干思考

从根本上讲，形成廉政的社会机制，就是清除阻碍廉政的消极因素，优化廉政的约束条件，包括执政集团的自我约束条件，尤其是外在的社会约束条件。

在任何国家，廉政监督体系的建构不能仅仅依靠政府自身的力量。因为在缺乏外在约束的情况下，官僚机构和官僚阶层的“自肥”倾向将得到强化，政治过程和行政过程的“黑箱化”将使政府没有意愿和能力对公众的政治要求作出反应，从而导致廉政“口号化”和“空心化”。所以，通过大力培育公民社会成长，促进政府执政行为外部约束力量的壮大，进而构建一套国家与社会合作共治的廉政治理社会机制，才是发展中国家的“治本”之道。

（一）关于民众对政府执政成本和执政方式的有效监督

民众对政府执政成本和执政方式实行有效监督的首要条件是，民众不仅在名义上而且在事实上具备监督者应有的法律地位和法定权力。

在利益关系上，任何国家的政府与民众都天然存在着对立的一面，即政府始终存在着有意无意地浪费、挥霍和侵吞民众财产可能性的一面。正是这种利益对立的存在，民众对政府的监督才成为必要。但民众在有效监督政府上遇到的最重要难题是，政府是一个身份极为特殊的监督对象：由于政府进行社会管理的需要，民众不得不授予其占有特殊资源进行合法管理的权限，这使得政府来源于社会又高踞于社会之上，合法地拥有暴力（军队警察）、财政经济、社会文化和管理信息等足以对抗乃至压制民众的充沛资源。与任何其他社会实体一样，政府也具有天然抵制监督的倾向。这样，在很多情况下尤其是在集权体制下，高度分散的民众往往不能成为高度组织化的、强大的政府的对手；民众在监督政府时，每每被政府轻而易举地将这种监督化解于无形，甚至遭到无情打压。因此，民众对于政府廉政绩效监督的有效性，依赖于实质上确立民众为社会主人、政府为民众公仆的主从地位。在民众与政府的监督与反监督博弈中，民众必须拥有足够的资源和实力，才能在博弈过程中占据优势。可以说，这是民众对政府执政成本和执政方式实行有效监督的关键之所在。

（二）关于民众对政府执政成本和执政方式监督的操作化

任何社会意志，只有通过科学合理的操作化，才能付诸实施并成为社会现实，可以说，科学合理的操作化本身，也是特定社会意志的要求和体现。对政府执政成本和执政方式监督也是如此。

在现代民主国家，廉政监督体系健全，国会监督、内部监督、司法监督、政党监督、新闻监督、公众监督等多管齐下、相互补充，共同构成了严密的廉政监督网络体系。在这些国家，民众对政府执政成本和执政方式的监督既是公民政治权力的重要组成部分，又有一系列操作性极强的制度安排加以保障。这些制度主要包括公民普选制度、政府信息公开制度、公共预算制度、官员财产申报制度、新闻自由制度等。有必要指出的是，在民主发展水平比较低的国家，由于政治和行政过程的“黑箱”状态较为严重，使得政府内部的廉政监督软化乃至失效，同时也使来自政府外部的监督因为严重信息不对称而无法落实。因此，通过立法、组织变革和信息技术手段相结合，使得政府信息真正的透明公开化，切实保障社会各界和民众的“知情权”与投票决定权，是发展中国家构建“多位一体”廉政监督网络的关键点和切入点。

参考文献

[1] 王长勇. 2010. 中国行政费用之高前所未有“十二五”减税可能落空. 中国证券报, 11 - 15.

[2] 程瑛. 2007. 香港为何能成为廉政先锋：访香港廉政公署防止贪污处处长陈志新. 党的建设,(8)：40 - 41.

[3] 高勇. 2009. 新加坡廉政建设的法治与文化因素探析. 河南大学学报, 49 (3)：80 - 83.

[4] 尚晓汀. 2006. 降低行政成本建设廉价政府. 理论前沿, 488 (23)：11 - 13.

[5] 徐学银. 2009. 政治文明传承：论中外廉政经验. 前沿,(9)：32 - 35.

[6] 吴志华. 2006. 20 世纪 90 年代以来的美国联邦政府改革. 美国研究,(1)：29 - 40.

[7] 臧博，等. 2010. 反腐败镜鉴. 财经,(22)：25 - 29.

异体行政问责制：内涵、问题与建构[①]

叶先宝[②]　薛　琳[③]

一般来看，行政问责由五个要素构成：行政问责的主体，即“由谁问”；行政问责的客体，即“向谁问”；行政问责的范围，即“问什么”；行政问责的程序，即“如何问”；行政问责的责任体系，即“问责对象需要对各问责主体承担的责任层面”。相应地，行政问责制则是指特定的问责主体针对各级政府及其公务员承担的职责和义务的履行情况而实施的，并要求其承担否定性结果的一种规范。（周亚越，2004）可以说行政问责制是一种现代行政制度安排，是政治文明的一大进步，是中国行政管理体制改革的重大变革。经过多年的摸索和实践，行政问责的制度化、规范化程度不断增强，其实效性、影响力也逐步加大，许多相关的问题也日益引起社会的关注，其中一个重要问题就是行政问责制中的异体行政问责制度的建构问题。异体行政问责是行政问责的重要组成部分，它直接影响甚至在很大程度上决定行政问责的实效。因此，探讨、梳理异体行政问责的内涵、存在的问题及如何促进异体行政问责制的完善，既有理论上的必要，也有实践诉求。

一、异体行政问责制及其意义

从问责主体角度划分，行政问责包括同体行政问责和异体行政问责。所谓同体行政问责，是指执政党系统对其党员干部的问责和行政系统对其行政人员的问责。所谓异体行政问责，即指行政权力主体系统之外的问责主体对行政权力主体所进行的问责。在我国，异体行政问责制的内容包括人大代表对政府的问责制、民主党派对执政党的问责制、新闻媒体和公众对执政党和政府的问责

① 本文获福建省社会科学规划项目“机关效能建设：理论与实务”（项目号：08B126）资助。

② 叶先宝，1968 年生，男，福建宁德人，福州大学公共管理学院副教授，从事公共政策与公共组织行为分析研究。

③ 薛琳，1988 年生，男，福建平潭人，福州大学公共管理学院行政管理专业硕士研究生，从事政府发展与治理研究。

制、司法机关对执政党组织和政府的问责制。行政问责制的有效运作，很大程度上依赖于“官员问责”向“问责官员”的扭转，依赖于人大、人民政协与民主党派、司法机关、新闻媒体等监督主体权力的不断强化健全，来实现从“同体问责”向“异体问责”的转变，保障行政问责制的常态化、法治化和制度化。在实行同体问责的情况下，其本身主体的单一性造成的职位与职责的游离，公共权力目标与手段之间的矛盾，容易促成公共权力异化，很难适应当今中国特色社会主义民主政治的发展，与建立效能政府、法治政府、服务政府的要求相去甚远。而异体问责实现了监督主体的多元化，而以此为基石而建立起来的权力监督体系，配合专门的监督机构最大限度地实现多种监督主体力量的整合，增强监督效能。因此，异体问责较之同体问责应该是一种更有效、更符合民主政治要求，同时也是更客观、对官员更具有威慑力的问责形式。从行政问责制的长远发展方向和趋势来看，发展和完善异体行政问责制是一种必然趋势。

二、当前异体行政问责的“缺陷”

虽然异体行政问责并不是新鲜事，异体行政问责制度规范也在各种法律规范中有所体现，但其作为行政问责制的两个组成部分之一，则并没有起到应有的功能和作用，仍然存在许多“缺陷”。

（一）异体行政问责主体的“话语缺失”

异体行政问责的问责主体，包括人大、司法、政党、团体、新闻媒体以及公民个人，异体行政问责主体的“话语缺失”仍然十分明显。

首先，作为异体问责主体中枢的人大，《中华人民共和国宪法》和《中华人民共和国地方组织法》等法律虽然规定了各级人大及其常委会的审查权、建议权、否决权、质询权、特定问题调查权、罢免权等，但由于监督频度强度不足，具体的、可操作的监督法规，以及配套监督手段匮乏，使我国宪法赋予各级人大及其常委会对政府的监督职能无法充分的发挥出来。目前，人大监督除在个案监督上发挥一定的作用外，在制度监督、问责监督上发挥的作用还非常有限。

其次，随着司法检察机关权力格局制约因素的日益凸显，司法检察机关的问责功能发挥仍然比较被动。目前，我国对政府官员的问责常常止于“党纪处分”和“行政处分”，司法机构很难主动介入到我国的司法实践中，并常常滞后于组织处理或行政处理，其不但不能对行政机关及其行政人员做到真正的法律监督，甚至还容易导致司法不公和司法腐败问题，以行政处分、组织处理代替司法追究的现象层出不穷，致使一些国家机关中的工作人员滥用职权、贪污受贿、腐化堕落得不到及时惩处。(周亚越，2006)

再次，公民问责途径的缺失。公民是国家权力的源泉，有权参与政府责任的质问和追究，从“官员问责”到“问责官员”观念的转变虽然在不断的凸显民众的问责主体地位，但个体公民极少有人会有资金和时间去关注和理解绝大多数公共决策所具有的错综复杂的细节和过程。(约翰·克莱顿·托马斯，2005) 公民问责途径的缺失在很大程度上削弱了公民问责权的效力，加之人民群众管理国家和社会各项事务的民主权力也没有得到充分的保障和落实，其拥有的知情权、参与权与监督权还缺乏充分有效的制度保障；新闻媒体作为“第四权力”，其本应发挥的社会监督作用，却因为新闻媒体问责与行政监察部门互动机制滞后，自身报道的真实性、权威性不足和我国舆论监督立法的严重滞后，而得不到充分的发挥。(王振亚、张志昌，2005)

最后，作为中国政党制度所蕴涵的价值理念与制度设计的党际监督，其监督作用的发挥程度决定着执政党和政府行为接受约束的程度。从目前来看，我国党际监督主要指的是各民主党派对中国共产党在国家政治生活中的行为和权力运作过程的监督。我国法律虽然规定了民主党派问责职能，却没有对问责的范围和渠道作详细的规定，民主党派的监督问责权限无法得到落实，也就很难设置专门机构来实施问责，从而导致民主党派对国家政治生活、政治事务参与的力度不够，监督问责缺乏明晰的制度性组织保障。

(二) 问责客体和责任承担的“模糊”状态

《公共行政实用词典》将行政问责的范围界定为“由法律或组织授权的高官，必须对其组织职位范围内的行为或其社会范围内的行为接受质问、承担责任”(Jay M. Shafritz，1985)。从我国的实际来看，按照“有权必有责、用权受监督、违法受追究、侵权要赔偿”的原则，以是否掌握公共权力为依据，把拥有公共权力的组织及其工作人员，包括行政机关及其工作人员、各级党组织、权力机关、司法机关、公共部门等组织及其工作人员纳入行政问责范围，鉴于此，把行政问责对象界定为广义的“国家公务员”是合法、合理的，而且是必要的。完整的行政问责体系应该使一切行政主体都应为其违法或失职行为承担责任，这就要求党政之间、政府各部门及相关人员之间有着明确的职责划分和严格的责任体系，而我国党政职能之间、行政机关上下级之间、领导的正副职之间、公务员之间的职权划分相对模糊，导致职能交叉重叠、有权无责、有责无权的现象仍然比较突出。从我国行政问责的实践来看，官员承担责任的方式主要是引咎辞职，其他责任方式没有或很少涉及；另外，宪法规定政府机关实行行政首长负责制，行政首长拥有所辖区公共事务的自由裁量权和最后决定权，行政首长负责制与集体决策民主集中制交叉，发生问题则追究行政首长的责任。行政首长也可能以集体决策的名义推卸责任，法律没有对中央政府与地方政府职权关系作出明确规定，党委和最高行政机关的责任没人去追究，因此行政问责在关键部位容易出现问责客体的“模糊”状态。（陈力予、陈国权，2009）问责客体和责任承担的“模糊”状态，使问责的效果大打折扣。

（三）问责信息的“沟通缺失”

随着民主治理理念的不断渗透，公民参与政府管理和决策的程度日益提高，信息的有效沟通已经成为政府优化治理过程的前提。自 20 世纪末我国启动“政府上网工程”以来，各级政府机构利用其拥有的信息资源的开发、利用与管理来改善公共服务质量的能力逐步增强，加上 2008 年 5 月 1 日起实施的《中华人民共和国政府信息公开条例》对信息公开的内容作了较为详细的规定，体现了对政府信息公开的决心，一定程度上防止了政府机构以各种托词不履行公开政府信息义务。政府虽掌握了大部分的信息资源，但政府在行使公共权力过程中，针对公开信息筛选程度是否合理，信息公开的方式和期限都没有详细罗列。行政问责信息缺失、问责范围的不确定性、行政信息成本的人为性都可能成为异体行政问责的障碍；而与信息公开紧密联系的新闻媒体的独立报道权也由于没有相应的法律制度保证，公众从新闻媒体中获取真实信息的自由难以得到保证（如图 1 所示）。政府信息公开和公民知情权的真正实现，有赖于整个体制、制度、观念环境的变化（张劲松、贺小林，2008）。

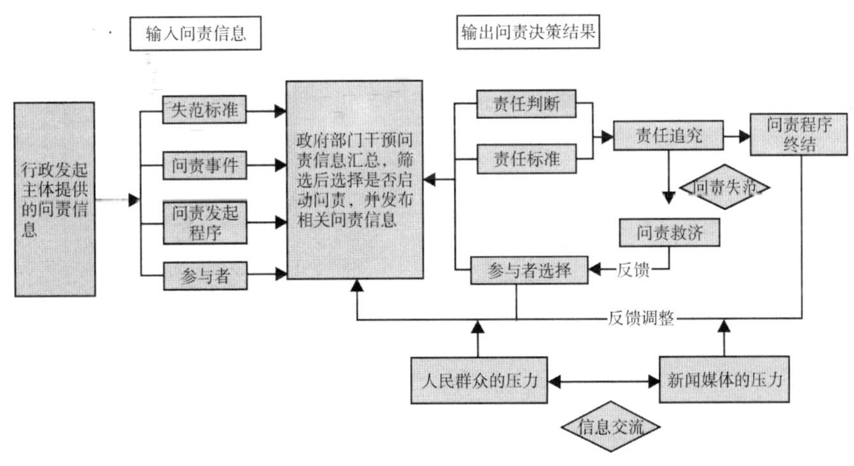

图 1　政府参与背景下的行政问责信息反馈机制

（四）异体问责的“法律缺失”

2009年7月，中共中央办公厅、国务院办公厅颁布了《关于实行领导干部问责的暂行规定》，对于党政领导干部问责的情形、方式、程序和适用范围都作了明确的规定，其出台明显有利于我国行政问责制度化、规范化进程。与此同时，问责程序一旦启动，调查处理、申诉复查、监督执行等程序既是一个系统化的制度规范更是一个实体规范，则需要有更完善的法律法规作保障。从全国范围看，我国行政法律责任制度只散见于一些单行的法律中，还缺乏完整的确保行政责任的法律体系，还没有制定专门的行政问责制方面的法律法规，一些现行的相关法律法规，如《行政监察法》、《行政处罚法》、《公务员法》、《党政领导干部辞职暂行规定》等，都是典型的同体问责法规；从法的形式看，我国现有的专门的行政问责制只是地方性的政府规章而不是全国性的法律，其依据基本来自《国家行政监察法》、《国家行政处罚条例》和《公务员法》，这些法律主要是基于体制之内，体制外的公民问责法律依据仍然不够清晰，公民问责“无法可依”与问责对象对问责回应弹性空间过大的现象仍然并存。

三、异体行政问责制的完善

（一）构建360度行政问责体系，实现行政问责主体多元化

行政问责包括了同体问责和异体问责两个方面，推行异体问责的关键在于真正落实行政问责主体多元化，构建全方位问责体系（如图2所示）。

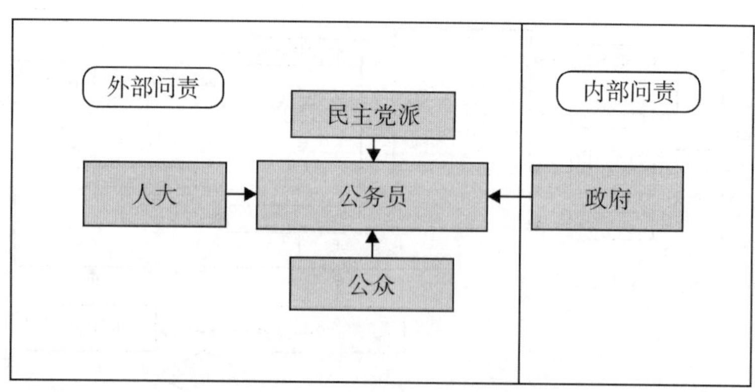

图2　360度行政问责体系

首先，进一步发挥人大监督与问责功能。一要在逐步加大监督在其职能结构中的支配力量和用之于监督职能的资源在组织资源中的比重的基础上，同时处理好党的领导和人大监督的关系。党要带头执行宪法和法律，支持人大及其常委会依法开展监督工作，各级人大及其代表要树立问责的观念，充分行使宪法和法律赋予的问责权力，切实发挥人大的规范和督促作用。二要在对人大进行问责的监督权力体系中已有的质询权、调查权和罢免权作详细的规定，增强可操作性的前提下，逐步完善人大进行问责的程序性规定，对启动程序要明确规定质询和调查的方式、步骤和时限，如对听证程序要允许公开听证，允许公众参与，详细规定罢免和辞职程序，并保证被问责官员的申辩权。

其次，适当扩大司法审查的范围，强化司法问责机制。一是完善检察机关与政府监察机构、纪检工作部门的工作协调机制，在一些事故和事件的调查中，让检察机关同时参与调查，尽量避免责任追究案源的流失；二是加强法院对行政行为进行司法审查的力度，扩大司法审查范围，考虑将各类不合理的规范性文件代理所产生的抽象行政行为也纳入司法审查范围，并且追究行政人员在行政诉讼败诉案件中的责任；三是逐步改革司法组织结构和设计，可以改由上级司法机关的党组织直接对下级党组织的领导，避免多头领导，同时结合严格的选拔制度和任职制度，保障司法机关独立行使权力，提高司法问责的权威性。

再次，加强公众问责制度建设。一是要在通过制定专门的新闻舆论监督法保障新闻媒体监督的独立性和有效性的基础上，努力构建起新闻媒体与行政监察部门的“曝光－追查”互动模式，真正实现法定权利和法定责任的平衡状态。二是以公民的政治权利为基础，拓宽公民参与的途径，建立公益诉讼制度。公益诉讼制度是公民请求对于行政机关各种不符合法律规定的行为提起诉讼的制度。公民作为社会监督主体应该有权对于行政机关的违法失职行为提起诉讼，鉴于公民本身的弱势地位和国家实现法治的需要，公益诉讼在我国有其设立的社会性和必要性。三是强化民主党派对政府问责的力度。通过政治协商制度，设立专门组织和专门办事机构实施监督和问责，并规定具体的、可操作性的向责权利、形式、途径和程序，使民主党派的问责、制约更具有权威性；四是要采取措施充分调动全体公民监督的积极性。政府可以通过在某些领域设立举报和奖励制度调动全体公民监督的积极性，鼓励人民群众参与行政问责。

最后，能否建立动态行政问责制，确保问责主体以全方位的视角对公务员在行政活动中履行行政责任的情况进行全程性、发展性、全方位的监督与考核，也是我国政府实现360度异体问责体系顺利实施的一个重要保证。

（二）规范问责客体的范围，明晰问责指向对象

公共行政中的负责既可以通过内部控制来实现，也可以通过外部控制来实现（珍妮特·V. 登哈特等，2004）。

首先，完善职位分类制度，明确界定行政责任与目标，强化国家工作人员责任意识，实现权、责、能的统一。如可以尝试通过规定任务绩效标准、适当组织与控制必要的公共资源、完善监督与报告体系等手段将责任管理方法应用于强化国家工作人员的工作责任意识。

其次，努力消除公共权力边界模糊、职能交叉、重叠的现象，明确规定哪些事务是属于独占性的权力范畴，哪些决策事项属于共享性的权力范畴，重点界定有责与无责的边界，从而在异体行政问责制的实施过程中，让问责主体清楚地知道应该追究谁的责任，责任应当追究到哪一级别政府，从而更好地避免自由裁量者角色与集体成员决策之间的冲突。

（三）完善政务公开制度，真正实现政府与公众的合作

公共决策领域不同，涉及的利益相关者也是不同的，对利益相关者进行关系管理显得尤为重要，在这个意义上，政务公开就是向利益相关者的公开（J. K. 托马斯，2005）。我国政府推行的“政务公开”主要指政府的工作内容公开化，特别是与人民群众密切相关的事务。从政府与公众（公众包括企业、公民、各类社会组织等）关系的角度看，政务公开包括三个递进的层次：政府信息告知阶段、政府与公众互动阶段和政府与公众合作阶段（如图3所示）。

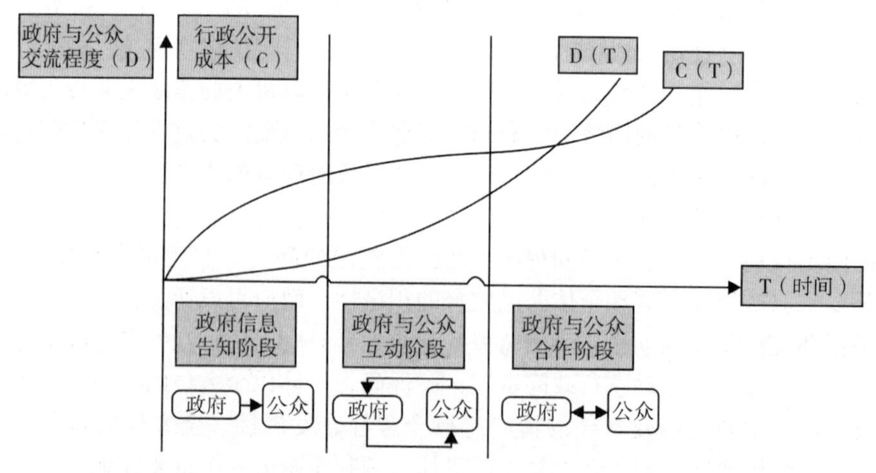

图3 政务公开的三个递进程序

信息告知阶段强调在政务信息传递过程中政府的主导性作用和政府与公众的单向关系。在这一阶段，我国政府需要在相关技术和政务公开观念宣传领域投入一定的初级建设成本，并要求其随着交流程度的日益提高逐步实现升级，其要求政府将现有的零散规定予以整合，制定一部统一的政府信息公开法来保障这一阶段的顺利实施。

政府与公众的互动阶段关注政务信息的双向流动。政府需要公众提供公共事务的信息，如采取民意调查、听证会、建议等形式，同时公众也能够从政府那里获得需要的信息；公众与政府合作阶段主导公共政策的制定、执行和监督，在有的情况下，公众提出政策议程，政府充当回应者角色。在这两个信息交互的阶段，政府要对行政公开的形式、内容和成本控制适时加以规范。经过不断创新和完善政府信息公开的制度体系和监督体系，优化电子政务系统，配合政府信息公开的救济制度，使政府行政透明化，更好地避免信息不对称困境，真正实现人民群众对政府的有效监督。同时，政府应该重视行政公开的成本核算，需要对行政公开进行成本效益分析，但又不能将效率置于至高无上的地位，而应体现更多的“公共性”，将交互的信息最经济的运用于指导行政活动实践。

（四）健全异体行政问责的法律体系，塑造行政问责主客体平衡关系

在现代社会中，根本不可能创造出一个可以发现并控制所有权力滥用行为的结构体系。与异体行政问责相关的社会法律体系同样是处于一个与权力滥用争斗的不断更新的过程中，如果没有一个科学、规范、操作性很强的法律法规做支撑，异体行政问责制在实践中就难以发挥应有的制度效应。（菲利普·J.库伯等，2006）

首先，在梳理现有法律、规章和行政命令的基础上，进一步健全法规体系，完善工作程序和责任主体以及行政问责的层级与对象。研究制定《国家行政问责法》，明确和细化问责的启动程序、问责事项的调查和确认程序、问责决定的形成程序、问责结果的公示程序和问责的监督程序，确保有法可依。并在其出台之前制定实施行政问责的指导意见，指导地方有关部门在现有的法律规章基础上结合地方实际制定配套文件规定和细则，通过各层次的配套制度建设。例如，完善行政立法责任制度、完善抽象行为法律责任追究制度、确立行政不作为违法的国家赔偿制度、完善公务员行政法律制度等逐步形成比较完善的行政问责制制度体系。

其次，鉴于当前异体行政问责主体的话语缺位，应尽快制定《行政监督

法》、《新闻法》，并严格执行来强化体制外监控，保障公民与司法部门的监督权，实现舆论监督的法律化、制度化，逐步建立健全异体行政问责的法律法规体系。（陆彩鸣、徐小军，2008）。

参考文献

[1] 陈力予，陈国权. 2009. 我国行政问责制度及其对问责程序机制影响的研究. 行政论坛，(4).

[2] 陆彩鸣，徐小军. 2008. 中国行政问责制建设的现状、缺陷及完善. 中国发展，(4).

[3] 王振亚，张志昌. 2005. 超越二元对立：公民权利与政府权力新型关系探析. 陕西师范大学学报（哲社版），(6).

[4] 张劲松，贺小林. 2008. 论行政问责制面临的困境及重构的路径. 理论探讨，(5).

[5] 周亚越. 2004. 行政问责制的内涵及其意义. 理论与改革，(4).

[6] 周亚越. 2006. 行政问责制研究. 北京：中国检察出版社.

[7] （美）菲利普·J. 库伯，等. 2004. 二十一世纪的公共行政：挑战与改革，王巧玲，译. 北京：中国人民大学出版社.

[8] （美）约翰·克莱顿·托马斯. 2005. 公共决策中的公民参与：公共管理者的新技能与新策略. 孙柏瑛，等译. 北京：中国人民大学出版社.

[9] （美）珍妮特·V. 登哈特，等. 2004. 新公共服务：服务而不是掌舵. 丁煌，译. 北京：中国人民大学出版社.

[10] Jay M. Shafritz. 1985. *The Facts on File Dictionary of Public Administration*. New York: Facts On File Publications.

行政问责、政府道歉及其规范性研究
——基于我国既有制度的分析

唐　斌①

道歉是人际交往中对于伤害或误解行为承担责任、表达歉疚以化解矛盾、寻求谅解的核心表达方式，诸多政府部门也将道歉作为对公共治理行为失职或失误的回应。但政府道歉在主体结构、行为方式、效果评价等诸多方面都必须因其公共治理者角色而表现出不同于一般道歉的公共性要求。而作为“一种社会博弈规则……（制度是）人们所创造的用以限制人们相互交往的行为的框架”（卢现祥，2003）。因此，分析政府颁布的道歉制度，并观察制度及其运行中存在的问题，对于各级政府正确认识政府道歉的公共行为属性，并有效地运用道歉以承担治理责任、矫正政府行为，促进政府与公众及社会之间的良性互动，无疑具有重要的现实意义。本文截取我国各政府部门2003年至2009年间颁布的23项政府道歉制度，按照制度名称、颁布时间、规范主体、行为内容以及行为结果等指标进行编码和分类分析，并在分析制度特征的基础上分析现有制度的缺陷及其运行中存在的问题，以期为我国政府的道歉制度创新提供现实依据。

一、我国政府道歉制度的基本情况

通过检索我国各级政府发布的年鉴、政报及公开的会议记录，并辅之以报纸、期刊以及网络查询，本文共搜索到2003年至2009年间我国各级政府机关颁布的政府道歉制度23项。其中，有8项制度直接以“道歉”命名，此外有关道歉的规范还见诸于政府部门的“公示”、“承诺”、“问责”或“作风建设”等制度中。从颁布时间看，2007年9月深圳市政府颁布的《政府部门责

①　唐斌，1981年生，湖南株洲人，华南农业大学公共管理学院行政管理系讲师，中山大学政务学院行政管理学专业2007级博士研究生，全国政策科学研究会理事，广东省高等学校“千百十工程”第六批培养对象（校级）；主要研究方向为行政伦理、政府创新。

任检讨及失职道歉暂行办法》，曾被报道为我国首部政府道歉制度并引发社会热议；但事实上，在这之前已有诸多机关单位对政府道歉进行了制度规范，其中南京东站公安所的《纠错道歉制度》在2003年就已经颁布实施，而政府道歉制度集中出现则是在2009年，先后有11项相关制度（占总量的47.8%）颁布。从道歉制度的颁布机关看，由地方政府职能部门颁布的道歉制度最多，共有9项（占总量的39.1%）；其次为地方政府颁布的道歉制度，共有6项，而由政府职能部门的派出机构及内设机构颁布的道歉制度各有2项，由政府派出机关颁布的道歉制度有1项。此外，一些地方在规范政府道歉时打破了党政边界，如广州市颁布的相关制度就是由广州市党委常务委员会审议通过并颁布实施的，而开平市政府道歉制度则采取党政联席颁布的形式。表1为我国各级政府部门颁布的政府道歉制度。

表1　我国各级政府部门颁布的政府道歉制度（2003—2009年）

编号	制度名称	颁布时间	颁布机构
1	南京铁路公安处南京东站公安所《执法失误纠错道歉制度》	20031007	南京东站公安所
2	芜湖市人事局《工作首问责任制度》	20050511	芜湖市人事局
3	韶关市劳动保障局《行政审批管理监督制度》	20050809	韶关市劳动保障局
4	洪湖市（县级）编办《服务承诺》	20061016	洪湖市编办
5	湖南省交通厅计划处《依法行政公示制度》	20061225	湖南省交通厅计划处
6	南宁市《关于在转变干部作风加强机关行政效能建设中推行公开道歉的通知》	20070409	南宁市政府
7	呼图壁县《行政过错公开道歉制度》	20070605	呼图壁县政府
8	保山市《国家行政机关公务员首问责任制度》	20070619	保山市政府
9	深圳市《政府部门责任检讨及失职道歉暂行办法》	20070929	深圳市政府
10	成都新津工业园区管委会《“先道歉、再问责”制度》	20080327	成都新津工业园区管委会
11	清镇市（县级）鸭池河派出所《赔礼道歉制度》	20081113	鸭池河派出所
12	长葛市（县级）人事和劳动社会保障局《政务公开制度》	20081219	长葛市人保局

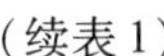

（续表1）

编号	制度名称	颁布时间	颁布机构
13	沈阳市《公证机关执法公示制度》	20090109	沈阳市司法局
14	广州市《党政领导干部问责暂行办法》	20090317	广州市委常务委员会
15	江门市新会区《以“创建最佳办事环境”为主题的作风建设满意年活动的意见》	20090414	江门市新会区党政机关作风建设考核领导小组
16	江西省地方税务局流转税管理处、所得税管理处《公开承诺书》	20090531	江西省地方税务局流转税管理处等
17	开平市（县级）《关于进一步加强机关作风建设优化投资发展软环境的意见》	20090616	开平市委、市政府
18	广饶县计划生育局《服务承诺制度》	20090702	广饶县计划生育局
19	民勤县《领导干部公开道歉制度》	20090821	民勤县政府
20	广州市国土资源和房屋管理局越秀区分局《公共服务行为规范试行规定》	20090909	广州市越秀区房管分局
21	眉山市《政府部门决策失误检讨和公开道歉制度》	20090917	眉山市政府
22	泸县质监局《行政效能制度》	20091027	泸县质监局
23	石家庄市商务局《处室服务承诺公示》	20091115	石家庄市商务局

二、现行政府道歉制度的主要特征

（一）道歉目标：有效实现政府问责

现有的政府道歉制度大多将政府道歉作为是一种政府问责的实现方式。其中，有12项（占总量的52.2%）制度认为政府道歉从属于政府问责，规定道歉是一种“问责纪律处罚方式”或者“违诺责任追究方式”，从而与诫勉谈话、限期整改、书面检查、通报批评以至勒令辞职等，共同构成政府问责的手段；有8项制度未对政府道歉与问责之间的关系予以说明；只有3项制度认为政府道歉应独立于政府问责，即道歉仅是一种责任承诺和歉疚表示，而责任实现则需待下一步的问责过程来检视，其以成都新津工业园区管委会的《“先道歉、再问责”制度》为代表。

（二）道歉主体：行为人道歉为主导

道歉主体即作出道歉行为的具体实施者。在23项政府道歉制度中，共有16项道歉制度要求作出失职或失误行为的当事公务人员道歉（占总量69.6%）；另外有4项制度要求行为人和行为人所在单位的领导共同道歉；有2项制度只要求单位主要领导道歉；而深圳市颁布的《政府部门责任检讨及失职道歉暂行办法》则要求政府组织就失职行为作出道歉，这也是23项道歉规范中唯一规定组织道歉的制度。制度规定中有关政府道歉主体的安排和目前政府道歉实践中多为单位领导道歉存在着较大的差异，这反映出在政府内部规范中偏向于将责任落实到具体的个人，而当政府面向社会时，社会公众更倾向于将政府行为作为一种组织行为来对待，因此组织领导比直接行为人更具有承担责任的代表性。

此外，由于政府治理经常涉及多个部门甚至包括非政府部门，对此深圳市、眉山市、开平市、江门市新会区（4项，占总量的17.4%）的道歉制度中规定了致歉事项“涉及多个部门单位的，由涉及部门单位的主要领导共同公开道歉”，以及“受政府部门委托的组织失职的，由委托的政府部门向公众道歉”。

（三）道歉客体：以向当事人道歉为主

道歉客体指政府道歉的对象，是道歉者作出道歉并寻求谅解的行为承接者。在2003年至2009年间的23项道歉制度中，有11项制度规定必须面向因政府行为而受到伤害的当事人作出道歉；有5项制度规定道歉主体必须面向社会公开道歉；有3项制度规定道歉主体既要面向当事人道歉，同时还要向社会公开道歉；另外，有4项制度仅规定要作出道歉，但没有说明应该向谁道歉。（见图1）

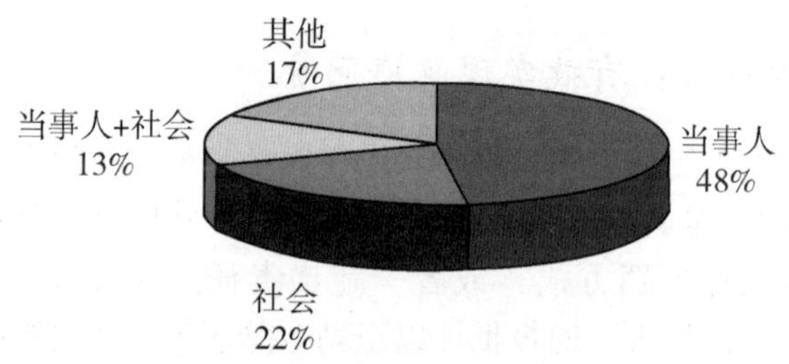

图1　道歉制度规定的政府道歉客体分布

（四）触发机制：结果主导的政府道歉

在规定何种情况下政府需要道歉方面，有14项道歉制度的规定是结果导向的，即政府道歉的触发机制体现在“造成不良影响和后果”、“造成重大失误或不良社会影响”或者“造成服务对象一次有效投诉”等结果层面；另6项制度则规定无论是否引发不利后果，只要作出“说话打官腔、摆架子、发脾气”或者“接听来电、接待来访态度生硬”、“违反公示（承诺）制度”等行为，就应启动政府道歉制度，责成相关人员或组织作出道歉。此外，广东开平市和新会区有关政府道歉的制度安排中将道歉事由分成几种类型，其中既有引发不良后果的结果触发机制，也包括违反承诺和首问责任制等行为触发机制；而清镇市鸭池河派出所制定的《赔礼道歉制度》则比较特殊，其规定“只要在辖区发生的可防性案件，每发一起盗窃侵财案件，不管案件破否都需要道歉”，本文将其归为“事件触发”这一特殊类型。（见图2）

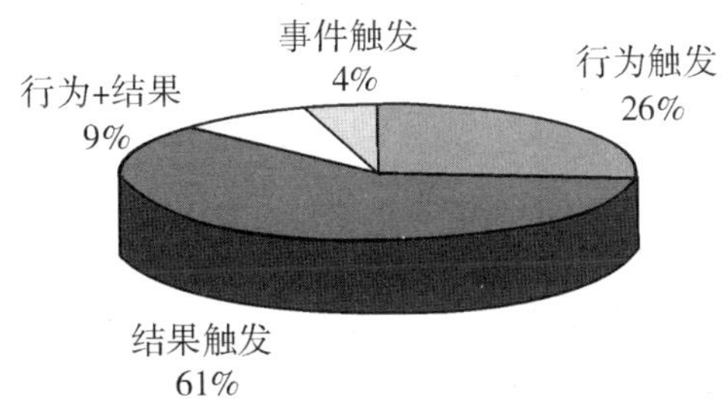

图2　道歉制度规定的政府道歉触发机制

（五）道歉方式：被动道歉为主，行为表现多样

道歉方式体现在道歉时政府的意愿程度以及政府道歉行为的具体表现两个方面。

首先，在政府道歉的意愿方面，只有3项制度（占总量的13.0%）规定政府触发道歉机制之后应该主动道歉；有11项制度（占总量的47.8%）规定“责成”道歉，即采用被动命令的方式要求相关主体道歉；而深圳市《政府部门责任检讨及失职道歉暂行办法》则规定“主动道歉与责成道歉相结合”的道歉方式；另外，有8项政府道歉制度只笼统规定“直接道歉”或者是“公开道歉”，并未就道歉是基于自愿主动还是被动责成作出说明。由此可见，被动道歉仍是目前我国政府道歉的主要实现形式，而自上而下的科层压力则是政府道歉的最主要动力源，因此有关政府道歉的制度规范，也主要用来被动督促政府道歉而不是鼓励主动道歉。

其次，从政府道歉的时间表现来看，有6项政府道歉制度（占总量的26.1%）规定道歉必须在事发现场进行；有9项制度（占总量的29.1%）规定政府道歉在事后进行；有3项制度（占总量的13.0%）规定道歉可依据政府行为严重程度和损失水平相机采取现场道歉或者事后道歉等方式。而从政府道歉的行为表现来看，有6项政府道歉制度（占总量的26.1%）规定政府口头道歉；另外6项制度（占总量的26.1%）规定政府公开道歉。此外，还分别有2项制度和1项制度规定上门道歉和书面道歉；有3项制度规定按状况可选择多种方式；另外，还有5项制度未对何时采取何种方式道歉作出说明。

（六）道歉附加：政府道歉与责任追究并行

道歉附加是指有关制度在要求政府道歉的同时还必须实施的其他行为，在2003年至2009年我国各级政府部门颁布的23项道歉制度中，有19项对此进行了规范（占总量的82.6%）。其中，规定“说明错误行为情况”、“分析问题产生原因”等解释说明行为的有深圳市《政府部门责任检讨及失职道歉暂行办法》等4项；规定“立即纠错”、“责令整改”等整改矫正行为的有民勤县《领导干部公开道歉制度》等2项制度；规定责任追究行为的有8项道歉制度（在责任追究的过程中，广州市国土房管局越秀区分局《公共服务行为规范试行规定》等4项制度规定的方式为写出书面检查或检讨等行为处罚，广饶县计生局《服务承诺制度》等2项制度规定的方式为“扣发主管领导工资100元，具体办事人员工资200元”等经济处罚，湖南省交通厅计划处《依法行政公示制度》则既包含经济处罚也包括行为处罚，开平市在其政府道歉制度中规定“对直接责任人要按章作出处理，并追究分管领导责任”，但对于如何处理、追究何种责任则未作具体说明）；另外3项制度规定了多重附加行为；广州市《党政领导干部问责暂行办法》等6项制度则没有对道歉附加行为作出规定。（见图3）我国政府道歉制度中对于道歉附加的重视，表明制度制定者对于政府道歉更为全面的认识：即政府道歉是一种承担责任、表达歉疚的负责方式，但政府应责不止于道歉，而应包括解释说明、落实奖惩、行为矫正等更多内涵。

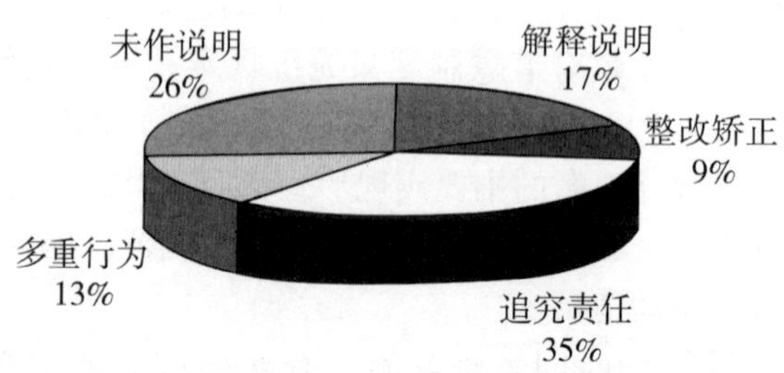

图3　道歉制度规定的政府道歉附加行为

（七）有关政府道歉的其他规定

除上述有关政府道歉的基本规范之外，一些地区的政府道歉制度对于道歉的时间和次数提出了要求。其中，成都新津工业园区管委会《“先道歉、再问责”制度》规定，“以上（错误）行为，原则上应立即道歉。因客观原因，不能立即道歉的，视具体情况，3 日内道歉”。而眉山市《政府部门决策失误检讨和公开道歉制度》则将道歉次数和责任追究联系了起来，规定“一年内两次以上（含两次）因决策失误进行检讨和公开道歉的，对作出决策的责任领导给予停职检查、提请免职等组织处理；需要追究纪律责任的，按有关规定处理；涉嫌犯罪的，移送司法机关依法处理”。

三、对我国现行政府道歉制度的评价

进入新世纪以来，我国各级政府部门在建设责任政府、增强政府回应性的过程中持续政府道歉实践及其制度化的探索，并将政府道歉与政府问责、政风建设、服务性政府等联系起来。从 2003 年到 2009 年，我国政府道歉制度的颁布数量稳步上升，发布机关的层级也从基层职能部门上升到高层级地方政府以及厅局级机关。在具体的制度规范中，政府道歉的主体开始由直接行为扩展到政府领导乃至政府组织，反映了制度化过程中政府对于道歉责任归属的更深入认识；在道歉客体方面，越来越多的制度规定政府不仅要向当事人道歉还必须面向社会公开道歉，这也体现出政府对于政府行为影响的深化理解；而在触发道歉的机制方面，相关制度呈现出从追究结果责任到追究行为责任，从追究过错责任到追究非过错责任的转变，从而将政府道歉的事项由错作为、乱作为延伸至不作为、作为不力或者作为无效，力图通过道歉制度减少“不求有功但求无过”的懈怠行政的出现。上述政府有关政府道歉的制度化尝试反映出我国目前对于政府道歉及其效用体现的日渐深入的认识，并逐步影响和规范着政府道歉的实践。但与此同时，现有的政府道歉制度依然存在着一些与责任政府和回应性政府相冲突的规定，从而在使得道歉行为泛滥的同时道歉的效用日渐降低，以致出现十年来对于政府道歉的评价发生了从“叫好一片”到“渐入常态”再到“审美疲劳”的转变。（柴会群，2010）而如若挖去责任内涵的政府道歉泛滥，将会使道歉的真诚度评价大为降低，并导致政府诚信的缺失，引发政府的信誉及合法性危机。在 21 世纪初对 20 多个国家进行的民意测验表明，大部分公众对政党、政府、议会、高层行政机构、法院、军队、警察等主要官方组织表示“完全不信任”或“不太信任”（欧阳向旭，2000）；而戴维·

奥斯本和特德·盖布勒在《改革政府：企业精神如何改革着公营部门》中开篇就承认："（目前）对政府的信任一再降到创纪录的最低点。"（戴维·奥斯本、特德·盖布勒，2006）

因此，必须通过制度创新以确保政府道歉的真诚效果并提升其矫正行为、化解矛盾的效用。而制度文本作为"制度与实际运行之间的桥梁，是制度推行的前提与依据，也是其顺利事实的保障"（陈翔、陈国权，2007）。因此，在分析现行政府道歉制度特征的基础上，必须对制度文本进行更为严格的考察与分析，而就我国现有23项政府道歉制度而言，其在规范政府道歉过程中的不足主要体现在以下几个方面。

（一）问责与道歉的关系不清晰

道歉是表现政府责任的方式，或者仅仅是政府问责的一种手段？不同的政府道歉制度对此存在着较大的认识差异，其中有的制度将政府道歉作为展现政府负责的行为表示，表示政府对于错误行为的承认和担当相应责任的表态；另一些制度则将政府道歉（特别是公开道歉）作为一种羞辱和惩罚手段，从而起到等同甚至替代公开检查、批评教育、职位调整等问责结果；而还有1/3的道歉制度甚至都没有规范道歉与问责之间的关系，即"起于道歉而止于道歉"，而仅将道歉作为消弭政府错误行为所产生不利影响的一种策略手段。上述对于政府道歉目的认识的模糊导致目前政府道歉停留于形式，而缺乏解决实际问题的作用。

（二）道歉对象覆盖面窄、界定困难

目前，有近一半的政府道歉制度规定仅面向当事人道歉。但是政府行为影响广泛，当事人界定困难，且其中还有直接当事人和间接影响者的区分，若仅将道歉对象局限在当事人这一狭窄的范畴，无疑会消减政府道歉的真诚和责任内涵；同时还有不少政府道歉制度更是没有规定道歉对象，而很可能使政府道歉仅被用为消除政府领导及工作人员良心愧疚、占据道德高地的一种"自话自说"的表演。而虽然有近1/3的道歉制度规定政府需向社会道歉，但这一过程如何避免因客体扩充而导致道歉对象的虚化，"向社会道歉像对着空气道歉"，也是有关道歉客体规范中的重要问题。

（三）政府道歉主导者异化

我国现有政府道歉的制度规范呈现出强烈的自上而下科层压力，即诸多政府道歉虽然是基于业已发生的政府失误、失职等错误行为，但这些行为的错误

性需要得到上级政府或者组织领导的了解和承认，或者经道歉客体的投诉被上级机关知晓及确认之后，才能启动道歉机制，并“责成”相关的政府部门或工作人员作出道歉。在这一道歉制度规范下，虽然受到政府行为伤害的是道歉客体，但决定政府是否道歉、何时道歉以及如何道歉的却是上级组织或领导，从而使得决定政府道歉的主导发生异化。因此，基于这一制度的政府道歉很可能并不出自道歉主体的责任承担和道德真诚，而仅仅是其畏惧于科层压力和道歉之外的“检查、批评、职位调整”等惩罚而作出的一种妥协甚至是交换。

（四）缺乏政府道歉的有效评价

对政府道歉评价的规范是被现有道歉制度集体忽略的一个问题。由于缺乏对于政府道歉的制度化评价，使作为制度行为的政府道歉依然处在人际交往过程中的个体评价体系之内。在“道歉总比不道歉好”的个体伦理常识规范下，政府道歉被先验的贴上美德标签：“政府道歉就是政府负责。”这就使得道歉的政府部门具备了天然的道德优势，从而使得政府道歉完全脱离真诚内涵和过程规范的要求。这种过度美化的政府道歉评价，一方面导致了政府道歉的泛滥，另一方面使得政府道歉的姿态意义远大于道歉的实际效果，政府道歉因此异化成一种敷衍责任、逃避惩罚的道德掩饰。

四、政府道歉制度化过程中的反思

制度提供了行为规范的基础，但若制度本身存在着重大缺陷，则会使实践中的行为问题予以固化并形成路径依赖，从而对后续行为起到一种逆向规范。因此，在政府道歉的制度化过程中，必须首先对政府道歉的基本问题包括“为什么道歉？向谁道歉？谁来道歉？”等予以明确，并在此基础上对政府道歉的行为和过程等进行规范。而就我国现有的政府道歉制度而言，需要在制度化过程中反思的问题主要体现在四个方面。

（一）政府道歉和政府问责之间的关系问题

政府道歉是一种责任承担还是一种责任承诺，这是道歉制度化过程中需要首先明确的问题。若将政府道歉简单等同于一种责任承担形式甚至是惩罚手段，则很容易使道歉成为负责的终点。但事实上道歉本身是不会给受错误行为伤害的当事人以任何事实补偿，也不会给当事政府组织及公务人员带来任何福利影响的。因此，政府道歉仅是一种责任确认或责任承诺的表示，即通过道歉告知当事人以及社会：“我错了，责任在我。”并在此基础上分析造成错误原因的同时承诺落实相应的问责及补偿。通过道歉能够展示政府承担责任的决心和勇气，也是政府给受到伤害的当事人发出的一种愧疚、担当的责任信号，但道歉仅是政府问责的必要而非充分条件，更不能代替政府问责。

（二）政府道歉的启动机制问题

政府道歉的启动机制即谁可以使得政府道歉。权力的归属决定了责任的指向，在人民主权国家中，公众理所当然地成为政府负责的终极对象。因此，政府道歉的启动机制不应局限在现有制度规范中"上级政府或领导"这一狭小的对象，各级人大组织以及人大代表、公民社会组织以及受到政府行为影响的公众个体，都应有权力启动要求政府道歉的规范机制，这样才更符合人民民主国家的立国本质。同时，政府道歉作为一种公共责任担当的体现，应当鼓励以主动与被动相结合的方式实现。因此，在重视动员更为广泛的主体督促政府就其失职、失误行为道歉的同时，也需要打破政府道歉基于"责成"的被动认识，鼓励政府组织及相关公务人员，就错误行为主动表达歉疚并勇敢承担责任。所以，在政府道歉的制度创新过程中，应该增补有关政府道歉激励机制的内容，以鼓励犯错的政府组织及公务人员，自觉直接地和当事人沟通，通过主动道歉和协议赔偿的方式及时取得谅解并消除不利影响。

（三）政府道歉的行为机制问题

道歉的行为机制指道歉的程序安排以及各环节的行为规范。现有政府道歉制度中各地对道歉行为规范不一甚至缺乏规范，使得实践中的道歉表现多样。非规范的政府道歉行为使得道歉效果缺乏保证，道歉行为的随意甚至会引发当事人及社会对致歉政府的更严重不满，从而导致二度伤害的出现①。语言哲学家约翰·塞尔（John R. Searle）把自然语言中任何能够按照字义来说明话语的语用力量，称为语用力量指示成分（illocutionary force indicating device，简称IFID）（蔡曙山，2008）。作为一种基于语言表达的责任承诺，政府道歉要发挥其语用效果也必须包含 IFID 指示成分。而要实现政府道歉的制度化，也需要对政府道歉的 IFID 内涵予以统一和规范。而具体而言，真诚道歉的 IFID 主要包括以下几个方面：第一，明确而诚恳的愧疚表达；第二，对致歉事项原委的说明；第三，对于事件责任的清晰界定与追究的通报；第四，对于赔偿与善

---

① 2008 年末，石家庄市政府就"毒奶粉事件"召开新闻发布会进行责任说明并公开道歉，但此举并没有获得公众谅解，相反却激起了全社会对于政府通过道歉推卸责任的强烈愤慨。参见（张鸣，2008）。

后事项的明确承诺；第五，提出通过道歉与赔偿达成和解的愿望。

（四）政府道歉的评价机制问题

政府道歉的评价机制涉及是否接受政府道歉，以及考察政府道歉在何种程度上体现了政府负责等内容。对此任剑涛教授认为，具有实际价值的（政府）道歉，是法理政治制度中的道歉而不是伦理政治中的道歉（任剑涛，2005）。因此，在建立并规范政府道歉评价机制的过程中，必须首先打破针对政府道歉的个体伦理认识而将其去美德化，从而以评价公共行为的视角讨论政府道歉接受与拒斥的标准。此外，在评价政府道歉的规范化过程中，还必须明确评价标准、评价主体等基本问题。在评价标准方面，必须依据道歉的基本要素考察道歉行为的负责，这些要素包括：首先，政府道歉必须基于道歉者的错误行为而产生，且这一行为造成了不利于道歉对象的后果；其次，政府道歉必须基于道德真诚，即以道歉者承认责任为前提，而这一责任的承认需要有明确的意思表示；再次，政府道歉需要明确表现道歉者对于所犯错误行为的否定性认识，并自愿承担由此引起的不利后果；最后，政府道歉必须有明确的行为表示（IFID）。而在评价主体方面，根据现有政府道歉的制度现实，完善评价的重要工作是要将道歉对象纳入到评价主体的范围之内，从而确立以受害者、当事人为主导，社会公众广泛参与的政府道歉的启动与评价体系。

参考文献

［1］卢现祥．2003．西方新制度经济学．北京：中国发展出版社．

［2］柴会群．2010．官员道歉十年史．共产党员，（1）．

［3］欧阳向旭．2000．发达民主国家的信任危机．国外理论动态，（3）．

［4］戴维·奥斯本，特德·盖布勒．2006．改革政府：企业精神如何改革着公营部门．上海：上海译文出版社．

［5］陈翔，陈国权．2007．我国地方政府问责制的文本分析．浙江社会科学，（1）．

［6］蔡曙山．2008．20 世纪语言哲学和心智哲学的发展走向：以塞尔为例．河北学刊，（1）．

［7］任剑涛．2005．官员问责制与伦理政治——道歉：矫饰抑或问责．新周刊，（5）．

［8］张鸣．2008．政府道歉的标准文本．南方都市报，10－3．

我国廉政制度建设的结构性问题与路向

——一个制度剩余与制度短缺的分析视角

杨爱平[①]　陈景云[②]

制度反腐是国家廉政建设的核心要义。它是基于这一万古不易的经验判断：人性本恶，一切有权力的人都容易滥用权力，绝对的权力导致绝对的腐败，因此，必须通过构筑严密的制度惩戒体系来加以防范。改革开放30多年来，中国政府经过不断的试错总结和制度学习，也愈发意识到制度问题对于廉政建设更带有问题的根本性和长期性，从而逐步实现了反腐策略由运动式反腐向制度反腐的历史转型。通过制度重建和一系列制度创新，中国共产党和政府所构建的反腐制度安排不可谓不完善，从数量统计的角度看，估计任何国家也难以超越。然而，现实中出现的“前腐后继”现象，却说明我国的制度反腐工作还存在诸多令人深思的问题。对此，一种很流行的观点认为，我国的腐败问题之所以难以遏制，主要的原因是廉政制度短缺，因此，必须进一步加强制度建设，完善相关的防腐反腐制度。在我们看来，我国的廉政制度确实还有很大的完善空间，但笼统地认为制度短缺是腐败的根源，并依此提出解决问题的方案，这种观点带有很大的片面性和误导性。实际上，当前我国的廉政制度建设不仅有制度短缺的一面，更存在制度剩余的一面，我们把这种现象称之为中国廉政制度建设中的结构性失衡问题。在以往的廉政研究和讨论中，由于没有从结构性失衡的角度来观察问题，人们较多关注的是制度短缺问题，甚少注意制度剩余问题。为此，本文立足于国家制度建设的理论立场，从制度剩余与制度短缺相结合的视角，分析我国廉政制度建设中结构性问题，并提出相应的政策建议。

一、国家制度建设意义上的廉政制度体系：一个二维分析框架

廉政功能的有效发挥需要一个完善的国家廉政制度体系。目前，国际学界

① 杨爱平，1974年生，江西人，博士，副教授，华南师范大学公共管理学院行政管理系主任。
② 陈景云，1983年生，海南人，博士，华南师范大学公共管理学院讲师。

通用的国家廉政制度体系概念，是从透明国际“国家廉政体系”（national integrity system，简称 NIS）的概念衍生而来的，它由行政机关、立法机构、议会的公共账目委员会、审计总署、公务员系统、司法机关、媒体、公民社会、监察特使、反腐败机构和监督机构、私人部门、国际社会 12 根廉政支柱结构而成（杰瑞米·波普，2003）。这些廉政支柱包括各种组织或机构行动者和相应的核心规则或实践所共同组成的制度支柱，其目标“旨在探讨建立一个透明的和具有问责度的制度体系”（边勇，2007）。

但事实上，透明国际所倡导的国家廉政制度体系只属于一种中观层面的廉政制度框架，它是建立在成熟的市场经济、公民社会和民主治理这个宏观的制度环境和制度基础之上的。假如一个国家尚未发展出成熟的市场经济、公民社会和民主治理土壤，这套中观意义上的国家廉政制度体系就将成为“空中楼阁”，难以发挥实际的功效。就这个意义而言，只有那些欧美先发现代化国家才拥有这个宏观制度环境和条件，因此，透明国际的这套国家廉政制度体系是以西方发达国家为话语背景的，它比较适用于这些国家。而众所周知，中国目前还是一个经济转轨、社会转型、增量民主的发展中国家，无论是市场经济、公民社会还是民主治理都很不成熟，因此，如果把透明国际的这套中观意义的国家廉政制度体系套用到宏观制度环境很不成熟的中国，显然会面临“水土不服”的尴尬处境。也正是基于这个理由，我们认为，要构建中国的国家廉政制度体系，必须从当下的国家制度建设的现实情境出发：一方面，要重塑国家治理结构意义上的宏观制度环境与制度基础；另一方面要构筑结合中国国情的中观意义上的廉政制度安排。这就是我们提出的廉政制度体系的二维分析框架。

（一）廉政的宏观制度基础：国家、市场、社会三足鼎立的国家治理结构

腐败问题从表面上看是国家工作人员个体的权力失范问题，但从更深层次而言，它反映的是宏观的国家治理结构失衡的问题。就此而言，腐败是“劣治”的重要标志，它任意滥用公共权力，扭曲分配公共支出，浪费使用公共资源，损害和减少公共福利；相反，廉政则是“善治”的重要标志，它合理运用公共权力，公平分配公共支出，有效利用公共资源，增加和扩大公共福利。（过勇，2007）因此，廉政制度体系建设的首要任务是如何由“劣治”变成“善治”。现代的公共治理观认为，要实现由传统的“劣治”向现代的“善治”转变，必须摒弃政府无所不包、无所不管的全能主义统治模式，确立以政府为核心的公共的或私人的部门共同管理公共事务的公共治理模式。因为在

全能主义统治模式下，政府权力不受约束，审批事项多如牛毛，由此带来大规模、集体性的寻租腐败。

与传统的统治哲学不同，治理理论认为治理没有绝对的权威，而是一种多主体之间的协作、沟通与互动。这是因为，不仅市场在配置资源过程中会出现失灵，而且政府也会失灵，在经济全球化和信息化的背景下更如此，而私人机构或公民社会却能很好地弥补市场失灵与政府失灵，其不仅在公共事务管理过程中发挥越来越重要的作用，而且促使了新的权力中心在不同的层面上形成。因此，公共治理的实质在于建立在市场规则、公共利益和认同之上的合作，其显著的特征是公共事务管理的主体是多元的，不仅包括公共部门，也可以包括私人部门或公民社会。（俞可平，2000）

上述说明，实现“善治”实际上就是要处理好现代国家治理结构中的国家、市场、社会三者之间的关系：一是要实现政府职能的转变，明确政府职能的范围；二是要充分利用市场机制来优化资源配置，增加竞争性；三是要鼓励公民社会中的个人和组织参与到公共事务的管理过程之中，而与之相应的是提供有效的、便捷的、多样的参与渠道。质言之，现代国家的治理结构是国家、市场和社会三足鼎立的三元体系（见图1），要建立一个美好的社会就是要使得国家与市场和社会之间的力量均衡，任何过分地强调某一方力量的制度设计都是有风险的（马骏，2010）。当国家与市场、社会力量达到均衡时，国家的赋税率是相对固定的，即便有所调整也是社会各方力量按照一定程序协商和谈判的结果。“国家岁入的固定将直接决定国家规模的相对稳定，组织机构和工作人员的扩张将受到社会制约，这时的国家是‘廉价国家’。”（曾峻，2005）也就是说，只有国家、市场和社会相互分离、相互制衡时，政府才是有限政府，市场才是法治市场，社会才是民主社会。由此，政府及其工作人员才不可能拥有绝对的权力，也才不至于爆发“越反越腐，越抓越贪”的绝对腐败困境。

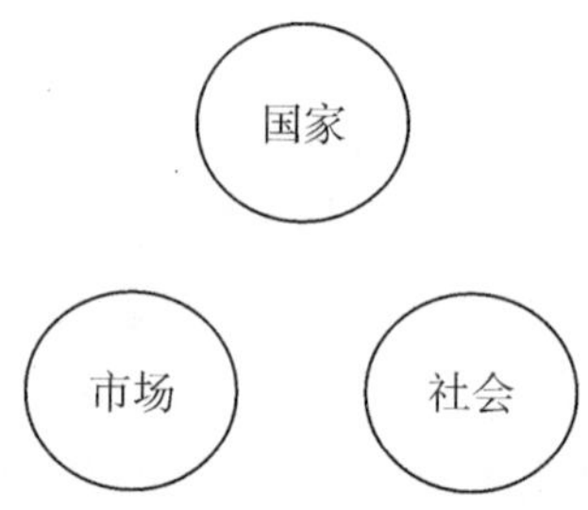

图1　国家、市场、社会三足鼎立的国家治理结构

（二）廉政的中观制度体系：国家法团主义的15根制度性支柱

在重塑了宏观的国家治理结构后，国家制度建设意义上的第二层次廉政制度，就是要建立中观意义上的廉政制度体系。我们认为，这个中观意义的廉政制度体系，可以借鉴透明国际12根制度支柱的基本框架，但需结合中国共产党领导下的多党合作与政治协商制度的基本国情作出相应的调整。因为在当代中国，中国共产党是社会主义事业的领导核心，其他各种廉政主体都要接受各级中国共产党党委领导，与其一道成为反腐倡廉的合作伙伴。本文把这种由执政党统领、其他各种组织和机构行动者及其相应的核心规则或实践所共同组成的制度支柱，称之为国家法团主义的15根廉政制度性支柱（见表1）。

表1　中观层面的国家廉政制度安排

序号	机构性支柱	相应的核心规则与实践
1	中国共产党的各级委员	选举问责
2	各级人民代表大会及其常务委员会	保障否决权行使的规则
3	民主党派和政治协商会议	保障参议和言论免责的规则
4	政府行政机关	处理公私利益冲突的规则
5	审计机关	独立性
6	纪检监察信访机构	保障其独立于监督对象的规则
7	检察院和腐败预防局	可执行且被严格执行的法律
8	法院	独立性
9	公职人员系统	融入干部人事体制的公共服务的道德准则
10	条块关系中的地方政府	体现辅助性原则的规则
11	公共部门	透明、参与、问责的治理结构
12	民营经济部门	鼓励竞争的政策
13	媒体包括网络媒体	表达自由
14	公民社会	保障知情权和参与权的规则
15	国际社会	有效的双边（多边）法律协议或司法协助

资料来源：何增科，2009。

1. 政策制定机构及其核心规则

在法团主义的现代国家廉政制度安排框架中，中国共产党的各级委员会作为整个党和国家政权的领导核心和决策中心，担负着制定公共政策纲领的重大职责。为了保障党的各级委员会对全体党员和全体民众负责，建立有效的选举问责机制，实行公平的、竞争性的选举制度，成为必不可少的核心规则。只有对各级党的领导人实行党内直接选举，才能建立起党内纵向问责机制；只有随后实行人民直接选举，使各级党的领导人进入国家政权机关担任主要领导人，才能建立起全社会对执政党的纵向问责机制。(何增科，2009)

2．政策审议和参议机构及其核心规则

现代国家的政策制定权、政策审议权和政策参议权的相互分离和彼此制约可以减少政策失误，防止滥用决策权谋取私人利益。在我国，各级人民代表大会以及民主党派和政治协商会议分别拥有政策审议权和政策参议权。保障政策审议权行使的核心规则是人民代表大会对政府提出的立法、预算、政策建议以及人事提名拥有否决权，否则审议权就会流于形式。而保障政策参议权的核心规则是，民主党派领导人和政协委员能够真正参与到重大公共政策讨论中，并可以自由发表不同意见而不用担心受到追究。

3．公共政策的执行机构及其核心规则

政府行政机关、公职人员系统、公共部门、部委和地方政府是公共政策的具体执行者。对于政府行政机关及其官员来说，处理利益冲突的规则是保证行政机关及其官员公正行使权力的核心规则；对于公职人员系统来说，将公共服务的道德准则与干部人事管理体制有机结合起来，在考试录用、绩效考核、升降奖惩、培训提拔等各个环节体现尊重廉能的原则，是保障公职人员系统自愿遵守廉洁从政行为准则的关键；部委和地方政府分别是中央政府和地方政府的重要权力主体，体现辅助性原则（凡是下级政府可以履行的职责，上级政府只应发挥辅助作用）的职权、资源、责任配置规则可以减少下级贿赂上级的公贿等腐败行为，因此构成处理条块关系的核心规则；以国有企业事业单位为主体的公共部门是公共资源的占有者和使用者，建立透明的、问责性的治理结构和财政体制是保证公共部门廉洁的重要保证，构成了公共部门的核心规则。

4．专门监督机构及其核心规则

审计机关、纪检监察信访机构、检察院和腐败预防局、法院是保证各级党委和政府问责度的专门机构，他们有效发挥作用需要自身的核心规则。独立审计并公开发布审计报告是启动权力机关监督和社会监督并进而推动政府领导人和被审计部门采取行动的主要手段，因此它构成审计机关发挥财政问责作用的核心规则与实践；纪检监察信访机构作为受理民众投诉、处理不良行政行为的专门监督机构，只有真正独立于被监督的党政机构和官员，才能有效履行监督职责；检察院作为专职的反腐败机构，拥有一部全面系统的、可执行的、授权

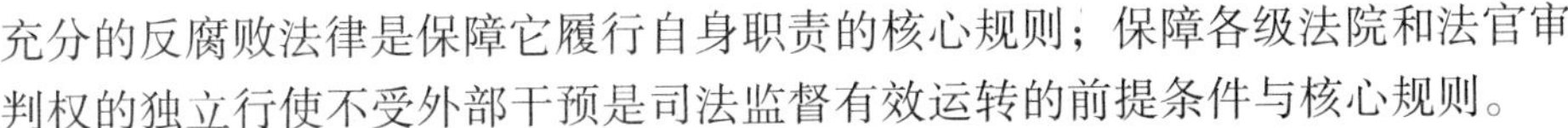

充分的反腐败法律是保障它履行自身职责的核心规则；保障各级法院和法官审判权的独立行使不受外部干预是司法监督有效运转的前提条件与核心规则。

5. 社会廉政支柱及其核心规则

新闻媒体包括网络媒体是现代社会中公民监督党和政府的重要机构或载体，保障言论自由的法规构成媒体舆论监督有效性的核心规则；民营经济部门是现代国家廉政制度体系的重要廉政支柱，鼓励国民待遇的公平竞争的政策是民营经济部门作为廉政支柱发挥作用的核心规则，如此，民营经济部门才能远离商业贿赂，消除公共采购中的行贿动机；保障公民知情权和参与权的规则构成公民社会发挥监督作用的核心规则，只有享有知情权和参与权的公民社会组织才能在监督党和政府及其官员方面发挥重要作用。

二、当代中国廉政制度建设中的制度剩余与制度短缺问题

改革开放以来，中国的廉政制度建设是分步骤来实施的，大概经历了制度重建、制度深化、制度完善三个发展阶段（胡鞍钢，2008）。毋庸置疑，通过30多年来的制度建设，中国政府的廉政策略发生了重大改变，廉政制度在量上得到了惊人的发展。然而，表面的制度繁荣背后，却隐藏着巨大的结构性失衡问题：一方面，廉政建设中出现大量的制度剩余，从而使廉政工作的边际效益递减；另一方面，国家制度建设意义上的宏观制度环境和中观的廉政制度体系却存在明显的制度短缺，影响到反腐倡廉的整体功效。

（一）廉政制度建设中的制度剩余

所谓廉政制度剩余，简单而言是指“廉政制度的供给大于需求而造成的廉政制度的多余或无效”（焦健，2006）。如果仅从数量统计的结果来看，廉政制度的剩余问题可谓一目了然。有学者统计，1978年至1991年期间我国制定的廉政规则有204条，而在1992年至2001年期间制定的廉政规则多达217条（胡鞍钢，2008）；2003年以来，中央纪委监察部共制定或修订法规和规范性文件160多件，会同有关部门起草制定的文件有40多件，地方和部门起草的文件有1000多件（李进宏，2010）；仅2005年，中央纪委监察部废止的涉及党风廉政建设和反腐败工作的文件达115件，而在这背后，则是超过1200件的现行党风廉政和反腐败法规制度（董瑞丰、李洁，2006）。从实际来看，廉政制度的剩余表现为两种形式：一是相对于某项特定的廉政制度需求而言，有些制度是低效的或者是多余的；二是指相对于特定的制度环境而言，有些过时的无效的制度并没有创新或废止。

从廉政制度需求来看，供给过剩的制度安排大致可分为两类：一类是一些本意是为了防止或者制约腐败的制度或法规并没有达到原有目的，相反却成为了腐败滋生的温床。比如以“领导干部自律制度”为例，多年来，各级政府都把主要精力用在了“专项治理”上，几乎每年都要下达专项治理的任务，如清理公款吃喝玩乐，清理领导干部接受多占住房，清理超标准配备和使用小汽车，清理领导干部配偶、子女经商，办企业；禁止公款出国旅游，禁止领导干部接受现金和有价证券；等等。不可否认，这些专项治理工作曾经是有利于干部的廉洁自律的，但是其缺陷也是很明显的。因为没有很好的长效机制，这些腐败在清理过后很容易反弹，从而产生一种恶性循环，并带来一个严重后果，即“腐败增强抗药性”。另据统计，近年来，党内规章制度累计达到了2000余项。诸如责任追究制度、干部回避制度等等。这些制度规则不是不重要，但由于它们是分散的、孤立的，似乎给人一种头痛医头、脚痛医脚的感觉。缺乏必要的根基，缺少核心部件，缺乏其他制度的有力支撑，这样的制度安排无法发挥出其应有的作用，因而对腐败的制约有限（黄燕、赵蕊，2006）。另一类是有些法规本意是维护社会政治稳定，但却堵塞了反腐败的渠道，人为地增加了反腐败的难度。例如信访制度规定群众反映问题，要逐级上访，越级上访就属于违法行为。作为我国廉政建设的重要措施以及纪检监察部门获取信息的重要渠道，逐级上访不仅不能解决问题，而且反映问题的人还会受到打击报复。

从特定的制度环境来看，我国很多政府管理制度没有随着反腐败形势需要而作出协调性制度创新。尤其以公职人员系统的任用制度最为典型。原本而言，将公共服务的道德准则与干部人事管理体制有机结合起来，在考试录用、绩效考核、升降奖惩、培训提拔等各个环节体现尊重廉能的原则，这是保障公职人员系统自愿遵守廉洁从政行为准则的关键。但我国目前的人事制度仍然是传统“干部”人事管理制度的一种延续。一方面，干部任用的方式还是委任制，如《党政领导干部选拔任用暂行条例》规定，各级党委或人事部门按照干部管理权限履行选拔任用党政领导干部的职责。这样一来干部选拔任用的机会死死地握在少数人的手里，缺乏一个公平竞争、机会均等以及标准客观的赛场来检验他们的水平和能力，以致在实际中造成了“说你行你就行，不行也行；说你不行你就不行，行也不行，不服不行”。相应的，干部也只对上负责，不对下负责。另一方面，干部任用的方式还使用酝酿制。根据《中共中央关于党政领导干部选拔任用工作条例》第五条、第六条规定：酝酿制特指“讨论决定”干部任免的微观或具体表决机制或规则。在酝酿制下，表决票的权重因个人的职位高低不同而不同。因此，书记或“一把手”的权重最大，

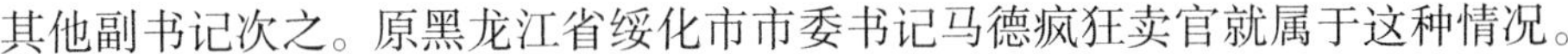

其他副书记次之。原黑龙江省绥化市市委书记马德疯狂卖官就属于这种情况。

上述廉政制度剩余的诸种表现，不仅不利于廉政工作的正常开展，反而带来严重后果：各种制度相互“打架”、廉政机构间职能扯皮、过分追求人员和工作经费的最大化等等，从而使廉政工作出现边际效益递减的怪现象。

（二）廉政制度建设中的制度短缺

国家制度建设意义上的廉政制度短缺，主要是指我国在宏观的国家治理结构上的缺陷和中观的廉政制度体系上的漏洞。

就国家治理结构而言，30多年的改革开放，使得市场和社会这两个领域开始“漂离”原来的国家控制，并呈现出不同的发展活力（马骏，2010），如图3。这相较于改革开放之前那种融合型国家治理结构而言有了显著进步，因为当时在计划体制下，国家几乎完全控制了经济领域和社会领域（见图2）。然而，如果比照于国家、市场、社会三足鼎立的理想型国家治理结构（见图1）来说，我国的国家力量依然处于绝对的优势，市场与社会至今尚未从国家的控制中分化出来。由此导致的结果是：一方面，权力寻租导致权贵经济盛行。著名经济学家吴敬琏教授一针见血地指出，以政府为市场主体的经济形态根本不是真正法治意义上的市场经济，而是中国式权贵资本主义经济。在权贵资本主义经济条件下，地方政府实际成了市场主体，依然垄断对资源的配置权，甚至与民争利，以权谋私（吴敬琏，2010）。可以说，改革以来我国四次旷日持久、席卷全国的“致富风暴”，即价格“双轨制”、股市黑幕、国企改制和“圈地活动”，打造了权贵经济的基本框架。尤其是新世纪以来打着“城市化”旗帜进行的“圈地活动”，出现了一个新的寻租空间即政府垄断的土地资源，这是政府与市场不分、政府权力过分膨胀的典型表现。另一方面，由于国家对社会的强势控制，导致在社会利益日益分化的中国，出现了以自我保护运动进行抗争国家的趋势（马骏，2010）。这方面的突出表现是由于利益表达和利益申诉渠道被地方政府控制，地方民众往往采取群体性冲突的极端方式来反对腐败，对抗一些官员的强权行为。

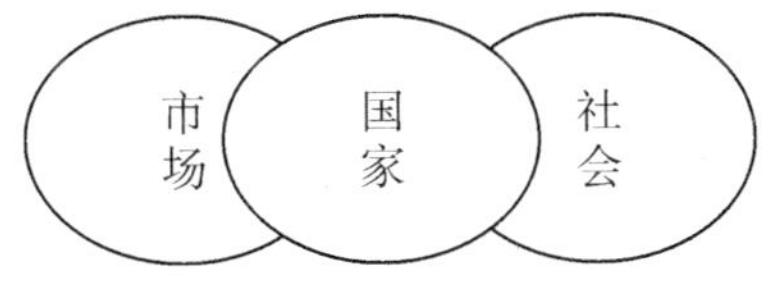

图2　计划体制下的国家治理结构

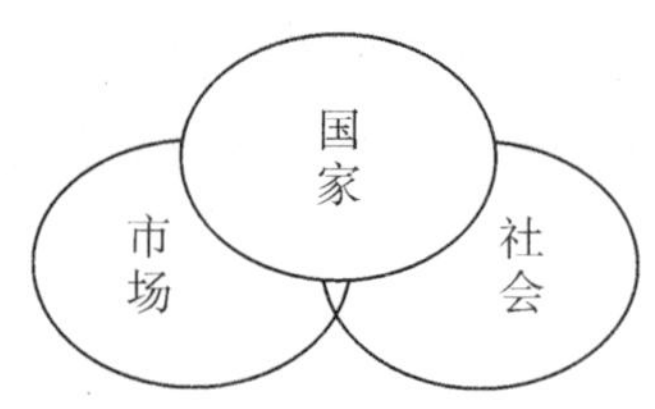

图3　转轨时期的国家治理结构

从中观的廉政制度体系来看，我国虽然初步构建了廉政制度体系的15根支柱，但事实上仍存在诸多问题与漏洞，集中表现在以下几方面。

首先，专门的、相对独立的廉政机构的短缺。我国目前具有反贪保廉职能的机构主要有三个：一是党的纪检机关；二是政府系统的监察部、局；三是隶属于检察院的法律监督机构反贪局。这三家机构都不像香港地区的廉政公署这样的专门廉政机构，而只是兼有廉政职能的国家机构。例如党的纪律检查委员会并不以反贪保廉为其唯一职责。《中国共产党章程》第44条规定："党的各级纪律检查委员会的主要任务是：维护党的章程和其他党内法规，协助党的委员会加强党风建设，检查党的路线、方针、政策和决议的执行情况。"而且纪律检查委员会也只对党员有效。而对于监察机关来说，肃贪也不是其唯一的职责。根据《行政监察法》第18条给监察机关规定的5项职责，只有2项是肃贪，而且它是政府的组成部分，独立性难以实现。而对于反贪污局来说，它只是检察院内的一个分支机构，也只能监督与犯罪有关的贪污贿赂，情节较轻、不构成犯罪的贪污贿赂不受其监督，是属于事后监督。

其次，廉政规则的短缺。如前所述，目前我国的廉政文件、法规、条例已经多如牛毛，但一些核心的廉政规则却一直短缺。主要包括三方面：一是不仅缺乏有关言论免责、保障民主人士和公民提出批判性意见的法律法规，也缺乏保障法院在预算、组织关系上独立于同级党委和政府的法规和保证透明、参与、问责的治理结构的法律法规（何增科，2008）。二是缺乏有关公职人员的财产申报制度。由于中共中央关于领导干部收入申报的规定和国务院发布的《个人存款账户实名制规定》缺乏法律的权威性，这使得其在执行过程中无足轻重（田湘波、杨燕妮，2007）。三是缺乏预防和惩治贪官外逃的制度。目前，中国已与35个国家缔结了双边引渡条约，加入含有司法协助、引渡等内容的28项多边公约（中华人民共和国国务院新闻办公室，2010）。这些都为反腐败的国家合作奠定了良好的基础，但是双边法律援助机制仍然缺乏，以及存在着与《联合国反腐败公约》不一致的地方。比如，关于"政治犯、死刑犯"的引渡条例不一致，从而增加了反腐败的难度。

再次，人大的审议监督功能仍停留于制度文本层面。我国《宪法》明确规定，人民代表大会为最高国家权力机关，有权对政府提出的立法、预算、政策建议以及人事提名进行否决。但现实情形是，人大在目前还未充分发挥其应有的作用。其结果是，由于缺乏人大的横向权力制衡，政府及其官员的意志和行为就变得难以约束。

最后，以新闻媒体为代表的公民社会不够强大，监督力量有限。从新闻媒体来看，一方面它们自身的独立性不够，很难发挥像西方媒体那种“第四权力”的作用；另一方面即使有些媒体敢于伸张正义，但很容易被打击报复。从公民监督来看，表达自由、保障知情权和参与权的规则在我国还很不完善。比如政府信息公开多注重形式，选择性公开的倾向太过严重，由于信息不对称，民众很难对政府的施政进行跟踪监督。

此外，司法机构由于依附性太强，很难切断自身与政府之间藕断丝连的利益联系，也成为我国廉政制度体系中的薄弱环节。

三、结论与方向性政策建议

从国家制度建设的意义讲，廉政制度建设的核心是如何限权和控权的问题。两相比较，如何限权又比如何控权更为重要。这是因为，如何限权是要解决政府的权力大小和权力边界问题，这事关政府权力的合法性；而如何控权是要解决在现有的权力分配格局和权力系数下，可以通过怎样的制度建设和制度规制来约束政府及其官员的权力行使过程。在我们看来，透明国际基于西方国情提出的廉政制度体系框架，其着眼点显然在于如何控权而不是限权，因为在欧美先发现代化国家，国家、市场、社会三足鼎立的国家治理结构已经非常清晰，也就是说对政府的限权问题已经得到解决。但在目前的转轨背景下，我国廉政制度建设的首要问题是如何限权的问题，只有在政府的权力边界梳理清楚后，接下来才是如何针对合理的权力进行控制的问题。依循这个理论逻辑，本文的研究发现，我国的廉政制度建设存在制度剩余与制度短缺的结构性悖论现象：一方面，我国的国家、市场、社会在权力界分上与理想的三足鼎立的格局还相距甚远；相反，党政不分、政企不分、政社不分的问题至今仍悬而未决。因此，在如何限权的问题上，我国的廉政制度建设至今没有破解这个根本性制度短缺问题，而这正是我国爆发大面积、大规模腐败的根本原因。另一方面，在如何控权的问题上，由于没有依照较为通行的国际廉政制度体系来进行制度建设，导致大量制度剩余的同时，却在廉政机构的专门化、司法独立、人大监督预算、政府信息公开、媒体监督等方面存在严重的制度短缺。

因此，未来我们不仅要研究如何使一些具体廉政制度，诸如官员财产申报制度的精细化和科学化问题，更应站在国家制度建设的高度探讨我国廉政制度建设的方向性思路。我们认为，中央政府应拿出当年冲破“两个凡是”的巨大勇气，大力推进党和国家领导制度改革，解决我国廉政制度建设中一些症结性制度短缺问题。早在改革开放初，邓小平在《党和国家领导制度改革》一文中，对我国普遍存在的官僚主义、权力过分集中、党政不分、家长制等问题提出过改革的指导性意见（邓小平，1980）。遗憾的是，30 多年的高速经济发展让国家对这个问题有所回避。但当下我们越来越有一个国家共识，那就是：中国共产党自身的有效改革决定中国反腐的前途和命运，而其改革的目标应是“建立真正的民主的、代表最广大人民最根本利益的执政党”（胡鞍钢、王绍光、周建明，2003）。

通过执政党自身的改革，解决我国廉政制度建设中宏观制度基础和中观制度体系上的制度短缺问题：一是解决权力过分集中导致“一把手”缺乏监督的问题，实现党委决策权力的分散化和相互制衡。二是解决党政不分、以党代政的老大难问题，实现党委集中精力管党，管路线、方针、政策，各级政府自上而下建立强有力的工作系统，管好政府职权范围的工作。三是解决政企不分、政社不分问题，重塑中国的国家、市场、社会三足鼎立的宏观制度基础，实现对政府的限权，规范政府的权力边界。四是改革党委书记兼任地方人大常委会主任体制，激活宪法赋予人大的审议权力，实现人大对政府人事、预算、重大决策尤其是对预算监督的常态化。五是改革党委对司法工作的领导体制，实现司法独立，减少司法工作对党委和政府的依附性。六是弱化执政党对新闻媒体和公民社会的监控功能，加强对它们的引导，充分释放它们对廉政工作的影响力。

参考文献

[1] 边勇. 2007. 中国国家廉政体系研究. 北京：中国方正出版社.
[2] 邓小平. 1994. 邓小平文选. 第二卷. 北京：人民出版社.
[3] 董瑞丰，李洁. 2006. 反腐法规制度建设高悬利剑. 瞭望新闻周刊，(8).
[4] 黄燕，赵蕊. 2006. 关于提高制度反腐有效性的思考. 中共福建省委党校学报，(6).
[5] 胡鞍钢. 2008. 廉政制度的历史阶段与中国特色国家廉政体系的构建. 学习月刊，(2).
[6] 胡鞍钢，王绍光，周建明. 2003. 国家制度建设. 北京：清华大学出版社.
[7] 何增科. 2008 . 腐败与治理状况的测量、评估、诊断和预警初探. 毛泽东邓小平理论研究，(11).
[8] 何增科. 2009. 建构现代国家廉政制度体系：有效惩治和预防腐败的体制机制问题研

究. 马克思主义与现实，(1).
[9] 何增科. 2009. 中国目前廉政制度体系总体状况及其有效性评估. 学习与实践，(5).
[10] 焦健. 2006. 当代中国廉政制度建设新论. 天津：天津人民出版社.
[11] (新西兰) 杰瑞米·波普. 2003. 制约腐败：建构国家廉政体系. 清华大学公共管理学院廉政研究室，译. 北京：中国方正出版社.
[12] 李进宏. 2010. 论改革开放以来制度反腐的探索与深化. 理论月刊，(4).
[13] 马骏. 2010. 经济、社会变迁与国家重建：改革以来的中国. 公共行政评论，(1).
[14] 麦圈. 2010. 吴敬琏谈转型：政府成市场主体，就不叫市场经济. 南方周末，09－02.
[15] 田湘波，杨燕妮. 2007. 我国廉政制度结构体系分析. 湖湘论坛，(4).
[16] 俞可平. 2000. 治理与善治. 北京：社会科学文献出版社.
[17] 曾峻. 2005. 公共秩序的制度安排：国家与社会关系的框架及其运用. 上海：学林出版社.
[18] 中华人民共和国国务院新闻办公室. 2010. 中国的反腐败和廉政建设.

第四部分

重大领域的廉政实践与创新

三门峡市“大纪检组制”改革的观察与思考

——兼论中国纪检体制改革的方向

樊红敏[①]

在中国经济社会快速转型的背景下，面对日益严峻的腐败挑战，近年来，中国的纪检体制受到了学术界和社会舆论越来越多的关注。作为反腐败的领导机构，中国共产党纪律检查委员会（以下简称“纪委”）的角色、作用以及与其他反贪机构的关系成为研究的重点。Ting Gong（2008）从制度主义的视角，分析了纪律检查机关在改革时期的能力建设，同时指出了目前纪律检查委员会制度设计方面存在的问题，包括双重领导体制和基于法令的道德约束等。Stephen K. Ma（2008）探讨了1949年之后中国共产党纪委和政府监察部门的变迁，他关注的重点是反腐败机构内部的腐败问题，他认为反腐败机构中发生的腐败行为，源于其“双重忠诚”的困境，即要忠于党的领导又要忠于机构自身的工作职能。过勇（2009）运用制度分析和实证分析的方法，剖析了纪律检查机关在改革时期的制度变迁，以及过去30年纪委职能的变化。这些研究大多是从反腐败的角度进行的，对于思考中国的反腐败体制机制的完善具有启发意义。

从实践上来看，中国共产党纪委于1978年恢复重建以来，从重建正名到理顺党委、纪委关系，从提升内部机构规格到探索“监督关口前移”的方式方法等，纪检体制一直在不断地完善和探索之中。当前，随着中国反腐败战略从权力反腐转向制度反腐，纪委的角色、职能也在发生变化，而纪检体制的进一步完善也受到越来越多的关注。很多地方如深圳、成都、呼和浩特等地在纪检体制改革方面都进行了有益的探索与尝试。本文以河南省三门峡市的“大纪检组制”改革为个案，通过对三门峡市大纪检组改革的突破、成效及问题的分析，探讨中共纪检委的职能和定位，明确未来的改革方向。

三门峡市是位于河南省西部的一个地级市，下辖陕县、渑池县、卢氏县、

---

① 樊红敏，女，1968年生，副教授，郑州大学政治学与公共事业管理系副主任，河南省廉政评价研究中心研究员；主要研究领域为廉政治理与反腐败、县域政治发展、基层民主与地方治理。

灵宝市、义马市、湖滨区等三县两市一区，总面积10496平方公里，总人口223万。笔者于2010年11月到三门峡进行实地调研，采取了召开座谈会、走访大纪检组和相关单位、个人访谈等方式。所用的资料来自于调研期间的体验式观察、座谈会、个人访谈录音整理以及三门峡市纪委和大纪检组的内部文献资料。

一、三门峡“大纪检组制”改革的过程和实际运作

三门峡“大纪检组制”改革的启动可以归结为中央、河南省纪委的要求和对现有“一对一”双重领导派驻体制局限性的认识。2007年5月，河南省纪委监察厅明确提出了省辖市纪检监察派驻机构统一管理改革的指示要求，三门峡市纪委在外出考察、调研的基础上，提出试行纪检监察派驻体制改革，提议得到了三门峡市委、市政府的大力支持和认可，市委常委会一致同意“彻底实行”① 大纪检组改革。2007年6月成立了以纪委书记为组长，组织部常务副部长、纪委副书记、市人事局长为副组长的“市直纪检监察派驻机构统一管理工作领导小组”。正如余秋华常委在座谈会上所强调的：“派驻统管改革不是纪检监察机关内部的改革，是一项政策性强、涉及面广的全局性改革，要确保改革成功，必须首先得到党委、政府的重视和支持。”②

三门峡的“大纪检组制”改革可以归结为是增量改革。改革本着即要积极又要稳妥的原则，最终确定在市一级进行，县区在成熟后再进一步推广。大纪检组制改革没有触动原有各局委纪检组长、纪检监察室主任的级别和利益。“在大纪检组改革中，人员安置是改革能否稳妥推进的关键。”③ 为此，三门峡市纪委于2007年下半年对设党组的单位进行摸底，在市编办清查各单位的编制、领导职数、纪检工作人员等诸多情况，并多次分头召开座谈会征求相关局委意见。三门峡市委的基本政策是原属各单位纪检部门的纪检干部、工作人员愿意到纪检组的可以平级调动，纪检组组长从各市直机关领导职务副处级以上符合条件的干部中选拔。纪检监察组工作人员，一部分为原市直单位纪检组、监察室符合条件愿意到纪检组工作的人员，一部分是按照“第一学历本科以上，年龄35岁以下在编公务员”的基本条件由纪委监察局统一组织考核、公开选调的。

---

① 余秋华常委跟笔者介绍时的原话。

② 访谈录音整理：三门峡市纪委常委余秋华在大纪检组改革调研座谈会上的讲话。

③ 三门峡市纪委副书记李俊江在大纪检组制改革调研座谈会上的讲话。

2008年9月，三门峡市完成了市直单位纪检监察派驻体制的机构改革。三门峡市按照性质相近，便于监督的原则，在市委工作部门及直属事业单位、市人民团体、市人大、政协机关、市政府设党组工作部门及直属事业单位等63个部门（单位）派驻10个纪检监察组，名称为“市纪委监察局派驻第×纪检监督组”，俗称“大纪检组”。例如，第一纪检监察组的派驻部门（单位）为市委办、市委组织部、市委保密局、市档案局、市委机要局、市委老干部局、市委群众工作部；第五纪检监察组的派驻部门（单位）为市发改委、市物价局、市科技局、市人事局、市劳动和社会保障局、市统计局；第六纪检监察组的派驻部门（单位）为市财政局、市审计局、市安监局、市计生委、市体育局、市财经投资公司、市信托资产管理公司；第八纪检监察组的派驻部门为市林业局、水利局、农机局、槐扒黄河提水工程管理局、市残联及市扶贫办；第九纪检监察组的派驻部门（单位）为市委政法委、市综治办、市委610办公室、市委维稳办、市法院、市检察院。[①]

与此同时，撤销市直28个纪检组、26个监察室，相应取消原相关局委纪检监察编制及领导职数，核减人员编制59名（其中，行政编制48名、事业编制11名）。核定派驻纪检组编制为50名，每个大纪检组编制5名，组长、副组长、组办主任各1名，纪检监察员2名。[②] 派驻的“大纪检组”成为市纪委监察局下属的组成机构，人员编制、行政关系、党团组织关系以及工资福利、后勤保障都由市纪委监察局统一管理。大纪检组的规格也由原来的副县级提升为正县级，与所驻单位一把手平级。之后，分批对大纪检组组长、副组长、组办主任及工作人员进行了招聘选拔，根据参与这项改革的干部室副主任汪主任介绍，2008年10月组长选拔到位、11月副组长选拔到位、12月组办主任选拔到位、2009年3月工作人员到位；之后对大纪检组人员进行了岗前培训。

大纪检组成立以后，派驻机构如何发挥作用、如何开展工作是面临的新问题。为此，三门峡市纪委边实践、边完善，于2009年4月制定了《派驻纪检监察组工作暂行办法》，对派驻纪检监察组的工作原则和要求、工作职责和任务、工作方式和方法、工作纪律和保障等，都进行了具体规定。同时，建立了三大配套制度。一个是派驻纪检监察组专项监督检查制度。该制度对大纪检组专项监督检查的内容、具体环节、方式方法等进行了规范。大纪检组专项监督检查的内容主要包括对干部选拔任用的监督检查、对资金运行的监督检查、对

① 参见内部资料：《三门峡市纪检监察派驻机构统一管理工作文件选编》。

② 参见内部资料：《市纪委、市委组织部、市编办、市监察局关于对市纪委监察局派驻（出）机构实行统一管理的实施意见》。

重大建设项目的监督检查、对党务政务公开方面的监督检查、对领导干部廉洁自律情况的监督检查、对党风廉政建设责任制落实情况的监督检查、对市委市政府重大决策部署落实情况的监督检查。① 一个是派驻纪检监察组办案工作制度。办案工作制度从案件线索受理、初核、案件调查、移送审理、防范教育等各个环节都作了详细规定，并结合实际制定了《派驻纪检监察组办案工作流程图》，对纪检监察组依法办案进行了规范。一个是派驻纪检监察组巡查制度。巡查制度规定派驻纪检监察组对所驻在部门、单位每半年集中巡查一次，巡查的内容主要包括驻在单位落实市委、市政府重大决策和工作部署情况，落实党风廉政建设责任制情况、反腐败牵头任务完成情况，党员干部执行廉洁自律规定及廉政勤政情况等，采取的方式主要包括召开汇报会、座谈会、民主测评、专题走访、个别谈话、查阅资料等方式。②

二、三门峡“大纪检组制”改革的突破与制度绩效

（一）体制突破，从利益共谋到监督制衡

三门峡“大纪检组制”改革的一个明显的突破之处在于改变了原来的“寄人篱下”的派驻模式，增强了派驻机构的独立性。一方面，大纪检组制确立了派驻机构的监督主体地位，实现了工作责任主体与监督主体分离，从而增强了派驻机构监督指导所驻部门、单位抓好反腐倡廉建设的权威性和有效性。而以往的纪检组，名义上是派驻，实际上也是派驻单位的班子成员。另一方面，这一模式打破了原来的一对一派驻所形成的利益共谋机制。不管是从个人利益还是从单位整体利益的角度，过去的纪检组长和单位利益相关度很高。“有的单位出了问题，纪检组长来回跑，想办法摆平。甚至有的时候摆不平还要挨‘一把手’的训斥。”③ 大纪检组办公设施、办公用车、工资待遇和后勤保障都由市纪委监察局统一安排，再一个是加大了对局委“一把手”监督的可能性。过去“一把手”和纪检组长的上下级关系决定了“一把手”监督的困境。“所有工作都得围绕单位‘一把手’转，一些纪检干部想与局长搞好关系，平时在工作上总给领导唱赞歌，领导的旗帜打到那里，纪检干部的足迹就踏到那里……现在纪检组也是正县级，和被监督单位平级，完全改变了以往

---

① 参见内部资料《市纪委监察局派驻纪检监察组专项监督检查工作细则》。

② 参见内部资料《市纪委监察局派驻纪检监察组巡查工作实施细则（试行）》。

③ 参见对三门峡纪委常委余秋华的访谈。

‘看别人脸说话’的被动局面。”① 大纪检组长正县级配置以及“居高临下”的体制安排，使派驻机构从不敢监督转变为敢于监督。大纪检组六组组长毕组长用实例谈到了对“一把手”的监督问题。

有一次巡查过程中，有人反映出牵涉到“一把手”的两个具体事情：一个是办公室配备了一个冰箱，违背了有关的纪律；另一个是问题是他的司机多领了补助，（“一把手”和司机是从别的部门刚刚调过来的）。经查实，司机领了一年补助，而实际只应该领3个月的。在向上级领导（纪委常委）汇报以后，我就跟单位“一把手”单独谈话，把牵涉到他本人的两个问题当面明确给他提出来。最后处理结果是把冰箱放到会议室去、多领的钱要退回去。结果多领的都退了回去。这种事在过去纪检组长要先跟“一把手”汇报，往往是尽量压住不向上反映。②

（二）职能转换，从廉政政策执行到廉政监督

大纪检组制改革，使派驻纪检组的职能发生了重大变化，监督职能得到了强化。过去一对一派驻，纪检组长主要是配合党委做好党风廉政建设工作，更多的是承担与党风廉政建设政策执行相关的行政事务。大纪检组制使纪检组长超脱于具体的事务性工作，监督成为大纪检组主要的职能，由政策执行的行政事务职能转向监督和惩处职能。当前大纪检组的工作重心主要放在对所驻单位党政主要领导、权力运行重点环节与部位的监督上。他们工作的方式主要是参加驻在单位研究重大事项、干部任免、重大项目建设、决定大额资金使用、对违反党纪政纪人员进行处理等会议，以及每年两次的集中巡查、专项监督检查以履行监督的职能。统管以来，派驻纪检监察组参加驻在单位民主生活会109次，党风廉政建设专题会135次，涉及“三重一大”等重要事项党组会议156次③；以第八纪检组为例，2010年1—10月份第八纪检组参加所驻单位党组会、领导班子会、民主生活会和重要活动30多次，对所驻6个单位进行集中巡查1次、专项检查4次。④ 第六纪检组组长在交流时谈到，2009年，第六纪检组根据省财政厅开展全省财政系统银行账户清理和国库集中支付专项检查

---

① 大纪检组组长雷玉川在座谈会上的发言。

② 大纪检组组长毕组长在座谈会上的发言。

③ 引自三门峡市纪委常委余秋华关于“三门峡市纪委监察局派驻（出）机构统一管理改革情况”的发言。

④ 参见内部资料，第八纪检组在三门峡市派驻统管工作会议印发的资料。

的要求，纪检组和财政局联合发文，成立两项监督检查工作领导小组，认真组织做好监督检查工作，监督的力度和效果都很明显。

> 我们接到省财政厅派驻纪检监察组开展的全省财政系统银行账户清理和国库集中支付专项检查的任务安排后，按照申书记批示，我们及时与市财政局联合召开会议，并组成了7个检查组分赴各县（市）区进行检查，应该说比只是财政局发文并检查力度要大，我们对下面的要求也很严。检查结束后尽快向省财政厅派驻纪检监察组汇报，此项工作得到了省财政厅领导的表扬。前一段我们对财政救灾资金的使用情况进行了检查，集中检查了财政救灾资金比较集中的4个县（市），检查中发现了一些问题。有些问题我们当场给他们指出，对于共性的问题回来以后我们纪检组发通报。通报发下去以后，权威就更大一些。①

另外，“大纪检组”通过开展每年2次的集中巡查、专项监督检查、设立意见箱、接访等措施，畅通信访渠道，强化了监督的效果和力度。

（三）方式转变，以惩处促监督

大纪检组改革，使纪检监察工作的方式方法也发生了重大变化，和一对一派驻相比，在监督方式上，大纪检组的惩处功能开始得到有效发挥，以惩处促监督。2010年1—10月份，10个纪检监察组共收到信访举报件和案件线索47件次，一一进行调查了解，初核9起，立案9起，办结4起。有3名科级干部、一名普通干部受到党纪政纪处分。② 而在过去，一对一派驻纪检组基本上多年都没有办过一个案子。第六纪检组被称为“重案六组”，该纪检组成立两年来立案6起、办案3起。毕组长谈到办案环境、力度和效果跟以前大不一样。

> 我们办的第二个案子是财校总务科长。如果说是过去的纪检组长，要是单位办一个科级干部的案子，你必须要和单位“一把手”提出来，并征得他的同意。但是现在我们在办这个案子的过程中之所以办得快，一个是相关的情况我们掌握得差不多了，事先就没有跟财政局局长说。再一个是采取行动只需跟财政局局长通报一下。我们人员当天上午8点到那个科

① 第六纪检组组长座谈会上发言。

② 参见内部资料，余秋华常委在调研座谈会上的讲话。

长办公室门前，这边我们的人员在那，那边我去跟财政局局长沟通，通报以后，马上就开始行动。办公室、东西什么的统统都要检查，这个案件很快就给突破了。我要是隶属于财政局的纪检组，那我不敢不向局长汇报，人家让你干你就干，不让你干你就干不了。但现在我不是财政局的，我是纪委的，我只是给你通报一下，我要办这个案。具体什么情况，我也是到结案再给你说。①

究其原因，一个是大纪检组制改变了纪检组的办案环境，办案工作直接受市纪委监察局领导，独立开展工作。为了使派驻纪检监察组能够相对独立地开展查办案件工作，三门峡市纪委出台的办案制度规定，大纪检组办案不再经过市直部门党组的批准和同意，同时制定了查办案件工作流程图（见图1）。

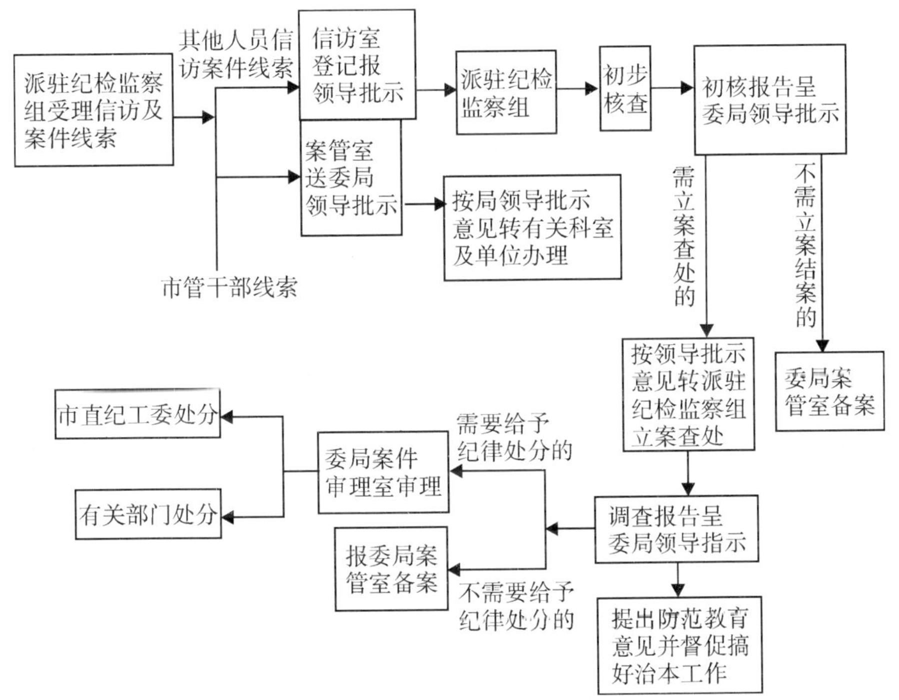

图1　派驻纪检监察组办案工作流程图②

一个是“大纪检组”为了充分发挥监督职能，通过在驻在单位设立意见

① 参见内部资料，第六纪检组组长在调研座谈会上的发言。

② 参见内部资料《三门峡市纪检监察派驻机构统一管理工作文件选编》。

箱、公布纪检组长手机、电子邮箱、接访等措施，畅通信访渠道，对信访举报和案件线索拥有独立的初核权，对办案工作起到了明显的推动作用。另外，三门峡市纪委根据工作需要探索建立了“捆绑联动”办案机制，将市纪委监察局机关三个检查室、案件监督管理室和所联系的县（市）区纪委以及派驻纪检监察组的案件查办工作捆绑在一起，建立三个“办案协作区”，实行室与县、组办案目标捆绑制度。市纪委监察局可以统筹安排合理使用派驻纪检监察组的办案力量。

三、三门峡“大纪检组制”运行中的问题与困境

大纪检组制作为纪检派驻体制改革的探索和创新，其成效和优势是明显的，但是，在改革与运行中也面临和存在着一定的问题和困境。

（一）结构性困境

大纪检组制改革过程中一个最大的问题就是与原有体制如何对接的问题。一个是改革后的相关驻在部门和单位如何适应新体制问题。大纪检组制改革撤销了原派驻纪检组驻在单位的编制和领导职数，但纪检工作并没有带走。在与相关单位座谈当中，他们也谈到了这一问题，虽然编制抽走了，但没有减少工作，这些单位又分别明确了一名领导分管党风廉政建设工作。对此，三门峡市纪委为了转变驻在单位的观念，真正落实党风廉政建设责任制中单位“一把手”也是党风廉政建设第一责任人这一规定，从 2009 年起将每年的纪委全会分为两个阶段。第一阶段以党风为主要内容，由市委书记和各单位“一把手”如党委书记参加，强化“一把手”的责任主体地位；第二阶段由纪委书记和大纪检组以及各单位分管党风廉政建设的干部参加，以反腐败为主要内容，在监督和政策执行、责任主体和监督主体分开方面进行了探索。另一个是纪委内部机构的整合和优化问题。大纪检组制改革使纪委一下子成了一个庞大的单位，从人员上来看，虽然整体上编制没有增加，甚至还有所减少，但纪委的工作人员大大增加了。在领导分管方面，纪委内部的领导分工是按业务以“条条”的方式进行分管的，成立大纪检组以后，大纪检组是按片进行管理的，如何分管、由谁来分管也成了一个难题。另外，大纪检组和市纪委监察局机关各室之间关系也有待理顺。市纪委监察局机关各室分别分管某一项工作如廉洁自律、效能监察等，已经具有了一定的权威性，大纪检组和机关各室的关系不能理顺，就很难树立真正的权威。在调研期间，三门峡市纪委正在出台文件着手解决这一难题。这些问题说明，大纪检组制改革不仅仅是涉及纪检组和派驻

单位问题，也涉及纪委内部机构的整合和优化问题。再一个就是大纪检组制改革与党章的结构性冲突问题。按照《中国共产党章程》的要求，有党委的单位，都应设纪检机构或纪律检查委员，因此，三门峡的大纪检组制改革中，一些系统大、党员多、职能强、监督任务重的部门如交通、城建等，因为本身已经成立党委，只能仍然保留纪委书记，另外，如国税局、工商局等垂直管理的部门也无法纳入大纪检组改革之列。以至于有人怀疑改革的彻底性："那些腐败易发、高发的单位并不在大纪检组改革之列。"①

（二）职能定位的迷惑

过去一对一纪检派驻体制中派驻机构的主要职能是协助局委党组搞好党风工作以及廉政建设教育与制度落实方面工作，以行政事务为主。廉政建设的惩处和监督职能主要还是在上级纪委部门。实行大纪检组制以后，"大纪检组"和原来的一对一派驻纪检机构已经有了很大的不同，其职能和定位也需要随之发生变化。但从目前三门峡大纪检组的制度规定来看，其职能是全方位的。从内容上来看，党风和廉政建设都在大纪检组的职责范围之内，从监督手段上来看，教育、制度、惩处都是大纪检组工作的方式方法。这种全方位的职能定位，一方面，造成纪委监察局科室与大纪检组的职能交叉；另一方面，使大纪检组也面临"派驻机构出来了，如何融入，'两张皮'"② 的问题。虽然大纪检组参加了很多驻在部门、单位的会议，其监督的力度和成效还有待于进一步验证。目前，三门峡市纪委就统管后纪检监察组在保持相对独立性和权威性的同时，如何做到对驻在单位监督到位采取了很多措施，如建立了巡查制度、参加民主生活会等等，纪检组组长的发言也肯定了三门峡在探索中的这些好做法。但从更高的角度来看，大纪检组的职能定位还需要进一步厘清。从大纪检组实际运行的情况来看，和一对一派驻纪检组相比，大纪检组查办案的功能得到了很大强化，日常监督功能的有效发挥还需要进一步探索和完善。那么大纪检组的职能该如何定位呢？这是一个非常重要的问题，这涉及大纪检组未来的发展方向。

（三）专业化难题和权威性困境

从当前大纪检组的运行情况来看，"出来后"的纪检组面临着如何进行日常监督的问题，这实际上意味着向他们提出了更高的专业化要求，因为这种监

---

① 引自派驻单位工作人员访谈录音整理。

② 第八纪检组组长座谈会上发言。

督已经不是对某一项具体事务的监管。大纪检组要对驻在单位重大事项、干部任免、重大项目建设、大额资金使用等等进行有效的监督，就必须有非常专业化的知识和能力，它要求纪检组干部对驻在部门廉政建设中教育和预防等相关的制度和职能的发挥有专业性的见地；同时，能够根据不同部门、单位的工作特点，对驻在部门相关教育和腐败风险防范等预防腐败机制进行完善。而从目前三门峡市大纪检组的情况来看，大纪检组的组长、副组长来自于原纪委系统的纪检干部和其他单位副处级领导，这些干部有很高的工作热情和工作能力，他们在与驻在单位协调并对驻在单位监督的过程中，凭借个人的政治经验和工作能力，大大缓解了大纪检组和驻在单位的协调配合问题。在与审计局相关领导交流过程中，审计局领导高度赞扬了大纪检组组长工作能力和个人魅力。但从专业化的角度来看，当前中国纪委系统由于职能庞杂，并以行政事务为主，专业化建设严重滞后。以三门峡大纪检组为例，纪检组的领导具有的是从事行政事务性工作的经验，他们的背景更多的行政背景，而不是专业背景，廉政建设专业化知识和能力不足，而要指导和教育驻在部门腐败风险控制并进一步完善反腐败具体制度需要有专业背景的专门人才。显而易见，从当前整个纪委的角色和职能履行来看，专业性缺失都是十分明显的。另外，在纪检组和驻在部门监督和被监督关系中，权力安排的制度化规范化也有待加强。比如，大纪检组监督的边界是什么，什么方式是合适的，如何确保大纪检组不越位，同时又如何界定驻在单位需要监督的内容和边界，以确保大纪检组对“一把手”进行实质而又有效的监督，等等，对大纪检组制度改革来说，都是至关重要的。因此，在当前的结构和职能定位有待于进一步厘清的情况下，大纪检组也面临着如何以及以什么样的方式确立权威性的问题。

四、中国纪检体制改革的方向

三门峡“大纪检组制”改革的突破、运作绩效、问题和困境，为我们思考中国纪检体制改革提供了非常有益的启示。显而易见，大纪检组制改革并不仅仅是纪检组上收的问题，它涉及纪委内部机构的整合问题、纪委反腐败的专业化问题以及大纪检组的职能和定位问题。从更为宏观的角度来看，它是中国纪检体制改革方面的探索和创新，就反腐败与廉政建设而言，真正的“上策”，涉及党内监督和党的执政能力问题，应该从党的建设的高度来思考中国纪检体制改革的方向。

（一）纪检体制改革的价值取向：加强政党领导力

中国共产党是以领导的力量掌握国家政权的，作为领导力量，中国共产党要领导国家实现现代转型，首要的条件是必须有强大的领导力。所谓领导力，就是获得追随者的能力。体现领导力的一个重要方面就是政党自身的组织化程度，其根本是党自身拥有一套先进的制度体系并得到有效运行，保障党的领导拥有强大的制度基础和有效的制度能力（林尚立，2009）。中国共产党纪律检查委员会是一个重要党内监督机构，纪检体制改革的根本目的和指针还是要以制度治党，以制度固党。因此，检验纪检体制改革得失的根本是是否加强和改善了党的领导力。

在中国，纪检机关属于专门的、政府之外的监督机构，受执政党委托，对党员干部、政府进行纪律检查和监督。但纪委在和行政监察机关合署办公之后，更像是政府内部监督机构，而后者目前还属于政府组成部门，在执政方式上，政党行政化十分明显，过去的一对一派驻，更是政党行政化的具体表现。政党领导功能的实现应在党的制度与组织的空间中实现。纪委作为党的制度体系一部分，在执政方式上，应该回归政党本位，超越政党行政化。大纪检组制改革，使监督主体在权力上相对独立，在利益上相对分离；同时，大纪检组对原驻在单位的超脱使政党的党内监督回归党的制度和组织空间，超越了政党行政化，符合纪检改革的价值取向。

（二）纪检体制改革的关键：以监督职能为核心的机构整合与优化

纪检监察监督在我国现行权力监督体系中占据着特别重要的地位，它既是党内监督的专门机关，又是行政监督中最重要的行政监察机关，监督职能应是纪委的核心；但据笔者的调查，纪检委的职能十分庞杂，与之相应的是庞杂的机构设置。除此之外，检察院、审计局也承担着行政监督的职能。就纪检体制改革来说，其关键是以监督职能为核心，对相关的监督机构进行整合和优化。一方面，从党内权力结构科学配置的角度来看，要提升纪委的监督地位，强化对同级党委的监督权，探索对同级党委监督制约的新机制。另一方面，从微观上来看，要对当前的多头监督机构进行整合。在对派驻大纪检组的调查中发现，当前纪委虽然是反腐倡廉的领导机构，但包括纪委以及派驻大纪检组在内，它们监督的手段很有限，纪委在办案的过程中，往往要从外部门抽调人员。另外，纪委和政府审计部门、检察院反贪局也缺乏相互的协作机制。因此，笔者非常认同过勇先生的主张，即应该着手从理顺政府内部审计部门与纪检监察机关的隶属关系入手，将其作为强化监督职能的重要手段。将党风廉政责任制的落实与任期内定期审计、离任审计等结合起来，将其作为纪律检查和行政监察的重要手段。派驻大纪检组也可以通过对驻在单位和部门的定期审计、离任审计，有效地开展反腐倡廉工作。(过勇，2010)

（三）纪检体制改革的着力点：反腐败的专业化建设

中国共产党是中国廉政建设的核心领导力量，纪律检查委员会在中国的廉政建设和反腐倡廉工作中发挥着领导核心和统筹协调的作用，中国的反腐败职能主要由纪委承担。但笔者在调研中发现，尽管目前纪委承担了反腐败战略的制定和反腐败政策执行这样的重任，但由于纪委主要是党内监督机构，因此，它虽然承担了反腐败的领导角色，但一个突出问题是反腐败的专业化严重不足。一个是在纪委的人员配置中，缺乏专业人员，如来自法律、审计、经济等领域的专业人士。另外，在对大纪检组制和相关单位的调研中发现，这些单位近年来都制定了大量的制度性文件，也取得了一定的成效，但是这些制度中有相当一部分仅仅是在复述中央或省里的文件主要内容，而没有针对本部门、本单位的情况制定有针对性的政策措施，特别是程序方面的规章制度。因此，今后纪检体制改革应该重点加强反腐败的专业化建设。

大纪检组在兼顾反腐倡廉统一规定和行业特点方面无疑具有先天的优势。因此，应该以大纪检组改革为契机，在纪检体制改革中加强专业化建设，可以把大纪检组的职能定位为以腐败预防的专业化职能为主，在人员配备上，要有行业的专业背景和反腐败的专业基础，从而使他们能更好地分析制度薄弱环节和漏洞，对驻在单位和部门腐败多发高发的领域和环节进行制度建设，在行业腐败预防体系的建设方面弥补当前制度建设中的薄弱环节。

参考文献

[1] 过勇. 2009. 改革时期中国共产党纪律检查委员会的演变. //新中国党风廉政建设60年理论与实践研讨会论文汇编.

[2] 过勇. 2010. 完善中国反腐败体制和机制的几点建议. 经济社会体制比较，(4).

[3] 林尚立. 2009. 中国共产党与国家建设. 天津：天津人民出版社.

[4] Stephen K Ma. 2008. “The Dual Nature of Anti－corruption Agencies in China”. *Crime, Law and Social Change*, 49：153－165.

[5] Ting Gong. 2008. “The Party Discipline Inspection in China：Its Evolving Trajectory and Embedded Dilemmas”. *Crime, law and Social Change*, 49：139－152.

梯级寻租格局、法团主义结构与政治寻租型腐败的治理之道[①]

谢志平[②]

腐败被视为政治之癌。在政治学看来，腐败是滥用公共权力谋取私利的行为；在经济学看来，腐败是政府官员利用公共权力干预经济活动、设立租金并进行权钱交易的行为。以往的研究，主要将腐败视为寻租的结果和个体行为，着力探讨个体腐败现象的动因、影响、防治机制与制度等。本文运用寻租理论的基本原理，将腐败视为寻租的条件，从科层组织体制的内在制度结构和政府与社会关系的外在制度结构两个方面，探析政治寻租的个体行为在行政体制内触发的扩张机制以及在行政体制外引发的扩散机制，并据此提出政治寻租型腐败的治理建议。

一、多层次寻租格局及其启示

寻租理论是在20世纪60—70年代经济学家讨论垄断、关税和政府管制所造成的社会损失过程中形成和发展起来的（方福前，2000）。“寻租”（Rent Seeking）这个术语是美国明尼苏达大学经济学教授安·克鲁格（Ann O. Krueger）在1974年6月《美国经济评论》第64卷第3期上的一篇题为“寻租社会的政治经济学”的论文中首先提出；而有关寻租的理论和分析寻租的方法是由塔洛克在1967年的一篇题为“关税、垄断和盗窃的福利成本”的论文中提出的，塔洛克的这篇文章标志着寻租理论的兴起。西方学者一般把塔洛克和克鲁格看做是寻租理论的开山鼻祖。

“租”，或者叫“经济租”，在经济学里的原意是指一种生产要素的所有者获得的收入中，超过这种要素的机会成本的剩余。按照经典的总体均衡理论，

---

① 本文是辽宁省教育厅项目“‘五点一线’战略中的政府协作机制研究”（编号：2008200）和辽宁省社科基金项目“辽宁‘五点一线’战略实施中政府协调问题研究”（编号：L07DZZ014）的阶段性研究成果。

② 谢志平，1976年生，男，湖北汉川人，管理学博士，东北财经大学公共管理学院副教授，主要研究领域为公共管理、比较行政。

只要市场是自由竞争的，要素流动在各产业之间不受阻碍，任何要素在任何产业中的超额收入（即租）都不可能长久稳定地存在，因为市场这只“看不见的”的配置资源之“手”会将机会成本与现实收益拉平。一般把对市场要素天然存在租金的追求称为“寻利”（profit seeking），但如果通过人为设置流通障碍，形成对既定租金的垄断、提高或保护，其活动的性质就变成了“寻租”。托利森认为：“寻租是为了获得人为创造的收入转移支付而造成的稀缺资源的耗费。”（Robert D. Tollison，1993）他认为，寻租是和政府对经济活动的干预联系在一起的，因为政府干预导致人为租金的创造。斯蒂格里茨认为：“‘寻租’这个词一般用于描述个人或厂商投入精力以获得租金，或者从政府那里获得其他特殊好处的行为。”（斯蒂格里茨，1997）只要政府有授予租金和其他特殊优惠的权力，厂商和个人就会发现，从事寻租活动是合算的；政治家为了自身的利益会对特殊利益集团的寻租行为作出反应，政府决策因而被扭曲。布坎南的定义是：“寻租是指那些本当可以用于价值生产活动的资源被用于只不过是为了决定分配结果的竞争。”（Robert D. Tollison and Roger D. Congleton，1995）他认为，寻租从总体上看没有配置价值，是一种社会浪费。

寻租会表现出不同的形式。布坎南在《寻租与寻利》一文中认为，寻租活动至少可以划分为三个层次：一旦政府创造出一种人为的稀缺性，例如市政府限制出租车的数量，如果获取租金的权利既不是在所有的人中间平等地或随机地分配，也不是公开拍卖，那么潜在的进入者将通过游说政府给他们以优惠的差别待遇来进行寻租。这便是寻租的第一个层次，也是早期的寻租理论所讨论的主要内容。如果政府职位的薪水和额外收入包含有经济租金，如果薪水和额外收入高于私人部门类似职位的待遇，潜在的政治家和官员将会花费大量的资源来谋取这种政府职位，这便是寻租的第二个层次。布坎南认为，对于寻租分析来说，第二种层次的寻租更为重要。第三个层次的寻租是指，个人和集团为保护对自己有利的差别待遇或避免对自己不利的差别待遇而展开的活动，例如通过政治程序制定对本集团有利的税收政策。（Robert D. Tollison and Roger D. Congleton，1995）布坎南认为，在寻租活动的每个阶段寻租者都是受理性动机支配的，但是资源同时在三个层次上都被浪费了（Robert D. Tollison and Roger D. Congleton，1995）。

在此，寻租理论为我们展示了一个多层次寻租活动的格局。寻租理论表明：第一，寻租活动是一个社会连带行为，某个个体的寻租活动会引发群体寻租或避租活动，只要是利益相关者，在理性思维指导下，均会或迟或早卷入。第二，寻租活动源于政府管制，这种政府管制既可能是对经济活动的管制，也可能是对政治活动本身的管制。租金既存在于私人物品市场、要素市场和资产市场，也存在于公共物品市场和政治市场。第三，寻租活动以对物品的竞争性提供为前提，以对租金的排他性占有为目的，以对租金耗散与租金收入的平衡为行动边界。寻租的目的不是获得垄断，而是通过获得相对的垄断地位谋求租金，而谋求垄断的机会是存在的并且是公开的，可以通过竞争来获得，但参与寻租竞争的边界是租金收入与支付成本的均衡。

寻租理论所展示的多层次寻租格局，其理论原点和归宿点均限于政治与经济的关系，严格来说是探讨市场的个体行为与政府管制之间的关系，因此本文将之归类为“经济寻租”。问题是，如同布坎南（J. M. Buchanan）强调指出的那样，“潜在的政治家和官员将会花费大量的资源来谋取”某个占有大量资源的“政府职位”的行为，这种寻租是以占有政治职位蕴涵的租金为目标的，本文将之归类为“政治寻租”，这种政治寻租行为在政府体制内会产生怎样的连带效应？或者说，在社会市场中存在多层次寻租格局，在政治市场中会不会有相似的情况？如果有，它的触发逻辑又是怎样的呢？本文认为，在官员晋升压力下，腐败收益可以对冲公职人员的政治寻租成本，并引发群体内政治寻租竞争，反过来导致腐败在政府体制内和社会环境中的广泛弥漫。也就是说，经济寻租、权力腐败、政治寻租、政治腐败之间有着内在的勾连，这种勾连既有科层体制内的扩张逻辑，也有社会结构的扩散逻辑。

二、梯级寻租格局：科层体制内政治寻租型腐败的扩张机制

政府作为科层组织，其独特的权威结构和激励机制，形成独特的压力型体制和政治锦标赛模式，导致体制内任何个体的政治寻租会引发连锁反应，触发横向与纵向层面的寻租竞争，形成体制内的梯级寻租格局。

一般来说，政府的组织体制是基于理性原则设计的韦伯式层级管理结构，它有以下几个基本特征（马克斯·韦伯，1997）：一是分工明确和设计合理的职位体系和等级结构，具有专业化职能的行政部门各司其职，在上级的指令和协调下运作；二是行政官员以官僚为职业，其选任基于专业技术资格，进入官僚部门必须通过专门的考试或凭借资质证明，官员是上级任命而非选举，官员的报酬是固定工资，升迁以业绩和资历为基准；三是整个官僚组织强调形式化和规则约束，行政程序依据法律规范而设立，必须严格执行。第一个基本特征强调了科层组织是一个自上而下的权威贯通结构和命令服从结构；第二个基本特征强调了科层组织官员的晋升来自上级任命；第三个基本特征强调了科层组织的规则具有刚性，是基于理性而非经验。

从纵向来看，这种层级管理体制形成了一种“压力型体制”（荣敬本，1998；周黎安，2008）和行政逐级发包体制（周黎安，2008）。在“压力型体制”下，为了完成经济赶超任务，各级政府组织向下级组织和个人层层分解任务指标，责令其在规定时间内完成，并配之以相应的行政和经济方面的奖惩措施。层层压指标、定任务，各级组织也就是在这种评价体系的压力下运行。在行政逐级发包体制中，政府的行政事务从中央逐级向下级地方政府发包，一直发包到最基层的地方政府，而解决行政事务的资源并不必然连同打包。每一级承包方只对直接的上一级负责，并以满足它的要求为主，因为它可以在很大程度上决定本级承包方的去留，即“县官不如现管”。上级和下级政府的事权不是分工关系，而是层层发包和监督、职责高度重叠和覆盖的关系（朱光磊、张志红，2005）。

在这种自上而下高度集权的压力型体制或行政发包体制下，政府官员的激励形成了颇具特色的锦标赛模式（Lazear，*et al*，1981）。锦标赛的主要特征是，根据各代理人业绩的相对排名，而不是他们业绩的绝对值来支付代理人的报酬。从职务晋升路径来说，地方官员从最低行政职位一步步提拔，进入一个典型的逐级淘汰锦标赛结构。它的最大特点是，进入下一轮的选手必须是上一轮的优胜者，每一轮被淘汰出局的选手就自动失去下一轮参赛资格。为了进入下一轮，每一位参与人必须在本轮获得胜利才有资格，这样给地方官员施加了很大压力，形成一种非常激烈的晋升竞争。各级地方政府官员都在不断放大的锦标赛激励下，为了出人头地而努力（周黎安，2007，2008）。由此，在这种科层结构中，无论是同级官员，还是纵向序列的官员，都像被编号一样，处在一场连续不断的晋升锦标赛中。具体到晋升操作制度，我国政府官员选拔制度一直是“领导推荐—组织考察—上级任命”。在这个三段式程序中，最关键、最重要的是第一个程序，即“领导推荐”。一旦有了领导推荐，组织考察和上级任命大多只是履行一个手续、走一个程序。可见，领导推荐在我国的官员晋升微观程序中是至关重要的，它往往直接决定了一个官员能否晋升、晋升快慢和晋升到什么岗位。

现在，我们排除那些保守的政府官员，即使“有些官员在他们加入官僚机构的第一天就是保守者，即使他们处于很低的层级”（安东尼·唐斯，2006），假设进入官僚体制的都是权力攀登者，他们总是“寻求权力、收入以及声望的最大化”，总是渴望更多地拥有这些利益。他们赢得晋升的行动路线有两条（安东尼·唐斯，2006）：第一，“他可以取悦其上司”；第二，“他可以在那些用于评价其晋升资格的客观标准上获得好分数”。很明显，第一条路线是投机主义做法，而第二条路线则是靠真功夫扎实晋升的做法。如果所有的人都自觉自愿走第二条路，则官僚队伍将非常洁净，行政效率很高，社会效益很好，也无所谓官场腐败问题。关键在于，如果实施第一条路线的成本小于第二条路线的实施成本，或者实施成本可以得到某种方式弥补，则对于任何官员都是一种绝美的诱惑[①]。除非出于自身高尚职业操守和信奉某种理想主义信念，否则科层组织体制结构决定了，取悦上级相对于取悦社会服务对象具有更现实的意义，成本也要小得多。因为上级是特定对象，而服务对象是不特定社会人群，何况上级掌握了于己的职业未来。由于官僚组织严格的刚性规则，因此任何非正式方式取悦上司，都面临着不低的实施成本，如是则只有考量实施成本弥补的出路。

如果他或她不是行政发包体制最低一级官员，那么作为“治官之官”，可以将这种成本发包或转嫁到他或她的下级，向其索贿以对冲自身利益损失。在自上而下权威结构关系中，如果上级官员有索贿需求，下级官员的供给将是无限的，因为下级官员晋升大权掌握在上级手中，何况同级的下级官员之间存在竞争，满足上级或明示或暗示的索贿要求本就是难得的取悦上司的机会。对于支出贿赂的政府官员，因为成功取悦了上级，他（她）获得了晋升优先权。但是，这个成本对于他（她）自身而言，也需要寻找转嫁对象，除非获得晋升带来的租金收益大于支付的寻租成本。相对来说，政府公职是固定薪金制，通过晋升获得工资性收入净增长往往是不足以抵消寻租成本的。当然，除了物质性收益外，晋升可以带来许多非物质性收益如荣誉、权力等；但就一般而言，官员花费的物质性支出需要得到物质性补偿，政治寻租目的并不在于占有职位，而在于占有职位后获得超额的租金。于此，则他（她）会或明示或暗示地向其下级表达索贿需求，如此类推直至最基层或最底层的政府官员。最基层官员身处权力末端，具有最强烈的晋升动机，因此他（她）会尽力满足上级索贿要求，但与他（她）的成本对冲，就只能指望政府管制的社会主体了。由此我们可以看到，在中央与最基层地方政府之间，任何一级政府官员政治寻租行为，因为晋升压力和对冲成本的考量，在体制内均会向下传导，形成多层级寻租格局。本文将这种体制内政治寻租腐败称之为“拉力”型腐败。在拉力型腐败结构中，原发点处于科层体制中上层，自上而下倒逼，上梁不正导致下梁歪，这种腐败往往导致窝案和群发现象。

---

① 在我国，中央对每一级别的行政干部的任职都有最高年龄的限制，实行强制退休制，从政者必须在一定年龄升到某个级别，否则就没有进一步晋升的机会了。所以，从基层晋升到省部级干部通常要走“快车道”，或者起点比较高。近年来国家对干部任职的年龄要求越来越趋于年轻化，这使得晋升竞争变得更加激烈，直接影响人们的竞争策略与行为选择。(周黎安，2008)

与之相对的还有一种“推力”型腐败结构。在布坎南第二个层次的寻租活动中，他提到如果有些政府职位是肥缺，它们对市场活动有很强干预权力和很广泛干预范围，它们占有很丰富资源，能够方便地设租、创租或抽租，那么在政府内部，官员们就会“花费大量资源来谋取这种职位”。批准官员取得这种职位的权力在上级政府官员那里，因此下级这种主动性谋取官职的寻租行为，同样会为上级具有批准权的官员职位带来经济租金。同样，因为上级具有批准权的官员职位能够为他或她带来额外收入或经济租金，引得他或她的同级官员对该职位产生兴趣，也会“花费大量资源来谋取这种职位”，于是政治寻租活动再次被提升到更高行政层级，并产生同样的传导效应。可见，只要存在着管制上的功能分工，就会设立不同政府部门，不同政府部门对市场干预范围和程度是不一样的，因此其设租和创租能力是不同的，那些强而有权、强而有势、强而有财的政府部门及其职位，将是政府官员由低至高政治寻租活动的目标。同时，由于发展行业不平衡和地区不平衡，有些政府职位能够调动的政治资源很多，有些则相对较少，那些政治资源占有越多的政府职位越有可能成为政府官员政治寻租的目标。因此，只要存在着政府权力垄断和政府职位特权，只要存在着经济发展行业和区域不平衡，以及政治发展区域不平衡，只要政府职位分配权掌握在上级政府手中，自下而上的“推力”型寻租活动就会此起彼伏，跑官、买官、要官现象就难以禁绝。在政治锦标赛中，一旦遭遇一次晋升竞争失败，就会连带失去下一轮晋升机会，一步赶不上步步赶不上。而决定能否胜出的依据，往往并不在于绝对业绩水平，而是在整个职官序列中相对业绩水平的排名。因此，一个人跑官、买官和要官行为，必然引发扩张效应。潜在职位晋升者不会也不能坐视某个人的政治寻租行为于不顾，让自己承担失去竞争相对优势的风险，或置自己于竞争劣势的地位，因此他们要么投入资源展开寻租竞争，要么投入资源谋求避租。如此一来，低层级官员政治寻租行为，通过科层体制将不断在横向层面展开竞争，并不由自主将上级官员卷入寻租竞争中来。在这种推力型腐败结构中，原发点处于科层体制中下层，自下而上推动，无论官员愿意与否，最终都将身不由己被卷入其中。

综合来看，无论是拉力型腐败还是推力型腐败，它都是经由个体行为触发的体制内现象。科层组织权威结构为梯级寻租格局提供了先天的制度平台。问题是，政治寻租的成本最终有没有合适的消散空间？如果仅仅是体制内上级向下级转嫁，缺乏外在的资源补充，这种传导链条最终会断裂。那么，他（她）要开展寻租腐败活动，会不会有方便的体制外渠道？如果有，这种体制外渠道对于政府官员政治寻租型腐败又意味着什么？

三、法团主义结构：科层体制外政治寻租型腐败的扩散机制

有学者认为，中国改革开放所经历的高速经济增长得益于中国传统动员型的行政威权体制，得益于对传统行政体制优势的发挥。（萧功秦，2008）这种体制具有强大的组织资源与政治资源，以及非同一般的社会整合能力。事实上，在中国的国家与社会关系传统中，以政府主导的政治力量从来都是凌驾于社会之上并全面统领和宰制着社会的组织。中国的社会组织先天发育不足，后天成长不良，也正因为这种国家与社会关系的传统，形成了如今的某种法团主义社会结构。

法团主义（corporatism）理论模式最早源于西方政治学界对拉丁美洲及南欧权威主义国家的国家与社会关系研究，其分析研究重点是强权政府与大的社会利益集团之间相互依赖的关系，及其对社会经济生活的影响。一般来说，法团主义指的是一种体制现象：代表功能利益的垄断组织与国家之间建立常规协商关系，它们为有关公共政策提出意见，作为交换，国家要求它们必须说服其成员与国家合作来实现政策有效实施。（张静，1998）根据国家与社会力量对比差异，法团主义体制有两种安排形式，即国家法团主义和社会法团主义。（Pilippe C. Schmitter，1979）前者说明一种自上而下的组织关系，在其中国家作用是主要的；后者则代表自下而上的组织关系，其中社会力量主导着关系秩序。在国家法团主义体制中，决策权主要由政府来掌握，甚至连法团主义组织都要由政府来创建并管理，这种法团主义政治结构，“通过一种代表制度，将有组织的社会经济生产者团体整合起来，形成有组织的合作与互动，并实现社会的动员与控制”（米切尔·黑尧，2004）。从经验来看，这种国家法团主义结构更适合中国现实场景的描述，并有相关的理论解读。

研究中国地方法团主义的代表性人物沃尔德（Andrew Walden）针对地方政府在区域市场转型过程中扮演的角色，1995 年提出了“政府即厂商”的论点（Andrcw G. Walden，1995）。另一位代表人物戴慕珍（Jean Oi）深入探讨了在财政改革激励下政府单位、集体企业、工人、社区团体之间的复杂关系，以及它们之间相互讨价还价和合作的内在机制（Jean Oi，1995）。戴幕珍指出（Jean Oi，1999），地方法团主义的演变在20 世纪90 年代后期以来出现了新动向，主要表现在地方政府一方面通过有选择的私有化加强集体经济，另一方面把扶持对象和范围扩展并延伸到私营企业。地方政府运用对合同及资源的控制以及政府与私营企业之间形成的共生关系，把私营企业整合进法团主义的框架之内。20 世纪 90 年代社会学家林楠（Lin Nan）以天津大邱庄为个案的研究

指出，地方权力与稳定的利益集团结合，已经在中国基层产生了一种新的制度形式：一种既非市场亦非正式组织的形式，它反映了现有政体、社会关系、家庭网络和文化背景的渗透结合（周雪光，1999）。这种法团主义的框架形成了政府与企业等社会组织的庇护关系模式，大卫·文克（David L. Wank）称之为“共存庇护主义”（clientialism）（David L. Wank 1996）。他认为在市场化的过程中，原先私营企业与政治权力之间的“单向依赖”，已演变为一种“共存依赖”关系。一方面，政府官员依赖私营企业解决当地的就业问题、促进社会经济生活中的合作关系，以及获取贿赂受益等；另一方面，由于地方政府仍然具有很大控制权力，如对稀缺资源的控制，对私营企业主社会地位的影响等，因而私营企业主往往也依赖政治权力获取资源，并利用权力的庇护关系避免政治和政策的任意干涉。这种庇护关系的政治意义在于它加强了国家渗透与协调社会的能力，导致了人们对现有制度的认可，促进了社会群体的分化，减弱了社会自主的集体行为的能力。（何显明，2008）

很明显，这些有关中国的法团主义结构理论鲜明地呈现出政府与社会组织——包括私人企业、各种市场中介组织、社会公益组织及其他公共组织——之间的控制与合作关系。这种控制与合作关系，保证了社会秩序的稳定，保证了经济可预期地发展，保证了文化有序的多元，保证了民主可控性的推进，应该说它是中国改革开放 30 多年来社会得以持续、稳定、高速发展的体制支柱。但同时，这种社会关系结构也毫无疑问为行政体制内政治寻租腐败提供了方便的制度外渠道和社会扩散的传导网络。

法团主义理论表明，政府即厂商，基于财政包干制的压力和增加财政收入的冲动，政府对经济活动的热衷以及对取得市场利润的追求丝毫不亚于企业，在管制经济的过程中，政府和它的官员与企业、社会中介组织、各种类型的公共组织形成“共生关系”。一方面，政府需要这些企业、组织的配合来解决民生问题和实现社会秩序的稳定；另一方面，这些企业、组织一旦与政府合谋，可以享受政策上的优惠，以及稳健的政治环境。在这种关系中，作为个体的官员，无论是就政绩（民生问题解决和社会稳定），还是通过创租或抽租（政策优惠、稳健的政治环境），均能得到利益上的回报，因此很少会有人拒绝这种“共生性”。法团主义结构的形成逻辑，是通过政府对社会组织的控制与合作，实现社会稳定与可调控发展。政府基于对社会组织的控制——无论是人事上还是财政上的——可以主动地、方便地实现资源占有的延伸，对冲政治寻租成本，并扩大利益占有。当然，这要担当很大冒险，因为它很容易触犯既定的约束制度，造成明显的制度不公。他（她）通过与企业、社会组织的合作，则要可靠得多和隐晦得多，同时还并不影响对冲政治寻租成本以及扩大资源占有。[①] 缪勒认为，个人和集团不仅可以通过政府管制、关税和贸易配额以及直接的转移支付来改变收入分配，获得租金，甚至可以通过与政府签订合同或契约这种市场经济下通行的交易方式来获得租金。因为具有公共物品特征的物品的生产也有分配效应，从而提供了潜在的租金。这种分配效应可能显著地影响提供这种物品的集体抉择。有的研究者发现，一个企业提供的竞选捐款数量与这个企业所在行业购买的联邦和州政府产出的百分比之间有正的且显著的相关性（A. Zardkoohi，1985）。因此，政府官员订立政府合同的行为，可以满足社会对租金的追求，同时通过一定的利益回报，也可以抵消自身寻租（寻求有利职位）的成本支出。

可见，法团主义结构便利了政府及其官员那只“掠夺之手”对社会组织资源的汲取，它既是一套有效联结的社会结构，将社会资源整合起来，使社会按政府意志稳定而有序地发展，这是它合法性的来源；同时，它也构架了一套稳定的汲取资源的路径，通过这个结构平台，政府官员可以制度化地将体制内因晋升竞争带来的压力与成本向体制外耗散。换句话说，这种法团主义的社会结构为政府官员的寻租行为提供了体制外的物质保障与压力舒缓空间。

此外，法团主义结构对于寻租型腐败的扩散还具有路径依赖和路径“锁定”效应。如果社会组织的寻租行为通过政府人为管制总是可以圆满实施，将极大地削弱包括企业在内的社会组织通过改进技术、重组流程、组合资本等手段“寻利”的积极性，严重挫伤社会组织的生产行为和创造财富的动机。人们不再寄希望于将蛋糕做大，而是想着如何在分配蛋糕中占据更有利的位置，分得更多的蛋糕。对于社会发展而言，这将造成可持续增长与发展的损失。不仅如此，这种制度化的撮合政治寻租行为的结构，将强化一种意识形态和行为导向，即要想获得政治收益（租金），最好的方式不是提升自身资源的使用效率和效益（即提升自身的能力与业绩），而是打破分配规则直接占有租金（违约、违背诚信、投机取巧）。认为只要付出了寻租成本，租金迟早是能够兑现的。由此，投机主义泛滥，拉关系、走后门、搭桥铺路行为越来越多，人情面子的分量越来越重。如此一来，体制内的政治寻租腐败，将通过法团结

① 在现实生活中我们可以看到一个独特的景象，许多地方政府“一把手”如果异地调动，会伴有一些投资者随同转变投资场所，紧紧追随。不论这之间有无腐败，但厂商的利润与政府官员的政绩、厂商发财与官员晋升之间的紧密对应，使厂商和政府官员的共生关系鲜明地体现出来。有媒体报道，一些贪腐官员在刑满释放后，竟“意外”地收到了原行贿人送来的巨额“坐牢补偿费”，有的甚至公开炫耀。（曾祥生、陈卫国，2010）这说明厂商与腐败官员之间的共生关系已经超出了制度层面，深入到伦理与道德层面，不仅制度失灵，且相关的伦理与道德观已扭曲。

构向社会扩张。一切与权力沾边的领域，都将盛行权钱交易；一切存在资源稀缺的地方，都将出现不正当交易行为。总之一句话，寻利之争让位于寻租之争，腐败不断地自我复制和自我强化，最终可能弥漫一切。

四、政治寻租型腐败的治理之道

传统寻租理论主要讨论的是经济寻租与腐败行为，政府官员与寻租行为是两个并不搭界的概念。但如果寻租者并不是为了获得某种特权或对自己有利的限制而展开寻租活动（经济寻租），而是为了竞争可以获得贿赂的职位而展开寻租活动（政治寻租）并产生腐败，就形成政治寻租型腐败。因此，政治寻租型腐败是在政治寻租过程中产生的腐败现象。政治寻租的根本特点，是将政府职位作为市场要素，将它蕴涵的超额公共权力和对资源的支配和占有视为租金，通过人为垄断或限制，形成对政治租金的占有。政治寻租型腐败并不以收受贿赂为限，它必然将公共职位内涵的权力发挥到极致，必然通过公共权力去影响、占有或控制超额的政治资源。总之，政治寻租型腐败一定是表现为对权力的不正当占有、对权力的不正当运用。

根据前文的论述，科层组织的权威等级结构和政府与社会关系的法团主义结构，方便了政治寻租及其腐败的产生、传导、扩张。因此，要治理政治寻租型腐败，必须从科层组织权威结构和法团主义结构这两个方面着手，破除导致政治寻租的结构因素，偏废任何一方，都将功败垂成。

就科层组织结构而言，破除政治寻租型腐败的关键在于重构政治权威链条下的官员责任关系，运用多样化的激励手段与方式淡化职位晋升的诱惑与压力，通过破除相对封闭的职官体系来增加政治寻租成本，同时对政府职位权力运行施加更多约束以消除政治租金。

第一，构建行政责任关系的多元结构。从科层组织体制来说，行政责任关系也就是行政官员向谁负责的问题。政治寻租之所以发生的一个根本原因，是政府官员面临激烈晋升竞争，而在这种晋升体制中，直接上级官员是关键支配者，政府官员需要向上负责，整个科层体制也是按照这种要求预设制度，可以说这是科层体制的基石。晋升竞争是必要的，下级向上级负责也是正当的，但如果采取不正当方式开展竞争，如果下级只需要向上级负责，那么科层体制将走入僵化的死胡同，会不断产生“体制外游走”的现象。政府官员的行为产生了四种关系网络，基本关系是对上级官员的服从关系，第二位的是对下级官员的领导关系，第三位的是与同级官员的合作与竞争关系，第四位的是与管理对象之间的服务关系。因此，行政官员需要承担的，不仅有服从责任，还有领导责任、合作责任，以及服务责任。如果官员晋升行为以伤害领导、合作与服务为基础，即使服从责任做得再好，在制度设计上也应受到排斥和否定。因此，构建行政责任关系的多元结构，强调在坚持服从责任基础上，引入领导责任、合作责任与服务责任的评价机制，并将这种多元责任结构制度化，做到公开与公正。如今，官员选拔制度改革向"民主推荐、群众评议、组织考察、上级任命"的正确模式转变，淡化了上级领导推荐这个环节，注入了更多社会评价成分。只要打破上级垄断职位分配的权力，对抑制政府官员的政治寻租动机和增加寻租成本产生较大影响，就能有效遏制政治寻租产生的腐败。

第二，提供行政激励产品的多元结构。政治寻租的目的是通过晋升获得更重要职位的租金，职位产生租金的原因是它潜在的外部效益，它是与权力紧密结合在一起的，因此政治竞争表现为对政治权力的占有与争夺。在科层体制内实际上有相当层次和规模的官员是"保守者"，他们"力图使他们的职业安全与便利最大化"，职业安全最大化"实际上意味着紧紧把握所有已经拥有的'利益'。便利最大化意味着尽可能降低努力的程度"（安东尼·唐斯，2006）。但如果政治寻租可以轻易地改变游戏结果，可能对即使是最保守的人都将产生刺激，被迫作出反应。因为一个人通过政治寻租晋升会改变既定职位分配格局，除非集体共谋将职位数量最大化，否则职位分配结果改变带来的是权力格局改变，并由此带来利益关系改变。破除晋升动机这个纠结的基点在于在制度上将权力与利益相对分离，权力可以带来利益，但制度应提供其他可以带来利益的产品。在此，马斯洛的需求层次理论已经非常清晰地揭示了人们的利益需求层次和不同的类型，对于建构多元的激励产品具有启发意义。因此，科层体制除提供权力晋升必要产品外，也可以提供制度性的物质报酬晋升产品，还可以提供荣誉性名号晋升产品，等等。权力争夺与个性有很强相关性，对不具备这种个性特点的潜在竞争者，可以改变自己的偏好函数，选择其他发展方向并得到相应行政激励产品的回报，这将化解千军万马过"职位晋升"这支独木桥的窘况。一旦官员回报类型丰富了，竞争选择多了，权力竞争压力会得到有效舒缓与释放，从而有利于消除因此产生的政治寻租型腐败。

第三，创建职位任用模式的多元结构。政治寻租型腐败，无论是拉力型还是推力型原因所致，它的制度环境是上下级官员在一个相对封闭和稳定的职官序列中互动，形成对职位分配的合谋。可见，一旦官员任职缺乏必要流动，沉淀的结果是利益结构化和寻租制度化。要破除这种结构障碍，必须创建多种任用渠道和形式，打破封闭和稳定的职官体系。西方新公共管理改革的一个重要工具，是实行灵活任职制度，在政府与社会组织之间进行人事交换，在政府内部，通过更高层战略规划，实现中下层人事交流任职，包括异地交流、不同行业间转换任职等等形式。近日有媒体报道，我国很多地方正在开展面向社会公开选拔中高层领导干部的行动，吉林省面向社会公开选拔副厅级领导干部，最终1889名符合条件者参加了笔试，除港澳台和西藏外，其他省区市均有人员报考。（马扬等，2010）以前实行单纯由组织任命中高级干部制度，干部考察范围很局限，通过面向全社会公开选拔，可以打破身份限制，将大型企业、上市公司、金融机构管理人员，各种类型公共组织管理人员及海外留学归国人员纳入选任范围，能最大程度破除封闭的职官体系，极大增加政治寻租成本。此外，2006年正式实施的《公务员法》还增加了岗位聘任制的新形式。任用模式多元化，还要强调加强官员交流、挂职锻炼、回避制度建设，在经济与政治发展不平衡的现实条件下，不仅强调在发达地区就职经历与业绩，还应强调在不发达地区就职经历与业绩。官员任职，不能遵循落后地区到先进地区，再晋升重用的线性路线，主要看经历的丰富、历练的多样化和能力与业绩的相对比较。

第四，增强职位权力运行的多元约束。要消除政治寻租，打破租金产生的垄断因素、增加寻租成本是一方面，斩断成本转嫁路线是一方面，而消除政治职位租金，破除政治权力的机会成本与现期收益之间的落差则更为根本。政府官员前赴后继的政治寻租，无非是更重要职位带来的收益要高于机会成本，而职位带来的收益之所以充满弹性，是因为欠缺必要的硬性约束。因此，完善政府的预算约束制度，强化政府官员的问责制度，落实行政信息公开制度，增强行政决策与执行的民主制度，可以有效规范政府权力运行，耗散政治职位租金，从而瓦解政治寻租冲动的基石。

就法团主义结构而言，破除政治寻租型腐败的关键在于重新厘定政府角色，调整政府行为边界与重点，通过制度完善来规范既定的社会结构关系，并建立多层次的协商机制。

第一，从政府组织社会到政府服务社会的转变。法团主义结构的制度基础，是政府力量的强势使其处于与社会组织博弈的优势地位，它强势地刻画社会，将社会组织纳入到支配范畴，如此才有了政府官员利用这种强势实施寻租腐败如家常便饭、探囊取物。按照政治学常识，国家与社会是两个相对独立的范畴，有着完全不同的运行逻辑，在一定意义上国家为社会全面发展服务，因而相对而言，社会具有更根本的意义。政府作为国家机器代表，其本质功能不在于对社会宰制，而是服务于社会发展本身。因此，在法团结构的既定条件下，强调禁绝政府的“掠夺之手”，限制政府的“管制之手”，增强政府的“扶助之手”，对于定位政府角色具有正本清源的意义，对于明确政府行为的重点具有指导价值。公共选择理论强调，政府管制有失灵风险，因此由政府作为社会发展的全能操盘手统领社会与经济发展，即使具有短期回报，也不能排除潜在危害。在扶助过程中，政府占有大量资源、政府通过管制产生垄断、政府政策调控具有倾向性等对于社会组织都是租金，因此越是过程透明、平等对待、程序规范，租金耗散越快。政府可以有新角色、新职能空间，但一定是在合乎市场经济规律前提下来履行，只有斩断那些伸向社会组织的肆意掠夺之手与非法管制之手，政治寻租型腐败的外在制度保障线才可能被切断，这是一切反腐败极为重要的外在条件。

第二，从社会结构调整到制度结构完善转变。现代化表现为两个方面的内在统一，即形成持续变化和开放的社会结构，以及形成能够容纳持续变迁的问题与要求的制度结构（S. N. 艾森斯塔德，1988），徒有前者是不可能自动转化为后者的制度成果的，也就是说现代化是一个自在的过程，也是一个人为的过程。法团主义结构是一种既定的社会关系，即便它是政治寻租的制度外温床，我们也不能漠视这个难以撼动的现实。这种结构提供了现代化发展必要的权威力量和秩序保障，它欠缺的是社会组织的活力。（林尚立，2008）要为社会发展注入活力，关键的制度安排是产权保护。只有明晰产权并坚决捍卫，社会组织发展的积极性才可以充分调动起来，政府也不能肆意占有、垄断和汲取社会资源，由此社会组织与政府合谋的租金就不存在了，共生庇护关系的基础瓦解了。在共生庇护关系破局后，构建与扩大社会力量参与政府决策的渠道与机会，能够提高政府过程的民主性、透明度。此外，构建多元力量参与的监督体制具有重要作用。对于腐败而言，监督永远都是必要的。如果能够在选人、用人，在决策、执行等过程中按照制度要求操作，则腐败概率要小很多。因此，监督体制应该提前介入到行政过程中来，介入到行政过程关键环节中来。监督体制要形成多元力量参与格式，并要形成合力。腐败治理之难，主要在于信息不对称，信息收集渠道单一。信息不对称问题需要通过信息公开来解决，信息收集渠道单一则可以通过发展多元化的监督主体得以丰富，公民、企业、媒体、政治组织等均是重要的监督力量。最后，建立制度化的协商机制，是重构法团主义结构的重要手段。法团主义结构之所以成为政治寻租的温床，在于政府与社会组织关系处于一种非对称的组织权能状态，因此政府可以便利地控制资源、支配社会组织、汲取社会剩余。如果社会组织的自治能力进一步增强，承担社会责任、订立社会规则、裁决社会纠纷、提供公共物品的治理能力得以提升，那么政府与社会组织的关系可以通过制度化的协商机制重新厘定。对于政府而言，这不是一个自在自为的结果，需要有被革命的胆识与气魄，需要政治领袖的坚定信念与扎实周密的政治部署，也需要所有政治人忍受短暂的阵痛。

参考文献

[1]（德）马克斯·韦伯. 1997. 经济与社会. 下卷. 北京：商务印书馆.

[2]（美）安东尼·唐斯. 2006. 官僚制内幕. 北京：中国人民大学出版社.

[3]（美）斯蒂格里茨. 1997. 经济学. 北京：中国人民大学出版社.

[4]（英）米切尔·黑尧. 2004. 现代国家的政策过程. 北京：中国青年出版社.

[5] 方福前. 2000. 公共选择理论——政治的经济学. 北京：中国人民大学出版社.

[6] 何显明. 2008. 市场化进程中的地方政府行为逻辑. 北京：人民出版社.

[7] 林尚立. 2008. 政治建设与国家成长. 北京：中国大百科全书出版社.

[8] 马扬. 2010. 中国大范围公开选拔中高层领导干部. http：//www. chinanews. com. cn/gn/2010/12－03/2699261. shtml.

[9] 荣敬本，等. 1998. 从压力型体制向民主合作体制的转变：县乡两级政治体制改革. 北京：中央编译出版社.

[10] 萧功秦. 2008. 中国的大转型：从发展政治学看中国变革. 北京：新星出版社.

[11] 曾祥生，陈卫国. 2010. 腐败出现新怪象：受贿人出狱 行贿人送“坐牢补偿费”. 检察日报，10－20.

[12] 张静. 1998. 法团主义. 北京：中国社会科学出版社.

[13] 周黎安. 2007. 中国地方官员的晋升锦标赛模式研究. 经济研究，（7）.

[14] 周黎安. 2008. 转型中的地方政府：官员激励与治理. 上海：格致出版社，上海人民出版社.

[15] 周雪光. 1999. 西方社会学关于中国组织与制度变迁研究状况述评. 社会学研究，（4）.

[16] 朱光磊，张志红. 2005.“职责同构”批判. 北京大学学报（哲学社会科学版），（1）.

[17] Walden，Andrew G. 1995. “Local Governments as Industrial Firms：An Organizational Analysis of China's Transitional Economy”. *American Sociological Review*，101：263－301.

[18] Mcchesney，Fred S. 1987. “Rent Extraction and Rent Creation in the Economic Theory of Regulation”. *Journal of Legal Studies*，Vol. XVI，January：101－118.

[19] Oi，Jean. 1992. “Fiscal Reform and the Economic Foundation of Local State Corporatism in China”. *World Politics*，45（1）：100－101.

[20] Oi，Jean. 1995. “The Role of the State in China's Transitional Economy”. *The China Quarterly*，144：1332－1349.

[21] Oi，Jean. 1999. “Local State Corporatism”，In Oi，Jean eds.，*Rural China Takes off*：*Institutional Foundations of Economic Reform*. Berkeley：University of California Press.

[22] Lazear，Edward，and Sherwin Rosen. 1981. “Rank－Ordered Tournaments as Optimal Labor Contracts”. *Journal of Political Economy*，89：841－864.

[23] Schmitter，Pilippe C. 1979. “Still the Century of Corporatism?” In Schmitter，P C and Lehmbruch，G eds.，*Trends Toward Corporatist Intermediation*. Beverly Hills：Sage.

[24] D Tollison，Robert，and Roger D Congleton. 1995. *The Economic Analysis of Rent Seeking*.

Vermont: Edward Elgar Publishing Company.

[25] D. Tollison , Robert. 1993. *Rent Seeking: A Survey, in Public Choice Theory* Ⅱ. Cheltenham : Edward Elgar Publishing Limited.

[26] Wank, David L. 1996. "The Institutional Process of Market Clientelism: Guanxi and Private Business in a South China city". *The China Quarterly*, 147: 820 – 838.

[27] Zardkoohi A. 1985. "On the Political Participation of the Firm in the Election Process". *Southern Economic Journal*, January, 51: 804 – 817.

寻租行为在土地用途管制中的衍生路径及抑制[①]

——以财产权为视角的分析

谭术魁[②] 张孜仪[③]

引 言

土地用途管制业已成为各个国家城市化发展过程中公权调控私权的重要手段，是国家为减少市场外部性问题，当私人之间的交易往来遇到阻力、其行为影响到社会公益或有妨害社会公益之虞之时，而对私人土地财产权益施以的强制力。我国《土地管理法》（2004）明确提出我国实行土地用途管制制度，以资源供给引导需求，对农地转化为非农用地实行严格管制，从而实现耕地总量动态平衡。就我国而言，土地用途管制现已成为热门议题，主要源于经济高速发展所催生的城市的盲目扩张、大量农地的非农化以及土地流转市场的行为失范，上述现象均建立在一定的土地财产权的基础之上。土地用途管制也就是通过对土地所有权人和土地使用权人使用土地的权利、义务关系的设置来规范土地利用市场的。然而，现行土地用途管制的模糊性和懈怠为寻租行为提供了可乘之机。本研究尝试以土地财产权为主线，旨在探究土地用途管制领域寻租行为的衍生逻辑，为规范权力的正当行使提供政策建议，以降低腐败行为发生的频度，净化土地利用市场。

一、决定财产权结构的土地用途管制及其与寻租的勾连

土地是“一切生产和一切存在的源泉”（马克思、恩格斯，1995），然而，

---

① 本文系中国法学会部级课题“房地产领域腐败防治法律问题实证研究”（批准号：CLS－C1014）阶段性研究成果。

② 谭术魁，男，1965 年生，湖北巴东人。华中科技大学公共管理学院副院长，土地管理系主任，教授，博士生导师。主要从事房地产制度研究。

③ 张孜仪，女，1985 年生，河南平顶山市人。华中科技大学公共管理学院 2009 级博士研究生。

“土地有限是一种普遍现象”（列宁，1986）。土地的自然稀缺性僵化了其供给弹性，但人口增长及经济发展对土地的需求是无限的，这就引发了对土地财产权的竞争和垄断，土地资源的市场配置不可避免地出现盲目性、短期性、功利性、外部性等“市场失灵”现象。土地财产权的运作如果缺乏必要的管控，就会产生诸如侵蚀财产权模糊的公共领域等有损社会公益的事件，并往往会对他人产生负的外部效应，致使社会及他人的交易成本上升，进而消散租值（rent dissipation）并减损社会福利。我国《物权法》、《土地管理法》、《城市房地产管理法》、《城乡规划法》等诸法均有条文管制土地用途，旨在规范土地使用权流转市场，减少外部性并增进社会福利。土地用途管制规范了财产权运作的秩序，开辟了公权力施展的空间，同时也为特殊利益集团通过非市场价格寻租获利创造了条件。

（一）土地用途管制及其对财产权的规制

从法学角度考量，土地用途管制系指国家为了严格土地利用而制定实施的一项具有财产权性质的法律制度（沈守愚，1997）。从经济学视角观察，土地用途管制系指由行政机关进行的对土地利用主体行为的限制（王万茂，1999）。从管理学角度而言，土地用途管制实质就是政府为促进社会整体协调发展，采取各种方式对土地利用活动进行调节控制的过程，是国家管理公共物品（土地）的重要措施（王万茂，1999）。我国《土地管理法》（2004）明确提出我国实行土地用途管制制度，以资源供给引导需求，对农用地转化为非农用地实行严格管制，从而实现耕地总量动态平衡。由于制度背景的差异，土地用途管制在国外也称“土地使用分区管制”（日本、美国、加拿大等国）、“土地规划许可制”（英国）、“建设开发许可制”（法国、韩国等）等（程久苗，2000）。究其实质，对土地用途实施管制，旨在规范土地利用市场，提高土地资源的配置效率，实现国家对土地资源的有效管控。

土地用途管制可以被定义为界定财产权范围的一种过程，即通过对财产使用范围进行界定，让财产权得以明确执行（Lawrencc Lai Wai Chung，1994）。土地用途管制权就体现着一国政府的“最高权或统治权”（highest authority or dominion）及“最终所有权和处分权”（ultimate authority）。（Robert H. Nelson，1989）。Fischel 运用财产权方法分析土地用途管制，认为土地用途管制实质上是一种集体财产权（collective property rights），只不过土地用途管制将土地使用权的决定权由私人转移到了政府手中，而居民则拥有了合法的授权，可以通过政治和司法程序去挑战土地用途管制的决定，以维护自己的土地使用权益（William A. Fischel，1985）。

综观关于土地用途管制的经济学分析文献，一般认为土地用途管制的决定（the determinants of zoning）有四种主要的诱因：一是为外部性的土地用途管制（external zoning），如土地用途管制规则设置的目的在于减少因不相容的土地使用所引起的负外部性成本；二是为财政的土地用途管制（fiscal zoning），其目的在于吸引人们聚居以增加税收，或者限制迁入以避免社区公共财产的消耗；三是排他性的土地用途管制（exclusionary zoning），其目的在于设置障碍以阻止特定群体或社会阶层的加入；四是为调控土地价值所诱发的土地用途管制，土地用途管制若遵循市场规则来配置土地资源，则可充分发挥土地的价值，但是亦可引发土地用途管制的寻租行为（zoning rent - seeking）。（M. O. Asadoorian，1999；J. M. Pogodzinski and T. R. Sass，1990）

前述对土地用途管制内涵的探微，可以揭示出，管制土地用途实质上是国家为了达到某种特定的目的（多以公共利益作为管制的缘由）来调控土地财产权的运行，主要表现在对土地所有权和土地使用权的管制。

（二）土地用途管制与寻租的勾连

土地用途管制通过公权力对私权利的干预得以实现，这在某种程度上限制了私人合法利用土地的权利范围，弱化了土地的财产权（attenuations of property rights），这可能会导致部分财产权人在土地用途管制的空间内难以使其土地权利得到最理想、最大化的实现。土地财产权权人如果想获得更高强度的开发利用权限，则须与政府协商，以通过合法程序来改变土地的用途管制模式，提高自身土地财产权的范围。寻租行为的产生便成为不可避免的伴生物。

Mills 从土地利用外部性的视角，创设了寻租模型，意在揭示土地用途管制是一种负和博弈（negative - sum game），因为它带来了不公平的租值分配（D. E. Mills，1989）。与 Mills 相左的观点是，寻租并非仅仅是负和博弈，也可能产生正和博弈（positive - sum game）结果，甚至可以讲社会成本内部化，不一而足。可见，土地用途管制所衍生的寻租行为的复杂性。

经济学理论一般认为，寻租活动是人类社会的负和博弈，即对社会总体而言损失大于所得。这源于人们对寻租的定义。寻租思想的创始者戈登·塔洛克（Gorden Tullock）认为，寻租即对经济利益的追求，是直接的非生产性的寻利活动的代名词（戈登·塔洛克，2000）。布坎南（J. M. Buchanan）等揭示了寻租的三个层次：第一层面的寻租活动，是指通过向政府官员进行游说、疏通和行贿等手段促成政府对经济行为的干预，从而产生租金并获取租金的活动；第二层面的寻租活动是由于第一层面的寻租活动为官员带来了好处，使他们看到了权力的含金量，从而吸引人们耗费精力和财力去争夺官职的行为；第三层面的寻租是指当政府采取措施将暗租变成明租，使部分或全部租金变成政府的财政收入并尚未形成预算支出时，各个社会利益集团为了有力地参与这笔财政收入的分配而展开的竞争。（Buchannan，J M，Robert D. Tollison and Gordon Tullock，1980）这也是土地权利人（利益集团）与公权力主体青睐寻租行为的关键所在，因为双方都能在寻租中获得利益满足。

上述土地用途管制制度对财产权利限制及其所创设经济租的分析，为我们研究寻租行为开辟了新的领地。国内学界对于土地用途管制少有将其与寻租行为衔接的翔实研究，陈利根在分析土地用途管制有效性与合理性影响因素的时候，曾有提及寻租行为，但未有将二者结合的阐释及进一步研究的成果（陈利根，2000）。随着城市化速度的加快，大量农用地被非农用化，但耕地的大幅度减少并未能满足城市土地需地的规模，土地使用权益的竞争（隐性或者显性）时有发生。与此同时，国家土地管制权力备受寻租氛围的侵染，腐败成为一种常态。可见，洞察土地用途管制制度与寻租的重要性，这也是减少土地供给领域腐败所必须考究的理论基础。

综上所述，土地用途管制实质上是界定财产权的范围，其过程涉及交易成本问题，也正是因为交易成本以及信息的不完全性，导致财产权无法得到最有效的界定。其次，土地用途管制创造了经济租，引发了寻租行为，会促使追求福利最大化的权利人，致力于投入资源去影响管制法规，以到达其目的。这会导致土地用途管制政策制定、实施及变更过程面临协商的不效率及利益集团的影响。另外，寻租行为对土地用途管制的影响效果往往不易被察觉，这不仅增强了监督的社会成本，还会激励寻租行为的发生。（张刚维、林森田，2008）可见，在研究寻租行为在土地用途管制中的衍生脉络时，不仅要探析土地用途管制对财产权界定的范围，还要深入了解利益相关者及公权力主体的行为逻辑，这也是本课题研究的关键所在。

二、寻租行为在土地用途管制中的衍生逻辑

寻租行为的对象是经济租金。所谓经济租金，就是支付给资源所有人的款项中超过他的资源在次优用途上所能索取的收益的余额。一笔经济租金就是某一资源超过其机会成本的收入（Robert D. Tollison，1982）。寻租行为受到制度安排的直接影响，所以寻租者会努力寻求左右社会偏好以改变政策导向，形成新的制度安排，最终实现增加自己受益的目的。政府为了矫正社会活动的外部性而实施的管制，往往会导致经济租的产生，这些因为政府管制而创造的经济租或利益，会让寻租者愿意花费资源及成本竞相追逐，而政府为防止寻租的

行为，可能会更加紧缩管制，这进而创造出更多的经济租（W. A. Evans，1982）。

我国《土地管理法》根据土地用途将我国土地划分为农用地、建设用地和未利用土地三类，设置土地用途管制制度的目的在于严格保护耕地、有效地配置土地资源、提高土地利用集约水平等。但是，土地制度的公益性价值在其实施过程中并非始终备受实现，这主要在于我国目前正处于社会转型期，经济发展被置于社会发展的首要目标点，加上政府机关对干部考核机制的影响，扭曲的用地观备受强化，导致土地用途管制制度在实施过程中偏离其原定目标。立法价值与社会经济发展目标的相悖离，会给私人带来更大的寻租空间，且一旦形成一种社会风气，将会危及公权力的公信力。

（一）寻租行为个案实证研究

寻租行为的种类及形态多样，这也是其难以得到遏制的原因之一。土地用途管制的各个阶段，诸如土地规划、土地审批、土地征收、土地评估及征地补偿等环节都可能产生相对固定的寻租模式。寻租行为的多样性源于其主体的普遍性和广泛性。以主体为视角考察寻租行为，有利于发现并遏制寻租的动机。本研究尝试以独占型寻租与竞争型寻租为模型，辅之以集体行动的个案，实证分析寻租行为在土地用途管制领域的衍生逻辑。

1. 独占型寻租行为之个案

独占型寻租又被称为垄断型寻租，是指设租者与不按公民（委托人）利益行事的寻租者之间联盟，最终将资源分配给寻租者独占获益的行为。独占型寻租在历史上的典型诸如英格兰伊丽莎白一世、法国路易四世和其他重商主义的君主都曾把世界某一地区贸易的垄断权授予与其联系紧密的商人，比如与印度和美洲的贸易权。（柯武刚、史漫飞，2000）与土地用途管制中的独占型寻租系指土地财产权人或者投资开发者通过向政府机关游说，对某种土地用途进行特殊管制，以使其保有独占或者寡占利益的行为，即为独占型寻租。独占型寻租，如果土地财产权人或者投资开发者寻租的目的，是希望政府为其量身定做管制内容，从而独占或者寡占利益，该过程需支付庞大的寻租成本。独占的结果，往往导致社会成本的上升及社会福利的下降，这也是寻租行为显见的负面效应。（张刚维、林森田，2008）

独占型寻租虽然会极大地削弱政府公信力，但是一旦政府从中获益良多时，这种寻租行为仍会发生。比如闫凤翥律师所办理的被素称为“全国首例撤销省级政府征收土地批复行政纠纷案"[1] 的个案。该案中，村委会与学校签订的《土地租赁协议》和F市政府发布的《征收土地公告》属于典型的政府与寻租者（投资开发人）暗合，旨在使寻租人获取独占型开发权的案件，其以限制农户的耕地财产权——土地承包经营权。这个案件，同时反映了土地用途管制行为（土地征收）的外部性问题。征地纠纷之所以发生，源于被征耕地权益界定上的模糊性，即耕地的所有权人权益的模糊性与使用权人权界的模糊性。作为批租土地的一方，村委会担当的是什么角色？土地所有者的角色？按照物权法一般原理，土地所有者是有自由处分土地的权利的。但是实际上不然，村委会的土地权益并没有立法的明确界定。而所有土地承包经营权人的农户，在征地纠纷中，作出了维护自身财产权的努力，付出了时间和金钱上的成本。

该案以征地行为被撤销告终，虽然最终土地财产权的结构并未被重新界定，但是这个过程凝聚了社会成本。而现实生活中，更多的因寻租引发的征地行为是以胜利告终的，即使被征地权益人不同意，征地执行者也会通过动用强制权来实现，最终达到重新界定土地财产权的目的。

2. 竞争型寻租行为之个案

土地用途管制领域的竞争型寻租，就是土地财产权人或者投资开发者通过向政府机关游说，致使政府解除对土地使用的某种形式的管制，以扩大其财产权范围。土地用途管制制度的严格、僵化与滞后的特征，往往无法迅速地反应市场的需求，如果制度设置与市场运作的步骤脱节，则土地财产权人或者开发商会设法寻租，以最大化自己的土地权益。

典型个案如2009年深圳市的"'小产权房'开禁事件"。据中国广播网2009年5月30日报道[2]，5月21日，深圳市四届人大会议通过《关于农村城市化历史遗留违法建筑的处理决定》，其中规定，"经普查记录的违法建筑，除未申报的外，符合确认条件的，适当照顾原村民和原农村集体经济组织利益，在区分违法建筑和当事人不同情况的基础上予以处罚和补收地价款后，按规定办理初始登记，依法核发房产证"。虽然该规定在当时还处在调查阶段，最终尚未确定，但是深圳市人大敢"冒天下之大不韪"通过将"小产权房"合法化的决定，并非是一时冲动所为，巨大的"小产权房"数量严重影响了深圳房地产市场。作为特殊物的不动产——土地及房屋，如果通过拆除去遏制

---

① 信息来源：http：//www. zjtxhr. com/Item/3575. aspx。

② 《深圳小产权房或将"转正"，房地产市场遭冲击》，http：//www. cnr. cn/gundong/200905/t20090530_ 505349816. html.

的话，将会产生巨大的财产损失，并会直接触及购房人（多为城市弱势群体）的财产权益，这也是政府无法痛下决心的症结所在。法律实施中的松动为乡镇村政府、土地财产权人（土地承包经营权人和宅基地使用权人）及投资开发商的寻租活动创造了空间，三方均获取不菲的收益，而土地利用成本也被大幅提升。如果说前文阐述的深圳“小产权房”建设领域的寻租，是土地用途管制中寻租的第一个层面，那么谋求“小产权房”合法化则是第二个层面的寻租。经过民主协商，深圳市四届人大会议于5月21日通过《关于农村城市化历史遗留违法建筑的处理决定》，这是“小产权房”占有人、相关利益群体等呼吁的结果，是集体行动影响政府决策的效应。反映在土地财产权上，就是政府对土地财产权执行力不足，导致超越财产权范围的违法行为甚为普遍，当违反商品房建设利用土地的乡镇政府、土地产权人及投资开发者的规模及数量变得甚为庞大，达到可以影响政府决策的时候，集体行为的寻租行为就产生了，迫使政府改变财产权的结构，进而导致土地用途管制制度的变迁。

由深圳市人大《关于农村城市化历史遗留违法建筑的处理决定》而闹得沸沸扬扬的深圳“小产权房”转正事件，最终被国土资源部于2009年6月9日开专场会议予以止息（张晏，2009）。因为这项决定的出台是有违法律及中央有关规定的。即使是一种试错，也可见其中诱发寻租行为的脉络。

（二）寻租行为的生成路径

无论是独占型寻租还是竞争型寻租，都是相关主体以自身财产权益最大化为动因，试图改变土地用途管制制度的行为。在现行民主政治的大背景下，通过操纵政治来寻租，是一种典型的寻租路径，其旨在通过政府改变土地用途管制的方向，实现土地财产权以自身利益最大化的模式分配。透过对上述个案的分析，结合现行土地领域腐败案件的高发不止，不难揭示出，寻租行为在我国土地用途管制中衍生的逻辑，如图1① 所示。

在完全市场竞争环境下，土地用途管制制度制定和实施沿着A－B－C的路径输出，但是制度执行力不足、市场环境欠佳、财产权结构不合理等因素会制约制度的正常运行脉路。诸如前文谈到的个案，集体土地上禁止建设商品房的制度因受各种因素的限制而难以正常实施，于是，征收耕地建校舍、“小产权房”等便应运而生。征收耕地建校舍的过程是沿着A－B－D前进的，但是最终被阻止，没有实现寻租者A－B－D－A的理想结果。目前，我国“小产权”房的生产过程是沿着A－B－D路径输出，即土地财产权人或者投资开发

① 该图在绘制的过程中参考了张刚维、林森田（2008）的研究思路。

商通过对公权力机关投入资源来寻租，其诉求得到满足后，就建设“小产权房”，“小产权房”是寻租所引致的土地财产权重新分配的结果。在我国目前的制度环境下，“小产权房”还难以合法化，所以，A－B－D成为最普遍的生成路径。但是深圳市人大通过《关于农村城市化历史遗留违法建筑的处理决定》的行为，使得“小产权房”建设领域集体行动的结果影响到公权力机关对土地用途管制制度的创新，于是出现A－B－D－A的循环，但是决定尚未生效，所以还不能出现A－B－D－A－B－C的运行路径。之所以会出现A－B－D－A或者A－B－D－A－B－C的制度运行模式，一是因为制度本身的完备性有待深入探讨。不科学的土地用途管制制度对土地财产权的界定和对土地资源的配置是不能产生最大化的社会效益的，透过该制度执行中的阻力可窥见一斑。我国集体土地所有权主体虚置的制度现状，即为最突出的产权配置不完备的表现。二是因为制度执行力的不足。土地用途管制制度执行力不足的原因很多，如公权力主体自身执行能力的欠缺、土地财产权人及开发商土地使用理念的错位等，都为土地用途管制制度的执行设置了阻力，同时也为寻租行为的发生开辟了空间。

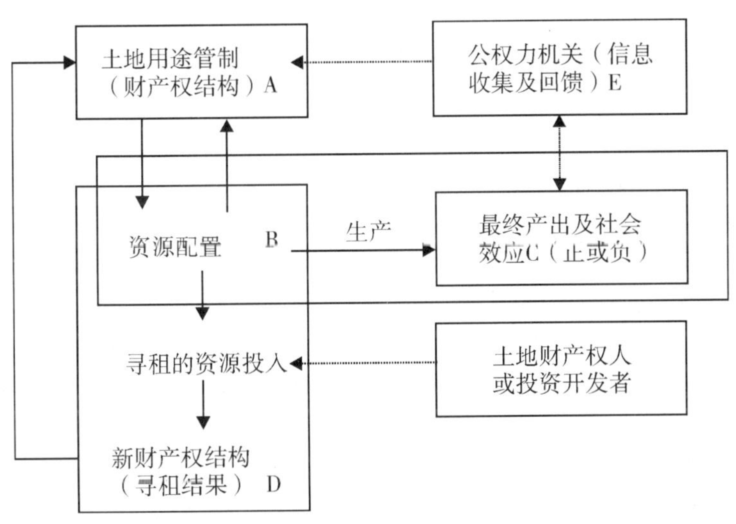

图1　寻租在土地用途管制中的发生路径

当然，如果制度执行的成本过于高昂，集体行动已经严重遏制了制度执行的前进路径，则公权力机关应该考虑再次配置土地财产权以实现制度创新。不过，因私有财产权人一般具有自利倾向，不会过多考虑自身行为的公益性倾向，所以，公权力机关在决定创新土地用途管制制度之前，须综合考量各方面信息，不仅要追求短期效率，更要注重社会公平，尤其是应该站在土地资源合理利用、社会经济可持续发展的高度权衡利弊得失，最终作出是否重新配置财产权的决定。而且，土地用途管制制度的创新往往不会建立在大群体寻租的基础之上，即使现行财产权结构出现不合时宜，政府也会提供一定的信息反馈平台，如果出现制度创新的必要，则政府会考虑重新界定财产权，即出现 A－B－C－E－A 的制度创新路径。

三、抑制寻租的土地用途管制制度

前文对寻租行为及其衍生规律的分析，为我们揭示了土地用途管制制度完善的路径，也就是抑制寻租的方法。道格拉斯·C. 诺斯（Douglass C. North）认为制度是“一系列被制定出来的规则、守法程序和行为的道德伦理规范”（道格拉斯·C. 诺斯，1994）。简言之，即制度由正式规则、非正式规则和实施机制三部分构成。土地用途管制制度的有效实施条件包括，合理的土地财产权结构、强化的制度执行力及健全的利益诉求机制。我国土地用途管制制度在实施中备受阻滞，寻租行为高发，原因可归结为这三方保障力量的不健全。要抑制寻租行为在土地用途管制过程中的不当发生，就要削弱寻租的动因，即使出现权利正当实施中的阻隔，也要建设健全的诉求机制，以减少制度执行中出现的冲突。

（一）合理化财产权结构

解决外部性问题的方法之一，在于清晰地界定财产权，而所有解决外部性问题的方式，其实质都是资源分配的问题（L. W. C. Lai，C. Webster，2003）。通过科学合理的财产权来实现政府对土地利用外部性的规制，是解决问题的根本。然而国家政策的制定是双面利刃，国家既可以制定出促进财产权运作效率的政策，也可能导致财产权的无效率，这就是“国家—财产权悖论”（刘伟、李风圣，1998）。我国现行土地用途管制制度存在诸多欠科学的地方，如集体土地财产权的界定、土地流转过程中财产权交易的公平性、城乡规划过程中集体参与的保障、土地征收程序的信息公开及补偿机制等都有待完善，以上制度缺陷均可从土地财产权的结构体系中找到症结点。上述案例中村委会批租耕地建校舍的行为和政府征地行为发生的深层次原因，就在于土地财产权界限的不明确和结构的不合理。根据《物权法》、《土地管理法》等法律，我国现行土地权利（力）体系如图 2，土地公用权建构在土地财产权基础之上，任何一项土地公用管制行为，均会对土地财产权造成影响。但是合理的财产权结构，会营造出良好的土地利用市场，公权和私权均运行有序，寻租产生的空间将受到抑制。

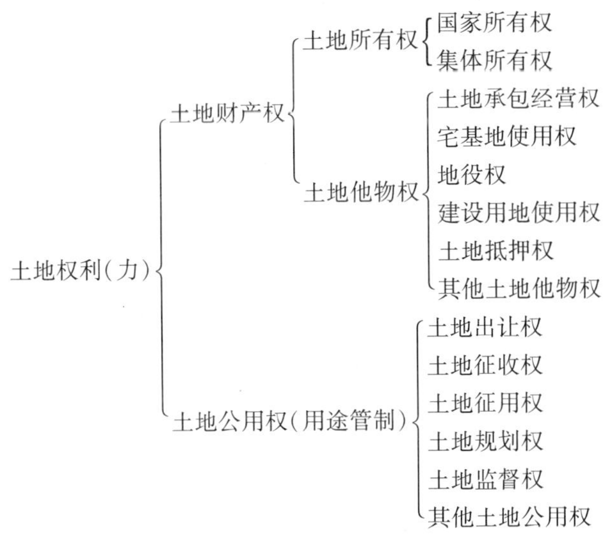

图2　我国现行土地权利（力）体系

我国土地权利（力）体系中最易引发寻租行为的当属集体土地所有权制度，因为集体是我国历史遗留下来的一个虚置的主体，正是因为所有权主体的模糊性导致集体土地他物权在面临侵害时，无法通过纯粹个人土地财产权来维护，往往以政府公权力的介入作为纠纷解决的关键，如上述案例中所列的批租耕地建校舍及“小产权房”问题的产生就是典型。在我国现行制度框架内，合理化财产权结构的重心要放在土地他物权的有效配置上。要强化土地他物权，给他物权人最优化利用土地的设置制度保障，如通过构建严格的耕地保护制度、延长土地承包经营期限、建立健全集体土地在有限空间内自由流转的机制、完善土地征收补偿制度等措施来保障土地财产权的实现。只有完备土地财产权结构，才能为公用权的有效行使（土地用途管制制度的有效运行）创造物质条件。土地财产权的强有力保障，可以激发财产权人更加有效利用土地的积极性，并能监督土地公用权对土地财产权的干预力度及方式，这就抑制了寻租行为发生的空间，震慑了公权力运行中的肆意倾向。

（二）强化制度执行力

上述个案中土地批租建校舍和“小产权房”问题的产生，就是土地用途管制之耕地保护制度执行不力的表现。土地用途管制制度与寻租的勾连，原因可归结为二：一是制度本身的不完备性，二是制度执行力的不足。因为现行土地财产权制度、土地用途管制制度存在不完备性，其会影响制度执行的效力。当制度呈现难以执行之虞，寻租人会乘虚而入，侵入制度模糊区域，一旦公权力被寻租者说服，则寻租行为即发生。易得逞的寻租行为具有扩张性，还会产生“示范效应”、“集聚效应”，这也是土地领域腐败“大案”、“窝案”高发的原因。而制度执行主体的主观方面，也是影响制度执行力的重要因素，在既定制度背景之下，要提高土地用途管制制度执行力，就需要从执行主体及执行环境上下工夫。

就执行主体而言，政府在管制土地用途过程中，须具备能使制度得以实施的能力。只有当政府的公权力有效度，才能赢得民众的信任，产生普遍性的守法行为。换言之，政府执行力强，可以对民众产生威慑力和公信力，减低寻租行为的发生，发挥制度的功效。我国土地用途管制领域权力集中①，容易引发权力资源集聚效应，而权力的过度集中不仅不利于执行主体之间的监督与制约，还不利于政府执行信息的公开及民众对公权力执行过程的监督。所以，分散土地用途管制权是均衡公权力配置的一种必须选择。比如土地征收权力的行使，所涉土地规划权、占用耕地补偿权、征收决定权、征收执行权、征收补偿权等公权力之间要有合理的制约和协调机制，以保障权力执行主体的执行效力。当然，执行力并不等于强制力，要通过民众信服的方式予以执行，从这个意义上说，执行力也是一门技能。执行主体自身应该具有较强的综合能力，才能胜任土地用途管制制度的执行。这就要求执行主体加强自身业务技能的学习力度，保证执行过程不因个人原因受到阻滞。

就执行环境而言，土地用途管制制度的有效执行需要建立在积极的土地使用理念和政策导向之上。这就要求政府加大土地利用理念普及范围、提高普及效度，使现行可持续发展、保护耕地、节约集约利用土地、等价有偿使用土地等理念深入人心，形成全社会支持土地用途管制制度的良好氛围。通过考察诸多实个案可以看出，土地用途管制制度的有效执行，往往在于行政执法部门与行政相对人协商与互动关系的有效性，专业性问题有时反而并未彰显。国家在制定经济社会发展政策时，应该考虑土地用途管制的制度背景，使所制定的政策与土地用途管制制度相契合，只有二者相得益彰，才能保障制度的有效执行。虽然我国在制定社会发展规划时反复强调为实现经济、社会、环境的全面协调可持续发展而努力，但政府在具体制度执行中的行为仍表现出以经济增长

① 见《土地腐败案高发，因该领域权力过分集中》，载《人民日报》2010年1月14日。

为导向的特性。建设用地大量占用耕地，就是短视型经济发展方式，这也是“小产权房”屡禁不止的原因之一。因为“小产权房”建设的结果是扩大了城市的建筑面积，提高了经济收益，如果不考虑耕地的长久产粮效益，被“小产权房”占据的耕地的微弱经济收益是无法与楼房的巨大经济收益相匹敌的。在经济利益面前，政府、土地财产权人及投资开发者等会因获益良多而不予顾及国家的制度精神，寻租行为便成为一种普遍现象而存在。

（三）健全诉求机制

因为土地资源供给的缺乏弹性和需求市场的广阔性，致使竞争激烈的土地利用市场容易产生冲突等外部性问题。这就需要建立健全诉求机制，为矫正、修复受损的社会秩序提供制度保障。这样即使寻租行为得逞，土地财产权被重新界定，受到侵犯的有关土地财产权权利人仍然可以通过救济途径维护自己的合法权益，这就加大了寻租的成本。矫正受损秩序的关键是制裁（sanction）机制的有效性，即侵权人受到应有的惩处。法律之所以规定制裁，其目的就在于保障法律命令得到遵守和执行，就在于强迫“行为符合业已确立的秩序”（E. 博登海默著，2004），从这个意义上而言，健全诉求机制同样也是为了提高土地用途管制制度的执行效力，对寻租行为产生威慑效应。

健全诉求机制，还应当保障利益相关人的参与权，通过政府信息公开来保障利益相关人的知情权，只有知道财产权被重新分配的过程及结果，才能为权利诉求提供充分的理由。因为作为调处者的司法裁判机关、仲裁机关等，在纠纷解决过程中是以中立者的角色发挥作用的，最终的裁决结果建立在优势证据的基础之上，所以权利受损方应该有收集对自身有益证据的权利和路径。在纠纷解决过程中，还应该保障土地财产权受损一方的辩护权，使自身的利益诉求获得充分的表达。我国目前的法律、法规和规章均对于土地纠纷的解决一致规定设置政府处理前置程序，如《土地管理法》第 16 条、《行政复议法》第 30 条及《土地权属争议调查处理办法》有关条文等，多数案件被挡在司法裁判的门槛之外。土地纠纷解决的政府处理前置程序，虽然表面看来，增加了对诉权的救济渠道，但是多数土地纠纷系由政府行为引发，这种自己做自己案件“裁判官”的处理行为，不利于土地财产权利人作为弱势群体的利益诉求。而且一旦寻租人与公权力执行者相勾结，更不利于修复受损的土地财产权利秩序。前述个案中土地批租建校舍行为及政府征收行为就是寻租行为引发的，土地财产权益受到强行再分配，虽然该案以农户胜利告终，但是从该案被称为“全国首例撤销省级政府征收土地批复行政纠纷案”可以看出，更多的强制征收行为最终是不了了之的，受损的土地财产权却难以得到圆满的修复。而健全诉求机制的路径就是在土地权益纠纷的范围内，扩大可诉侵权具体行政行为的范围，保障土地财产权纠纷更多地通过诉讼的途径来解决，法官作为中立第三方，可以在程序上和实体上保障诉权的实现。

（四）建立制度创新平台

健全利益诉求机制可以保障制度执行信息的全面有效反馈，是公权力机关创新制度安排的基础。只有为土地财产权人和投资开发人创设畅通的利益诉求渠道，才能使制度创新沿着图1中A－B－C－E－A的正常路径发生发展，避免出现图1中A－B－D－A扭曲的制度创新路径。建立制度创新平台，要求立法为公权力机关、土地财产权利人、投资开发者、利益相关人及其他积极参与人（如专家学者等）提供表达自己意见的平台，多渠道、全方位地收集信息，通过多主体积极参与协商来综合判断、鉴别现行土地用途管制制度所界定的财产权范围是否属于最优化利用模式，以及为创新土地用途管制制度、重新界定财产权范围提供最直接、最有效的信息指导，保障图1中C－E信息反馈与收集渠道的畅通无阻。

通过创建制度创新信息表达平台的模式来实现制度创新，也是一种成本最低的制度演变模式，因为制度变更的准备过程保障了公众的积极参与，相应降低了新制度的执行成本。制度就是激励或者限制行为的正式或非正式的规则。制度创新不仅靠外在制度（通过立法、政府管制、司法调整建立起来）来掌控，因为有时候外在规则的变化方向并不总是使个人能更自由地追求其自身的目标，更多的时候，社会的内在制度（通过习惯、伦理规范、良好礼貌和商业习俗等形成）的演化制度创新起到决定作用。当外在制度改变的时候，民众必然要通过提出自己的“意见”而卷入政治活动。在多数社会，政治法规都会提供正式的变革渠道，如提出议案和议会表决等，以推动外在制度的有序变革。外在制度变革还受制于民众接受度的影响，这是通过内在制度变革来实现的。一般情况下，外在制度变革必须获取足够数量的民众和民间组织内心的认可，也只有当多数民众即使面对利益集团（寻租者）的抵制仍然愿意支持变革时，制度创新才会发生。（道格拉斯·C. 诺斯，1994）

土地用途管制制度牵涉到的制度层面较多，宪法、法律、法规、规章等均有所涉及，这就为制度创新的参与者提供了丰富的讨论话题。可以通过举行纠纷解决听证会、开通网络征询意见的平台、开展实地调研活动、定期不定期举办制度实施效果研讨会等方式为土地用途管制制度的创新创造信息反馈平台。尽可能地扩大普通民众直接参与的范围和强度，这样不仅可以避免所收集信息的失真，还可以保障公民立法权的实现。民众积极参与表达个人意志，有利于政府宏观把握舆情动态，对于制定维护社会稳定的政策亦不无助益。

结　语

土地用途管制在限制土地自由利用的同时，产生了价格不菲的经济租，诱使土地财产权人和投资开发者等竞逐，在巨大的资源利益面前，公权力机关可能会受到利益团体的左右而不顾公共利益，最终使寻租行为得逞。因为土地用途管制领域的权力资源和经济资源甚为丰富，寻租行为的发生率也高于其他领域，这就使对土地用途管制领域寻租行为的研究显得颇为必要。综观现有文献，学界多从经济学角度来考察寻租行为，通过建立数学模型分析寻租的一般规律及对社会产生的影响。寻租行为在土地用途管制中普遍存在，从中反映出寻租在该领域的特殊性，但是关于寻租在土地用途管制中发生规律的研究不多见。本研究尝试以财产权为视角，挖掘寻租行为在土地用途管制中的衍生逻辑，打破了寻租行为研究的经济学思路惯性，同时通过对典型个案进行实证分析，构建寻租行为发生的路径图，揭示了寻租在土地用途管制中发生发展的一般原理。本研究所谓的土地用途管制中的寻租，就是对土地财产权的再分配行为，独占型寻租和垄断型寻租是两种典型寻租模式，两种寻租都产生了严重的社会负外部效应，提高了社会成本，降低了社会整体福利。透过对个案的剖析及其寻租发生逻辑的归纳，可以发现引发寻租的诸多深层次因素，诸如土地财产权体系的欠合理、制度执行力的不足、诉求渠道的不畅通等，这些动因对于抑制寻租的产生空间不无启示意义，同样，对这些动因的抑制，也将成为土地用途管制制度创新的发展方向。

参考文献

[1] 马克思，恩格斯. 1995. 马克思恩格斯全集. 第2卷. 北京：人民出版社.

[2] 列宁. 1986. 列宁全集. 第5卷. 北京：人民出版社.

[3] 沈守愚，等. 1997. 论土地用途管制的法权基础. //土地用途管制与耕地保护. 北京：北京大学出版社.

[4] 王万茂. 1999. 土地用途管制的实施及其效益的理性分析. 中国土地科学，(3).

[5] 程久苗. 2000. 试论土地用途管制. 中国农村经济，(7).

[6] 陈利根. 2000. 土地用途管制制度研究. 南京农业大学博士学位论文.

[7] 张刚维，林森田. 2008. 寻租行为与土地使用分区管制：财产权观点之分析. 台湾土地研究，(2).

[8] 刘伟，李风圣. 1998. 产权通论. 北京：北京出版社.

[9] 张晏. 2009. 国土资源部听取深圳市有关情况汇报，明确："深圳'小产权房'转正"

说法属媒体误解. 中国国土资源报, 06 - 11.

[10] (美) 道格拉斯 · C. 诺斯. 1994. 经济史中的结构与变迁. 陈郁, 等译. 上海: 上海三联书店, 上海人民出版社.

[11] (美) 戈登 · 塔洛克. 2000. 寻租: 对寻租活动的经济学分析. 李政军, 译. 成都: 西南财经大学出版社.

[12] (德) 柯武刚, 史漫飞. 2000. 制度经济学: 社会秩序与公共政策. 韩朝华, 译. 北京: 商务印书馆.

[13] (美) E. 博登海默. 2004. 法理学: 法律哲学与法律方法. 邓正来, 译. 北京: 中国政法大学出版社.

[14] Lawrence Lai Wai Chung. 1994. "The Economics of Land - use Zoning: A Literature Review and Analysis of the Work of Coase". *Town Planning Review*, 65 (1): 77 - 79.

[15] Nelson , Robert H. 1989. "Zoning Myth and Practice - from Euclid into the Future", In Charles M. Haar and Jerola S. Kayden , eds. , *Zoning and the American Dream: Promise Still to Keep*. Chicago: Planners Press.

[16] Fischel, William A. 1985. *The Economics of Zoning Laws: A Property Rights Approach to American Land Use Controls*. Baltimore: The Johns Hopkins University Press.

[17] Asadoorian, See M O. 1999. "Is Zoning a Positive - Sum Game?". *Studies in Economics and Finance*, 19 (2): 3 - 24.

[18] Sass, T R. 1990. "The Economic Theory of Zoning: A Critical Review ". *Land Economics*, 66 (3): 294 - 314.

[19] Mills, D E. 1989. "Is Zoning a Positive - Sum Game?". *Land Economics*, 65 (1): 1 - 12.

[20] Buchannan, James M, Robert D Tollison and Gordon Tullock. 1980. *Toward a Theory of the Rent - Seeking Society*. College Station: Texas AandM University Press.

[21] Tollison, Robert D. 1982. *Rent Seeking: A Survey*. Kyklos.

[22] Evans, W A. 1982. *Externalities, Rent - Seekings and Town Plannning, Discussion Paper in Department of Economics, No.* 10. England: University of Reading.

[23] Lai, L W C, and C Webster. 2003. *Property Rights, Planning , and Markets: Managing Spontaneous Cities*. U. K. : Edward Elgar Publishing.

艺术类招生考试腐败问题的实证分析①

刘启君②　聂继凯③

引　言

近年来，艺术类招生考试腐败无论在广度、深度还是在强度上都比较严重，这对艺术类考生价值观、艺术类生源质量、艺术类招生院校信誉、艺术类教育资源配置及整个社会风气产生了不良影响，并且呈现出不断恶化的倾向。尽管艺术类招生考试腐败呈现如此现状，但就我们研究中检索到的文献来看，对其进行深入研究的文章还没有，这也说明了这一研究的价值所在。

由于几乎没有针对性的历史研究作为参考，所以从一般腐败研究中探寻理论、经验支持便成为了本研究的必然选择。由此，首先对一般腐败研究理论、经验做以下几方面的总结。

首先，制度失范论。有人认为腐败行为作为社会制度框架下产生的一种权力异化现象，其产生势必受到制度这一因素的影响。在此理论指导下，众多学者围绕制度反腐展开了研究。有的学者采用这一视角分析高等教育中的寻租腐败现象，并在此基础上提出了以下规避寻租腐败的政策建议（郝保伟、毛亚庆，2005）：

> 通过教育制度改革和创新，压缩或消散租金，使各类教育主体无租可寻，因而“不能为”……通过教育制度改革和创新，强化监督和严惩，使各类高教主体有租不敢寻，因而“不敢为”…… 通过公正、合理、高效的制度保障，使各类教育主体能够依法实现其合理诉求，使其有租不必

① 此文是教育部人文社会科学项目“高校艺术类招生考试中的腐败预防策略研究”（编号：09JDJYLZ04）的阶段性成果。

② 刘启君，华中科技大学公共管理学院副教授。

③ 聂继凯，华中科技大学公共管理学院硕士研究生。

寻，因而“不必为”……通过非正式制度建设对各类教育主体进行思想政治教育，提高其思想道德境界，改变其偏好体系，从而使其不愿追求租金，因而“不愿为”。

他们还提出应“加强正式制度和非正式制度的实施机制建设”，因为其认为“判断一个制度安排是否有效，除了看该项制度安排本身是否完善以外，更重要的是看这个制度安排的实施机制是否健全”（郝保伟、毛亚庆，2005）。罗瑛（2009）则在继承以上四“不”原则的基础上提出了更为具体的制度设计，认为：

应建立有效的行政伦理教育制度，建立廉政津贴制度，建立并完善干部激励制度，使教育腐败个体不愿腐败……健全财产申报制度，建立并完善各项监督制约制度，重惩腐败，使教育腐败个体不敢腐败……建立决策权、执行权和监督权分工合作、相互制约的控权制度……健全校园民主制度，使教育腐败个体不能腐败。

庄晓山（2003）则提出了使教育寻租腐败三“无”一“不”一“制止”的制度设计，即通过：

创新人事聘用制度，使之寻租无用……加快高校招生制度创新，引进市场机制，使之无租可寻……加大高校管理的透明度和管理的监督机制，使租金无处可藏……加大对寻租性腐败行为的打击力度……健全激励机制，将寻租引向寻利，使有租不寻。

还有其他一些学者根据腐败的不同阶段提出了较有针对性的解决措施。

其次，资源供需失衡论。有学者认为任何一项社会活动都是建立在一定资源基础之上，所以活动资源的有无及多寡都会对活动产生影响。在这一理论认识指导下，吴宏超（2006）认为教育腐败的成因在于教育投入不足，并提出了“增加教育投入，扩大教育供给……均衡教育资源，提高薄弱学校办学水平”的解决措施，认为“在政策取向上，弱化或不实行重点学校教育资源优先配置政策，不使有限的资金、教学设施和素质高的教师流向重点学校”也是解决这一问题的重要措施。总之，其根本思路就是以“扩大优质教育供给”来“缓解教育供求矛盾”以利于防治教育腐败。冯凤麟（2006）则在以下认识基础上提出“保证政府对教育经费投入”的解决措施：

> 20世纪80年代以来，随着计划经济体制向市场经济体制的过渡，我国高等教育的经费紧张问题也开始日趋白热化。如何解决高等院校经费短缺问题已经成为我国教育体制改革中亟待研究的政策性课题之一……高校经费短缺，导致高校教育工作者待遇低下，致使教师产生谋利的欲望，在这种心理驱使下，一些掌握大大小小权力者就有可能滥用职权。

此外，董智耀（2008）从教育投资角度出发，认为“我国教育供给的短缺是由于政府、企业及个人三大投资主体投资不足引起的”，所以“教育供给的扩大，需要不断追加资金投入作保证”。基于这一认识，他提出“加大教育投入，加强财务管理”的解决措施，其本质上也是通过“增加对教育的资金投入”这一间接方式实现教育反腐的目的。其他专家学者（侯国昀，2008）也提出了类似的解决措施。

再次，社会转型引致论。因社会转型的不稳定性和非预期性，许多问题往往在社会转型期表现得更为明显，并且为了降低因社会转型的非预期性而带来的不安全感，社会个体往往采取各种手段直至不法手段以平衡这种紧张心态。由于我国特殊的社会转型背景，社会学者探讨腐败问题较看重这一因素。陆海（2004）认为：

> 当前社会转型期引起的社会变化表现在：一是政治体制的渐进改革；二是社会生活方式的变化；三是市场经济机制的逐步建立。再分析腐败产生的原因：首先是受资本主义生活方式和腐朽思想的影响；其次是在体制改革过程中，旧体制已被打破，新体制还不健全，滋生了腐败的土壤；最后是市场经济条件下，各种拜金主义、享乐主义和极端个人主义膨胀，产生腐败等。可见，社会转型与腐败的产生与蔓延有着天然的联系。但是，上述各种因素只是诱发腐败的动机，给腐败可乘之机，并不等于腐败。只有当上述各种因素相互影响、相互作用共同作用于被西方某些政治学家称为“人类第一欲望”的权力时，出现权力蜕化和变质，引起权力的滥用，才导致腐败的产生。可见，二者之间存在关联性，转型期是腐败的一个重要诱发性因素。

可以看出，其认为社会转型与腐败之间存在“天然联系”。此外，袁照远（2005）则运用社会转型视角探讨了腐败的成因及防治措施，并集中论述了社会转型对政治腐败产生的重要影响。

最后，情境因素诱导论。还有学者认为，腐败如其他社会活动一样，都处于某些情境因素之下，且与情境因素之间存在双向影响和塑造关系。但是，就我们研究中检索到的文献来看，大部分的文章还是将情境因素归入以上几个理论思路中，专门研究情境因素与腐败之间关系的文献非常少。尽管有的研究已开始强调监督主体对腐败的影响，但其论证点还是落脚于监督制度不健全或不完善上（傅达林，2009）。此外，大部分研究侧重于受贿方（腐败犯案人员）监督主体情景因素的影响而疏忽了行贿方这一影响腐败滋生的重要情景因素。

综上所述，一般腐败在制度构建、资源供需、社会转型及情境因素四个角度上的研究为我们探讨艺术类招生考试腐败的影响因素提供了弥足珍贵的经验及理论支持，我们可以将这四个视角转化为四种影响腐败的假设因素引入艺术类招生考试腐败成因的分析之中。但综述文献中也发现一个问题，即针对腐败的大部分研究侧重采用建立在定性分析基础上的逻辑推理，尽管逻辑严密，但缺乏实证支持，对于腐败的真实现状，腐败与各种影响因素之间是否真实存在关系都缺乏经验检验，这使得通过此种方法得出的结论可信度较差。因此，我们将在本文中采用定量分析方法来论证我们给出的假设模型，以期结论更具可信度，也希望依此提出的政策建议更为务实。

本文研究将做如下安排：第二部分，构建艺术类招生考试腐败影响因素基本模型；第三部分，实证检验基本模型及假设；第四部分，总结实证结论并在此基础上提出防治艺术类招生考试腐败的政策建议。

一、基本模型

根据以上论述，我们将制度构建、资源供需、社会转型及情境因素作为影响因素引入艺术类招生考试腐败模型中，并在此思路基础上选取、定义及操作化变量，最终建立艺术类招生考试腐败分析模型。

（一）变量

首先，根据一般腐败研究给予我们的启示，我们将制度构建、资源供需、社会转型及情境因素假设为影响艺术类招生考试腐败的因素，所以我们选取了制度构建变量、资源供需变量、社会转型变量及情景因素变量作为影响艺术类招生考试腐败的四个自变量，并将艺术类招生考试腐败程度作为因变量。

其次，对变量进行定义。制度构建自变量，是指用于遏制艺术类招生考试腐败的各项制度、规章及规范；资源供需自变量，是指艺术类教育资源的供给及需求情况；社会转型自变量，是指艺术类招生考试因受社会变迁影响而产生的具体变化情况；情境因素自变量，是指情境因素中艺术类招生考试腐败行贿方的特征现状。艺术类招生考试腐败程度因变量，是指腐败在艺术类招生考试过程中的影响广度、深度或强度。

最后，是对变量的操作化。第一，对于制度构建自变量，我们将其操作化为制度数量和艺术类考生对整个艺术类招生考试环节中信息公布的满意程度。制度数量，是指用以遏制艺术类招生考试腐败各项规章制度的数量，其可以反映艺术类招生考试腐败制度的健全性。而艺术类考生对整个艺术类招生考试环节中的信息公布满意程度，在本质上反映了作为艺术类招生考试制度核心制度之一的信息公布制度的健全性，因为与考生联系最为紧密的就是信息公布制度，如果这一制度的健全性出现问题，整个艺术类招生考试制度的健全性也就可见一斑了，所以我们以其来作为典型反映整个艺术类招生考试制度的健全性。第二，对于艺术类教育资源供需自变量，我们将其操作化为艺术类师生比例，这一操作化不仅可以代表性地反映出最主要的艺术类教育资源的供给及需求状况，还可以反映出艺术类教育资源供需失衡的程度。第三，由于教育部办公厅每年公布的《普通高等学校艺术类专业招生办法》（以下简称《办法》）是艺术类招生考试制度变革最明显的体现，所以我们将社会转型自变量操作化为艺术类招生考试制度变革量，以反映出我国艺术类招生考试制度的变迁程度。第四，如果将艺术类招生考试腐败看做行贿方和受贿方共同行为结果的话，则行贿方中艺术类考生及其家长的行贿欲望就是引致艺术类招生考试腐败诸多情境因素中的主要刺激因素，所以我们将情境因素自变量操作化为艺术类考生或其家长的行贿欲望。第五，出于统计分析的可量化性，我们将艺术类招生考试腐败程度操作化为艺术类考生或家长疏通关系的支付金额。

由于收集到的社会转型自变量数据为时间序列数据，而其他三个自变量数据是面板数据，所以它们与因变量间的关系法则不同，但它们的因变量却可以共同操作化为考生或家长疏通关系的支付金额，只不过一个是面板数据下的腐败金额，而另一个则是时间序列数据下的腐败金额。

（二）建立模型

在定义、选择及操作化变量的基础上，构建下列艺术类招生考试腐败因素模型，见函数方程式（1）和（2）：

$$F_1(R) = R_1(Z) + R_2(P) + R_3(E) \tag{1}$$

$$F_2(R) = R_4(S) \tag{2}$$

其中，$R'_1 < 0$，$R'_2 > 0$，$R'_3 > 0$，$R'_4 > 0$；R 指艺术类招生考试腐败程度，即考生或家长疏通关系的支付额度；Z 指规制艺术类招生考试腐败规章制度的健全性；P 指艺术类在校师生比例；S 是指艺术类招生考试制度变革量；E 是指行贿主体主动性；F_1 指面板数据形式下的关系法则；F_2 指时间序列数据形式下的关系法则。并且给出的假定关系为：$R'_1<0$，表示艺术类招生考试制度完善性与腐败程度之间呈负相关关系；$R'_2>0$，表示艺术类教育资源供需差额与腐败程度成正相关关系；$R'_3>0$ 表示艺术类招生考试腐败行贿主体的行贿主动性与腐败程度呈正相关关系；$R'_4>0$ 表示社会转型程度与腐败程度之间呈正相关关系。

二、实证分析

为了验证以上假设，我们设计、编制出《艺术类在校学生调查问卷》，并选择吉林、辽宁、北京、山东、河南、湖北、广东、上海、江苏、重庆、四川、陕西、新疆共计13个省级行政区域作为问卷发放地域对象；之后根据非概率抽样中的判断抽样在以上13个地域中确定出共计139所问卷发放学校；最后，采取概率抽样方法从这些学校中抽取合格个体回答问卷，要求每个学校从4个年级中随机抽取20名在校学生回答问卷。最终问卷实际发放2780份，回收1696份，剔除无效答卷155份，实际回收有效答卷1541份，回收率55.43%，这一数据远高于数据统计回收率30%的要求。此外，我们还通过案例收集及座谈访问等各种途径收集信息。在此基础上，利用社会统计软件EXCEL 2003及SPSS 17.0对收集到的信息进行数据处理，最后利用这些数据检验艺术类招生考试腐败分析模型及其给出的假设，最终得出了以下实证结果。

（一）描述性统计结果

我们采用EXCEL 2003及SPSS 17.0软件统计了艺术类考生对信息公布的满意度（见表1），考生或家长疏通关系的支付金额（见表2），艺术类招生考试制度条款变动量（见表3）及艺术类考生接触所考院校老师的程度（见表4）。此外，我们用收集的案例复证制度数量，发现某艺术类院校为规制招生考试腐败，共编印了含有11个方面共132个项目的《×××学院管理制度汇编》，院纪委编印了包括9个方面48项制度的《×××学院党风廉政建设责任制制度汇编》，针对学院的招生工作特别制定了《×××学院招生委员会议事规则》、《×××学院关于招生工作纪律的规定》、《×××学院关于命题工作的管理规定》、《×××学院关于规范招生考试前辅导行为的有关规定》、《×××学院招生考试试题库保密工作规定》等一系列的制度文件，并出台了《×××学院招生考试面试评委工作纪律规定》、《×××学院招生考试命题、评阅卷教师工作纪律规定》、《×××学院监考工作人员纪律规定》、《×××学院招生录取工作人员纪律规定》、《×××学院招生检查工作规定》以及《×××学院招生考试面试考场巡视员工作职责的规定》等招生纪律文件。但此学院仍于2008年发生了一起腐败案件，案件涉及9人，案件涉及金额达180万元人民币，并且这些犯案人员中有的从2004年就已开始从事犯罪活动。

表1　艺术类考生对信息公布的满意程度

（单位：%）

	招生简章	招生考试过程中	招生考试后
百分比（一般以上）	95.2	85.1	83.6

资料来源：艺术类高校艺术类招生考试中的腐败预防策略研究项目。

表2　艺术类考生或家长疏通关系支付金额百分比

（单位：%）

年份	不会支付	1万元以下	1万～3万元	3万～5万元	5万～7万元	7万元以上
2005	50.5	16.3	19.8	5.9	2.0	2.0
2006	49.2	16.4	19.9	7.8	2.2	0.8
2007	47.2	20.2	18.4	5.8	2.3	1.5
2008	43.0	21.8	18.9	8.2	2.3	3.2

资料来源：艺术类高校艺术类招生考试中的腐败预防策略研究项目。

表3　艺术类招生考试制度条款变动量

流程环节 \ 年份	2006	2007	2008
报名	B1	B1 \ X1	
计划编制	Z1	B3	B1
招生简章	X1	X4	
考试	Z2 \ B1 \ X4	Z1 \ X6	X1
填报志愿		X1	
录取	Z2 \ B2	B3	
其他	Z2 \ X1	X1	
Z	7	1	0
B	4	7	1

（续表3）

流程环节 \ 年份	2006	2007	2008
X	6	13	1
合计	27	21	2

注：“Z”表示重要政策条款的增加，“B”表示对已有政策条款的变更，“X”表示对已有政策条款的细化，而其后面的数字则表示个数。

资料来源：艺术类高校艺术类招生考试中的腐败预防策略研究项目。

表4　艺术类考生接触所考院校老师的程度

（单位：%）

	无一例外	较普遍	不清楚	较少	没有
百分比	1.3	27.9	38.5	23.2	9.0

资料来源：艺术类高校艺术类招生考试中的腐败预防策略研究项目。

由以上的描述性统计结果我们得出以下几项结论：

首先，由表1可得，艺术类考生对艺术类招生考试信息公布制度是较为满意的，局部论证了制度数量的健全性；案例中规章制度的统计数据拓展了表1中给出的结论，进一步支持了艺术类招生考试腐败规制制度的健全性。总之，由这两方面的论证可得，艺术类招生考试腐败制度构建已取得重要进展，各项规制制度已较为完善。

其次，由表3可见，2006—2008年这三年的《办法》条款变动量出现逐年下降的趋势。由于2004年的条款变动情况没有收集到，所以我们只能以2005年为参考年来统计2006—2008年教育部办公厅每年公布《办法》的条款变动量。

再次，由表2可得，如果将腐败支付金额分为不支付和支付两大类，则不支付的比例是逐年降低的，即支付比例是逐年上升的。

最后，由表4可得，当前我国艺术类招生考试中的行贿方主动性较强。在调查中，明确表示接触过所考院校老师（“较普遍”以上）的人数占了总调查样本的29.2%。

（二）关系检验

我们采用SPSS 17.0软件对腐败支付金额与信息公布满意度之间的相关性、腐败支付金额与艺术类师生比例间的相关性以及行贿方主动性与腐败支付金额间的相关性进行了统计，见表5。由表5的统计结果我们可以得到以下结论：

表5　制度构建、艺术类师生比例、行贿方主动性与腐败支付金额关系检验

自变量		腐败支付金额
制度构建	招生简章	-0.007
	招生过程中	0.052
	招生考试后	0.027
艺术类师生比例		0.093***
行贿方主动性		0.199***

注："*"代表10%以内拒绝为零，"**"代表5%以内拒绝为零，"***"代表1%以内拒绝为零。

资料来源：艺术类高校艺术类招生考试中的腐败预防策略研究项目。

首先，制度构建的完善性与腐败支付金额即腐败程度之间并不存在显著相关性。描述性统计已论证，抑制艺术类招生考试腐败的各项规章制度已取得重要进展，各项规章制度已较为完善。但由表5统计可得，制度构建的完善性与腐败程度之间并不存在显著相关性。同时，案例分析中的院校尽管制度众多，但仍未能抑制腐败发生的现实也论证了两者之间关系的非显著性。总之，$R'_1<0$，艺术类招生考试制度的完善性与腐败程度之间呈负相关的假设不成立。对统计资料再分析之后，我们认为引致这一现象的原因在于制度缺乏可行性及制度执行力的缺失。其表现在：①制度内容缺乏可行性，例如大部分制度都是定性规定即没有具体的量化指标，尤其是在惩罚规定上，大部分内容是"视情况而进行行政处罚"；②制度之间缺乏衔接性；③有的制度并不考虑执行因素，例如对考题印刷工作人员的规定上，只给出应做的工作而不给出相应的辅助资源，这就使制度的构建与执行出现分离。这些都影响了制度对腐败的抑制作用。

其次，艺术类资源供需差额与腐败程度之间呈显著正相关关系。由表5可见，师生比例越大，艺术类招生考试腐败就越严重，这也反映出艺术类教育资源的供需差与腐败程度之间存在显著正相关关系，相关系数是0.093，且显著水平为1%内拒绝为零，这论证了假设$R'_2>0$，艺术类教育资源供需差额与腐败成正相关关系是成立的。我们认为出现这种关系的原因是，激烈的竞争使得腐败成为获取这一稀缺资源的异化手段，尽管不合法，但却可以获取艺术类教育资源。竞争越激烈也就越凸显出腐败这一手段的重要性与有效性，随之通过腐败途径争取稀缺资源的人也就越多，进而使得艺术类招生考试腐败越发严重。

再次，行贿方主动性与腐败程度之间呈显著正相关关系。由表5可见，艺术类考生接触所考院校老师的程度越高即行贿方的主动性越强，腐败金额越多即腐败程度越严重，相关系数为0.199，且显著水平为1%内拒绝为零，这论证了我们先前的假设 $R'_3>0$，即艺术类招生考试腐败行贿主体的行贿主动性与腐败程度呈正相关关系是成立的。我们认为，出现这种关系的原因在于现实中对治理行贿方措施的缺失。这一现象大大降低了行贿方的投入成本，在行贿方所得固定的前提下，投入成本的降低无形之中提高了行贿方的净收益，这进一步刺激了行贿方行贿的欲望。当腐败受贿方的自律水平一定时，行贿方主动性的提高，也就推动了整个腐败程度的上升。

最后，由于《办法》变革量的统计量较少，SPSS 17.0 软件无法显示出较为准确的结果，所以我们直接使用描述性统计中艺术类招生考试条款变革量（见表3）与腐败支付金额百分比（见表2）表格中的第一栏“不支付”两个变量在2006—2008年这三年中的变化趋势来推测和论证社会变革与艺术类招生考试腐败程度之间的关系。由表3可得，在2006—2008年间，艺术类招生考试条款变革量是逐年降低的。而由表2可得，腐败支付金额百分比中的“不支付”百分比也是逐年降低的，这说明《办法》变革量与腐败支付金额之间是呈负相关关系的，所以假设 $R'_3>0$，社会转型程度与腐败程度之间呈正相关关系是不成立的。我们给出的解释是，社会转型越剧烈，行贿实施而达不到预期收益的风险成本就会越高，此时在获取艺术类教育资源收益不变的情况下，行贿方（艺术类考生及其家长）的净收益就会减少，当社会转型剧烈程度使得风险成本高于固定收益时，理性行贿人就会减少甚至放弃行贿。

三、结论及政策措施

综上所述，本文的基本结论如下：第一，艺术类招生考试反腐制度的构建即使较完善，如果缺乏可操作性及执行力，其仍不会发挥制度反腐的效力；第二，艺术类教育资源供不应求的现状为艺术类招生考试腐败的滋生提供了天然温床；第三，不稳定的艺术类招生考试制度反而有利于防治行贿方实施行贿活动，这给予我们的核心启示是通过提高行贿方的风险成本也可以有效降低艺术类招生考试腐败程度；第四，行贿主体的主动性刺激了艺术类招生考试腐败的滋生，所以抑制艺术类招生考试中行贿方的主动性是有效治理艺术类招生考试腐败的前提之一。

在得出以上论证结论的基础上，我们可以采取以下几项措施遏制艺术类招生考试腐败：一是在完善艺术类招生考试腐败防治制度的同时应注重制度的可行性和执行力，避免出现制度制订与执行脱节的现象；二是通过拓展或平衡高等教育入学制度，增加考生升学、就学选择机会的手段，降低考生及其家长的行贿主动性；三是制定、实施用以治理行贿方的相关规章措施，而不能只把治理重点放在受贿方单方；四是从供需两个方面来综合平衡艺术类教育资源供需失衡问题，不能简单地认为加大艺术类教育资源供给就可以解决艺术类招生考试腐败问题。

本文主要有以下几点不足：数据大都是某一时间点上的面板数据，因此，本研究得出的相关结论只有在这些时间截面上才具有实践及理论上的高借鉴意义，一旦超出这些时间截面，从时间序列的研究角度出发，本研究的深度就会大打折扣；数据来源方面仍显狭隘，致使某些研究结论仍显薄弱，使用更丰富的数据进行研究，会对本文有所修正。

参考文献

[1] 郝保伟，毛亚庆. 2005. 高等教育寻租的制度分析. 清华大学教育研究，(5).
[2] 罗瑛. 2009. 中国教育腐败问题的制度缺失与对策研究. 电子科技大学硕士论文.
[3] 庄晓山. 2003. 高等教育寻租性腐败问题研究. 现代教育科学，(6).
[4] 杨东平. 2003. 试论教育腐败. 北京大学教育评论，(2).
[5] 吴宏超. 2006. “教育腐败”的经济学分析. 江西教育科研年，(8).
[6] 冯凤麟. 2006. 高校中的腐败问题初探. 苏州大学硕士论文.
[7] 董智耀. 2008. 论当前我国教育腐败问题及其治理对策. 南宁：广西民族大学政法学院.
[8] 侯国昀. 2008. 教育腐败的成因及其对策. 邵阳学院学报（社会科学版），(6).
[9] 傅达林. 2009. 焦聚“网络反腐”. 民主与法制，(3).
[10] 陆海. 2004. 论社会转型时期高等学校腐败现象的法律规制. 苏州大学法学院.
[11] 袁照远. 2005. 转型期政治腐败成因及社会可承受度分析. 湖北民族学院学报（哲学社会科学版），(5).

第五部分

网络信息技术与廉政创新

网络监督的反腐功能、现状及对策①

杜治洲②

一、研究背景

网络监督是互联网时代的一个新现象，近年来网络监督呈蓬勃发展之势。2003 年最高人民检察院建立网络举报平台，2005 年 12 月 28 日中央纪委、监察部首次公布了中央纪委信访室、监察部举报中心的网址，标志着网上举报正式纳入了官方权威反腐渠道。2009 年 10 月 28 日，中央纪委、监察部又统一开通了全国纪检监察举报网站（www. 12388. gov. cn），整合了全国 31 个省级纪检监察机关的举报网站，进一步拓宽信访举报渠道。据统计，监察部网上举报中心开通的半年内，就受理举报 3. 25 万件，平均每月 2700 件。最高人民检察院的统计数字显示，全国网上举报案件的年均数量超过 3 万件，网上举报已经成为举报人向检察机关提供线索最主要的途径。2008 年 6 月 20 日，胡锦涛总书记在考察人民日报社与网民交流时强调："互联网已成为思想文化信息的集散地和社会舆论的放大器，我们要充分认识以互联网为代表的新兴媒体的社会影响力，高度重视互联网的建设、运用、管理。"2009 年 11 月 18 日，中央纪委书记贺国强考察中央纪委监察部网络信息工作时强调，要充分认识互联网发展带来的深刻影响，切实加强新形势下反腐倡廉网络信息收集、研判和处置工作，拓宽了解社情民意渠道，充分发挥广大人民群众在反腐倡廉建设中的积极作用。2009 年中央党校出版社出版发行的《中共党建辞典》将"网络反

① 本文受到中央纪委监察部党风廉政理论研究专项基金项目"网络监督的反腐功能、现状及对策研究"（项目号：ZJW2010Y02）的资助。

② 杜治洲，汉族，湖北黄陂人，管理学博士，管理科学与工程博士后，北京航空航天大学公共管理学院副教授、廉政研究所副所长，高校廉政研究与教育学会理事、副秘书长；先后主持中国博士后科学基金项目、中央纪委监察部党风廉政理论研究专项基金项目等廉政研究项目，作为主要负责人参与国家社科基金重大项目研究，出版著作两部，在国外 *SSCI* 源期刊及国内重要期刊上发表论文 70 余篇；主要研究方向为技术反腐、地方政府廉政建设评价。

腐”一词收录其中，这是网络监督在反腐败中的作用得到中国执政者认可的一个重要的标志性事件。

二、网络监督的反腐功能——基于惩治腐败有效性模型的分析

我们首先探讨惩治腐败的有效性的影响因素。惩治腐败的有效性分为两大类：一是针对个案的惩治有效性；一是统计意义上的惩治有效性。网络监督对于这两个指标都有改善，但主要还是对统计意义上惩治有效性的提升作用，这也是反腐败机构重点关注的内容。

（一）惩治腐败有效性模型的构建

就单个案件来看，惩治的有效性主要体现在让腐败分子得不偿失，让他（她）受到的惩罚超过腐败得到的好处。如果用 E_1 表示单个案件的惩治有效性，用 P 表示对腐败分子的惩罚，用 B 表示腐败行为给腐败分子带来的收益，我们就可以构建单个腐败案件的惩治有效性模型。（任建明等，2009）

$$E_1 = P/B \tag{1}$$

从理论上讲，E_1 可以是 0 到∞之间的所有数值。当 $E_1 < 1$ 时，意味着对腐败行为的惩处小于腐败行为所获得的好处，此时腐败动机和行为不能得到有效控制。当 $E_1 \geqslant 1$ 时，就达到了使腐败行为得不偿失的目的，可以有效控制腐败动机和行为。然而 E_1 也不可以无限大，E_1 的大小还要受到法律制度中“罪罚相当”的公平正义原则的制约。理想的状况是当 E_1 大于等于 1 且不能大于 1 过多，这时的惩处才是有效的，才能对单个腐败案件的行为主体产生足够的控制效应。

就全社会范围内的腐败案件来看，惩治腐败存在一个概率的问题。也就是说，由于腐败犯罪具有强隐蔽性的特点，任何国家都不可能做到将一切腐败行为绳之以法，而只能是其中的一部分受到惩罚。我们可以把惩处概率 k 定义为实际受到查处的官员数量与客观真实的腐败官员数量的比值，即 k 的取值界于 0 和 1 之间。要成功惩治一个腐败行为，在时间上一般都必然要经过先后三个主要阶段，即发现、调查和判处。由于不是所有腐败案件都会被发现，也不是所有被发现的案件都会被调查，也不是所有被调查的腐败分子都会受到相应的有罪判处。因此，惩处概率 k 主要受三个变量的影响：被发现的概率 k_1、被调查的概率 k_2 和被判处的概率 k_3。于是，我们可以这样构建统计意义上的惩治腐败有效性模型：

$$E_2 = E_1 \times k = (P/B) \times k = Pk/B = Pk_1k_2k_3/B \tag{2}$$

与单个腐败案件惩治有效性模型分析类似，只有 E_2 的值大于等于 1 且不能大于 1 过多时，惩治腐败的结果也才会产生实际效果。

对于已经发生的腐败案件，腐败分子所获得的收益 B 是一定的（可以看作常量），因此，惩治腐败的有效性主要来源于四个要素，即惩处的力度 P，被发现的概率 k_1、被调查的概率 k_2 和被判处的概率 k_3。下面我们再来具体分析网络监督提升惩治腐败有效性的过程。

（二）网络监督提升惩治腐败有效性的分析

对于模型（2）中所涉及的四个变量 P、k_1、k_2 和 k_3，惩处力度 P 是由正式的法律制度所规定的，网民对公职人员实施监督的行为对 P 基本不会产生直接的影响，但网络监督能在很大程度上提高它三个变量 k_1、k_2 和 k_3，进而提升惩治腐败的有效性。

首先，网络监督能大幅提高腐败被发现的概率 k_1，这是网络监督在反腐败方面最主要的功能。应该说，腐败被发现的概率 k_1 比 k_2 和 k_3 更为重要和关键，比如在 k_1 小于 0.5 的情况下，即使 k_2 和 k_3 都达到了 1，那么三者的乘积 $k_1 \times k_2 \times k_3$（惩治概率）也不可能达到 0.5。腐败之所以不能百分之百地被发现，就是因为在腐败分子与监督主体之间存在着信息不对称，信息不对称越严重，腐败被发现的概率就越小。传统的信件举报方式有其局限性，而且一般是署名的举报才会被重视，更为严重的问题是由于保密工作的不完善，举报人的信息容易泄漏，从而导致“举报未成、报复先到”的后果。而网络监督的成本低、便捷性强，网民可以很方便地将腐败分子的腐败行为或相关线索公布于众，大大降低了腐败行为的隐蔽性，大幅提高了腐败被发现的概率。一项网络在线调查结果显示：公众最愿意选用的反腐渠道中，75.5% 的人选择“网络曝光”，远远高于其他渠道选项。这与网络监督的实事是一致的，越来越多的腐败分子的违法违纪行为就是在网民的强烈攻势下发现的。

其次，网络监督能提高腐败行为被调查的概率 k_2。腐败行为被网民揭露以后，可能会在较短时间内立案调查，但是也有可能被大事化小、小事化了。打击腐败不仅仅是权力和权力之间的较量，而且是权力与利益之间的较量，腐败分子通常有强大的利益集体势力的保护。因此，要取得腐败犯罪的证据，就必须克服所遇到的阻力。传统的反腐手段一个很大的缺陷，就是只有相关部门掌握相关信息，处理的形式和进度只有当事人才清楚，查处过程中一旦遇到干扰和阻力，最后往往是不了了之。而数量庞大的网民群体可以收集到腐败分子较多的腐败证据，且传播迅速，一旦证据被曝光，网民会不断进行转载，产生极强的放大效应，短时间内便会引起社会的广泛关注。网络上的热议会给相关部门以较大的压力，推动查办案件工作的进度，提高腐败行为被调查的概率和查处的速度，也增强了对事件查处的透明度。

最后，网络监督也能提高腐败分子被判处的概率 k_3。判处应该是惩治腐败分子的最后一个环节，也是非常重要的一个环节，因为它涉及腐败分子能否最终被绳之以法。由于权力干预等原因，进入了调查阶段的腐败案件不一定都会得公正的判处，这样，惩治腐败的有效性就会大打折扣。但是，网络监督则在很大程度上改变了这种状况，许多腐败案件的查处审理工作就是在网民的广泛关注和密切跟踪下不断推进的，使腐败分子受到应有判处的概率也大大提升了，最终减少了惩治腐败有效性的流失。

三、当前我国网络反腐的现状

（一）网络反腐事件数量呈逐年递增趋势

近年来，我国网民数量迅猛增长，截至 2010 年 6 月，我国网民总数达到 4.2 亿，居世界第一，互联网普及率攀升至 31.8%，超过世界平均水平。（中国互联网络信息中心，2010）笔者对 2004 年以来发生在中国内地的网络反腐事件进行了实证研究，发现近 4 年来每年发生的网络反腐事件呈逐年快速上升趋势。2004—2007 年间每年网络反腐事件①（仅指经过证实的，非虚假信息或诽谤事件）不超过 3 起，而 2008 年猛增到 11 起，这强有力地证明了 2008 年是“网络反腐年”的说法。2008 年至今，每年网络反腐事件都在 10 起以上，而 2010 年更为突出，截止到 7 月已经发生了 16 起（见图 1）。由此可见，我国网络反腐呈现出蓬勃发展之势，反腐败机构应该更加关注和研究网络监督，充分发挥网络监督的反腐败功能。

（二）网络反腐受政府推动的影响

从图 2 可以看出，近 7 年我国内地有 23 个省出现过网络反腐事件。其中湖南省最多，共有 11 起，占总案例库样本的 23%，江苏和广东各 4 起，河南 3 起，其他省份 1 ～2 起。从地域分布来看，网络反腐数量与地区的网络基础设施状况或网民的数量没有直接关系，而与地方政府对网络反腐的态度有很大关系。湖南省的案例最多，这与当地政府的积极推动密不可分。2008 年 5 月 13 日，湖南省株洲市纪委出台了国内第一个网络反腐的官方文件《关于建立

① 本文所指的网络反腐事件指网民在互联网上以发帖等方式提供腐败行为的线索或证据导致腐败分子被查处的事件，不包括公众在官方网站进行网络举报。

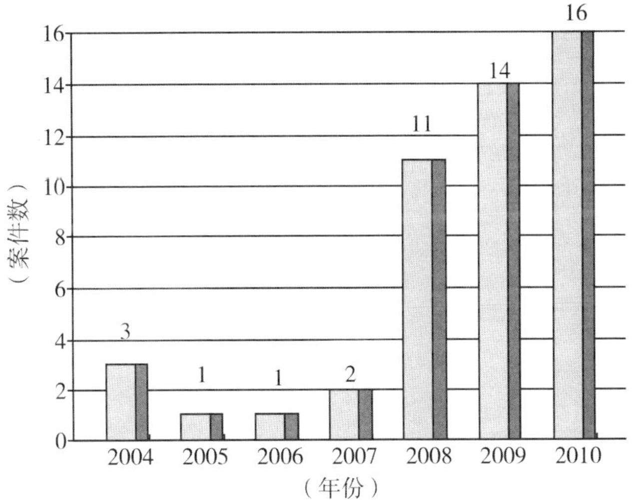

图 1　历年网络反腐事件数量对比

网络反腐倡廉工作机制的暂行办法》，而且株洲市原纪委书记杨平亲自实名参与，接受网络举报。在此影响下，株洲连续出现了多起网络反腐事件，并波及湖南省其他地区。可见，有了政府的鼓励和引导，网络反腐就会产生较大的规模效应和示范效应。

（三）网络揭露的腐败分子的级别总体较低

实证研究结果表明，网络揭露出来的腐败分子级别大多较低。2004 年以来，公众通过网络揭露出来的腐败分子副部级以上的只有 2 人①，仅占 2%，副厅级和正厅级占 20%，而处级及以下则占 77%（见图 3）。可见，网络反腐发挥作用的空间主要还是公共部门的中下层，对于高层发挥的监督作用比较小。当然这与公职人员的职级结构本身有一定的关系，同时，官员的级别越高，与公众接触的频率就越低，暴露出来的腐败线索自然就越少。这应该是网络反腐对象的级别总体偏低的主要原因。这就引出了一个问题：是否应该将网络反腐的重点集中在厅局级以下的公职人员？或者说，对于副部级以上的高官更主要依靠权力制约来预防和惩治其腐败行为？

---

① 这两例中有因宝马撞人引出的“韩桂芝案”，另外一例还很特殊，实际上起因不是网民的揭发，而是涉案人“自讨的”：国家食品药品监督管理局原副局长张敬礼指派其秘书在网上发布药监局内部的信息，指责国家药监局高层涉嫌任人唯亲，而在此事件的调查过程中，张敬礼的腐败行为才被牵出来。

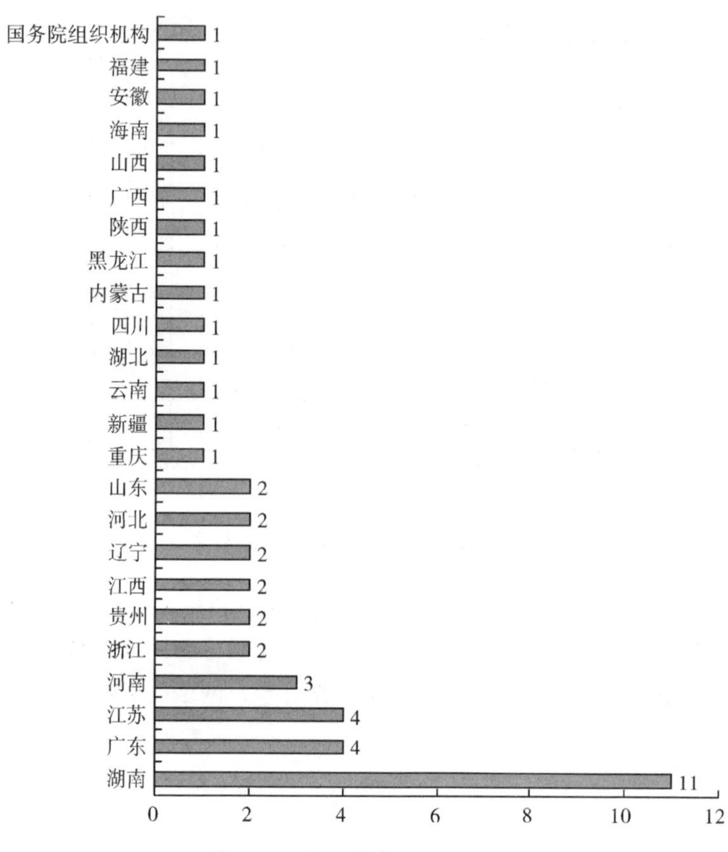

图2　网络反腐事件区域分布

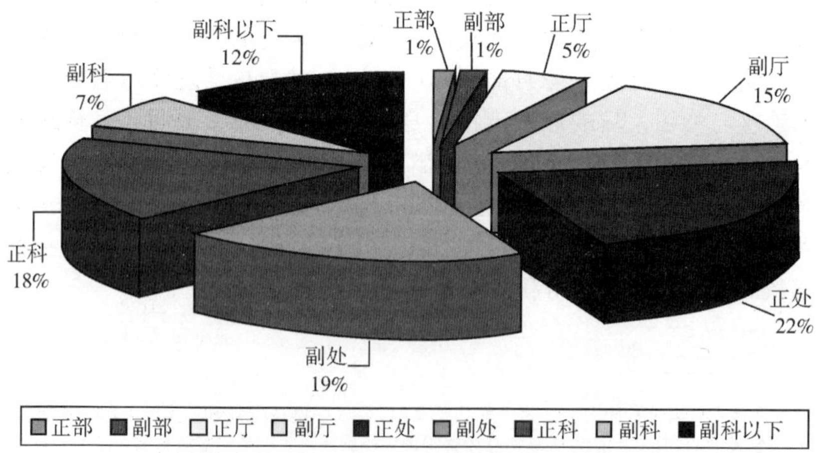

正部 1%
副部 1%
正厅 5%
副厅 15%
正处 22%
副处 19%
正科 18%
副科 7%
副科以下 12%

正部 副部 正厅 副厅 正处 副处 正科 副科 副科以下

图3　网络反腐揭露的腐败分子级别结构

（四）虚假信息的比重较大

由于网络具有自由、隐蔽等特点，一些举报人可能会进行不实的举报，利用网络提供虚假信息，诋毁他人，对他人进行恶意造谣、诽谤等。这种恶意举报对被举报者造成了巨大的伤害，也浪费了国家相关部门的人力、物力和财力。而且，网络上经常出现情绪性言论。有些网民对社会上的某些腐败现象非常愤慨，但是又拿不到确凿的证据，于是在网络上大张旗鼓地发表煽情的言论，夸大腐败的范围和程度，会在一定程度上降低腐败分子的罪恶感，从而使其更加心安理得地、肆无忌惮地实施腐败行为。就网络反腐涉及官员的数量来看，虚假信息与真实信息涉及官员人数之比为1∶6.5，这说明网络反腐中虚假信息较为严重。

（五）腐败类型以贪污受贿和违纪违规为主

当前网络揭露出来的官员的腐败行为主要是贪污受贿和违纪违规，这与纪检监察部门通过其他途径查处的腐败在类型结构上是基本一致的（见图4）。

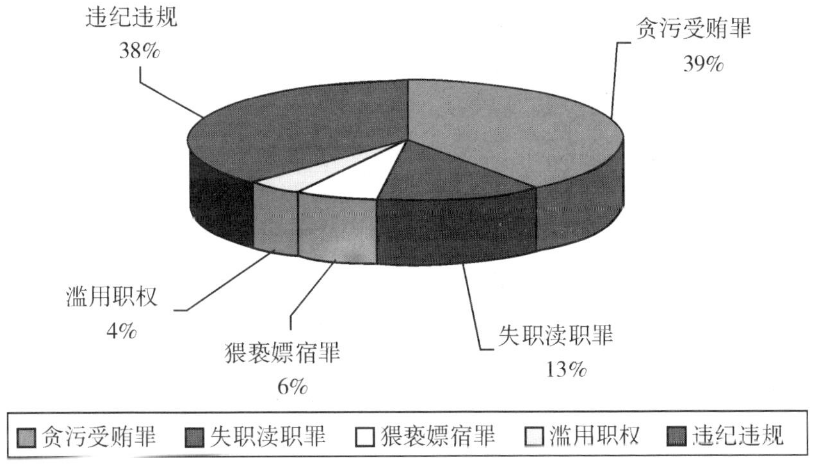

图4　网络揭露的腐败类型分布

这说明了三个方面的问题：①网络监督揭露的是主流的腐败，在这一点上与传统反腐手段是极其相似的；②当前我国官员贪污受贿现象仍然比较普遍；③违纪违规行为比较突出。这主要源于许多官员的服务意识差、态度恶劣、不作为、乱作为引起了网民的愤怒。

（六）过分重视网络反腐可能忽视制度建设

对于网络反腐我们不能盲目乐观。相反，网络反腐形势越高涨，我们越需要冷静的思考。据笔者所了解，西方国家没有像我国这样热烈的网络反腐态势，网民很少通过发帖热炒腐败问题，因为体制内正常的监督渠道已经够用了。我国网络反腐的形势很好，那么其中的原因是什么呢？一方面有网络不断普及的贡献，另一方面是否也是体制内的监督机制不完善、反腐渠道不通畅所致呢？因此，在积极利用网络这种反腐手段的同时，不能忽视更为根本的制度建设，否则就会本末倒置，走入只重形式而忽视内容的歧途。

四、网络反腐的对策与前景展望

（一）加强对网络反腐的政策支持和引导

目前，网络反腐事件逐年递增，影响也越来越大；同时，大量的事实也证明政府对网络反腐的态度直接影响到网络反腐的广度和深度。因此，反腐败机构应该顺应网络反腐的潮流，建立规范网络反腐的相关制度，加强对网络反腐的鼓励和引导，使公众通过网络监督参与反腐败斗争获得强有力的政策支持和制度保障，以提升网络反腐的效果。

（二）依靠权力制约治理高官腐败

网络揭露出来的腐败官员级别较低，其原因在相当长的时间内是难以改变的。因此，我们要将网络反腐的重点集中于中下层官员，而依靠权力制约来实现对副部级以上官员的监督。一般说来，官员级别越高，其反调查能力越强，网民很难获得其腐败行为的证据或线索。正因为如此，通过网络揭露高官腐败就显得异常困难。所以，我们更应该依靠权力制约来预防高官腐败，依靠传统的反腐败手段来惩治高官腐败。

（三）建立反腐舆情监控系统

鉴于网络反腐虚假信息比较严重，情绪性言论较多，反腐败机构应该建立反腐舆情监控系统，尽可能减少虚假信息及其负面影响。这方面，建立正义网舆情监测系统非常值得尝试。面对海量的网络反腐舆情信息，反腐败机构很难进行人工识别。然而建立一个反腐舆情监测系统，通过技术手段实时监测收集整理互联网信息中关于反腐败的焦点、言论、动向和趋势并进行分析，就可以快速发现、快速处理有较大影响的重要事件，从正面引导舆论和宣传，构建积极向上的主流舆论。依靠反腐舆情监控系统还可以及时甄别虚假信息，将网络反腐的弊端控制到最低限度。

（四）完善支撑网络反腐的基础性制度安排

我国网络反腐的形势很好，广大网民积极参与权力监督，纪检监察机关也非常重视网络反腐舆情的收集和研判，并且网络反腐取得了良好的效果，腐败分子不断地被网络揭露出来。深入分析，主要有两个方面的原因：其一，网络基础设施不断完善、网络不断普及、网民数量不断增加，为网民参与网络监督提供了良好的环境；其二，体制内的反馈机制不完善和反腐渠道的不通畅，迫使公众参与权力监督的热情从制度化的渠道转移到网络这个松散的平台上。比如在现实中，由于对举报人的保护不够，举报人遭到打击报复的事件时有发生，而通过网络揭露腐败分子则可以大大降低遭到被举报人报复的概率。发达国家和地区也有通过网络揭露腐败分子的现象，但是并不多见，因为体制内的监督方式已经基本能够满足公众实现监督权利的需要。在网络时代尚未到来以之前，有些国家和地区没有借助网络载体也取得反腐败的成功。比如香港地区每年都要接到的几千份有关贪污腐败的举报，其中具名举报在70%左右，这种效果并不是靠网络而是通过传统的举报渠道实现的，这表明香港反腐败基础制度发挥了很好的作用。因此，网络只是反腐败的一个平台，其背后一些更重要的制度必须尽快完善起来。网民通过网络反映出来的涉嫌腐败的问题，最终还是需要纪检监察机关受理和调查，基础制度的建设是非常重要的。只有不断完善权力制约机制以及反腐败的体制机制等基础性制度安排，才能更有效地发挥网络监督的反腐功能。

（五）网络反腐会在一定的时期走下坡路

网络反腐是在网络覆盖面猛增而制度化的反腐渠道不畅通的条件下的一种特殊现象。在权力制约监督制度不健全、反腐渠道受限的条件下，网络反腐又是一种低廉、较为有效的反腐败方式。同时，网络反腐是一种阶段性现象，不会长期大量地存在，在一定时期可能会走下坡路。一方面，随着制度的不断健全和反腐倡廉体系的不断完善，腐败现象将会逐步减少；另一方面，一旦体制内的反腐渠道更加通畅，公众就会更加放心地选择正式的监督方式，如实名举报等。毕竟通过互联网揭露腐败分子的方式具有偶然性，结果具有不确定性。

参考文献

［1］任建明，杜治洲. 2009. 腐败与反腐败：理论、模型和方法. 北京：清华大学出版社.
［2］中国互联网络信息中心. 2010. 第26次中国互联网络发展状况统计报告.

ISO 9000族质量管理视角下完善反腐倡廉制度的路径和措施研究

刘志军[①]

依靠制度惩治和预防腐败，是做好反腐倡廉工作的根本途径。胡锦涛总书记在十七届中央纪委第五次全会上发表的重要讲话中指出，要以建立健全惩治和预防腐败体系各项制度为重点，以制约和监督权力为核心，以提高制度执行力为抓手，加强整体规划，抓紧重点突破，逐步建成内容科学、程序严密、配套完备、有效管用的反腐倡廉制度体系，切实提高制度执行力、增强制度实效。贯彻中央对加强反腐倡廉制度建设的基本要求，完善反腐倡廉法规制度，必须拓宽视野，创新思维，把制度建设作为构建具有地方特色的惩治和预防腐败体系的核心与重要载体，自觉借鉴ISO 9000族质量管理理念，紧紧围绕教育、预防、惩治、监督、改革、激励等诸多环节，找准制度建设的切入点和着力点，做到治标与治本、惩治与预防、勤政与廉政的有机统一，增强制度的针对性和约束力，进一步提升反腐倡廉制度建设科学化水平。

一、ISO 9000族质量管理思想对反腐倡廉制度建设的借鉴意义

ISO 9000质量管理体系源于企业管理，经过不断的探索和更新，目前已可以适用于世界范围内的任何行业、任何产品和服务。在《ISO 9004：2000质量管理体系——业绩改进指南》的附录A《可适用本标准的例子》中，“行政管理”即被单列为一类。我国也发布了等同采用该系列标准的2000版GB/T1 9000族质量管理标准。反腐倡廉制度建设是一项艰巨复杂的系统工程，涉及经济、社会、生活各个领域，包含反腐倡廉教育、监督、改革、纠风、惩治等各个方面。以提高质量为核心、强调过程方法的ISO 9000族质量管理思想蕴涵着预防、监督和自我改进三大科学管理机制，它融汇了系统论、信息论和控制论，既强调管理的封闭性，又将管理行为文件化，通过对管理程序的详细描

① 刘志军，江苏省徐州市纪委政策法规研究室主任，深圳市经检监察学会秘书长。

述，将每一项工作的每一个过程、每一个环节都进行严格控制，形成“人人有责任，事事有程序，时时有控制，环环有考核，奖惩有规定，不良有纠正”的管理体系，满足了组织管理所需要的规范化、标准化。据中国质量认证中心的统计数据显示，2009 年末，全国已有 2000 多个政府部门通过了 ISO 9000 质量管理体系认证。徐州市有 4 个市、县行政服务中心和 70 多个机关、企事业单位导入 ISO 9000 质量管理体系，并将反腐倡廉制度建设纳入认证范围，使制度评估、执行、监督、反馈、改进等落到了实处。实践表明，ISO 9000 的先进理念和工具，对完善反腐倡廉制度、构建惩防体系框架有很强的借鉴性。

（一）借鉴领导作用原则，增强反腐倡廉制度建设方向的正确性

ISO 9000 质量管理特别强调领导的重要作用，领导是权力监控的对象，又是权力监控的组织者、示范者。领导者和领导活动关系到组织的宗旨和方向，以及预定目标的实现。依靠制度惩治和预防腐败，是做好反腐倡廉工作的根本途径。反腐倡廉要围绕中心，服务大局，这既是党的执政能力建设和先进性建设的题中应有之义，也是维护社会公平正义、促进社会和谐的重要保证。构建社会主义和谐社会，关键在党，关键在不断提高党的领导水平和执政水平，提高党员干部特别是各级领导干部的拒腐防变能力和抵御风险能力。在反腐倡廉法规制度的制定过程中，首先必须凸显领导作用原则，自觉坚持党的领导，以科学发展观为指导，努力为构建社会主义和谐社会服务，站在领导者的高度通盘考虑、总体规划、统筹兼顾、整体推进，要服务大局，从反腐倡廉建设全局出发提出解决问题的方案；要同国家法律、法规衔接，保持一致性；要考虑人民的承受力、党自身的承受力，在立法、执法、守法上，将眼前与长远结合起来，保证反腐倡廉法规制度在方向与原则上的正确性。

（二）借鉴全面系统原则，增强反腐倡廉制度建设整体的协调性

当前，靠制度管人、靠制度管事已经逐渐成为各级的共识，但由于缺乏系统、科学、长远的制度建设规划，有些制度是针对本部门的具体规定，普遍适用性不强；有些是直接套用上级的制度规定，为了制定制度而制定，针对性和实际操作性不强；还有些变化频繁，每年出台新的规定，很多制度交叉重叠，甚至相互矛盾，影响了制度作用的有效发挥，制度设计单一性、偶然性大，整体性、系统性不强。要提高制度反腐的效果，首先要解决制度本身的问题，不断完善制度，增强制度体系整体的协调性。ISO 9000 质量管理提出“全面系统”的原则，针对特定组织的自身特点，建立准确、完整、清晰、职责分明的文件化管理体系，对每一个具体事项的每一个过程和环节实行文件化控制；

通过全面监控和系统监控，规范受控行为，消除监督的缝隙带和空白点；建立明确的反腐倡廉法规制度分类和制度评价标准，规范对制度的合法性、合理性和现实性的评价标准，加强对系统运行和人员操作过程的风险控制，形成科学的协调与制约机制，督促反腐倡廉法规制度落实到位。

（三）借鉴过程控制原则，增强反腐倡廉制度建设技术的实效性

ISO 9000 质量管理“过程控制”的原则，就是以管理的系统方法，将相互关联的过程作为系统加以识别、理解和管理，贯彻“职责明确”、“过程控制”、“预防为主”的要求，实施系统运行的全程跟踪监督，从而提高实现目标的有效性和效率。例如，通过贯彻 ISO 9000 族标准，将反腐倡廉法规制度所规定的刚性内容、条文等逐条逐项写入标准程序文件和作业文件，通过质量记录和内部审核经常检验执行程序的规范程度和合法性，促进制度的落实和工作的规范。在这一过程中，还要将各级人员作为组织之本，让他们充分参与，使他们的自觉带来对制度最有效的落实和最大化的收益。这一思想与当今世界上政府改革的主流理念和价值选择相一致，充分体现了以人为本、充分授权、服务精神、结果导向的改革趋势，为反腐倡廉法规制度的改革创新和标准化管理提供了强有力的理论支持。

（四）借鉴持续改进原则，增强反腐倡廉制度建设创新的时代性

反腐倡廉制度建设是一项长期的任务。任何制度的建立都有一个不断发展、完善的过程，其内容和形式要随着新的形势、新的实践、新的问题而不断丰富发展，过时的要废弃，不完全合适的要调整，有的则必须进行制度创新，这也是 ISO 9000 质量管理“持续改进”的原则要求。对制度建设的进程跟不上经济社会发展和反腐倡廉工作实践的进程，消极腐败现象中的一些顽症怎么攻、新病怎么治、隐患怎么除、需要什么制度去规范等等问题，对反腐倡廉制度建设进行动态性地评估与监督，在系统运行中不断改进、纠偏和完善。

（五）借鉴顾客满意原则，增强反腐倡廉制度建设宗旨的民本性

ISO 9000 质量管理体系的顾客导向、全员参与、与供方互利的思想，就是以顾客为关注焦点。组织依存于顾客，因此组织应当理解顾客当前和未来的需求，满足顾客要求并争取超越顾客期望。反映在反腐倡廉法规制度建设中，体现为人民群众满意是权力监控的基点和基准，权力监控乃至反腐倡廉建设需要党员群众的广泛参与和监督，必须努力从制度上堵塞滋生腐败和发生损害群众利益问题的漏洞，建立健全反腐倡廉的制度体系。通过借鉴 ISO 9000 的模式，

紧紧围绕腐败和损害群众利益问题易发多发的重点领域和关键环节，研究推进制度的完善、改革、创新，加强对权力运行的规范、监督和制约，制定各种权力的产生、运行、结果的标准，编制控制程序，这样可以使权力运行形成闭合型链条，环环相扣，始终处于受控状态。我们要通过规范的公开程序，实施群众监督，有效实现政策法规、办事程序、服务承诺等各项信息的真公开、全公开、及时公开和公开形式的多样化，强化以群众为关注焦点的系统运行规则，一旦违规马上发出纠错指令，达到决策、执行和运作、纠错的有机结合，将权力运行纳入受控轨道。

二、基于 ISO 9000 族质量管理思想完善反腐倡廉制度的路径选择

ISO 9000 族质量管理体系标准，是经典和现代科学管理方法中最基本的，系统性、科学性、普适性最强的科学管理方法。它的分阶次制定作业规则的思想，也同样适用反腐倡廉制度建设。从反腐倡廉制度建设自身的结构来看，客观上存在着宏观、中观和微观三个不同的层次。在中央权力机关层面上，改革和完善反腐倡廉大政方针，制定事关反腐败工作全局的基本制度属于宏观层次；在地方政府层面上，创新和改进反腐倡廉具体制度，制定落实中央大政方针的意见和保障措施，属于中观层次；在基层单位层面上，在反腐倡廉制度操作执行过程中，将制度进一步精细化、流程化、标准化则属于微观层次。三个层次的反腐倡廉制度建设，各自居于不同的地位，既相互影响又相互作用。一般来说，处于微观、中观层次的反腐倡廉制度建设，具有反映现实需要快、灵活性强、易于见效等特点；处于宏观层次的反腐倡廉制度建设，具有牵一发而动全身的功效，对中观、微观层次起着引导和带动作用。因此，在反腐倡廉制度建设进程中，要根据实际情况，适时提出三个层次的方案和对策，使三个层次同步推进、协调发展。

（一）加强立法规划，在宏观层面推进反腐倡廉制度建设现代化

制度建设是推进现代化的重要着力点。反腐倡廉制度作为社会制度体系中的重要组成部分，在宏观层面上，应遵循制度变迁的基本原理和共同规律，着重加强立法和制度建设规划，健全与完善党和国家的基本制度、根本制度和重点制度，加快反腐倡廉上位制度的改革创新，从源头上解决制度设计不系统、不衔接、不具体，程序制度缺乏流程化，实体制度缺乏标准化，制度执行缺乏严格考核等弊端，力求反腐倡廉制度建设现代化，更好地适应建立廉洁执政党、廉洁政府，推动科学发展的战略需要。

1．要与现代社会经济发展形势相适应

反腐倡廉制度是党和国家经济政治文化中的一部分，必须与党的总体部署相吻合，与党的中心工作相一致。当前，发展经济是我党执政兴国第一要务。反腐倡廉制度建设虽属政治领域的范畴，但是必须服从和服务于经济这个中心。反腐倡廉制度，必须有利于促进经济的发展，必须与社会主义市场经济发展的一般规律相适应。因此，凡是阻碍经济发展的制度都要废除，凡是有利于经济发展的制度都要加强。当前，特别要在优化经济发展环境方面大力加强反腐倡廉制度建设，用制度为经济发展保驾护航。中央《建立健全教育、制度、监督并重的惩治和预防腐败体系实施纲要》（以下简称《纲要》）进一步概括了反腐倡廉的内在规律，对今后一段时期的反腐倡廉工作具有全局性的指导意义，也是处于宏观层面的重要制度。我们要在全面清理、科学论证的基础上，结合反腐倡廉建设和效能建设的要求，对原有制度该坚持的坚持，该废止的废止，对缺乏有效性、不便操作的现有制度进行修订完善，对空白点进行填充完善。我们应把廉政法制建设纳入整个国家的立法体系，进一步健全廉政法制体系，加快廉政专门法律的立法进程，修订和完善刑法中关于腐败犯罪方面的规定，突出体现警示犯罪和惩治犯罪；建立健全有利于惩治腐败犯罪的程序机制；探索制定公务员从政道德方面的法规，建立领导干部收入申报法律制度；健全预防腐败犯罪的法律制度，从源头上减少腐败犯罪的发生。

2．要与反腐倡廉时代要求相适应

任何事物的发展都离不开继承与创新两个方面。反腐倡廉制度同样必须在继承中发展，在发展中创新。所谓在继承中发展，就是要充分重视制度的连续性、稳定性，坚持和发展多年来积累的反腐倡廉宝贵经验，同时借鉴当代世界防治腐败的有效做法，把成功的经验用制度形式固定下来，把成熟的经验不断上升为法律制度，并把反腐的法治化建设贯穿于反腐倡廉工作的各个环节。所谓在发展中创新，就是根据新的形势和任务，坚持与时俱进，不断创新制度。当前，从与时俱进的视角审视现有的反腐倡廉制度体系，在一些重点领域和关键环节还存在或暴露出很多制度漏洞，主要表现在：制度设计不系统、不衔接、不具体，为搞以权谋私留有了空间；程序制度缺乏流程化，实体制度缺乏标准化，制度执行缺乏严格考核，许多制度流于形式。有的制度初衷虽好，但出台过早，或所需前提条件太多，在现有条件下难以实现。要改变这些被动局面，就必须全面考量反腐倡廉制度生成的政治效果、社会效益和经济效益，准确确定制度推出的时间点，详细掌握制度预期和制度实效的异同点，积极谋划制度改进完善的着力点；同时，科学选定制度的制定者，采取专业化与职业化相结合、精英化与大众化相结合的办法，保证反腐倡廉制度的有效性、延续性和稳定性，避免出现部门利益个人化、个人利益法规化，以防止为腐败制造“合法”空间。

3. 要与信息科技技术发展要求相适应

要从源头上防止腐败，监督工作应当贯穿于职权行使的全过程。而以往所运用的人盯人、人盯事的传统监察手段，难以实现这一目标，利用目前迅速发展的信息技术，实施全过程无接缝监督，可以在一定程度上解决这一问题。信息技术严密性带来的另一个优势就是它的公正性。电脑的自动化生成特性，会大幅度减少人的操纵控制，从而超越了人的感情羁绊，使监督工作真正地“铁面无私”起来，其大量的实时数据记录，也能对违规行为起到震慑的作用。因此，要高度重视信息技术等现代科技在反腐倡廉制度建设中的作用，充分发挥信息技术的这些优势，把科技手段融入制度设计之中，大力构建创新型的反腐倡廉防范监管机制。我们要把电子监察、网络信息技术、新兴媒体等与反腐倡廉制度建设有机结合起来，抓住易发多发消极腐败现象的关键环节和重点领域，建立测评预警信息网和廉政信息数据库，通过精确的数值表现和预警指标，进行汇总、综合、分析和反馈，实现信息的数字化、职能的电子化和途径的网络化，从而提高反腐败工作的前瞻性、预警性，为有效创新和执行制度提供科技支撑，提高领导决策水平。

（二）加强组织协调，在中观层面上推进反腐倡廉制度建设系统化

ISO 9000质量管理体系强调运用系统的方法来对组织进行管理。中央机关和省及有立法权的地方，创新和改进反腐倡廉具体制度，制定落实中央大政方针的意见和保障措施，在立法体制中居于中观层次。加强组织协调，推动反腐倡廉制度建设和谐发展的重要性日益凸显。机关部门和地方要把反腐倡廉制度建设既要融入本地全局工作和本部门本系统业务工作的各方面，又要与相关部门法规制度相协调，增强制度建设系统性。

近年来，江苏省徐州市在构建具有地方特色反腐倡廉制度建设体系的实践中，为解决党风廉政建设缺乏有效落实的平台和载体的问题，深入开展以“崇廉尚洁、制度严密、权力透明、风清气正、干部勤廉、群众满意”24字为目标的创建“勤廉徐州”活动，把反腐倡廉制度建设与勤政、廉政建设密切结合，突出“具体化”、“本土化”、“特色化”，提高了制度建设的科学性和实效性，有力促进了党风廉政建设责任制的落实，得到了中纪委领导的充分肯定。

1. 贯彻执行上级制度“具体化”

徐州市在落实中央和省一系列反腐倡廉法规制度过程中，注意结合本地实际，力求具体、可操作。中央关于《建立健全教育、制度、监督并重的惩治和预防腐败体系实施纲要》和惩防体系建设工作规划颁布后，徐州市委即制定了“落实《纲要》制度建设工作意见”，将100多项制度建设的任务分解落实到市直部门、单位，加强检查考核，严格奖惩兑现。针对权力运作的重点领域，市委、市纪委排出了建设、国土、卫生、教育等承担源头治腐任务的36家重点部门，要求各个部门从腐败问题易发多发环节和群众反映强烈的问题入手，确定制度建设规划，细化任务和责任，纳入创建“勤廉徐州”活动考核评比，激励基层抓落实。为贯彻《党内监督条例（试行）》，徐州市突出监督重点，市委专门出台《关于加强对党政“一把手”监督的实施办法》，提出了建立领导干部廉政档案、引咎辞职、信访回复、廉情预警、“一述双评”等21项举措，对“一把手”行使权力形成更加有效的监督体系。

2. 借鉴外地经验“本土化”

“他山之石，可以攻玉。”借鉴巡视做法，制定党风廉政巡查办法，将党内巡视向基层延伸，重点对领导班子和领导干部落实党风廉政建设责任制、执行“一岗双责”和廉洁自律情况开展巡查。3年来，对各县区和市直主要部门已全部巡查一遍，纠正和解决党风廉政建设方面的问题近千件，提高了监督实效。同时，学习借鉴外地经验过程中，注重化解“水土不服”风险。如在发挥查办案件治本功能方面，制定实施了“1+4”工作法制度，优化办案治本功能。即每办好一起具有典型性、倾向性、苗头性的案件同时，对轻微违纪涉案人员进行诫勉谈话、召开发案单位领导班子专题民主生活会、针对制度和管理上暴露出来的问题和薄弱环节建章立制、开展警示教育，使查办案件与治本抓源有机结合，相得益彰，收到了“查好一个案件，完善一套制度，堵塞一些漏洞，维护一地稳定，促进一方发展”的综合效应。徐州市成功举办了由中央纪委有关室、新华社等单位和苏鲁豫皖20市纪检监察机关负责同志参加的“发挥查办案件的治本功能淮海论坛”，与会专家学者对这一做法给予高度评价。

3. 推动制度创新“特色化”

探索往往从基层开始，突破往往在基层实现，许多新认识、新办法，归根到底来源于基层干部群众的创造。徐州市委、市纪委特别注意支持基层的新探索，尊重基层的新创造，总结基层的新经验，及时将好的做法用制度固定下来。如睢宁县针对群众反映强烈的村干部违纪问题，实行村级干部“勤廉双月述”，村干部每两个月一次将职务履行和廉洁自律情况向党员代表、群众代表通报，听取意见，接受质询，还干部清白，让群众明白。市委制定了《关于在全市村级干部中推行勤廉双述制度的意见》，全市143个乡镇和涉农街道办事处、2465个行政村（居委会）全面开展勤廉双述活动，化解了矛盾，促进了村干部作风明显转变。该制度被写进中共中央办公厅、国务院办公厅《关于加强农村基层党风廉政建设的意见》中。

（三）着力提高执行力，从微观层面上推进反腐倡廉制度建设精细化

管用、有效，是做好反腐倡廉制度建设的关键所在。健全的、良好的制度可以有效规范党员与干部的行为，有效防止腐败现象的发生；相反，如果制度制定得不好、操作性不强，则可能起不到应有的制约作用，甚至导致权力的滥用。中央制定的宏观法规是从党和国家全局出发设计的，要把这些法规制度落到实处，还需要地方部门根据具体情况和突出问题，有针对性地提出实施或保障措施。徐州市积极顺应现代行政管理“科学、严格、精细”的要求，重点针对权力运行的重点部位和重点环节，先将行得通、管用的做法制度化并逐步完善；树立精品意识，倡导严谨细致、精耕细作的工作理念，建立具体细密的管理制度，追求“干必有成、成必能精”的工作质量，不断强化科学管理。

细节决定成败。ISO 9000族质量管理的最大特点是精细。完善反腐倡廉制度，在微观层面必须全面考量制度生成的政治效果、社会效益和经济效益，准确确定制度推出的时间点，详细掌握制度预期和制度实效的异同点，谋划制度改进完善的着力点，力求配套制度的精、细、准、管用、有效。

1. 标准化

编制权力运行流程图，组织制定“业务标准化操作规程”，做到“人人有责任，事事有程序，时时有控制，环环有考核，奖惩有规定，不良有纠正”，形成对权力行使的行为主体、重点环节、重点部位的监督制度化。如在发挥市场配置资源的基础性作用，调控市场经济行为方面，徐州市在全国最早实行招标办与市场分离，规范有形建筑市场；制定《土地行政审批事项办理流程》，健全土地使用权招标拍卖挂牌出让制度，完善了土地有形市场；制定《房屋建筑和市政基础设施工程投标人资格预审办法》，建立了按工程量计价清单报价进行招投标制度，实施投标企业“黑名单”制度，通过明确工作规范和标准操作规程，实现有效治理和防范。

2. 程序化

在反腐倡廉实体性制度突破的同时，注意程序性制度的跟进。如针对近年来农村因“三资”（资产、资源、资金）管理方面存在监管缺位容易引发腐败

行为导致群众利益受损等实际情况，徐州市以健全完善村级民主自治为基础，以电子网络信息化平台为载体，综合运用科学程序和科技手段探索了“三资四化”（民主化、服务化、网络化、公开化）新机制，实现了对农村“三资”全方位、全过程、立体化的服务监管，从程序上保障基层民主、保证无缝隙监管，在促进经济发展、维护农民权益、保持农村稳定方面发挥了重要作用。

3. 绩效化

建立绩效考核指标体系，加强对制度执行情况的监督检查，加大对制度执行不力、违反制度行为的责任追究力度，增强制度约束力。考核采取定量和定性相结合、定量为主，过程和结果相结合、过程为主的方法，变年终一次考核为全年过程控制，体现了客观公正、鼓励竞争、注重实效和奖罚分明的原则。如邳州市实行“民评三官”制度，由民评代表评市官、评镇官、评村官。评议结果反馈给被评者本人，作为市、镇、村三级领导年终个人述职重要内容。这一制度受到中央和省领导的充分肯定，并作为典型在全国地方政府绩效管理研讨会、全省基层党内民主监督工作推进会上作经验交流。

三、导入 ISO 9000 族质量管理完善反腐倡廉制度建设的保障措施

借鉴 ISO 9000 族质量管理思想，运用这一先进管理工具，推动反腐倡廉制度建设科学化，除了注重健全领导机制、督查机制、问责机制外，还要完善三个方面的保障措施。

1. 推动民主立法

法治原则、民主原则、科学原则，是立法的原则。完善反腐倡廉制度要始终坚持开放透明的原则，大胆实行开门立制，使广大党员干部和社会公众更多地了解制度建设的根本目的、主要内容，多方征求意见，善于集思广益，让制度在“阳光”下运行，这既是对制度建设的最好检验，也是扩大制度建设成果的最好途径。

2. 建立法规制度廉洁审查和评估机制

法规规范具体制度的设计上要统筹兼顾各方利益，体现公平正义。由于立法起草权分散在部门手中，起草部门有扩权避责、趋利弃义的倾向。要强化对法规制度的廉洁论证和审查，防止公共利益部门化、部门利益法制化，根除部门立法存在着以部门利益为中心，造成法规制度设计存在漏洞和寻租空间，成为谋取部门利益的问题，化解立法过程存在的腐败风险点。

3. 充分发挥激励机制作用

激励是质量管理体系的一项基本内容，是调动参与者工作积极性、主动性

和创造性的基本手段。在反腐倡廉制度建设中，科学有效的激励机制是提高制度执行力的保证。要采取精神激励与物质激励相结合、外激励与内激励相结合、正向激励和负向激励相结合等方法，丰富激励的内容，达到制度应有的激励效果。徐州市在这一方面做了有益的探索，如制定创新激励政策，设立"创新奖"，每年评选表彰一批创新成果，鼓励机制制度创新。以"勤廉双述"制度为试点，建立制度执行的奖励制度，市财政每年拨款60万元，设立"农村基层党风廉政建设基金"，每年对执行力强的村支部书记进行表彰奖励，同时对执行不力的进行通报批评。

参考文献

[1] 车仁慧. 2010. 引入ISO 9000质量管理体系促进纪检监察机关工作专业化规范化精细化. 中直党建网（http：//www. zzdjw. com/GB/178386/178496/11851958. html）.

[2] 权伟太. 2006. ISO 9000族标准在党的先进性建设中的运用探析. 理论前沿，(16).

[3] 吴建伟，等. 2002. ISO 9000：2000认证通用教程. 北京：机械工业出版社.

网络正义诉求责任伦理建构研究

——以网络反腐为视角[①]

何　菁[②]　黄　平[③]

近几年，随着公民权利意识的觉醒和网络技术的发展，利益表达或正义诉求渠道开始向网络世界迅速拓展。网络作为最大、最具潜力的公共资源，携方便快捷、低成本、低风险的技术优势，更容易形成舆论热点，成为行政监督和司法监督的有力补充。这已成为当代中国新时期反腐倡廉建设最具代表性的创新模式和突出亮点。

但是，网络空间的虚拟性和匿名性，让“马甲”无需为自己的言论承担法律和道德的责任；网络参与的非正常和非理性因素的存在，又干扰了网络反腐的质量和力度。带有主观倾向性和私人情感因素的诉求信息表达的泛滥，可能会干扰行政和司法部门对信息真实性程度的辨别；“十万水军”的过度言论和舆论炒作，有可能会煽动部分不明真相的公民反腐热情而演变成政治盲动，进而影响国家政治生活的安定和谐。网络反腐是一把双刃剑，在对腐败分子利剑出鞘的同时，也很容易剑走偏锋而产生不可低估的负面效应。“任何一种生活，无论是公共的还是私人的、事业的还是家庭的，所作所为只关系到个人的还是牵涉到他人的，都不可能没有道德责任；因为生活中一切有德之事均由履行这种责任而出，而一切无行之事皆因忽视这种责任所致。”（西塞罗，1998）当前，网络反腐已成为一种不可忽视的社会现实，因此，在责任视域中对网络反腐进行伦理审视，致思网络正义诉求责任伦理的建构模式，具有重要的理论

---

① 本文为江苏省教育厅2010年度高校哲学社会科学研究指导项目“虚拟现实伦理视景下人的和谐生存研究”（项目号：2010SJD720004）的阶段性成果。

② 何菁，1976年生，女，现为南京林业大学机械电子工程学院讲师，东南大学人文学院伦理学专业在读博士，研究方向为公民道德教育、网络伦理、工程伦理。近5年，参与多项省级课题研究，发表论文10余篇。作为第一主持人，已完成2008年江苏省教育厅高校哲学社会科学研究基金资助项目“论和谐社会建构视阈中的大学生公民道德教育”。在研江苏省教育厅2010年高校哲学社会科学研究指导项目“虚拟现实伦理视景下人的和谐生存研究”，对网络参政的伦理建构有较为深入的思考。

③ 黄平，南京林业大学副教授，硕士，现为南京林业大学团委书记。

意义和现实价值。

一、网络正义诉求主体性状况的伦理审视

在当代中国，网络不仅深刻地影响和改变传统社会中人的思维、行为模式，而且以惊涛拍岸的强大作用力冲击着传统的反腐格局。网络以其独有的特征，一方面，网络吸纳民意表达，有效整合了公民的智慧和意见，形成良性互动的社会民主环境，从而对执政、施政行为产生无所不在的监督和约束；另一方面，网络也为执政者和施政者提供一个全新的平台和崭新的对话方式，可以更为清晰、理性、全景式把握民众心理和社会舆论氛围，与时俱进提高执政、施政能力，在内部减少并消除腐败发生的可能性。近几年，多名政府官员因为网络事件被查处而落马，如涉及“周老虎”事件的陕西省官员、隐瞒矿难真相的山西省的县官、因私驾公车撞死学童的湖北省的女市长、抽天价烟和戴名表的江苏省某市的房管局局长、假考察真出国旅游的江西及浙江官员等，已成为网络反腐取得胜利的几个典型案例。然而，在公民网络正义诉求的过程中，虚假信息充斥其中、诉求主体情绪化的偏激言论、利用舆论干扰司法以及话语霸权引发的网络暴力、侵权等事件层出不穷，让网络反腐这一新兴事业在反腐败系统工程中进行得并不和谐。笔者认为，这主要归因于虚拟现实的网络空间对“身心二元”的消解所导致的网络中人的“自我”与“失自我”、“个性化”与“失个性化”的双重性特质。

网络空间是虚拟的，也是现实的，它将虚拟性与现实性重合交叠，统一为虚拟现实。它是一种在网络空间中的“高水平的人造现实”（康健，2002），进一步讲，这种现实是客观上可以实际共享的现实，这成为网络空间虚拟与现实统一的本质，给笛卡尔“身心二元”的关系提出了前所未有的挑战，“虚拟现实用事实推翻了笛卡尔的这个观点，通过使用者在影像中的漫步，所有抽象的东西都变成一系列具体的可视物……”（Lance Strate，*et al.*，1996）。在网络虚拟现实的境遇中，人的身体与心灵的界限不是清晰的，而是模糊的；身体与心灵之间的关系更主要的不是分离，而是融合与互动。这种互动使得自笛卡尔以来始终占据主导地位的主体—客体严格两分的关系得到消解，“虚拟”与“现实”以非常规的方式结合在一起。在网络空间中，正义诉求主体是“信息在场”而非感性物理世界意义上的“人身在场”，这使得网络反腐具有公开、虚拟、透明的特点，让所有的博弈过程都在一个透明的平台上展开。主体自身抽离地域性限制隐遁不现，仅仅通过电子信息符号表示自己的存在并参与交往，主体就是符号，主体的在场就是符号的在场。这样，正义诉求主体实行匿

名举报的风险相对较小。在传统的社会生活中，由于存在着众所周知的在社会历史中形成的交往规范与道德要求，存在着由熟人社会所形成的社会压力，相对而言，在总体上人身在场与信息在场具有更多的基本同一性。然而，在网络空间里，由于存在主体被彻底遮蔽，存在主体不仅在脱离地域化限制意义上被虚化，更在被彻底遮蔽的意义上被虚化，因而，信息在场与人身在场之间就有可能出现完全的脱离，即信息在场的信息内容与发出信息的主体人身在场状态可能截然不同。于是，诉求主体进入“失自我”、“失个性化”状态——许多网民穿上了“马甲”，消弭了责任的约束，失去了自律意识，意见表达情绪化，一些非理性成分借网络反腐之名迅速蔓延，产生“网络暴力”；更有甚者，有的网民打着监督和反腐的旗号，进行诽谤惑众和人身攻击，干扰普通民众的判断，滥用“人肉搜索”，侵犯公民的隐私权……

在网络虚拟现实视景中，人的存在方式呈现为二重性：“自我”与“失自我”、“个性化”与“失个性化”。“自我”、“个性化”所指征的是生活在现实世界而非虚拟世界的活生生存在着的“我”，“自我”处于现实的角色世界中，并受现实角色世界中规范的有效约束——每一个人都通过角色化而被社会化，每一个人在从事社会交往活动时，都在不自觉中戴上无形的角色面具。这个角色面具既是个体社会化的标志，又是个体受到社会规范和风俗习惯有效约束的显现，亦是个体被矫饰的标志。在角色面具与角色行为中，现实社会中个人反腐行为一方面获得了某种社会美德，另一方面又存在着由于矫饰导致的舆论监督效率低下。“失自我”、“失个性化”是虚拟现实的网络空间中主体生存特征，它表征的是网络主体没有现实世界中的诸多规范约束，因而，“失自我”、“失个性化”一方面在某种意义上是去除了遮掩与矫饰，以特殊形式存在着的“自我”；另一方面又是失却了直接社会监督、去除了熟人社会压抑而在一种近乎纯粹自由状态中率性而为的裸露的“自我”，即，网络空间在去除“自我”、“个性化”的遮掩矫饰的同时，又会将自己置于虚拟化的遮掩中，“自我”的一切行为、思想、动机、品性等仅仅呈现为一种符号。这样，网络诉求主体可以自由且轻松表达在现实生活世界中由于各种现实约束而不敢或不愿表达的意愿、思想、感情，自然率性而为。正是在这一点上，网络反腐对于解除现实生活世界举报人的种种顾虑，以更直接、更彻底、更主动的方式达到反腐成效，无疑具有值得重视的积极意义。

但是，网络诉求主体的“自我”与“失自我”、“个性化”与“失个性化”的双重性特质有着双重功能：一方面，去除现实生活世界的“自我”、“个性化”之矫饰，并以符号遮掩的方式使“自我”率性而为，使网络反腐在批评、检举、揭发、控告、发表评论等方面的效用更真实、更尖锐；另一方面，去除其矫饰的同时，又以符号遮掩了“自我”，因此具有一种潜在的内心冲动，试图冲破现实世界的伦理规范约束，摆脱“自我”所承负的现实社会责任与义务，自律意识的消隐更使得人的主体性精神和人性善恶观支离破碎。可以说，网络生存使正义诉求主体的“自我”与“失自我”、“个性化”与“失个性化”的双重性特质，既有一种解放的意蕴，又有一种彻底反传统规范的意蕴。这不仅严重质疑现实社会反腐实践中“他律”与“自律”的精神濡染，更让人们失却了在现实世界中通常作出判断选择的依据，从而对正义诉求主体行为的可预期性及存在的安全感提出挑战。

“人类行为之变化了的特性要求伦理学也发生变化”（甘绍平，2002），迫使我们阐发出一种伦理，一种责任意识：它要求网络反腐实践通过对自己力量“自愿的驾驭”、“我们对自己进行自愿的责任限制”（甘绍平，2002）。然而，传统的责任概念是一种担保责任或过失责任，这种传统的以追究过失为表现形式的责任概念太狭隘，它无法适用于理解和把握当今错综复杂的网络反腐实践，在虚拟现实的网络空间里有可能隐藏着巨大的危险，而这种危险又很难简单地归溯为一种单线的、单一原因的责任。因此，有必要发展出一套正当、公正并具有前瞻性的伦理规范和相关制度，以明确规约网络正义诉求主体的诸多责任。

二、自律：网络正义诉求主体的前瞻性责任

伴随着网络技术的迅猛发展，传统社会生活方式由“熟人社会”向以信息化、数字化和网络化为特点的“网络社会”转型，传统社会的伦理道德规范的约束作用在“网络社会”中某种程度的“失灵”，导致网络反腐行为中大量的道德失范现象发生。道德是人们具有社会效用的行为应该如何的非权利规范。权利与责任的统一是公民道德的基本属性，也应该成为网络诉求主体的行为道德准则。责任意味着网络诉求主体必须承受来自外在的、现实的规范与制约，在这种外在规范和制约的履行中逐步培育着网络反腐行为的他律觉悟，目的是保障网络反腐的良序发展；权利意味着网络诉求主体内在拥有的自主要求，这种自主要求的满足过程必须源于责任自身。可以说，自律意识的培育源于网络反腐行为中的作为公民的道德需要，它成为网络正义诉求的前瞻性责任。

康德认为，责任是一切道德价值的源泉，合乎责任原则的行为虽不必然善良，但违反责任原则的行为却肯定都是恶邪，在责任面前一切其他动机都黯然失色。网络反腐的力量也正在于排除来自私利和欲望的障碍，以便担负起自己作为公民的责任，恪尽自己的职守，把责任的“应该”转变成“现实”。理论

上说，责任是公民在网络反腐实践中自身意志所产生的一种道德必要性，是他律的。但是，责任作为一种规约网络反腐行为的道德力量，是网络反腐实践的智慧，因而又是自律的。所谓自律，是作为人即道德主体的一种自主、自愿、自决的活动，是反映人自身本质的一种主体性活动。网络舆论监督的建立和网络反腐实践的维持依赖于个体的自律。

一方面，为网络反腐立法，建立健全网络反腐的法律法规，这作为一种他律的手段是必要的，但也必定是有限度的。从法律意义上来讲，法律法规的执行依赖于执行者的自由裁量权，这种自由裁量权仰赖于执行者对行为的自律。如果没有执行者对行为的自律，就会有法不依。“道德的基础是人类精神的自律”（马克思，1982）。诉求主体应在网络反腐实践中充分发挥其主体性，用理性审视、过滤自己的动机、愿望、需要、意图，并通过对外在于自身之外的法律原则和道德规范的确证与认同，将现实社会赋予自身的道德律令转化为自己内心的法则，“为仁由己”（《论语·颜渊》），并自觉按照这种法则约束自己，从而把外在必然性转化为内在自觉性，把现实道德要求转化为内在道德需要，由被动地接受、遵循道德规范变为主动地接受、遵循，“人为自己立法”。只有诉求主体将法律法规内化为自己的行为信念，网络反腐立法才能真正发挥作用。其实，网络反腐立法的目标不仅是打击、追究、制裁违法行为的法律责任，还要培植诉求主体将法律内化为心中的信条，树立网络反腐责任体系，进行井然有序的网络反腐实践。

另一方面，通过诉求主体内在的良心机制来保障网络反腐行为责任的实现。虚拟现实的网络空间，直面的道德舆论抨击难以进行，网络反腐行为的道德规范缺乏外部的监督和强制，而个体的道德自律成为正常的伦理关系得以维系的主要保障，良心成为网络主体进行正义诉求道德规范自律性的最高体现。良心是诉求主体的道德理性与道德情感的深度交融，在良心中，不仅沉淀着经由道德理性所认同而内在化了的现实社会道德规范的根本要求，而且伴随着与这些规范相适应的强烈的道德情感。良心中强烈的情感因素强化了道德理性的作用，使主体具有足够的对于行为的自我控制力量。已经实现道德内化并能道德自律的诉求主体，凭借良心这样一种特殊的道德心理机制，将网络反腐行为诉诸理性，并转化为社会至善的道德需要。

当然，网络反腐的良序实现依赖于诉求主体的自律，其先决条件是其已经较好地完成道德内化并建立了稳定、可靠的道德理性与道德情感交融的良心机制。然而，在当代中国网络反腐行为实践中，并非每一个诉求主体都能够对其行为进行自觉的道德限制，对网络反腐的责任规约进行自觉地拥护和道德践履，因为有些主体由于自身的素质和认识原因可能并没有真正完成道德内化，或道德内化的程度还不够，故其良心机制要么还未完全建立，要么还不稳定、可靠。因此，除了诉诸主体的道德自律，还要为他们在网络空间的自由设定一种外在的道德限制和责任强制。

三、自由：必须承担过程责任和事后责任

互联网创建的初衷就是为了资源共享的自由。自20世纪50年代以来，网络带给人类的自由和自由精神的影响是巨大的。网络技术建构的开放性使人类活动获得了前所未有的自由空间，为网络的自由精神营造了适宜的环境。人类活动不仅打破传统的时间观念的束缚，也摆脱了从前的空间观念的束缚。网络自由不仅表现在网络活动自由方面，而且表现在网络思想自由方面。一方面，由于互联网的开放性和全球性，使人们的活动获得了空间的自由，并且由于网络各主体活动匿名性的普及化，网民在网络空间中有了身份选择的自由；另一方面，网络活动自由及其带给网民的体验和感受，进一步唤醒公民的自由意识，提升公民的自由精神，深化了公民对自由的理解和认识。自20世纪90年代初以来，计算机的普及和互联网的开辟为中国人对自由的热情呼唤找到了一个伟大的支点——人们通过加入具有非排他性、参与成本很小的公共领域——互联网络中来实现自己的这一伟大的权利。驰骋于无拘无束的网上，公民可以自由表达，自由发表自己的意见，用澎湃的激情诠释康德“公开运用自己理性的自由”（康德，2000）的市民承诺。在网络空间中，诉求主体的自由表达得到了最大限度的发挥和表现。但同时，自由表达的欲望似乎成了一种逾越道德和法律惩治的工具，成了表达私愤、牟取私利的堂皇借口。利用网络侵犯他人名誉案屡见不鲜，利用网络进行中伤、诽谤、造谣生事的案例层出不穷。这是因为网络空间中的自由是非理性的，虽然诉求主体经常被一种纯真的自由表达所激动并狂热，但这正为人性潜意识中的蠢蠢欲动的攻击本能和破坏倾向找到了致命的借口。网络技术在给予每个网民巨大自由的同时，并没有为我们指明一定的方向。这是自由的极致，却也是自由的隐患。网络诉求的自由提倡甚至鼓吹个人的作用，以不受束缚为准则，这种被许多诉求主体信奉的自由主义实质上是一种不负责任的极端自由主义，它其实把自己的自由置于不自由的境地。

自由是网络空间的天性。但是，不能否认网络诉求主体不为自己的行为承担责任，责任意识恰恰是网络反腐实践自主、自治、自由的必要前提。如果没有主体的责任意识，网络反腐就不可能有秩序地存在和发展，公民也就无从谈起网络反腐的“亮剑”效用，更无从谈起网络反腐行动中的自主和自由。没有责任也就没有自由，正如没有义务也就没有权利一样。崇尚自由，是建立自

律而非他律的合理的道德规范的基本前提，更是造就具有独立人格和严肃的道德责任感的现代公民的基本前提。在伦理学意义上，自由意味着个人的意志自主、自决、自律，也就是说，每个人都是他自己的意志活动的当然主人，可以在不同的道德价值面前自主选择、自由主宰、自我负责。自由既意味着你可以“想干什么就干什么”，同时又意味着在你的“想干什么就干什么”之中必须包含“责任”的考虑，因为肯定你的自由就意味着确认你可以对自己的行为负责任，并承担其所产生的一切后果。康德曾经指出，自由就意味着在行使自由的时候必须承担责任。萨特更是指出，人的自由选择既然是由自己主观意志支配的自主行为，那他就不能不对自己的选择承担责任。在网络反腐行为中，当诉求主体一旦作了某种基于自由的选择之后，不仅是在塑造自我，而且也是在塑造他人；不仅要向自己负责，还要向所有的公民负责。所以，自由选择并非随心所欲，而是一种负有重大责任的自由选择。“人，由于命定是自由，把整个世界的重量担在肩上，他对作为存在方式的世界和他本身是有责任的。”（萨特，1987）在网络正义诉求过程中，公民虽然拥有极大的自由和自主权，但这种自由是建立在社会大众化自由的基础上，是每个公民平等的自由。如果忘却了责任意识，想把自己的自由凌驾于他人之上，想以个体的自由来控制他人的自由，最终自己的自由也无从说起。缺乏责任意识的后果，就是每个公民的自由得不到保证，每个公民的权益都面临受到侵犯的可能。因此，对于责任感的要求本身就包含于全面正确地理解自由之中，真正的自由必须承担相应的过程责任和事后责任。

四、建构以责任为核心的网络正义诉求伦理规范

责任危机是当代中国公民在网络生存中可以感受到的经验事实。一方面，从根源处分析，这主要是中国社会现代性进程中对传统批判扬弃所带来的传统断裂的无根状态在网络空间中的现实反映。现代性所标识的是“人类进入近代以来在社会经济——政治制度、知识理念体系、个体——群体文化心理结构及其文化制度方面所发生的全面转型这一历史过程”（高兆明，2002），表达的“既是以经济生活方式现代化为基础的经济——政治结构、社会制度的现代转型，亦是人类知识理念体系重新勘定与建构的价值体系的现代转换，还是个体——群体文化心理结构及其文化制度的现代变迁”（高兆明，2002）。而传统既是一种历史、文化、价值，亦是一种存在的家园与依赖，它给人存在依托、精神安顿与生命之根。传统的价值法则与责任规范要求在传统生活中既充满神秘性，又富有神圣性，令中国人情感上敬畏仰慕，并转化为内心信念与信

仰。正是在这传统中，中国人获得了某种存在的安全感。但是，在中国现代化进程中，中国人原先赖以安身立命的生命地质层突然发生断裂、塌陷，生命存在处于无根基悬浮空虚状态。对生命存在的流浪无根、无所依赖、无可预期、无可奈何的形而上学的绝望中，孕生出信仰危机。而日常生活世界的转型及其不成熟，又从经验层面加剧了这种形而上学的绝望。在20世纪90年代初期，网络以迅雷不及掩耳之势进入中国，互联网高扬的自由与共享精神、平等与平民意识让处于前现代性向现代性过渡的中国人惶惑、兴奋、措手不及，在虚拟的抑或真实的网络世界中，中国人好奇地通过看不见摸不着的比特流认识世界、了解世界，也泥沙俱下地接收西方的技术和价值观。于是，网络生存各主体对传统的责任信念发生了动摇，现实生活中精神的飘摇与无根感进入网络生活，网络责任危机发生了。另一方面，传统的责任观发生危机，还有外在和内在两个方面的原因。从外在方面来说，当今市场经济社会运转方式，有驱使人们追求外在化功利的目的，并将之作为人的生活目的的趋向。在网络反腐行为中，追求舆论效用的最大化成为网络正义诉求的主要目的，谎言成为在最短时间得利的工具和保护自身不受伤害的法宝。从内在方面讲，诉求主体在亦真亦幻的网络空间中的现实处境，使得他们无法进行从容的伦理选择，相应地人们内心的道德感和责任意识也会因为厌烦选择而日益冷淡。更由于现有的法律法规的滞后乃至缺位，使得那些曾经使人们热情如火的道德说教和信仰既难以引起人们的内心认同感，传统的责任观又无法产生其曾经具有的社会历史作用，它未能给处于时代变革的中国人提供一个神之外、心之中，使网络反腐行为可以和谐有序的道德权威；相反地，对功利追求的鼓吹，使网络诉求主体渐渐丢弃了传统的责任观。“没有道德权威，便有道德危机。”（任剑涛，2003）

当今中国社会置身于全球化的网络环境时，由于信息生产的多元性，尤其是互联网容纳的信息生产者——网民和各种各样的网站的数量极其庞大，从而导致网络信息生产的主体责任观念淡漠，信息的产出已无法由法律加以有效控制。这样，就增加了无意自律、责任感淡漠的信息生产者借舆论监督和网络反腐之名向社会大众倾泄非理性甚至反伦理的偏激言论，并借此谋利。一方面，网络中部分“精英”或“意见领袖”利用其现有的话语优势，形成“话语贵族”，把持话语的公共走向，大众无法在完全自主的情形下认知事物和判明是非，伦理的决断力因此下降。另一方面，日益普及的在信息接收终端面前“了解”世界的一人一机的信息接受方式，因为完全是在既定计算机网络技术的左右下进行的，程序编制的非道德性原则，使人在不自觉中丧失有效的道德判断力和责任感。从而，主流的伦理观念淹没于散沙式的个人祈求之中，自觉的道德责任感隐匿于信息的随意发布和接受之中，网络诉求主体陷入伦理上的分裂、矛盾、无序状态。个体伦理无法使个人的行为保持全方位的确当性，公共伦理亦无法使社会维持相互协调的人心秩序。在这种情况下，有必要在网络反腐实践中对人——已、义——利关系进行伦理整合，倡导伦理道德作为规范人的行为的法则和引导人们行为的价值体系——“注定要承担更多责任，道德感寓居在人们的内心深处，以一种特殊的方式指导人们的行动”（李伦，2002）。因此，在网络反腐实践中，必须建构以责任为核心的网络正义诉求的伦理规范，即，引进现实的道德运行机制，立足于现实社会道德的基础，运用现实道德的一般原则并在网络反腐实践中形成现实合理的网络正义诉求的伦理规范。它能使网民正义诉求权利和义务得到公正分配，充分尊重每个诉求主体舆情表达的自由和权利，同时兼顾他人，确保其他诉求主体正义权利得以实现。它实质上是一种前瞻性责任、过程责任和事后责任统一的责任伦理。

人是理性的动物，理性使人类具备了责任感——“人类是唯一能为其行为承担责任的生物”（甘绍平，2002），人能够承担责任，所以他就有责任。担负责任的能力便意味着要服从责任的命令，责任本身就包含应当。网络正义诉求的责任伦理正是认识到“正确的伦理抉择绝不是对某种乌托邦想象中的信条的遵守，而应该引入一种对人自身的责任”（段伟文，2002），它首先强调公民在网络正义诉求中对应当遵守的网络伦理道德规范负责，对可以预见的后果承担起应有的责任，例如，应该对自己的舆论自由负责。诚然，在网络上发展公众舆论，利用网络舆论对腐败进行有效监督和制约，这是一种有效的反腐倡廉方式。但是，舆论自由也可以作为愤懑和敌意的出路，假如没有这样的出路，就可能进而采取更危险的表达方式。网络正义诉求的责任制约下的自由并不意味着诉求主体在网上可以为所欲为。网络反腐实践，从来不会因为限制性的客观存在而抹杀诉求主体的自觉自愿、自主自律，也从来不会因为他们主体性的不断增加而纵容随心所欲、恣意妄为的绝对自由。当意志自由的时候，网络诉求主体可以不以物喜、不以己悲，但他的欲望、需要和利益必须经过道德善恶法则的筛选和裁决；当行为自由的时候，他们可以根据自己的意愿和处境，独立地选择自己的行为方式，但他的言行举止必须符合网络空间和现实社会公认、公行的准则，方能被现实社会、公民或其他网络诉求主体所认可。这种新的责任伦理从这个意义上讲，它超出一种由相互关心而保证的邻近的伦理。其次，网络正义诉求的责任伦理更强调自我责任，这既保证网络舆论监督过程的良序运作和网络反腐效用的最优化，又有效防范偏激不实言论的混淆视听、诬告陷害、网络暴力侵权现象的发生。一方面，因为网络生存虚拟现实的特点以及网民 ID 身份的电子化和隐匿性，从而使得道德舆论监督对诉求主体行为的调控作用减弱；另一方面，由于网络空间是一个更趋于朴素的伦理型社会，诉求主体的行为主要靠个人的道德自觉和内心信念来维系，而不是像现实社会中靠内心信念、传统习惯和社会舆论等来共同调节，因此，网络正义诉求更倡导自我责任意识。“自我责任之存在意味着人的彻底自由；人正是由于他能为自己承担责任，他才是真正自由的。”（甘绍平，2002）诉求主体首先必须有自我责任之感，他才可能谈得到网络正义诉求责任，数字化的网络“在赋予个人强大权力的同时，也要求个人为他们自己的行动以及他们所创造的世界担负起更大的责任”（埃瑟·戴森，1998）。

尽管自由意味着对控制的否定，但这种否定并非是任性的、随意的，在现实的网络反腐中，网络正义诉求只能依据强烈的自我责任和自律来否定控制，因此，网络诉求主体的自由就处于道德的制约和调控下，他们只能有限制地否定控制。虽然自由的本性是非限制性的，但具体的主体的自由却不可避免地包涵人的责任于自身，只能是相对的自由。只有随着诉求主体自我责任的增强和对责任的努力践行，他否定限制的能力才会不断提高，否定限制的范围才会越来越大，才会越来越多地真正享受到网络正义诉求的自由。孔子谓“从心所欲不逾矩”（《论语·为政》），可以作为中国网络正义诉求追求责任制约下的自由与道德的和谐图景，也是中国网络正义诉求追求自由的极致。

参考文献

[1] 段伟文. 2002. 基于伦理反思的网络文化战略. 学说连线网（http://www.xslx.com/Html/zlsh/200211/1277.html）.

[2] 甘绍平. 2002. 应用伦理学前沿问题研究. 南昌：江西人民出版社.

[3] 高兆明. 2002. 信任危机的现代性解释. 学术研究，(4).

[4] 康健. 2002. 试论网络社会及其特殊的现实性. 中共中央党校学报，(8).

[5] 李伦. 2002. 鼠标下的德性. 南昌：江西人民出版社.

[6] 李梅. 2000. 权利与正义：康德政治哲学研究. 北京：社会科学文献出版社.

[7] 任剑涛. 2003. 道德理想主义与伦理中心主义：儒家伦理及其现代处境. 北京：东方出版社.

[8] 埃瑟·戴森. 1998. 2.0版数字化时代的生活设计. 胡冰，范海燕，译. 海口：海南出版社.

[9] 马克思，恩格斯. 1982. 马克思恩格斯全集. 第一卷. 北京：人民出版社.

[10]（法）萨特. 1987. 存在与虚无. 陈宣良，等译. 北京：生活·读书·新知三联书店.

[11]（古希腊）西塞罗. 1998. 西塞罗三论. 徐奕春，译. 北京：商务印书馆.

[12] Strate, Lance, Ronald Jacobson, and Stephanie B. Gibson. 1996. *Communication and Cyberspace: Social Interaction in an Electronic Environment*. Cresskill, New Jersey: Hampton Press Inc.

网络监督：成效、缺失及完善的对策[①]

邬思源[②]

自20世纪90年代以来，中国互联网发展迅猛，一个不同于现实但又和现实紧密相连的网络社会正在崛起，基于互联网技术新兴的监督方式——网络监督应运而生，成为推动中国政治、经济、社会、文化进步的重要力量，尤其是网络监督在监督公共权力和反腐败当中显示出了独特作用。

一、近年来我国网络监督取得的成效

（一）党和政府对网络舆论监督的重视已经成为共识，网络已经成为了解民意的重要渠道

近年来，互联网的媒体影响力得到迅速提升，获得了社会的广泛认可。中央领导对此给予了高度关注。胡锦涛总书记于2008年6月考察人民日报社及人民网时指出："互联网已经成为思想文化信息的集散地和社会舆论的放大器，我们要充分认识以互联网为代表的新兴媒体的社会影响力，高度重视互联网的建设、运用、管理。"（鞠鹏，2008）中央最高领导层对互联网的开明态度为各级领导干部作出了表率。网络监督也成为架设在党委、政府和群众之间的桥梁。许多党政官员积极主动借助网络与群众沟通，了解民意、汇聚民智。一些党政干部还开设了自己的博客。2009年2月，"躲猫猫"事件引发网络热

① 本文系教育部人文社科规划课题"网络监督问题"（项目编号：09YJA810013）阶段性成果。

② 邬思源，1966年生，男，上海对外贸易学院人文社科部副教授。2006年毕业于华东师范大学，获得法学博士，主要从事政治学研究。出版学术专著《中国执政党监督体系的传承与创新》，发表学术论文20余篇。其中论文《我国家庭财产申报制度化的现实困境与前瞻》被人大报刊复印资料《公共行政》2006年第6期摘要转载，并被中纪委、中国监察学会主办的《研究参考》2006年第7期全文转载；论文《论马克思恩格斯权力监督与制约思想》被中纪委、中国监察学会主办的《研究参考》2008年第5期全文转载。现正主持2010年度国家社科基金课题"新中国初期人民监察通讯员制度及其实践经验研究"、教育部规划课题"网络监督问题研究"及上海哲社课题"健全惩治和预防腐败体系研究——以网络监督为视角"。

议后，云南省宣布遴选网络及社会人士组成“调查委员会”前往事发地实地调查。省委宣传部副部长解释说，以前我们面对这种公共舆论事件时，常规的做法有“拖、堵、删、等”四种选择，但是现在已有走向公开透明的决心。作为一种制度化的举措，各个层级的政府都设立了专门机构，收集信息，编辑互联网舆情报告，供决策者参考。如今，各级党委和政府，尤其是各级党政干部通过网络了解民情已蔚然成风。

（二）互联网技术已经成为各级党政组织开展反腐倡廉的新平台

依靠群众反腐败是我们党反腐倡廉建设中一贯坚持的机制，网络监督无疑为这一机制提供了新的动力源泉。网络以其自身的优势克服了传统举报相对成本高、效率低的局限性，而大大拓宽了反腐倡廉的广阔空间。中央领导多次表态明确支持反腐败要充分利用互联网技术。2010 年 5 月，中共中央政治局常委、中纪委书记贺国强在全国反腐倡廉建设创新经验交流会上的讲话中强调（贺国强，2010）：

> 加强反腐倡廉建设必须积极推进方式方法创新。要充分发挥现代科学技术尤其是信息技术的作用，把科技手段融入反腐倡廉制度设计和各项工作流程之中。加强反腐倡廉舆情的收集、分析和研判，牢牢掌握工作主动权和主导权，努力为反腐倡廉建设营造良好舆论氛围。

这些重要讲话为未来网络反腐指明了方向。近年来，网络日渐为纪检和监察部门所青睐。2005 年 12 月 28 日，中央纪委、监察部首次公布了中央纪委信访室、监察部举报中心的网址，此后部分省（区、市）纪检监察机关也相继开通了举报网站。为统一规范全国省级纪检监察机关举报网站建设工作，中央纪委监察部对各省（区、市）举报网站规范了域名，提出了建设标准和开通运行的时间要求，并在中央纪委监察部举报网站上建立了统一的访问入口页面。2008 年 6 月 26 日，开通了全国统一举报电话；2009 年 10 月 28 日，中纪委监察部统一开通全国纪检监察举报网站。据不完全统计，我国现有的官方廉政网站已超过 200 家。一些地方还积极探索网络反腐的机制。2008 年 8 月，湖南株洲市纪委出台了全国首个《关于建立网络反腐倡廉工作机制的暂行办法》，建立了面向社会公开的“网络反腐中心”。2009 年，新疆阿勒泰地区在全国率先实施官员财产网上公示制度。一个个“问题官员”在网民的举报下，在媒体的推动下，相继下台落“网”，彰显了网络舆论监督的强大力量。

（三）实现政府与媒体的良性互动，逐步形成网络监督信息快速反应机制

随着网络时代的到来，反腐败的方式大大得到拓展，现在，各级党政官员几乎都处在网络的全民监督之下。这种从“全景监狱”到“共景监狱”的转换，带来了传统反腐败的危机。“网络的全方位监督，使得人们，尤其是各级政府和官员，仿佛是置身角斗场中央的角斗士，时刻都处在被关注之中，承受观众的期待、问询、质疑和愤怒。”（叶皓，2009）近年来，网络监督在中国的舆论监督舞台上越来越走向台前最显著的位置。网络监督中的一个毫不起眼的论坛帖子，在网民的不断转发之后会引起全社会的关注，产生强大的蝴蝶效应。据《人民日报》与人民网 2009 年 1 月初的民意调查显示：参与调查中，有 87.9% 的网友非常关注网络监督，仅有 2.8% 的网友明确表述不关注。当网友在遇到社会不良现象时，93.3% 的人选择网络曝光。（程少华，等，2009）而网络监督信息传播快、广、并容易放大，对相关部门构成强大的舆论压力。因此如何应对网络监督成为各级党和政府需要正视和解决的问题。硬性压制网络监督已经不可能，放任自流也不可取，重要的是党和政府要设法与媒体建构良性互动。一些网站在这方面取得了一些经验。如人民网一直坚持权威性、大众化、公信力的定位，积极探索权威与大众结合点的突破，通过人民热线、网上有话说等栏目架起了权威部门与广大网民之间的桥梁，努力做到早说话、敢说话、会说话，主动设置议题、引导网友良性互动。

（四）网络监督中网民从起初的偏激、非理性逐步向理性回归

自从有了互联网，就有了网络公共事件，而公共事件常常演变成为网络监督事件。网民在网络监督中自始至终扮演着不可缺少的角色。中国的网络监督发端于一般的网络舆论，几经风雨历变，到今天逐步发展成为日益成熟与理性的舆论监督，网民角色也在不断蜕变与升华。有学者将中国网络公共事件的发生分为自发、驱动到自觉三个阶段。（叶雪，等，2009）在这三个阶段中，网民从开始的懵懂、“哄客”到“非理性的歇斯底里”，逐步回归到了理性。在网络监督中，网民的知情权、参与权、表达权和监督权得到很大程度的实现，主体意识日益崛起，主体地位日渐形成。在主动参与到社会事务的过程中，网民通过网络观念的激荡，借助网络中理性知识分子的示范，掌握了民主政治的相关常识，迅速地成长起来。网络监督正在逐步走出非理性泥潭。如今，不少网民已经不再像过去面对一张回扣清单，不辨真假、不问事实就乱抡道德大棒，而是有了些许冷静与质疑。我们可以看到，一件件人们习以为常的现实事

件，在网民的品头论足下，成为舆论的焦点。这些评论，越来越有理性，越来越有建设性，越来越有力量，不仅导致事件本身得到公正处理，还一定程度推动了社会进步。

二、当前我国网络监督存在的缺失

我国的网络监督走过了十多年的坎坷不平的历程，大量的事实表明，网络监督有力地促进了公共决策的科学化、民主化和信息公开，推动了反腐倡廉和法制建设，为公众参政议政、行使政治权利提供了新渠道，培育了公民意识，为促进中国社会主义民主进程功不可没。在看到我国网络监督成效的同时，也不能不承认，中国的网络监督还处于初级阶段，存在着诸多缺失。本课题调查显示，受访者对于当前我国网络监督的现状满意度不高，平均值仅为2.8711（见表1）。

表1　受访者对于当前网络监督现状满意度

	人数	最小值	最大值	平均值	标准差
现状满意度	419	1.00	5.00	2.8711	0.86262
网站满意度	417	1.00	5.00	2.8201	1.03254

网络监督的缺失主要体现在四个方面。

（一）网络监督的监督对象层次低、范围小，内容浅表化，导致监督乏力

我们不否认网络监督有着快捷、廉价、自由、匿名、范围广等优势，但是网络监督毕竟只是一种间接的和柔性的监督。网络监督中，监督主体是普通民众，客体则是掌管公共权力的组织、个人及权力的运行。显然，监督者与被监督者在力量上是悬殊的，作为监督者的普通民众，没有权力也没有足够的能力、精力，甚至没有足够的动力去进行调查，如果说他们抱着一种热情去参与，他们所依据的无非是媒体的报道或官员无意中“泄露”的“小秘密”，如“周久耕们”的香烟和手表，或是在曾一度流传于网上的广西烟草局韩峰的“香艳日记”中去发现蛛丝马迹。这样的监督带有很大的偶然性。而且，网民们接触的往往是级别比较低的官员，要接触到那些级别比较高的官员并不容易。所以，被曝光的当然是级别低、涉案金额也不大的官员。没有专门机构运用专门知识、深入细致地进行调查是难以将那些级别高的、深藏不露的腐败官

员绳之以法的。考察近几年被网络监督拉下马的官员，级别最高的大概是深圳海事局的林嘉祥了（局级），广西烟草局的韩峰是处级干部，南京江宁区的房管局局长周久耕也不过是正科级干部，诸如此类。这样的监督层次比较低，力度也小。从理论上讲，网络监督的主要追求是事实真相、权力的运行过程与规则的制定，但就目前状况来说，网络监督难以胜任这一复杂而艰难的任务。

（二）一些党政部门对网络监督的重视和宽容心理还没有完全形成，消极对待网络监督

网络监督无论力量多么强大，它所起的作用总是有限的。它既无司法机关所具有的法律强制性，也不具备行政机关的行政权力，它所能做的只是唤起网民的关注，形成舆论压力，并引起相关部门注意，促使问题得到解决。但是，现实中，网络监督不仅没有从行政权那里得到救助，反而受到抵制。2010 年，人民论坛杂志在人民论坛网、人民网、腾讯网等做了关于“当代中国官员的‘网络恐惧’”问卷调查，调查结果显示，70% 的受调查者认为当代中国官员患有“网络恐惧”症。（人民论坛问卷调查中心，2010）一些官员，从周久耕等事件感受到网络监督的巨大威力，不但没有引以为戒，反而在如何躲避网络监督上动脑筋。“周久耕事件”后，官员们就普遍留意在公众场合不抽好烟，他们也会在某些场合收起高级手表。目前，有一股抵制网络监督的暗流升起：有人认为网络是添乱，宣称“我从来不看网上的东西”；有人对网上舆情视而不见，能躲就躲；更有甚者，直接删除网上信息，设法限制网民搜索，抵制正常的网上监督。基于这种“需求”，社会上甚至兴起了专门的“删帖”公司，虽收费不菲，仍生意红火。有的官员对网络深恶痛绝，他们把网络视为洪水猛兽，认为是网络煽动了百姓情绪，一旦网上出现了不利于自己的言论，就迅速删帖甚至查封 ID，并动用公权力对发帖者进行跟踪、报复。这种现象表明，虽然网络进步日新月异，网上监督热情高涨，但仍有部分人视网络为畏途，虚与抵制；或者只把网络当做宣扬政绩、自我表扬的工具，没有从政府透明、舆论监督的高度认识网络的作用。表面上实现了“电子办公”，但一些官员的权力观念、执政思维和工作方式仍未转变。

（三）网络监督中网民的非理性行为，降低了网络监督的真实性，削弱了网络监督的效果

一是网络的匿名性带来了网络虚假信息的泛滥，导致信息的准确性难以核实。美国学者安德鲁·基恩指出（安德鲁·基恩，2010）：

> 无论是哪一种社会形态，都需要以信任作为基础。每一位研究社会契约的思想家——从霍布斯、洛克到卢梭——都认识到没有共同的契约，政治和平就不可能实现。
>
> 如果一个民族的交流主体是由不愿意暴露真实身份的、自我封闭的匿名参与者构成的，那么安德森想象中的共同体将退化成无政府社会。

显然，这种靠匿名传播的网络信息缺乏足够的权威性，难以引起公众的共鸣和专门机构的信任；同时，这种匿名举报信息的公开还可能让被举报对象有所准备，事先串供或销毁证据，加大查处难度。

二是网络舆论中的情绪化言论比较突出。美国学者 Patricia Wallace 认为（Patricia Wallace，2001）：

> 当我们认为自己心地善良、头脑冷静、为人自信且宽容时，通常低估了环境对行为的影响力。即使是自诩为处世冷静、为人友善、做事谨慎的人，也会在激烈的网上争论中失去自控，奋起反击。

网络的虚拟与匿名使得网络监督呈现一种混乱的和非理性的状态。网络舆论中盲目跟风，人云亦云，不允许有任何与自己相左的言论出现。而一旦你的表达与多数人的意见或主流意见不一致，遭遇的是群体攻击甚至群体极化。正如美国学者凯斯·桑斯坦所指出的（凯斯·桑斯坦，2003）：

> 网络对许多人而言，正是极端主义的温床，因为志同道合的人可以在网上轻易且频繁地沟通，但听不到不同的看法。持续暴露于极端的立场中，听取这些人的意见，会让人逐渐相信这个立场。

这种现象不利于民主社会的形成。

三是“人肉搜索”的滥用。适度的“人肉搜索”对于反腐败有一定积极作用，如“华南虎事件”中，“人肉搜索”发挥了积极作用。但“人肉搜索”一旦泛滥，就走向了它的对立面。如 2010 年的广西烟草局局长“香艳日记”门事件中，日记中的“女主角”也被网友“人肉搜索”，照片在网上热传，后经调查均属不实。

（四）公民网络政治参与的积极性不高，存在网络监督冷漠现象，降低了网络监督在公众中的影响力

毋庸讳言，随着互联网的兴起，网络监督在中国方兴未艾。近年来，一些党政官员因为网络监督而被拉下马不在少数，这使人们产生一种错觉：似乎公众的网络监督参与度很高。但是相关调查研究显示的结果并不乐观。2008 年，北京大学中国国情研究中心实施的“中国公民意识年度调查数据报告”显示，受访人的政治参与行为普遍较少。在问卷中列举的九种行为中，只有一种，参与过的受访人超过 20%。（沈明明，等，2009）反映在网络政治参与方面，包括网络政治监督方面，同样存在着参与行为和积极性不高的现象。本课题调研结果显示，受访人回答“当党和政府通过网络向社会征求决策意见和建议时，通常您会怎样”，选择“积极响应并参与”的受访人占 27.4%；选择“关注但不参与”近 60%。而在不同职业的受访人中，大学生选择“积极响应并参与”的比例最低，仅为 11%。在“关注但不参与”的选项中，大学生的比例高达 67%。（见表 2）

表 2　受访者对于网络决策参与的态度

受访者态度		职业							合计
		领导干部	机关工作人员	专业技术人员	工人	大学生	个体工商户	企事业单位管理人员	
积极响应并参与	人数	32	26	10	9	11	2	25	115
	百分比	42.1%	35.6%	27.8%	22.0%	11%	40%	28.1%	27.4%
关注但不参与	人数	41	44	22	22	67	3	55	254
	百分比	53.9%	60.3%	61.1%	53.7%	67%	60%	61.8%	60.5%
视而不见	人数	3	3	4	10	22	0	9	51
	百分比	3.9%	4.1%	11.1%	24.4%	22.0%		10.1%	12.1%
合计	人数	76	73	36	41	100	5	89	420
	百分比	100%	100%	100%	100%	100%	100%	100%	100%

受访人回答“当您在网上看到有关社会不良现象的新闻报道，您会在网上发表意见吗”，选择“偶尔会”在网上发表意见的占 53.64%，选择“不会的”为 39.53%，选择“会”在网上发表意见的仅占 6.83%。受访人回答“当在现实生活中发现腐败和社会不良现象，您首先会怎样”，选择“和身边的人发牢骚”的比例高达 47.9%，选择“向纪检部门举报”的比例为

18.1%，选择通过在“举报网站”举报的比例仅为11.2%。(见表3)

表3 受访者对于现实中腐败或不良现象的态度

受访者态度		职业						合计
		领导干部	机关工作人员	专业技术人员	工人	大学生	企事业单位管理人员	
向纪检部门举报	人数	33	19	2	2	5	14	76
	百分比	47.1%	26.0%	5.6%	4.9%	5.0%	16.5%	18.1%
举报网站	人数	9	8	3	9	7	8	47
	百分比	12.9%	11.0%	8.3%	22.0%	6.9%	9.4%	11.2%
网上曝光	人数	1	2	5	8	12	6	34
	百分比	1.4%	2.7%	13.9%	19.5%	11.9%	7.1%	8.1%
向报刊媒体反映	人数	5	3	0	1	2	2	13
	百分比	7.1%	4.1%	.0%	2.4%	2.0%	2.4%	3.1%
和身边人发牢骚	人数	15	38	23	13	59	47	201
	百分比	21.4%	52.1%	63.9%	31.7%	58.4%	55.3%	47.9%
合计	人数	70	73	36	41	101	85	420
	百分比	100.0%	100.0%	100.0%	100.0%	100.0%	100.0%	100.0%

这表明在网络监督中，同样存在政治冷漠现象。这样一种网络监督冷漠现象危害不可小觑。这种政治冷漠情绪造成民主政治建设停滞不前，政治权力因为缺乏民众的监督更易于走向专制和腐败，需要引起党和政府的充分重视。

三、进一步完善与发展网络监督的思路与对策

大量事实表明，网络监督有力地促进了公共决策的科学化、民主化和信息公开，推动了反腐倡廉和法制建设，培育了公民意识，为促进中国社会主义民主进程功不可没。但不能不承认，中国的网络监督还处于初级阶段，存在着诸多缺失，需要进一步健全与完善。

(一) 公共权力机关要善待网络监督

在网络监督的对象中，掌握着公权力的政党和政府包括各级党政领导干部

毫无疑问是监督的重点。网络监督能否取得实效，关键在于公共权力机关特别是各级党政领导干部的态度。因为公共权力机关对网络监督掌握着生杀大权，既可以毫不留情地封杀，也可以让网络监督继续存在下去，但不过是让其装点门面而已。面对迅猛发展的网络监督，公共权力机关需要正确对待和理解网络监督。

首先，要明确各级党政领导干部接受网络监督是一种责任与义务。网络监督的本质是群众监督的一种方式。中国共产党历代领导集体都主张共产党人和各级政府要接受人民监督。2006 年 1 月 6 日，胡锦涛在中纪委六中全会上的讲话中指出（胡锦涛，2008）：

> 现在，一些地方和领域，腐败现象屡禁不止，一个重要原因就是缺乏对权力的有效制约和监督。我们的权力是党和人民赋予的，只能用来为人民谋利益，而不能用来为个人或小团体谋私利。领导干部是人民公仆，一言一行必须受到党和人民监督。

网络监督有着深厚的理论渊源和充分的法理依据。人民主权论阐明了各级政府和各级领导干部的权力是人民赋予的，权力制约论论证了权力不被监督必然导致腐败的深刻道理，言论自由论和法律规定的批评建议权则主张批评政府是公民的基本权利。因此，不管领导干部喜欢不喜欢，习惯不习惯，都要把接受网络监督当做自己必须履行的责任与义务，而绝不能找各种借口推脱和逃避。

其次，公共权力机关和各级领导干部要自觉接受网络监督。现在不少领导干部对网络监督不习惯，排斥网络监督的并不在少数。这里有观念方面的原因。中国传统文化中缺乏民主法制理念，“人性善”观念根深蒂固，加上新中国成立之后正确的监督理论有意无意被忽视，“监督就是不信任”等落后、不科学的观念至今仍然大有市场。在网络媒体空前发达的今天，公共权力机关和领导干部必须适应形势的发展，抱着积极主动的态度，自觉接受群众监督，让在网络监督下工作成为一种习惯。对各级领导干部而言，必须充分认识到接受监督是一个完善自我、提升自我的过程，是一个不断学习、接受公众考验的重要途径。

最后，公共权力机关和领导干部要宽容对待网络监督。现代社会是充满冲突和不一致的社会。网络社会也是如此，公共权力机关应该适应和学会如何应对现代社会中的多元和冲突。网络监督的声音不可能都是温柔耳语，有时还可能出现一些粗俗的不堪入目的评语，只要不是恶意诬陷，作为公共权力机关和领导干部应该宽容相对。宽容不是纵容。宽容不是无原则地认同一切，宽容者不但有自己的立场，而且有清楚的底线，只有在不触及底线时，才不会轻易去遣责或压制与它不同的偏好。宽容不是懦弱，宽容是在宽容者有足够力量去干预的前提下却保持克制；宽容不是冷漠，是认可他人的行为有其合理价值，是谦逊的自觉和容忍。（李永刚，2009）这里的宽容不是人们那种较为宽泛地认为它是一般交往中的美德或者行为规范，它更多的是基于对政治权力的深刻认识与洞察所反映出来的理性态度。因为，在政治权力系统中，政治的不宽容伤害更广，危害更大。作为拥有强大政治权力的党和政府，需要以宽容的胸怀去面对网络监督。宽容带来的是宽松。唯此，网络监督才能在宽松、开明的环境中成长为中国反腐森林中的一棵大树，收益的不仅仅是网络，更多的是公共权力机关、各级领导干部和中国的民主政治。

（二）在全社会强化公民意识教育，积极培育网络监督主体

相关资料及本课题调研所反映的公民网络政治参与积极性不高，存在网络监督冷漠现象，其原因是多方面的，涉及制度、利益、文化、经济等方面的因素。反腐败是全民的事业，网络反腐本应该由于互联网所带来的便捷而能使公众更愿意参与，但是调研中所反映出的公众的网络监督冷漠现象，尤其是大学生群体的政治冷漠现象的确值得我们深思。

毋庸讳言的是，这和长期以来我国的公民意识教育严重缺位有很大关联。尽管在党的十七大报告中提出了“加强公民意识教育，树立社会主义民主法治、自由平等、公平正义理念”的重要任务，但是理论号召与实践操作总是存在不少距离。长期以来，公民意识教育似乎有意或无意被忽视而难以成为我国中小学及大学教育中名正言顺的课程，致使公民教育一直处于缺位状态，这和中国民主政治进程目标极不相称。当前，我们应当忧虑的不是政治参与过度，而是政治参与不足。在权力集中的体制下，若缺乏外在的公民监督，更易于导致专制和腐败。而公民意识则是政治参与的必要条件。因此，本研究有两点建议：一是建议在中小学、大学生思想政治教育中专门开设“公民意识教育”课程，教会学生懂得民主政治是如何运行的、如何参与政治事务，懂得公民有哪些政治权利和义务。当政治权利受到损害时，懂得如何去维护。二是在干部教育中引入更多体现公民意识，体现民主法治、自由平等、公平正义等基本价值理念，体现公权保护私权等现代社会治理理念的内容和案例，以提高领导干部的公民意识。

（三）健全与完善网络舆情监测、研判与快速反应机制

1. 建立健全网络监督舆情监测制度

要成立相应的组织机构。由专门监督机构牵头，加强对网络舆情工作组织协调力度。组织机构应该做到覆盖广泛，体制内的横向与纵向相结合，政府与公众参与相结合，形成一个舆情资源共享与交换的组织网络。并制定网络舆情收集监测规定运作机制，对网络舆情按责任部门、责任区域、跟帖议论情况、轻重程度，结合重点网站、论坛进行信息收集。涉及公共权力制约监督及反腐倡廉的网络舆情一般来说主要有三大类：一是网民对党和政府的公共治理的质疑，如决策失误、工商、公检法、税务、城建等；二是对公共权力机关组织机构及个人的行为不当进行曝光（视频、文字等）；三是对党和政府组织及个人的谣言。舆情监测机构及工作人员应该重点对这三大类舆情进行收集与监测。由于网络上信息海量，仅仅依靠人工进行信息处理难以达到监测目的。要重视技术研究，加强对相应监测软件的开发与利用，形成一套科学、严密的自动化的网络舆情监测分析系统。

2. 形成网络监督舆情快速反应与处置机制

处置网络监督热点事件，争取时间极为重要。一些网络舆情出现异常苗头时，如果得不到及时有力控制和有效引导，就可能迅速扩大，使简单问题复杂化，局部问题全局化。因此，相关部门要建立舆情快速反应机制，力求在第一时间发现情况，第一时间作出回应，第一时间进行干预，把握事态处置主动权。

（四）建立与健全网络监督舆情引导制度

1. 充分发挥网络“议程设置”的功能

在各种网络监督舆情事件中，党和政府相关部门要成为网络议程设置主体中的主角，根据网络议程设置的新特点，快速设置传播议程，掌握主导舆论、引导舆论、影响舆论的主动权；否则，网络公众将会自发设定传播议程，从而决定该网络事件的走向。相关责任部门要对突发的网络监督舆情事件建立前瞻性的传播议程预案，要善于把握时机，牢牢掌控舆论的议程设置权，若稍有延误，即有可能造成无法挽回的损失。当舆论还未生根发芽时，如不快速设置议程进行干预，机会就会稍纵即逝，最终造成难以控制的局面。在传播议程设置中，相关部门还要善于利用传统媒体，尽量让传统媒体与网络媒体舆论交相碰撞，引发共振，以提高舆情引导的效能。

2. 建立网络监督发言人制度

2009年，我国部分地区和部门相继推出了网络发言人制度。但还没有网络监督或者说网络反腐方面的新闻发言人制度。众所周知，反腐败已经成为当今国民最为关注的一个热点问题。其政治敏感性强，一旦引导处理不当，易于激起公众产生对党和政府的失望，使公众对党和政府的信任度下降。因此对反腐败工作的舆情引导不可掉以轻心。而反腐倡廉建设的专业技术含量比较高，如果指望政府的一切工作的信息发布与引导完全靠网络新闻发言人来完成也不现实，因此，为了强化网络反腐舆情引导的针对性，需要建立网络反腐新闻发言人制度。当然，网络反腐新闻发言人制度是整个新闻发言人（包括网络发言人制度）的一环，也是网络舆情引导工作的重要一环。网络反腐新闻发言人在网络反腐舆情事件中承担信息把关、议程设置、公众舆论领袖、政府形象公关等多种角色。其职责主要有：收集相关信息、组织信息发布、引导社会舆论、协调沟通媒体。要加强制度建设、队伍建设和平台建设，规范网络发言的形式与程序。网络反腐新闻发言人的工作主要内容有：一是就本地区的涉及反腐倡廉建设等问题，定期召开网络新闻发布会，通过视频和文字方式向民众通报；二是邀请相关领导、专家做客网络直播间就相关问题进行解释与说明，与网民进行实时互动交流；三是及时发布事件最新进展或澄清网络舆情；四是通过网络互动专栏和技术处理，回复网民诉求。当然，网络反腐新闻发言人要加强横向与纵向沟通，形成联动机制。

（五）建立与完善网络反腐的相关法律

要使网络反腐成为常态，需要建立和完善网络反腐立法。要通过出台制度规范，明确网络监督应当遵循的基本原则。譬如立法的可行性、前瞻性和系统性。要明确规定网络监督主体的法律责任及监督主体的权利义务。科学界定公民的知政权与隐私权、言论自由与人身攻击的边界。要确定一些原则，譬如当公民的知政权与官员的隐私权发生冲突时，要体现公共利益优先原则，即需要对官员的隐私权进行一定限制；还有利益平衡原则、宽容协调原则和公开场合原则。（张秀兰，2006）要完善网上举报、网上曝光、网上发表评论的基本要求，规范网络监督事件受理、查处、反馈的程序，以及维护或确保网民的合法权益和人身安全。目前，特别要建立一套完整的举报人保护制度，以最大限度保护网络举报人的合法权益。由于网络监督其本质是舆论监督的一种方式，因此，网络监督的立法也必须与舆论监督立法相结合，对于网络媒介的监督权利与义务作出相应的法律规定。立法部门要谨慎对待网络实名制。因为这一做法的代价和成本巨大。就当前我们中国国情来说，对网络监督可能需要的更多的是保护和扶持，而不是因为网络监督出现一些问题就迫不及待地去管制和约束。

参考文献

[1] 安德鲁·基恩. 2010. 网民的狂欢：关于互联网弊端的反思. 海口：南海出版公司.

[2] 程少华. 2009. 网络监督：蓬勃中呼唤规范. 人民日报，02－03.

[3] 贺国强. 2010. 认真总结推广基层实践成果和经验，以改革创新精神推进反腐倡廉建设. 学习时报，06－28.

[4] 胡锦涛. 2008. 十六大以来重要文献选编（下）. 北京：中央文献出版社.

[5] 李永刚. 2009. 我们的防火墙：网络时代的表达与监管. 桂林：广西师范大学出版社.

[6] 鞠鹏. 2008. 胡锦涛在人民日报社考察工作时的讲话. 人民日报，06－21.

[7] 凯斯·桑斯坦. 2003. 网络共和国：网络社会中的民主问题. 上海：上海人民出版社.

[8] 人民论坛问卷调查中心. 2010. 多少官员患有“网络恐惧”症：当代中国官员“网络恐惧”问卷调查分析报告. 人民论坛，(5)（上）.

[9] 叶皓. 2009. 正确应对网络事件：政府新闻学网络案例. 南京：江苏人民出版社.

[10] 叶雪，温睿. 2009. 从网络暴民、网络哄客到网络公民：2009 年网络公共事件透视北京. 社会观察，(12).

[11] 张秀兰. 2006. 网络隐私权保护研究. 北京：北京图书馆出版社.

[12]（美）Patricia Wallace. 2001. 互联网心理学. 北京：中国轻工业出版社.

第六部分

廉政教育与公民参与

政府廉洁满意度：基于2006—2009年度广东省的实证分析[①]

郑方辉[②]　卢扬帆[③]

政府廉洁是政府合法性的基础。在广东省地方政府整体绩效评价技术体系中，公众对政府人员廉洁满意度是满意领域层的一项具体指标（共57项指标，主观指标14项）。四年度的评价结果表明，该项指标[④]的得分一直不高，成为媒体所称的垫底指标。本文利用2006—2009年度公众满意度调查的基础数据，试图展示广东公众对“政府廉洁满意度”评分情况，并选择若干变量作交互分析及比较分析，以评估现状、发现问题、提出思考。

一、概念及数据来源

（一）政府廉洁满意度及研究简述

《辞源》解释：“廉是清廉，洁是洁白。”“廉洁”一词本意为做人要行为清白，态度光明磊落。而将其应用于公共行政领域，便衍生出廉政建设的重大课题。具体而言，“政府廉洁”要求其部门和工作人员在履行职能时办事公正，不以权谋私。“满意”属于主观评价的范畴，整体绩效中的满意度评价要求公众将上一年度当地政府各方面公共行为及形象的整体性、综合性感受与自身需求、期望和目标等相比较后，就其满足程度进行评分。相应的，政府廉洁满意度即作为从公众角度对地方政府在上一年度各种廉政输出的综合性反馈。

---

① 本文及前期相关研究受到下述基金项目资助：2009年度教育部新世纪优秀人才支持计划（批准号：NCET-10-0374）；2009年度广东省文科重点研究基地重大项目；2009年度国家社会科学规划基金项目（项目编号：09BZZ027）。

② 郑方辉，管理学博士，华南理工大学公共管理学院教授、博士生导师、政府绩效评价中心主任。研究方向为：政府绩效评价、民意与市场调查、政府经济学。

③ 卢扬帆，中山大学港澳珠江三角洲研究中心2011级研究生。

④ 2007公众满意度调查选用10项指标，2008年、2009年增加为13项，2010年进一步增加至14项。

现代民主条件下，廉政建设与反腐斗争相伴相生。建立廉洁高效政府是政党得以长期执政与维护国家政权稳定的必然要求，更是实现政治文明、社会和谐与民生幸福的重要支柱。（王进敏，2006）20 世纪 90 年代，透明国际（Transparency International，2000）最早提出“国家廉政体系”概念，认为该体系存在立法、行政、司法、监察、监督、审计、公务员系统、媒体、公民社会、私人部门及国际行动者 9 个关键部门，它们在一国的廉政和法治方面发挥着重要作用。与此同时，经济合作与发展组织（OECD）从行政伦理角度提出廉政的“道德基础”，认为其包含 8 个要素，分别为政治承诺、法律机制、责任制度、价值声明、职业社会化、就业条件、道德协调机构和公众参与监督，强调道德对公共部门服务的引导、管理与控制作用。（王伟，2001）综观英、美、日、新加坡等国家和中国香港地区廉政体系的构建的经验，其中不可忽视的重要内容是发挥公民社会的监督作用，这在一定程度上为政府廉洁度的公众评价研究提供了理论支持。

在此基础上，透明国际自 1995 年开始测量并公布世界各国腐败印象指数（corruption perception index），并在 2001 年发布首份《全球腐败报告》（以下简称《报告》）。该《报告》实际是基于对“盖洛普”、世界银行、世界经济论坛等国际权威机构调查结果的技术性整合，以 10 分制度量的腐败印象指数和行贿指数（Bribe Payers Index）两大指标对世界各主要国家及地区廉政或腐败状况进行衡量与排序。由此可见，许多重要的国际调查组织、国际金融组织与区域性组织已在实践层面形成对全球或地区的廉政形势的持续性监测。联合国开发计划署（UNDP）在 1997 年大会后提出系列解决腐败问题的思路，认为腐败即是治理不善，并承诺以举办论坛等方式加强各成员国间合作。反腐倡廉业已成为 21 世纪全球合作中的一个重要主题。

然而，国际廉政研究多是针对各国政府官员在国际商务活动中的廉洁情况进行评价，透明国际《报告》的一部分数据也来源于商界领袖的测评，并非来自政府廉政输出直接受众的有效反馈。因此，在充分考虑体制差别的前提下，胡鞍钢等提出要“构建中国特色国家廉政体系”，1995 年，天津市纪委与南开大学合作完成“廉政建设社会评价系统”设计，该系统选用政治结构、政府人员素质、官民关系和社会环境共 4 组指数及 12 项指标作为评价依据，在廉政评价的科学化、数量化与精确化方面进行了有益尝试，并首度涉及了群众满意度等主观领域。（孙传宝，1996）此外，2004 年甘肃省委托兰州大学在民营企业中开展对政府职能履行、依法行政、管理效率、廉政勤政及改革创新等方面进行测评，当中涉及廉政评价内容。2007 年，华南理工大学课题组开始进行广东省地方政府整体绩效评价研究，采用主客观指标相结合的评价体

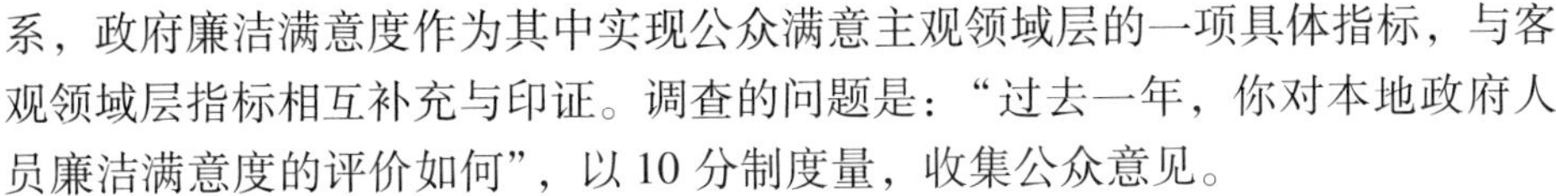

系，政府廉洁满意度作为其中实现公众满意主观领域层的一项具体指标，与客观领域层指标相互补充与印证。调查的问题是："过去一年，你对本地政府人员廉洁满意度的评价如何"，以 10 分制度量，收集公众意见。

（二）数据来源

本项研究所用为 2006—2009 年度公众满意度调查有效样本及结果数据，并与当年《广东统计年鉴》数据相对照。4 年的有效样本量及样本结构见表 1。

表 1　2006—2009 年度广东省公众满意度调查样本情况

调查针对年份		2006 年度	2007 年度	2008 年度	2009 年度
年末常住人口（万人）		9304	9449	9544	9638
有效样本量（人）		23777	25120	27635	25765
问卷合格率（%）		94.65	92.35	92.61	93.69
执行时间		2007 年 2 月	2008 年 3 月	2009 年 3 月	2010 年 2 月
抽样框		18～70 岁的常住人口，覆盖全省 121 个县域及中山、东莞两地级市			
户籍（%）	本市县	—	65.8	69.7	62.2
	本省	—	22.7	18.6	22.3
	外省	—	11.4	11.7	15.5
性别（%）	男	52.4	50.5	51.4	51.1
	女	47.6	49.5	48.6	49.9
年龄（%）	16～20 岁	10.04	11	10.9	10.1
	21～30 岁	21.92	23.6	21.2	20
	31～40 岁	22.75	23.9	21.2	20.1
	41～50 岁	20.34	19.4	19.8	20
	51～60 岁	16.76	15.2	18.1	19.9
	61～70 岁	8.19	6.9	9	9.9

（续表 1）

调查针对年份		2006 年度	2007 年度	2008 年度	2009 年度
学历（%）	小学	6.01	11.9	12.6	11.6
	初中	18.71	28.4	24.9	24.4
	高中/中专	30.06	30.6	28.3	30.3
	大专	24.59	14.9	15.1	16.2
	本科	18.51	12	15.6	15.2
	研究生	2.12	2.2	3.5	2.2
职业（%）	外企员工	8.78	3.1	3.1	2.8
	私企员工	16.53	13.6	15.1	16.5
	国企员工	10.08	7.3	7.2	4.5
	科教文卫者	10.82	8.6	8.1	8
	公务员	5.95	5.1	4	3
	自由职业者	7.43	9.3	9.2	8.9
	私营业主	9.76	9.8	10.5	10
	失业下岗	5.58	6.6	6.3	7.2
	学生	12.29	13.9	16.3	15
	农民	5.8	13.2	11.3	11.4
	其他	6.99	9.5	8.7	9.8

满意度调查采用户籍①、性别、年龄、学历、职业及家庭年收入 6 项公众背景指标与常住人口总体结构进行比对，以检验样本的代表性。由表 1 可知，有效样本的 6 项指标结构在 4 年间变化不大，以每类取值的百分比 4 年高低极差作为度量，其平均变动幅度仅为 3 个百分点。在此用 2009 年度数据说明样本代表性，据统计年鉴公布，2009 年广东省中男性比例为 51 %，女性比例为 49%，本省户籍人口比例约为 85.7%，与样本对应结构吻合；进一步地，广东省 2009 年从业人口中国有单位人口比例约为 17.6%，而样本中国企员工、科教文卫工作者与公务员 3 项相加比例为 15.5%；其他指标项比对结果与此基本一致（见图 1）。可见，总体而言，4 年满意度调查所采用样本均有很好的代表性。

① 户籍指标为 2008 年满意度调查增加，涉及该指标的数据只针对 2007—2009 年度。

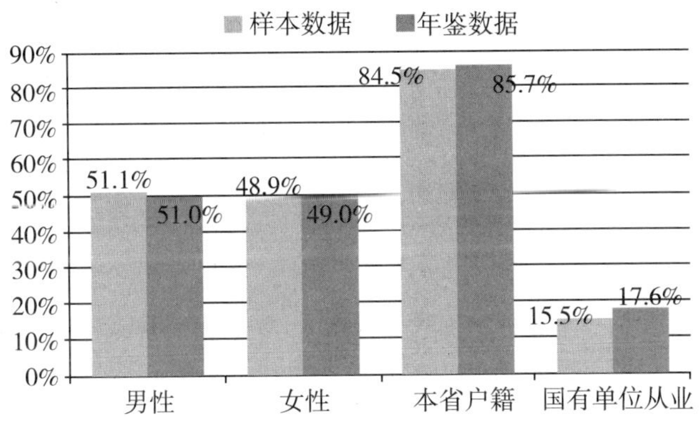

图 1　2009 年度广东省公众满意度调查有效样本结构与统计年鉴数据比对结果

二、总体评价结果

（一）总体情况及历年比较

广东省 21 个地级以上市的 4 年结果数据如图 2。由图 2 可知，2006—2009 年度公众 10 项满意度指标（同 2006 年度）得分在 4 年间整体变化幅度不大，其中 2008 年度稍低，但 2009 年度有所回升。10 项指标中的得分最低项 4 年均为政府廉洁满意度，且与其他指标相比差距有逐渐扩大趋势，一定程度上说明其已成为地方政府满意度评价中共同的“软肋”指标。

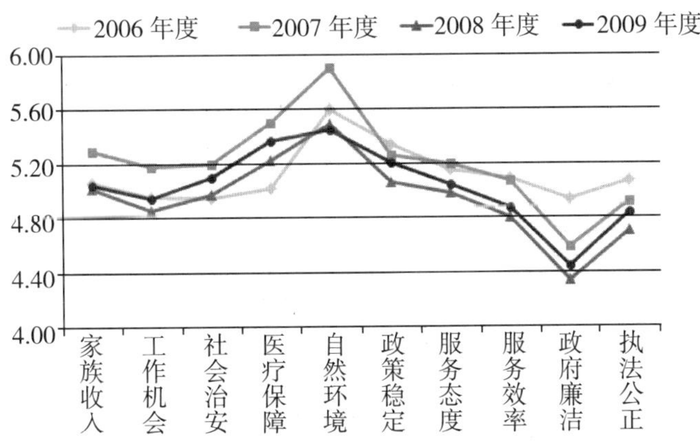

图 2　2006—2009 年度广东省公众满意度 10 项指标得分情况

进一步，表2为政府廉洁满意度单项指标的4年得分情况，最高值出现在2006年度，为5.74（10分制，下同）；最低值出现在2009年度，得分仅3.64，与2006年度十分接近。从得分区间上看，21个地级以上市整体水平基本呈逐年下降趋势，但平均值2008年度为4年中最低，2009年度得分有所回升。21个地级以上市得分的标准差也逐年递减，显示其离散程度逐步变小。由此可见，政府廉洁满意度得分表现出逐渐“趋同”迹象。

表2　2006—2009年度广东省21个地级以上市政府廉洁满意度得分总体情况

单位：分

年度	最高值	最低值	平均值	极差	标准差
2006	5.74	3.65	4.93	2.09	0.541
2007	5.30	3.94	4.59	1.36	0.392
2008	5.24	3.68	4.34	1.56	0.348
2009	5.06	3.64	4.45	1.42	0.324

若将21个地级以上市按该项指标每一年度得分依次划为5个区间，如图3所示，各市评分大都落在4.00～4.99分之间，总体分布较为均匀，其中除2008年度以外，另外3年均以落在后半段（4.50～4.99分）居多。21个地级以上市中除2007年有3席得分超过5.50分之外，最近3年再无席次达到这一水平，而得分低于4分的情况，2008年度有3席，其余3年均为1席。从年度比较来看，各地级市政府廉洁满意度评价结果以2006年度最高，2008年度最低。

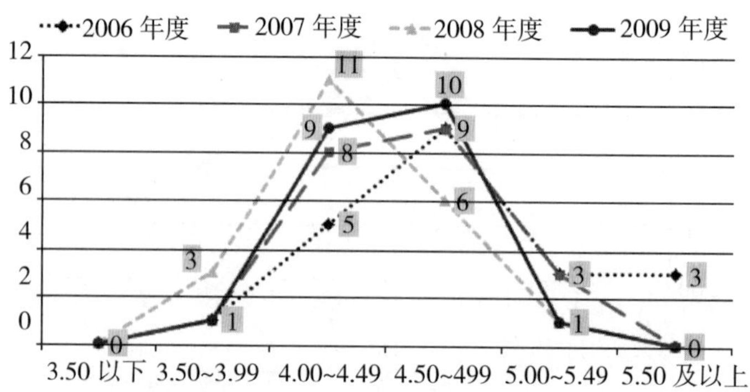

图3　2006—2009年度广东省21个地级以上市政府廉洁满意度区间分布情况

（二）各市评价结果比较

表3汇总了21个地级以上市政府廉洁满意度评价结果。由表3可知，4年平均得分最高的是佛山市（5.15分），最低的是汕尾市（4.10分）；4年得分极差最大的是中山市，极差为1.41分；得分极差最小的是梅州市，极差仅0.16分，显示其稳定性最强。珠海市4年得分均值较高，稳定性也较强，见图4。在全省排序方面，21市的4年结果并不稳定，也未呈现出较明显的递变规律。排序起伏较小的有湛江市、揭阳市、广州市，较大的有汕头市、清远市、江门市。深圳市、佛山市有3年进入全省前3名，汕尾市、湛江市4年普遍排在全省后列。

表3　2006—2009年度广东省21个地级以上市政府廉洁满意度得分及排序

年度 地级市	2006	2007	2008	2009	2006 排序	2007 排序	2008 排序	2009 排序
中山市	5.74	5.30	4.33	4.58	1	1	10	7
深圳市	5.63	5.22	4.33	5.06	2	2	11	1
佛山市	5.62	5.16	5.24	4.58	3	3	1	8
东莞市	5.42	4.45	4.37	4.60	4	14	8	6
肇庆市	5.39	4.82	4.29	4.44	5	7	13	13
广州市	5.01	4.86	4.34	4.57	6	5	9	9
云浮市	4.93	4.35	4.30	4.23	7	15	12	16
茂名市	4.89	4.47	4.18	4.34	8	13	16	14
韶关市	4.85	4.29	3.68	4.06	9	17	21	20
珠海市	4.84	4.83	4.74	4.52	10	6	2	11
江门市	4.78	4.07	4.68	4.45	11	19	3	12
揭阳市	4.77	4.55	4.22	4.31	12	11	14	15
梅州市	4.65	4.65	4.52	4.68	13	10	7	5
河源市	4.60	4.69	3.94	4.55	14	9	19	10
潮州市	4.53	4.93	4.57	4.74	15	4	5	4
清远市	4.48	4.32	4.12	4.90	16	16	17	2
惠州市	4.48	4.12	4.54	4.10	17	18	6	19

（续表3）

年度 地级市	2006	2007	2008	2009	2006 排序	2007 排序	2008 排序	2009 排序
湛江市	4. 36	3. 94	4. 11	4. 20	18	21	18	17
汕尾市	4. 19	4. 80	3. 76	3. 64	19	8	20	21
阳江市	4. 04	4. 50	4. 19	4. 14	20	12	15	18
汕头市	3. 65	4. 03	4. 67	4. 82	21	20	4	3

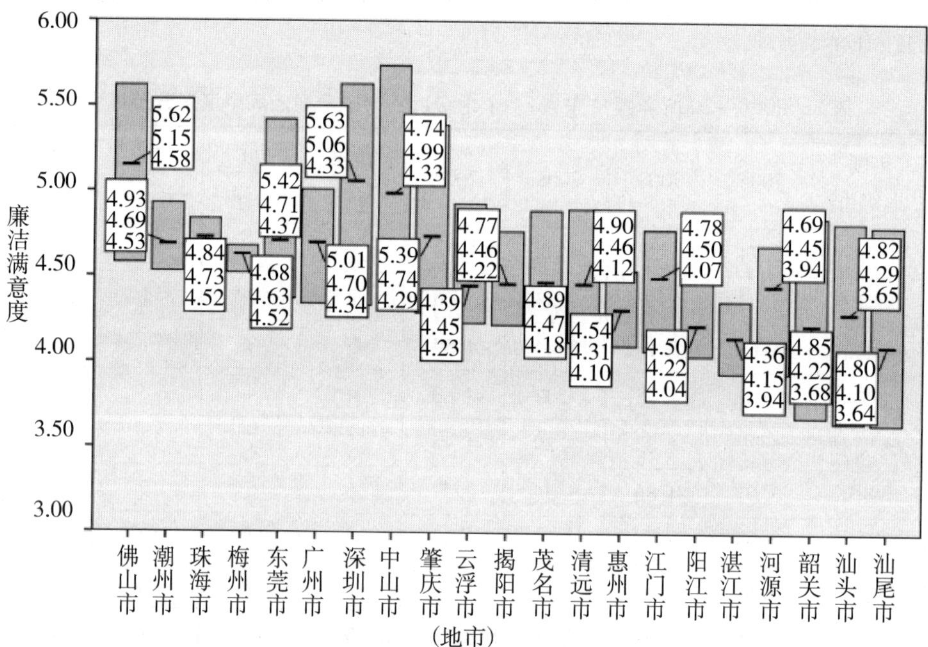

图4　广东省21个地级以上市政府廉洁满意度4年总体情况对比

进一步，将21个地级以上市按广东省传统三大经济区域划分，其政府廉洁满意度4年评价结果如图5所示。珠三角地区4年得分普遍较高，山区与东西两翼地区得分较低，且二者较为接近，可见这一指标评价结果存在较明显的地区差异。其中，2006、2007年度珠三角地区得分高于山区高于东西两翼地区，2008年度得分珠三角高于东西两翼地区高于山区，2009年度珠三角与山区得分接近且高于东西两翼地区。总体而言，三类地区得分差距呈逐年缩小趋势。

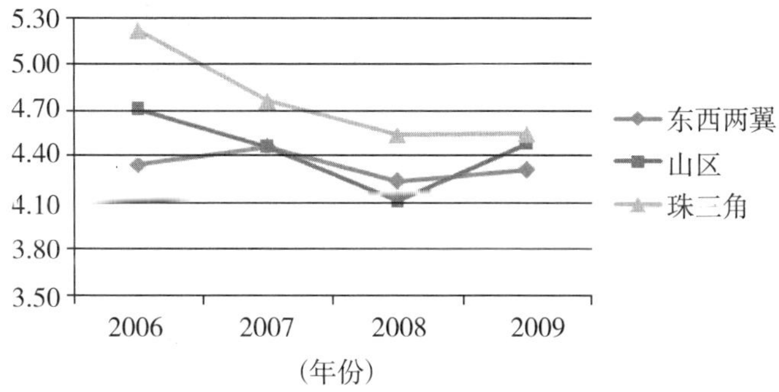

图5 2006—2009 年广东省 21 个地级以上市政府廉洁满意度按区域比较

(三) 与其他指标满意度比较

公众满意度指标可大致分为三组，其中涉及对当地政府形象、行为与服务进行直接评价的归为一类，有政策稳定、服务态度、服务效率、政府廉洁和执法公正 5 项满意度指标（郑方辉，2008：141 - 142）。同类型指标评价结果具有较强可比性。但经验表明，政府廉洁与政策稳定两项指标关联度不大，因此，本研究将政府廉洁满意度及与之指标类型相同的服务态度、服务效率和执法公正 3 项满意度得分情况进行比较，分析其总体特点的异同。

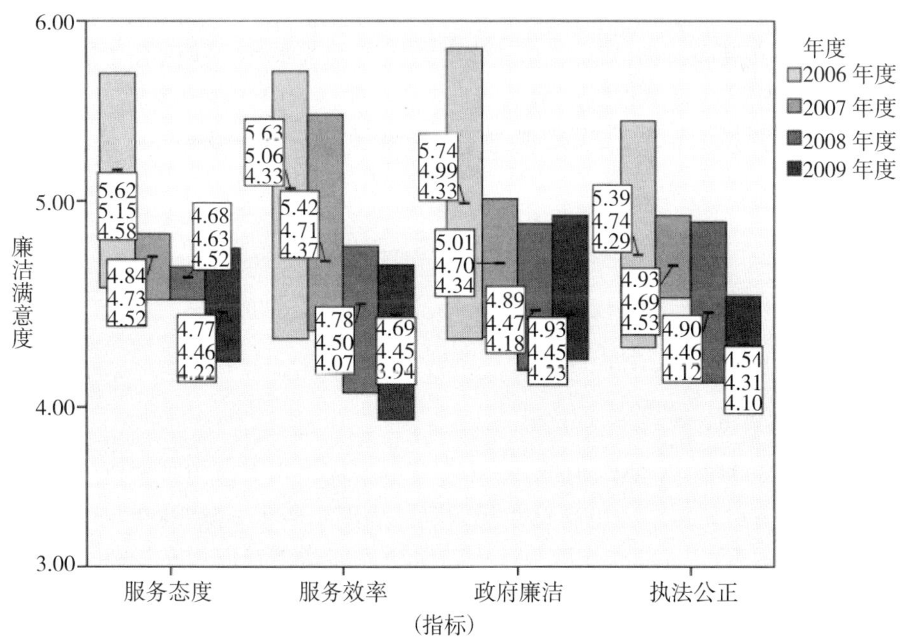

图6 2006—2009 广东省 21 个地级以上市 4 项满意度得分总体比较

如图6所示，4项指标中平均得分最高的是政府服务态度满意度，其次为政府服务效率满意度，再次为执法公正满意度，政府廉洁满意度平均得分最低，4年间这一排序均未出现变化。从分布区间上看，4年整体得分最高均为政府服务态度满意度，政府廉洁满意度得分区间自2007年度以来便明显低于其他3项指标，但其得分极差情况并不稳定，2006年度为4项指标中极差最大，2007年度、2009年度为4项指标中极差最小。

表4　2006—2009年度广东省21个地级以上市4项满意度得分标准差

年度	政府廉洁	服务态度	服务效率	执法公正
2006	0.541	0.514	0.494	0.547
2007	0.392	0.451	0.430	0.486
2008	0.348	0.394	0.330	0.369
2009	0.324	0.363	0.363	0.349
4年平均	0.401	0.431	0.404	0.438

进一步，表4统计了21个地级以上市每年度4项满意度得分的标准差。就4年的平均情况看，政府廉洁满意度得分的离散程度为4项指标当中最小、执法公正满意度得分的离散程度最大，但4项指标间相互差别不大。具体而言2007、2009年度政府廉洁满意度得分离散程度均为最小，执法公正满意度得分在4年当中有3年离散程度最大。显然，4项指标中，政府廉洁满意度得分整体偏低且离散性小，已成为影响地方政府公众满意度提升的关键因素。

三、主要变量的交互分析

公众对政府廉洁满意度的主观评价受制于多种复杂的因素，调查表明，公众的自然背景和社会背景为重要的影响因素。

（一）户籍

户籍是2008年调查增加的公众社会背景指标，一方面用于考察本省户籍人口和非本省户籍常住人口满意度的差别。如图7所示，除2009年度两者接近以外，2007年度、2009年度户籍人口对政府廉洁满意度均高于非户籍常住人口。3年平均得分户籍人口为5.01，非户籍常住人口为4.98，总体而言，户籍人口该项评分高于非户籍常住人口。

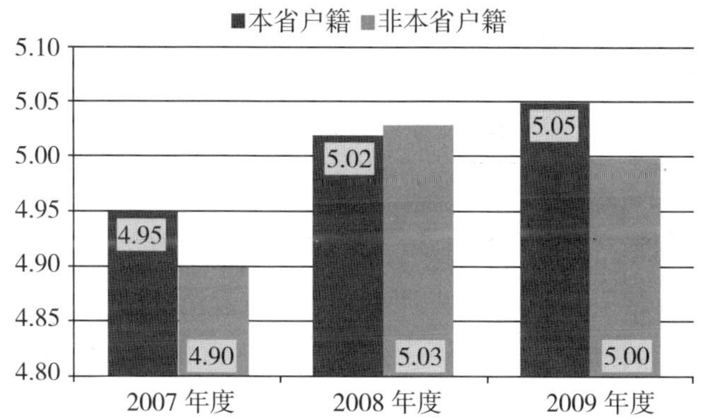

图7 公众户籍背景对政府廉洁满意度的影响

（二）年龄

如图8所示，政府廉洁满意度3年得分情况随公众年龄段变化趋势基本一致，其中得分较高为31～40岁和41～50岁两个年龄段，得分最低为16～20岁年龄段。总的来看，中老年群体对政府廉洁满意度评价高于青年群体。

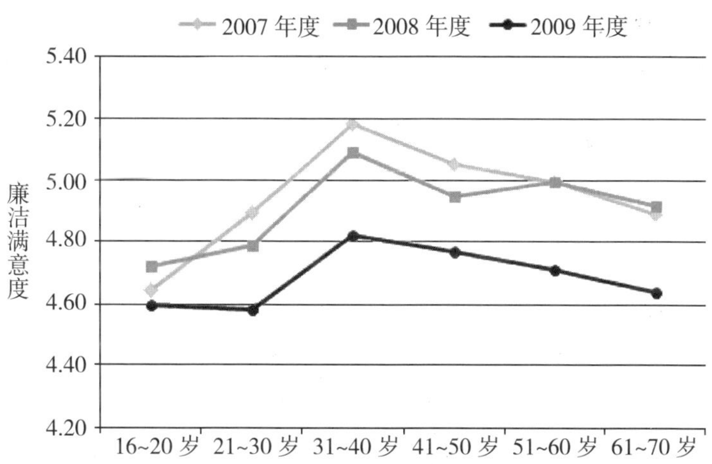

图8 公众年龄背景对政府廉洁满意度的影响

（三）学历

如图9所示，政府廉洁满意度3年得分情况随公众学历水平变化趋势基本一致，其中得分最高为研究生群体，其次为本科生群体，得分最低为小学及以下群体。总体而言，公众的学历水平越高，对政府廉洁满意度评价越高，二者表现为一定的正相关。

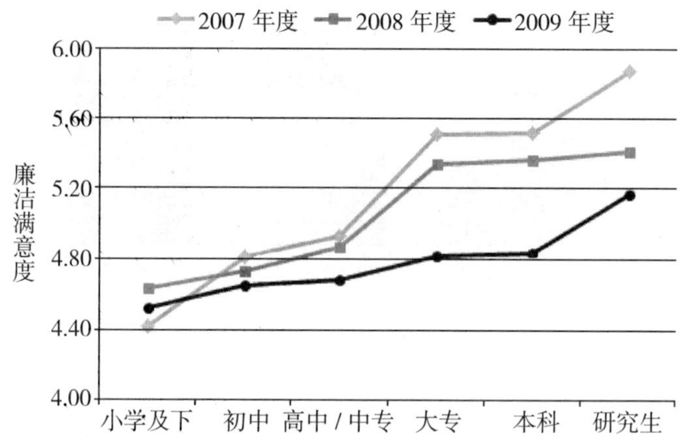

图 9　公众学历背景对政府廉洁满意度的影响

（四）职业

不同职业群体间政府廉洁满意度评价也存在明显差别。如图 10 所示，得分情况随职业变化趋势高度一致。其中，得分最高为公务员群体，其次为国企员工；得分最低为失业/下岗人群，其次是农民。总的来看，职业待遇及稳定性越高，对政府廉洁满意度评价越高。

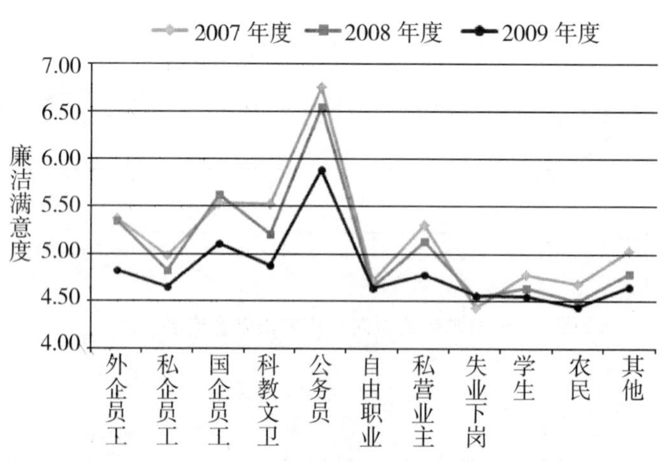

图 10　公众职业背景对政府廉洁满意度的影响

（五）收入

收入为公众社会背景的关键指标。如图 11 所示，公众对政府廉洁满意度评价随收入水平变化基本一致。在年收入 10 万～15 万元以下，政府廉洁满意度随收入增加而提高；但在年收入 15 万～30 万元以上，政府廉洁满意度随收入增加反而降低。总体而言，政府廉洁满意度随家庭年收入增长呈现“倒 U 形”变化，但 2007 年与 2009 年度拐点出现在 10 万～15 万元收入段，2008 年度拐点出现在 15 万～30 万元收入段。

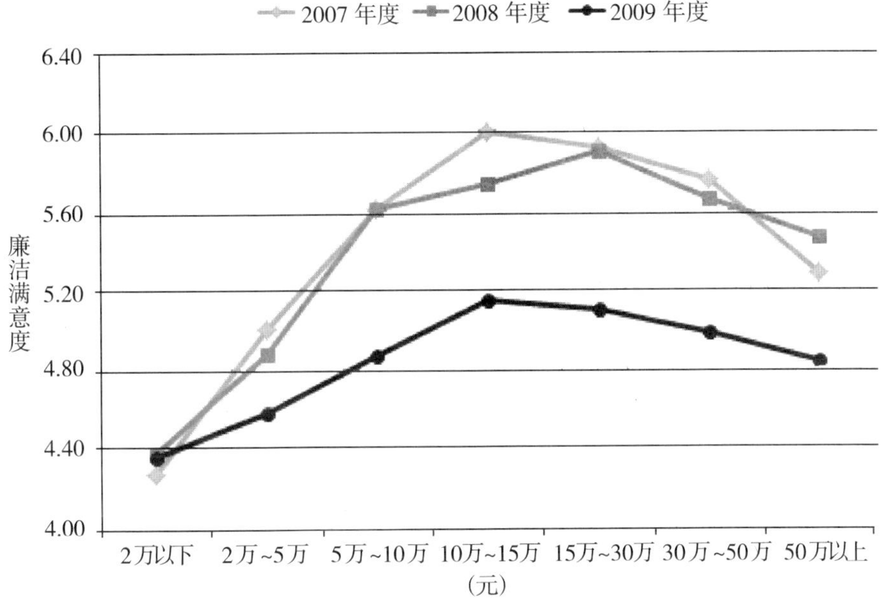

图 11　公众收入背景对政府廉洁满意度的影响

四、结论与讨论

本文仅展示调查的结果并作出简单的结构分析。从技术层面来看，本项研究的结论如下：

首先，4 年的调查表明：政府廉洁满意度水平呈逐年下降趋势，不仅得分均值有所降低，且离散程度逐年减小。全省均值 2009 年度比 2006 年度降低了 0.48，相当于 4 年平均得分的约 11%。

其次，就各市比较结果来看，4 年平均得分最高为佛山市，最低为汕尾市，得分波动最小的是梅州市，其中潮州市 4 年得分均值较高，且稳定性较强。另外，对 21 市的分区域比较说明，政府廉洁满意度存在较明显的地区差异。

再次，政府廉洁满意度是历年公众最不满意的“垫底”指标。4 年平均得分均低于服务态度、服务效率和执法公正 3 项满意度。不仅如此，且与其他指标相比存在差距逐年拉大的现象。“政府廉洁”已成为制约地方政府总体满意度提升的关键因素。

最后，公众背景对政府廉洁满意度评价存在较大影响。从 5 项公众背景来看，户籍人口该项满意度一般高于非户籍常住人口，中老年群体满意度高于青年群体，学历水平高低与满意度呈现正相关；职业待遇及稳定性越高，满意度也相对越高；政府廉洁满意度随家庭年收入增长呈现“倒 U 形”变化趋势。

对于政府廉洁满意度得分偏低且逐年下滑的原因，我们以为，除技术方案及执行所导致的误差外，满意度评价结果本身具有较强的主观性，调查得分与绩效实况未必完全一致，地方政府廉政输出的有效反馈受制于其廉政行为的具体可感性、政务信息公开程度以及宏观廉政环境等多种复杂因素，而在当前的体制背景下，这些因素状况在短期内难取得较大改进，因此，“政府廉洁”容易在社会公众心中形成一定的“固化印象”，并受到来自各方负面信息的强化，最终影响满意度评价的整体水平。事实上，不仅政府廉洁满意度存在逐年下滑迹象，其他指标满意度也有类似情况，这在一定程度上反映了随着经济发展和生活水平的不断提高，公众对地方政府公共行为及服务质量的内在期望也在提升，甚至提升更快，原有的政府自身建设与服务水平已难以满足公共需求。背后涉及的深层问题是：两千多年的中国历史进程中，生产力发展水平为什么始终与政府腐败成正比，与公众对政府廉洁的满意度成反比。事实上，本项研究涉及的连续四年的大样本抽样调查结果亦反映这样一个基本事实——中国地方政府廉政建设任重道远。

参考文献

［1］包国宪，等. 2010. 第三方政府绩效评价的实践探索与理论研究：甘肃模式的解析. 行政论坛，(4).

［2］胡杨. 2009. 社会廉政评价：经验与趋势. 郑州大学学报（哲学社会科学版），(2).

［3］何增科. 2006. 廉洁政府与社会公正. 吉林大学社会科学学报，(4).

［4］（新西兰）杰瑞米・波普. 2003. 制约腐败：建构国家廉政体系. 清华大学公共管理学院廉政研究室，译. 北京：中国方正出版社.

[5] 季正矩. 2005. 通往廉洁之路：中外反腐败的经验与教训研究. 北京：中央编译出版社.
[6] 李秋芳. 2007. 世界主要国家和地区反腐败体制机制研究. 北京：中国方正出版社.
[7] 李秀峰. 2007. 廉政体系的国际比较. 北京：社会科学文献出版社.
[8] 孙传宝. 1996. 当今中国廉政与腐败的较量. 北京：中国工人出版社.
[9] 王进敏. 2006. 廉洁高效政府研究. 北京：中国方正出版社.
[10] 王伟. 2001. 行政伦理概述. 北京：人民出版社.
[11] 阎耀军. 1996. 社会学应用于廉政建设的一项创举：评天津市“廉政建设社会评价系统”. 社会学研究，(4).
[12] 郑方辉，等. 2008. 中国地方政府整体绩效评价：理论方法与“广东试验”. 北京：中国经济出版社.
[13] 郑方辉. 2008. 2008广东省地方政府整体绩效评价红皮书. 北京：中国经济出版社.

岗位廉政教育优势分析
——基于杭州市岗位廉政教育试点的调查

张增田① 张 见②

一、问题的提出

廉政教育是一项旨在通过教育使被教育者（公职人员）变得廉洁或更加廉洁的特殊活动。在我国，廉政教育作为一种特殊的思想政治教育活动，是以预防腐败为出发点，通过教育的手段让公职人员树立正确的行政理念，自觉拒腐防变，达到反腐倡廉的目的。廉政教育本质上属于道德教育范畴。在这一活动中，社会共同体和执政集团指派和委托特定的教育者借助一定“教育影响”，间接地将掌握公共权力、承担公共管理职能的公职人员育成具有廉洁之德、守持廉洁之行的中坚分子，以促使他们忠于职守，积极扮演公共责任担当者和公共利益维护者的角色。（张增田，孙士旺，2008）

我们党历来注重廉政教育工作，并积累了不少经验，取得了一定的成效，有力推动了反腐倡廉建设。但反腐倡廉教育尚存在着若干问题，综合学者的意见，主要表现为：廉政教育内容空泛，不切实际，缺乏针对性和实用性；教育方法简单，不够科学和灵活，缺乏有效性（俄振江、李三水、刘伯荣，2004）；廉政教育氛围不浓，教育的力量不够协调（张晓英，2005）。为提高反腐倡廉教育的有效性，《建立健全惩治和预防腐败体系2008—2012年工作规划》首次提出要开展岗位廉政教育。杭州市纪委率先实践，探索了岗位廉政教育的程式，并取得积极成效。本文拟基于杭州市岗位廉政教育试点的调查，分析岗位廉政教育的优势，探寻反腐倡廉教育的规律。

---

① 张增田，中国科学技术大学管理学院副教授，博士。中国科技大学廉政研究中心研究人员，全国高校廉政教育研究会理事。研究领域为廉政理论与实践研究，从事 MPA 公共伦理学教学工作。

② 张见，中国科学技术大学管理学院研究生。

二、杭州市岗位廉政教育试点及其效果

为探索岗位廉政教育的基本方式，杭州市选择市工商局、建委、环保局、卫生局、西湖区和富阳市共6家单位作为首批试点单位，于2008年11月开始试点工作。经过半年多的实践尝试，获得了关于岗位廉政教育的基本认识。即岗位廉政教育是紧密结合公职人员的岗位职责，着眼于岗位腐败风险，由多个环节组成，采取多种提醒方式的教育活动。其实施过程包括7个环节。

（1）梳理岗位职责：在岗公职人员根据组织规章对岗位法定职能和责任进行梳理，形成相对详细、完整、系统的岗位职责目录，使公职人员明确自己所在岗位的主要工作内容和所肩负的职责。

（2）分析岗位风险：基于所梳理出的岗位职责范围，采取自查、互查和帮查等多种方式，查找、分析和确认岗位职责行使过程中所暗藏的腐败风险点。

（3）评定岗位风险：为了有效防范岗位腐败风险，根据每个岗位不同风险点的危险程度，评出风险等级，并据以编制岗位廉政风险点一览表。

（4）岗位风险谈话：分析、查找岗位廉政风险点并评定风险度之后，纪委及时和公职人员进行风险排查谈话，通过面对面谈心式的平等互动谈话，帮助岗位责任人加深认识履行岗位职责过程中容易产生的腐败风险，帮助他们绷紧拒腐防变的弦。

（5）廉政情景案例编写：在分析和评定岗位风险点的基础上，组织编写廉政情景案例，参照业已发生的真实案件，或结合参与者听闻及亲身经历，或根据岗位廉政风险的内在逻辑进行精心“设计”和情景“创作”，把枯燥的岗位廉政行为规范说教转化为生动形象的廉政警示。

（6）廉政情景案例再现：为发挥廉政情景案例的警示功能，除了将各类岗位廉政情景案例结集成书之外，还挑选富有代表性的案例制作成幽默轻松的动漫剧，以便加深受教育者的印象和广泛传播。

（7）岗位廉政风险提醒：利用电子屏幕滚动播放优秀廉政公益广告，在机关走廊上悬挂精心挑选的廉政漫画，制作“岗位廉政风险提醒牌”放置在办公桌前，以提醒、督促每个公职人员牢记岗位职责，防范岗位风险。

2009年5月，为了解掌握全市岗位廉政教育试点的现状、效果和存在的问题，杭州市纪委组织开展了问卷调查，共发放3000份问卷，回收2913份，回收率97.1%。本文谨依据柯克帕特里克的培训效果评估模型（Kirkpatrick，D. L，1959）（见表1）对调查结果中反映效果的前三个层面进行分析，发现

杭州市岗位廉政教育试点取得了如下积极成效：

表1　柯克帕特里克的四维培训效果评估框架

层次	标准	重点	可以问的问题
1	反应	受训者的态度	受训人员喜欢该项目吗？对培训人员和设施有什么意见？课程有用吗？他们有些什么建议
2	学习	知识、技能、态度、行为方式方面的收获	受训人员在培训前后，知识及技能的掌握方面有多大程度的提高
3	行为	工作中行为的改变	培训后，受训人员的行为有没有什么不同？他们在工作中是否使用了在培训中学到的知识
4	结果	受训者获得经营业绩	组织是否因为培训经营得更好了

（一）参与者对岗位廉政教育试点工作的满意度较高

一般来说，受教育者对教育活动的满意度与教育效果成正比。岗位廉政教育是否能取得预期效果，首先得看参与者对该项活动的满意度如何。杭州市岗位廉政教育试点的总体满意度较高，有超过一半的受调查者对反映教育效果的主要维度给予了最积极的评价。这些评价包括：56.2%的人对此次岗位廉政教育的总体效果表示“满意”，57.4%的人认为此次岗位廉政教育内容针对性“强”，51.3%的人认为此次岗位廉政教育活动有效性“强”，52.1%的人认为岗位廉政教育的成果体现“好”。具体情况见表2。

表2　公职人员对此次岗位廉政教育的评价

项目			
试点总体效果	满意	一般	不满意
	56.2 %	42.4 %	1.4%
内容的针对性	强	一般	弱
	57.4 %	41.4 %	1.2 %
活动的有效性	强	一般	弱
	51.3 %	47.1 %	1.5 %
教育成果体现	好	一般	差
	52.1 %	45.9 %	2.0%

（二）参与者对岗位风险有了更为清晰的认识

岗位廉政教育的基础是提高在岗人员对岗位廉政风险的认识，这一机制在一定程度上是靠分析岗位风险、查找风险点来实现的。如果教育过程中受教育者所查找并确认的岗位风险点愈多，那么，他（他们）对岗位风险的认识就愈强烈和清晰。调查结果显示，杭州市参与试点的公职人员平均每人查找的岗位风险点是3.64个，其中81.3%的人查找到2个以上的风险点（详见图1）。这种状况显然有利于提高受教育者对岗位风险的认识程度。与此相关联，将近60%的受访者表示岗位廉政教育帮助他们认清了岗位廉政风险，有超过七成的受访者（71.3%）承认岗位廉政教育强化了自己的廉政意识，有近七成的受访者肯定岗位廉政教育提高了他们对岗位职责和行为规范的知晓程度。（详见表3）

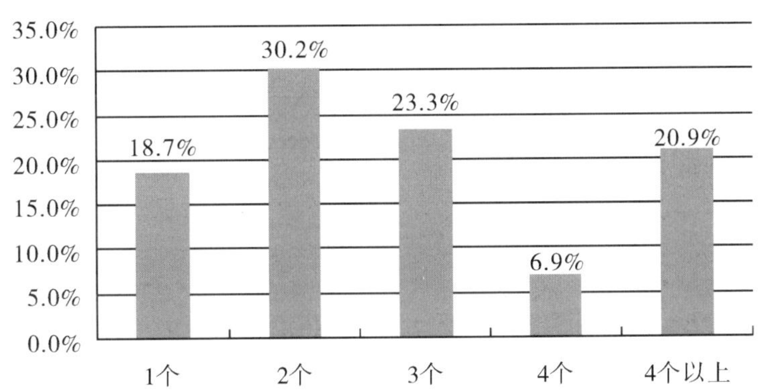

图1 杭州市公职人员查找岗位风险点的情况

表3 受调查者对自身廉政意识和行为规范认知改变的情况

改变的方面	比例
强化廉政意识	71.3 %
提高对岗位职责、行为规范的知晓程度	65.9 %
认清岗位廉政风险	58.5 %

（三）参与者对腐败现象保持了较高的警惕性

廉政教育须能刺激受教育者对腐败问题严重性的认知。如果他们认为公职人员并无严重的腐败问题，那么其对反腐倡廉建设就会采取消极态度。调查显示，参与岗位廉政教育的受访者中有2/3的人认为贪污受贿是最突出的问题；有一半的人认为“公车私用、公款吃喝、公费旅游”的问题最突出（详见表4）。表明他们对当前公职人员各种腐败行为的突出程度是有着清晰认知的，这在一个侧面也显示出岗位廉政教育刺激了参与者的廉政意识。

表4　受调查者对当前公职人员腐败问题严重度的感知情况

当前公职人员在廉政方面存在的最突出问题	比例
贪污贿赂	60.7%
公车私用、公款吃喝、公费旅游等行为	50.3%
放任或纵容配偶、子女及其配偶和身边工作人员利用领导干部职权和职务影响经商办企业或从事中介活动谋取非法利益	48.0%
违反规定收送现金、有价证券和支付凭证	42.8%
跑官要官	35.8%
失职渎职	18.1%
参与赌博、嫖娼等作风不检点问题	11.4%
其他	0.5%

（四）对预防岗位腐败产生了积极的作用

参与岗位廉政教育试点的公职人员承认，这一教育方式对受教育者抵御风险的能力和组织在预防其成员腐败方面的投入产生了显著影响。表5显示，超过一般的受访者表示自己抵御腐败风险的能力得到了提高；将近一般的受访者表示要把岗位廉政的要求逐渐养成行为习惯；超过1/3的受访者承认岗位廉政教育有利于岗位制度的建立健全。

表5　受调查者接受岗位廉政教育后能力与行为的改变

公职人员能力与行为的改变	比例
提高了抵御廉政风险的能力	54.6 %
逐渐把岗位廉政的要求变成行为习惯的养成	43.8 %
建立健全岗位制度	34.2 %

三、岗位廉政教育的优势及其机理

岗位廉政教育是相对于传统的无岗别廉政教育而得名的。后者的基本模式是不同岗位人员接受相同的“教育影响”，从而极易导致针对性不足、有效性不强等弊端。前者的基本特点是紧密结合具体岗位的腐败风险开展廉政教育，对不同的对象施以不同的“教育影响”，从而获得了相对于前者的明显优势。

（一）教育主体的高卷入性

受教育者是廉政教育的主体，他们参与廉政教育的程度是教育效果高低的首要决定因素，零星、非系统和被动的卷入不可能获得良好的教育效果。伽达默尔指出自我教育是教育的本质和最高境界，而现代教育包括学校教育在内，却遭到工具理性的破坏而被异化，表现为教育者在“独白”，教科书也在“独白”，受教育者习惯于沉默（邓书友，2008）。无岗别廉政教育最容易落入教育异化的窠臼，特别是报告会形式的教育活动，“表演者”是讲台上的报告人，听者与他（她）很少有对话和交往。这种教育既不能促使受教者自我教育，也没有指向作为个体的受教育者，因而只能是形式化的教育。岗位廉政教育则在一定程度上能够促成“自我教育”。它要求教育对象自始至终全程参与、高度卷入此项活动之中，并在这一过程中接受多种方式的廉政教育。就杭州市的试点来看，从梳理岗位职责切入，继而分析、查找岗位风险点，评估风险程度，开展排查谈话，再到编写、汇集和展示廉政情景案例，制作岗位提醒牌等。其中不乏受教者和教育对象之间的交互对话（如排查谈话），更多的是自己学习、自己教育自己的活动（如查找风险、编写案例、制作警示牌等）。

（二）教育过程的针对性

无岗别廉政教育活动的基本模式是一个教育者面对来自不同岗位的众多教育对象进行说教。这样的廉政教育自然也必然无视不同岗位人员的多样性需求，从而造成千人一词、异岗同教的局面。不是从实际需求出发，因“人”施教，而是从教育者所“知”、所“会”出发，因“我”施教。在杭州市纪委的问卷调查中，有 59.2% 的受调查者认为“当前廉政教育存在的主要问题”是教育对象“一刀切”，针对性不强。而岗位廉政教育则不同于传统的无岗别廉政教育模式，“教育者”或者是反面典型和廉政风险，或者是法律条规和岗位禁忌，或者是受教育者自己。教育对象是个别化的，教育的过程是一对一的，具有很强的针对性。这一点，参与者当有切身感受，有58.8%的受调查者认为岗位廉政教育与以往廉政教育最大的不同是更具个性化，真正能做到因岗而教、因人而教，变粗放式教育为精细化教育。

（三）教育内容的贴近性

与针对性较弱相关联，无岗别廉政教育在教育内容上难以考虑差异化的需求，主要采取包括理想信念教育（世界观、人生观、价值观）、基本理论和反腐倡廉理论教育、宗旨教育（权力观、地位观、利益观）、思想道德教育、党纪政纪和法律法规教育以及党风教育等教育方式。尽管这些教育方式所负载的教育内容对于广大公职人员来说是必需的，但同质性的教育内容必然会脱离部分受教育者的实际，所进行的教育也难免流于填鸭式灌输和空洞说教，教育效果势必被削弱。调查显示，有近半数的受调查者认为过去的廉政教育内容偏向大众化，差异性不够。相反，岗位廉政教育在内容上更加贴近受教育者的岗位实际。在问卷调查中，有64.0%的人认为相对于传统的廉政教育，岗位廉政教育更具贴近性，变抽象式教育为具体化教育。就拿案例教育为例，过去公职人员在接受廉政教育时也接触一些情景案例，但大多是高层官员的腐败纪实，与受教育者实际岗位相距甚远，他们自认为不可能发生像案例人物那样的腐败行为。有这样的认知前提，就使得受教育者难以被触动，在接受教育的过程中只是做一个听众和看客而已。而在岗位廉政教育过程中，受教育者被要求结合单位部门和所在岗位的具体职能及其风险编写情景案例，或者所搜集和整理的腐败案例对于受教育者而言具有逻辑的可能性，案子虽小，犯案人员职位也很低，但却是活生生的眼前之事，因而受教育者特别容易被触动。

（四）教育方式的多样性

对于受教育者来说，无岗别廉政教育要求他们主要调动听（说教）、看（图剧）和读（材料）等认识和感受器官，且每次廉政教育往往集中依赖一种途径，难以利用多种方式手段的合力形成深刻印象。岗位廉政教育因为具有过程长、活动多等特点，需要受教育者同时调动多种认知和感觉器官（除听、看、读外，尚包括“写”和“说”）。多种媒介的综合运用必然导致教育方式更具生动性和多样性，如条规教育、风险教育、情景教育、警示教育等。

（五）教育刺激的连续性

所有廉政教育方式和手段其实是从不同的侧面对受教育者进行廉政提醒，以作用于其廉政意识。岗位廉政教育的一个明显优势就在于以全程不间断的风险提醒作用于教育对象的廉政意识。岗位廉政教育试点所包含的七个实施环节，可以划分为三个阶段，一是岗位廉政风险查找与确立阶段，一是岗位廉政风险展示阶段，一是岗位廉政风险提醒阶段。对于参与者而言，每一个阶段和环节都是在接受廉政警示和提醒。三个阶段和七个环节之间的关系及其提醒功能如图2所示：

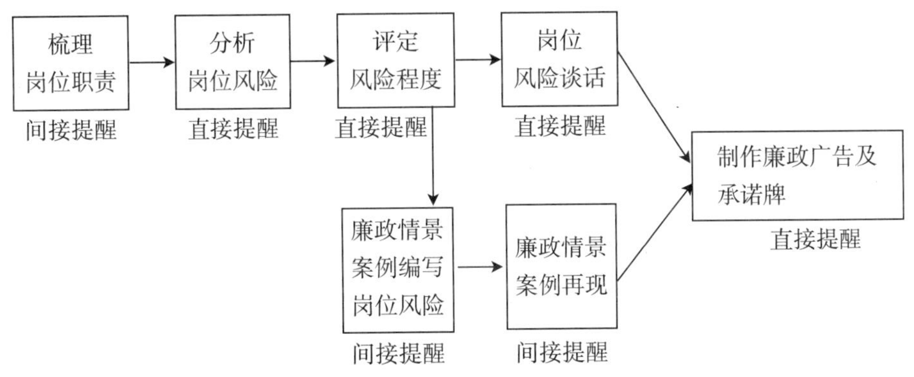

图2　岗位廉政教育试点实施过程关系及提醒方式

岗位廉政教育各个环节的风险提醒虽有直接和间接之别，但都有助于教育对象廉政意识的提高和巩固。第一阶段中的梳理岗位职责环节看似并无教育色彩，实际上，梳理者在此过程中能够受到间接提醒而产生自我警觉，这对于其初步形成廉政意识是必要的；分析和评定岗位廉政风险两个环节则具有明显的直接提醒特征，当公职人员逐步澄清自己所面临的岗位风险时，若无外在因素干扰，其廉政意识会有明显提高。第二阶段包含两种廉政提醒，“风险排查谈话”属于直接提醒；情景案例编写和再现意在展示廉政风险，属间接提醒。直接提醒容易流于形式；间接提醒重点是剖析身边典型，唯其非直接性，教育内容更具吸引力、说服力和震慑力，反而有助于实现他警向自警的转化，强化和巩固教育对象的廉政意识。第三阶段利用在办公场所设置廉政公益广告和岗位承诺牌等方式直接提醒公职人员。

（六）教育效果的可靠性

这一优势除了由上述五个优势共同导致外，还在于岗位廉政教育综合了正反两方面的教育，而且更多的具有反面教育的特性。根据道德行为的一般规律，自律形态的正面教育和他律形态的反面教育都必须借助对被教育者廉洁认识、意志和情感的作用才能发挥教育功能。问题是，正面教育固然有其优势——它主要通过说服、劝诱的方式使受教育者坚定理想信念，筑牢思想防线，增强法纪观念，不断提高拒腐防变的能力，自觉抵制拜金主义、享乐主义和极端个人主义的侵蚀，正确行使手中的权力——因此容易感召和激励教育对象；同时正面教育的成本较低，组织也较容易。但其弊端也十分明显，受教育者不易看到腐败的风险在哪里；教育方式多偏向于填鸭与灌输，容易使被教育者产生疲劳感；间接作用于受教育者的理性和感性；等等，所以效果具有不确定性。反面教育则利用受教育者对法律法规等刚性约束和惩罚机制的恐惧，直接诉诸受教育者的理性和感性，虽然教育活动依赖的条件较高（如需要特定的场景、特定的人物等），但效果较为可靠。吴海红在对上海反腐败专业人士和领导干部的调查研究中也佐证了这一点。他的课题组研究发现，41.5%被调查者认为廉政教育最好形式就是身边案例的警示教育。（吴海红，2009）反面警示教育之所以较之正面说理教育更富成效，或许与科尔伯格所揭示的道德发展水平有关。他的道德发展阶段理论表明，大多数成年人的道德水平只停留在害怕受到惩罚和赢得赞赏的初级发展阶段。岗位廉政教育虽然包含了正反两种廉政教育类型，但基本上以他律教育为主，如风险教育、情景教育、案例教育乃至法规教育等，无一不具警示性。而警示教育的效果明显高于正面教育。两类教育及岗位廉政教育的作用机制和效果可靠度比较如表6。

表6　正面教育、反面教育及岗位廉政教育的机制和效果比较

<table>
<tr><th>分类</th><th>具体方式</th><th>作用机制</th><th>效果</th></tr>
<tr><td rowspan="4">正面教育</td><td>理论教育</td><td rowspan="4">（1）主要作用于被教育者的理性
（2）说服、劝诱、引导
（3）感召激励、示范引领
（4）有一个明确的教育者
（5）使受教育者知道应该做什么，不应该做什么</td><td rowspan="4">受教育者不易识别腐败的风险，也不易感受腐败的后果。效果不够明显</td></tr>
<tr><td>示范教育</td></tr>
<tr><td>自我教育</td></tr>
<tr><td>主题教育</td></tr>
<tr><td rowspan="4">反面教育</td><td>观看警示片</td><td rowspan="4">（1）作用于被教育者的理性与情感
（2）让受教育者看到腐败的后果，产生震动
（3）警示、阻吓、威慑
（4）没有明确的教育者，更多是被教育者的一种自我教育
（5）使受教育者知道不能做什么</td><td rowspan="4">受教育者能真切感受到腐败的后果和代价。效果较为明显</td></tr>
<tr><td>听、看现身说法</td></tr>
<tr><td>旁听法庭审判</td></tr>
<tr><td>参观监狱</td></tr>
</table>

（续表6）

分类	具体方式	作用机制	效果
岗位廉政教育	风险教育	综合了上述两类教育的特点，且以反面警示教育为主	受教育者既能识别腐败的风险，又能知晓腐败后果效果比较明显
	情境教育		
	法规教育		
	风险排查谈话		

四、结论

杭州市纪委组织的岗位廉政教育试点及其取得的良好效果表明，相对于无岗别廉政教育，岗位廉政教育有着教育主体卷入度高、教育过程针对性强、教育内容贴近受教育对象、教育方式丰富多样、能持续刺激教育对象以及具有可靠的教育效果等优势。个中原因在于：岗位廉政教育既是一种综合性教育，综合了正反两方面的廉政教育方式；又是一种系统性教育，由多达七个环节构成完整的活动过程；同时也是一种点对点个性化教育，紧密围绕岗位廉政风险对教育对象施加影响。这一特质要求岗位廉政教育的组织者和实施单位，必须认真谋划，周密安排，并以制度规范保障岗位廉政教育各个环节的依次推进，唯此才能发挥其综合性、系统性和个性化的优势，获得理想的教育效果。

参考文献

[1] 张增田，孙士旺. 2008. 廉洁的内涵与廉洁教育的策略. 中国德育，(4)：33－37.

[2] 俄振江，李三水，刘伯荣. 2004. 党风廉政教育存在的问题与建议. 党的建设，(9)：31－31.

[3] 张晓英. 2005. 关于加强反腐倡廉教育的几点思考. 理论学刊，(12)：76－77.

[4] Kirkpatrick, D L. 1959. “Technique for Evaluating Training Programs”, *Journal of American Society for Training and Development*, (13): 6－21.

[5] 邓书友. 2008. 教育在什么意义上是自我教育：读伽达默尔《教育即自我教育》. 中国德育，(4)：85－87.

[6] 吴海红. 2009. 问题与出路：我国反腐败现状实证研究——基于上海反腐败专业人士与领导干部的调查. 合肥师范学院学报，27（1)：65－70.

试论我国教育廉政制度的建立与完善

黎　斌[①]

教育领域，一般指各级各类学校和教育行政管理部门，也包括其他一些部门有关教育的工作。长期以来，教育领域一直被人们认为是“清水衙门”。然而，从目前的实际情况看，我国教育领域也并非真空地带，社会上的一些腐败现象已经逐渐渗透到教育领域之中并已经达到相当严重的地步，可以说，教育领域之中的各个层面皆有腐败的表现。教育领域之中的腐败现象与社会其他领域之中的腐败现象相比较，其严重程度可能相对比较低一些，但社会危害性却更大，因为以学校为主体的教育领域是育人场所，教育是百年大计，教育领域的严重腐败现象不仅危及我国目前的教育工作，更是危及社会道德的根基——青少年的道德状况。一些学生在教育腐败氛围潜移默化的熏陶下，已经具备将来成为新的腐败分子的某些“潜质”，甚至还有行为表现。这是一种十分可怕的现象，是一种需要我们引起高度警觉的现象。如何遏制教育领域中的腐败是一个十分重要的反腐倡廉问题。本文通过对我国教育领域腐败现象的种种表现的分析，探讨了我国教育领域腐败现象产生的原因，尝试提出清除和预防教育领域腐败现象产生的措施、建立我国教育廉政制度的基本思路。

一、我国教育领域腐败现象的种种表现

归纳我国教育领域发生的腐败事件并将其做一些分类，目前教育领域的腐败现象主要体现在五个方面。

---

① 黎斌，男，1959 年 5 月生，1988 年 7 月毕业于上海交通大学社科工程系思想政治教育专业第二学士学位班。原江西师范大学教师，2000 年晋升为教授，2002 年调入湛江师范学院；主持过 4 个教育部人文社科课题和省社科规划课题。代表作有论文《学校德育立法初探》，任第二主编的《法律基础》教材获全国高校“两课”优秀教材奖。曾获“曾宪梓教育基金会全国师范院校教师奖”三等奖，及“南粤优秀教师”、“湛江师范学院教学名师”等称号。

（一）招生腐败

我国的各级各类学校招生主要有两种形式：一种是义务教育阶段的小学、初中招生。这种招生方式，按照我国义务教育法的规定，是以户籍所在地为依据，学生就近入学。义务教育阶段免收学费、课本费等。另一种是非义务教育的高中、高校、职业院校等招生，则是以通过政府举办的中考、高考、考研等统考方式招生，择优录取。然而，无论是义务教育阶段和非义务教育阶段，招生工作中均存在不少腐败现象。

1. 动用权力或通过行贿手段迁徙子女户口，为子女就读优质小学或初中创造条件

一部分家长为了让子女能够从小就进入优质小学和初中，动用职权或通过向户籍管理人员行贿，把子女户口迁入优质小学和初中招生地段的亲朋好友家中，使子女能够顺利进入就读。

2. 收取择校费或赞助费

义务教育阶段本是免费教育，如果有学生因为某些原因需要进入非户籍所在地学校就读的，其收费规定必须符合省级部门颁发的义务教育法实施条例或细则。然而，一些学校擅自通过收取巨额择校费或赞助费违规招生，新华网2010年11月27日报道的《西安一小学违规收取千万元择校费校长被免职》就是一起学校违规收取择校费或赞助费的典型案例。

3. 高校招生中的保送和违规加分现象

我国高校招生工作中，考生除了参加全国统考或省、直辖市、自治区的招生统考之外，还有一些特别政策，包括保送制度、奥林匹克竞赛获奖加分制度、体育特长生加分制度、少数民族生优惠制度等等。这些特别政策往往成为腐败分子为子女亲属获取进入更为优质高校的手段。高校招生中获取保送资格者，相当大比例有各种“权力背景”。“体育特长生”不懂体育、汉族身份被改为少数民族身份等案例每年均有不少报道。

4.“高考移民”现象

我国幅员辽阔，各地的教育水平参差不齐，各地的教育资源也分配不均，同一统考题目，不同的省、自治区、直辖市的录取线差距很大，出现某省市区的一本录取线可能低于另一个省市区二本的录取线的情况。这种情况的存在，促使了“高考移民”现象的出现，一些高校招生录取分数较高地方的考生通过各种关系将户口迁入高校招生录取分数较低地方，以同样的成绩，获得进入较高质量高校学习的资格。“高考移民”现象侵犯了高校招生录取分数较低地方考生的权益，减少了他们进入优质高校入学的机会。因此，我国教育部对

"高考移民"现象作出了种种限制，但每年总有不少"高考移民"被揭露出来，海南省2005年原高考状元李某就因被揭露是"高考移民"，海南省考试局宣布其被取消报考一本高校的资格。该省"高考移民"已经成为一种产业，每年进入该省的"高考移民"近万人，约占该省考生数量的1/5。

5. 冒名顶替入学现象

冒名顶替入学现象是指高考中，有的学生考得相对较好，本身没有被高校录取，却被别人以他的名义和成绩到高校就读的现象。其中最著名的案件就是湖南罗彩霞案件。2004年高考，她没有被录取，却被她的同学王某以她的名字和成绩被贵州某高校录取。复读一年后她考入天津一高校，毕业时却因身份证被盗用而无法取得教师资格证书等一系列问题。王某冒名罗彩霞被贵州某高校录取需要过三关：第一关要能够通过关系让贵州某大学降分点招；第二关要冒名到该高校拿到录取通知书；第三关要通得过该校的新生入学审查。虽然难度较大，王某却能一路顺利过关，一直到毕业后才被发现。事实上，罗彩霞案件绝非独一无二的案件，每年，不少高校均有冒名顶替者因为过不了审查关而被清退。

（二）考试腐败

考试是检验和衡量学生掌握知识水平的方法和手段，既用于各级各类学校招生、水平测试，也用于检验在校学生的学习情况。学生的考试结果，对学生的升学、毕业、评优等有着直接的影响。因此，考试必须公平公正。为了做到公正，考场必须有很强的纪律约束，严格的监督考试过程，以杜绝任何舞弊行为。然而，在教育领域的各种考试中，各种舞弊现象时有发生。

1. 买卖考题

为了保证考试公平公正，考题在开考之前应处于保密状态，一切无关人员都不应知道其内容。一些重大考试，其考题还被纳入《保密法》的保护对象。尽管如此，仍有一些教育工作者为谋取个人私利，公然买卖考题。影响较大的有重庆买卖英语四级考题案，这个案件由教师和学生共同配合的案件，获利23万余元，最后5位涉案者均受到法律制裁。

2. 监考人员对考试作弊熟视无睹

监考人员在考试中负有十分重要的职责，教育领域中的各种考试，对监考人员均有较为详细的考试职责要求。现实中，却有一些教师甚至教育行政人员为了自己获取私利或为了提高本地高考升学率，对学生的作弊行为熟视无睹，甚至帮助其作弊。2000年广东粤西某县教育局局长直接参与的高考作弊案，就是一起十分令人震惊的案件，甚至该案主犯还逍遥法外长达8年之久。

3. 特殊专业考试人情案

特殊专业指音乐、美术、体育等专业，这些专业的招生考试与其他专业存在较大的不同，由于专业的特殊性，考生的术科成绩占主要地位，文化考试则相对较为次要。由于特殊专业的术科考试规模小，由监考教师现场打分，一些教师利用监考职权为己谋私利，而帮助考生作弊或评审以致考生之间的不公平竞争，等等。例如，华中某音乐学院7名教师在招生过程中，利用手中掌握的专业考试评分权和招生指标调剂权，收受他人贿赂达300余万元。

（三）基建与采购腐败

近些年我国教育的规模发展很快，收费制度的变革使一部分重点中小学和重点高校由过去的“清水衙门”变身为有一定经济实力的办学单位。因为学校除了有国家事业性拨款之外，一部分重点中小学其经济主要来源于“择校费”，一部分重点高校经济则主要来源于学生学费和学校的各种创收。如今，重点中小学的年经费一般要达到千万甚至上亿，重点高校的年经费则为数亿乃至十几亿不等。学校经济实力的增强，一个重要的表现就是扩校或建新校区，因为扩校之后，可以继续扩大招生规模，又可以获取更多的经费。正因为如此，学校扩建、新建成风，基建规模相当可观。同基建一样，学校的采购如教材征订、仪器设备和办公用品的购买数额亦不菲。

基建与采购是一项经济工作，一部分学校管理基建工作的干部从事这些工作时经不住利诱，产生经济犯罪。犯罪的手段包括收受贿赂、私吞回扣、参与干股等等。以浙江省为例，“自2005年始，浙江省的反腐风暴，掀落了从小学、中学、高校直到浙江省教育厅的大批腐败官员。仅高校近3年里，就有147人受到党纪政纪处分或刑事处分”。事实上，浙江省并非学校腐败最严重的地方。比如，陕西省3年倒下7名厅级“校官”，中部某著名高校党委副书记、副校长因基建落马，等等，都揭示出教育领域的基建腐败已经达到相当严重的地步。人们感叹：“以前教育系统还是一方净土，是清水衙门，现在水也不清了。”

基建与采购腐败给教育领域带来巨大的损失。产生了许多“豆腐渣”工程、“胡子”工程、经费严重超预算工程，采购回许多假冒伪劣仪器药品，甚至还有盗版教材，等等，浪费了国家财产，也使学生的受教育权益在一定程度上受到侵害。

（四）学术腐败

教育领域是学术之地，教授是知识的化身，学者们在象牙塔中进行着神圣的学术研究、探索着各种规律与真理，历来为人们所敬仰。然而，在功利主义的主导下，我国教育界中本应最神圣的学术领域一块变味了，变得充满了铜臭和功利，其腐败程度已经达到令人触目惊心的地步。

1. 剽窃之风盛行

学术腐败最令人不齿之行径即抄袭他人成果。然而，不仅一些初出茅庐的青年教师有抄袭行为，甚至一些我国最著名高校的著名教授也存在抄袭现象。抄袭的手段多种多样，既有抄袭他人主要思想观点的行为，也有整段、整节、整章照搬的行为，甚至还有将他人整篇文章仅更改姓名全盘抄袭的行为。并且，一些学者的抄袭行为被揭露出来之后，甚至没有羞耻感，还在以“天下文章一大抄”为自己辩护。

2. 成果夸大

一些学者作出了一定的成果，但成果没有获得较高的社会评价或社会经济效益。他们为了达到某些私利，将自己的成果与贡献无限扩大化。比如将发表论文的普通刊物说成权威刊物，将其他刊物对其做标题摘登说成全文转载，将自己参与课题说成主持课题，将初步成功说成大获成功，将被聘为助理教授说成聘为首席教授，等等。尤其是，华中某著名高校一医学教授的虚假成果被著名打假学者方舟子揭露之后，居然雇凶杀人。

3. 职称评审、课题评审、评奖变味“人情评审”

职称评审、课题评审、评奖是考评学者学术水平的几个手段，本应十分公平公正。然而，在评审工作中，“裙带风”、“人情风”肆虐。职称评审中，不少人并不是完全依靠真才实学晋升，而是在评审之前不断找评委说情送礼。课题评审、评奖更是盛行看官位、看嫡系、“自评自”、“跑部钱进”。

4. 滥发“文凭”

文凭是反映一个人受教育程度的凭证，无论什么人，想要获得文凭，必须符合各种教育法律有关获取文凭的标准。然而，一些教育部门在权贵面前不惜弯下自己清高的腰，把文凭看成是讨好权贵的工具。一些高校，为了创收，面向官员举办各种能够获得文凭的学习班。而一些官员，则通过“秘书加枪手”，坑国家之钱财，为自己升迁获取需要的文凭。这种权钱结合，颁发出了许多“真的假文凭”。

（五）部分学生染上腐败之习

学校是育人场所，学校的培养目标是把学生培养成“有理想、有道德、有文化、有纪律”的社会主义新人。但在目前我国包括教育领域和部分家长在内的整个社会腐败现象较为严重的情况下，一些学生也逐渐显露出腐败的

"潜质"，个别甚至已经基本成为一个腐败分子。

1．靠行贿拉选票当上干部

靠行贿拉选票当上干部，不仅大学生之中存在，中小学生之中也存在。问及学生为何要当学生干部？有的为了锻炼能力，有的为了获取机会如参加只有干部才能入选的夏令营等，还有的是为了有面子、风光、能够支配人，等等。

2．弄虚作假，花钱雇他人做作业

中小学阶段的学生花钱雇他人做作业，各地均有报道。还有雇人背书包、扫教室等等。尽管原因多种多样：有的是因为教师布置作业太多学生做不完而为；也有的学生不愿做，认为自己有钱，花钱雇同学或大学生给自己做作业符合"等价交换"规则，但是其弄虚作假应付老师即为一种不良行为。

3．行贿考官，考试作弊

这种现象在成人教育和自学高考中特别常见。一些学生集中面授的时间很短，平时又不愿意花时间自学，考试时往往由班干部组织学生集体向监考教师行贿，希望监考教师对他们的舞弊行为能够睁一只眼闭一只眼。

4．论文抄袭

学术腐败不仅在教师中有，在学生中也有。学生中不仅有博士生，也有硕士生和本科生。每年均有学生因为抄袭论文被取消学位，甚至还有的牵连到其导师。

5．参与家长作假

近些年所揭露出来的"高考移民"、冒名顶替上学、假冒少数民族身份、体育竞赛造假等等教育领域中的腐败案件，虽然说主要是由家长中的腐败分子所为，但作为当事人的学生，年龄接近成年或已经成年，实际上也具备了是非观，知道行为违法，但他们为了自己获得"好处"，基本上是积极配合家长造假，目前，还没有发现主动检举家长违法行为的案例。

二、我国教育领域腐败现象产生原因探析

综观我国教育领域的腐败现象，我们不难看出，产生教育腐败的原因是多方面的：有教育系统内部的因素，也有教育系统外部的因素；既有个人的因素，也有单位的因素，还有制度设计缺陷的因素。

（一）教育制度设置不合理因素

教育制度设计的不合理包括：高校设置地点的不合理和高校招生名额分配、特别招生制度的规定不合理，义务教育经费拨款渠道的规定不合理，违反

教育法规定的法律责任的承担不合理，等等，这些不合理设置，造成各地教育水平差距越来越大，各校之间的差距越来越大。此外，我国高中阶段的办学无法可依，法律法规还存在一段空白。一般人都希望子女或亲属能够接受比较好的教育，所以，一部分人利用手中职权通过非法手段或钻法律的空白来达到目的，而一部分学校则利用自己具有的教育资源非法揽财，从而产生腐败。

1. 高校设置地点和高校招生名额分配的不合理

高校设置地点的不合理主要指中央直属院校的设置不合理。由于历史的原因，我国高等教育东部沿海地区较为发达，中部地区一般，西部地区较为薄弱。但新中国成立61年来，这种差距不仅没有缩小反而不断加大。我国目前一共有115所中央部属高校，仅北京一地就拥有37所，东部其余地区46所，中部地区和西部地区（主要集中于成都、西安、重庆）各仅16所。有1/3左右的省、自治区没有中央部属院校。

中央部属院校不仅地点设置不合理，招生分配名额也不合理，几乎所有院校在招生名额的分配时，都必须对所在省、直辖市、自治区倾斜照顾，有的甚至把接近一半的招生名额分配给当地。

高校设置地点和高校招生名额分配的不合理造成各省、直辖市、自治区考生进入中央部属院校的难易程度差距巨大。笔者根据北京大学和清华大学对各地招生名额的分配做过一个测算，北京考生要比其他省、直辖市、自治区考生进入北大和清华就读的概率高达30倍以上，至于进入中央部属院校的概率则要高出百倍以上。招生名额分配的不合理，造成一些人口较多、基础教育较为发达的省份高考分数线相对较高。尽管北京、上海等直辖市考生上中央部属院校的概率大，但其他省份的家长要想把子女或其他亲属的户口迁入该两市的难度较大、成本较高，而一些西部、南部的省份由于基础教育相对比较落后，虽然所分配到的中央部属院校的招生名额不多，但高考分数线却较低。一些“有能耐”的家长就想办法把子女的户口迁入这些省份参加高考，可以以较低的高考分数进入相对较好的高校学习，这就有了“高考移民”这种现象。

2. 特别招生制度规定不合理

我国目前的特别招生制度大致有五种，即保送制度、奥赛获奖者加分制度、体育特长生加分制度、少数民族考生优惠制度、高校自主招生制度。这些特别制度，当初设置时有其合理、可取之处。但几经演变，有些制度已经成为教育腐败的温床。保送制度“只保良不保优”，基本上演变成为权贵子女以较低的学业知识进入质量较高学府的跳板；体育特长生政策亦被滥用，东部某省将此政策已经变成高考加分的“新移民”现象；少数民族考生优惠制度已被一些权贵利用为子女谋私利的手段，2009年重庆高考状元何某被揭露更改民族身份加分的事件人们仍记忆犹新。

3．义务教育阶段经费筹措规定的不合理

《中华人民共和国义务教育法》第四十四条规定："义务教育经费投入实行国务院和地方各级人民政府根据职责共同负担，省、自治区、直辖市人民政府负责统筹落实的体制。农村义务教育所需经费，由各级人民政府根据国务院的规定分项目、按比例分担。"第四十五条规定："地方各级人民政府在财政预算中将义务教育经费单列。县级人民政府编制预算，除向农村地区学校和薄弱学校倾斜外，应当均衡安排义务教育经费。"第四十六条规定："国务院和省、自治区、直辖市人民政府规范财政转移支付制度，加大一般性转移支付规模和规范义务教育专项转移支付，支持和引导地方各级人民政府增加对义务教育的投入。地方各级人民政府确保将上级人民政府的义务教育转移支付资金按照规定用于义务教育。"

从上述规定看，义务教育经费是由各地人民政府根据国务院的规定分项目、按比例分担的，实际上主要是由县级政府承担。由于我国各地经济发展极不平衡，以广东省为例，珠三角人口仅占全省总人口40%左右，但其经济实力要占到全省的83%。面积与人口占广东大部分的粤东、粤西、粤北，其经济实力仅占全省的17%。因此，粤东、粤西、粤北与珠三角财力相差悬殊。珠三角在贯彻义务教育法经费在财力方面不存在问题，但其他地区尽管有省政府一定比例的补贴，资金筹措仍存在一定困难。一些山区学校教师工资低薄，几乎没有什么教学经费，家长对学校条件不够满意，要把子女送往条件相对较好的中心学校读书，但又受户籍的限制，于是择校费或"赞助费"应运而生。

4．高中教育阶段的法律规范为空白

我国的教育法体系经过几十年的努力，大部分教育关系有法律可以调节，但仍然有一个重要阶段——高中教育阶段的办学无法可依，形成一块法律空白。笔者2004年曾呼吁我国应该制定《高中教育法》，但6年之后的今天，该法仍无制定的迹象。正因为如此，我国高中有关招生规定、收费标准、择校费的收取、教育经费的来源、公办民校等等存在许多问题。高中教育阶段是我国教育腐败的一个重要腐败源。

5．教育法关于政府部门违法的法律责任形同虚设

我国教育法律的许多规定为政策性规定，尤其对政府部门违法的法律责任形同虚设。例如，我国1993年颁布的《教师法》第四条规定："各级人民政府应当采取措施，加强教师的思想政治教育和业务培训，改善教师的工作条件和生活条件，保障教师的合法权益，提高教师的社会地位。"第二十五条规定："教师的平均工资水平应当不低于或者高于国家公务员的平均工资水平，并逐步提高。”17年过去了，许多教师尤其是广大农村教师的待遇没有达到教师法规定的标准，但到目前为止，各级政府有关部门还没有任何人因为违反此规定受到任何法律制裁或惩罚。中共中央和国务院1996年规定教育经费必须占国内生产总值的4%，14年过去了，没有一年我国教育经费达到过这个标准，也没有任何政府有关部门或责任人因为违反此规定受到法律制裁或惩罚。《中华人民共和国义务教育法》第五十一条规定：“国务院有关部门和地方各级人民政府违反本法第六章的规定，未履行对义务教育经费保障职责的，由国务院或者上级地方人民政府责令限期改正；情节严重的，对直接负责的主管人员和其他直接责任人员依法给予行政处分。”第五十二条规定：“县级以上地方人民政府有下列情形之一的，由上级人民政府责令限期改正；情节严重的，对直接负责的主管人员和其他直接责任人员依法给予行政处分：①未按照国家有关规定制定、调整学校的设置规划的；②学校建设不符合国家规定的办学标准、选址要求和建设标准的；③未定期对学校校舍安全进行检查，并及时维修、改造的；④未依照本法规定均衡安排义务教育经费的。”事实上，有许多地方政府及相关部门没有达到义务教育法的规定标准，同样，也没有任何政府有关部门或责任人因为违反此规定受到法律制裁或惩罚。法律规定的虚设，使一些地方政府部门无视教育法律的存在，一些学校因“无米下锅”，转而违法向学生收费。

（二）外部因素

1. 政府财政部门的因素

政府财政部门在我国教育界的腐败问题上负有较为重大的外部责任。作为国家机关，财政部门没有认真执行教育法律法规，致使多年来我国教育经费的划拨没有达到国家规定的标准，使一部分学校尤其是基层学校在无可奈何的情况下有违法收费的行为，也使一些经费并不紧张但有心想搞腐败的教育界人士有了搞腐败的借口。

2. 政府户籍管理部门的因素

“高考移民”和“冒名顶替”案件的发生均需要户籍迁移为前提。可见，我国政府机构的公安户籍管理人员参与了其中的腐败行为。如果说“冒名顶替”案相对数量较少比较难以防范是一条理由，但大规模的“高考移民”必须得有公安户籍部门的明确支持才行。本文前面已经所述，海南省的“高考移民”数量近万，达到考生总数的20%，比较容易审查出问题，这不可能是个人行为，甚至可能已经是当地政府的一种创收行为。

3. 家长的因素

不可否认，一些教育腐败案件与家长本身是腐败分子或具有腐朽意识紧密相关。凡“高考移民”和“冒名顶替”案件，一定是在家长参与的情况下而为的。还有不少案件如花钱买干部当、请他人做作业，保送、体育特长生考试作假，民族身份作假，等等，无不与家长的行为和生活方式产生紧密联系。

（三）内部因素

1. 教育行政管理部门和人员决策失误或参与腐败

教育行政管理部门是政府主管教育工作的行政机关，除了拥有行政执法权之外，在同级人大会议上还有提议权。对于财政部门在划拨教育经费上的部分不作为，没有积极向人大及其常委会提出议案使其督促改正。而其自身设计或批准的工作方案有不少不够科学和不合理，诸如高校的设置地点、高招名额的分配、特别招生制度、择校费、公校民办等等，都与教育行政管理部门和人员决策失误相关。甚至，有的官员还直接动用权力参与腐败。

2. 学校行政管理人员权力过于集中和隐蔽运作

从学校自身的腐败情况来看，学校领导腐败案发案部位相对集中，主要在基建、采购和招生过程中犯案，这三大领域成为学校领导腐败的三大“病灶”。从目前已经发生的案件看，一是权力过于集中，粤西某高校原校长直接分管财务、基建、设备、人事、校园维护，这五项工作稍微重大一点的收支都必须经过他的批准，甚至具体到购买基建材料都必须经由他过问，最后导致了他成为腐败分子；二是运作隐蔽运行，没有将学校的重大经费使用项目和使用过程以一定的方式向教代会或全体教职工公布，使得一些经办人员能够顺利获取“回扣”。

3. 教育系统内部监管不力

虽说每个学校均有监委和纪检机构，学校的基建、采购和招生过程也主要发生在校内，监管本应难度不大，只要经常过问、对比其他单位的基建规模与价格，对照网上采购与实际采购的具体价格，过问教材折扣的去向，许多教育领域的案件就可以消灭在萌芽之中，避免造成较大的损失。但一些纪律部门工作往往不主动，等到问题较为严重时才采取处理措施，在某种程度上放任了教育领域腐败现象的发展。

4. 教师教育法治意识淡薄、师德缺失

由于一部分教师没有得到教师法所规定的社会尊重，他们也就放松了对自己的要求，没有把教师工作看成是一个神圣、光辉的工作，而仅仅作为一个谋生职业。自我要求的降低导致教师队伍师德水平的下降，有的教师在正规的课堂不是认真讲课，而是把重要内容留到补课之中讲解。还有的教师在教师节收受学生的礼品，学生考上满意高校接受学生的请吃，等等。还有一些教师名利思想过重，为了晋升职称和成名成家不择手段，直接导致了学术腐败的较为泛滥。

三、建立我国教育廉政制度的基本思路探讨

2010年7月，中共中央和国务院联合颁发了《国家中长期教育改革和发展规划纲要（2010—2020)》，这是一个我国在今后十年教育发展的纲领性文件。笔者认为，该文件也是建立我国教育廉政制度一个很好的契机。如何建立我国教育廉政制度，笔者提出以下基本思路。

（一）完善立法，督促政府加大教育经费投入，建立教育银行，学校收支阳光化

保证教育经费有正常的来源，将学校的各种收支阳光化运作，加强监控，是保证各级各类学校正常运转，杜绝学校收费腐败的行之有效的举措。

1. 督促各级政府加大教育经费投入的措施

按照《国家中长期教育改革和发展规划纲要（2010—2020)》有关保障经费投入的规定，2012年我国财政性教育经费支出占国内生产总值的比例即要达到4%。如何督促各级政府实现这个目标，笔者认为必须制定实施细则，财政部门按照实施细则划拨财政经费，同级政府和人大依据实施细则进行监督，同时加强社会舆论的监督，例如《中国教育报》有必要将各地财政性教育经费的划拨情况向全社会公布。通过这些手段，来保证我国财政性教育经费支出及时足额到位。

2. 建立专门的教育银行，统管教育经费的收入与开支

笔者建议我国设立专门的教育银行，统管全国教育经费的收入与开支。教育银行可设立总部与分支机构，总部由教育部主管，分支机构则分设于全国各地。教育银行主要有以下职能：①负责执行接收各级财政部分划拨过来的教育经费；②负责执行接收各个学校收取的学费和创收所得；③负责执行接收各学校从教育领域以外获得的科研经费；④负责执行接收社会人士对教育的捐款；⑤负责执行划拨各级各类学校的经费、教师工资；⑥负责发放教育基建、采购、科研经费；⑦负责发放各种对学校、教师、学生的奖金；⑧负责办理学生助学贷款；⑨办理教育领域内的存贷款业务；等等。

3．取消各级各类学校一切违法收费

取消各级各类学校目前存在的违法收费如择校费。凡学校收费项目，必须报请教育行政管理部门审核。经过审核批准的收费必须向学生家长事先明示。凡学校收费均不许收受现金而必须经过教育银行转账。

4．制定《高中教育法》

制定《高中教育法》有几点好处：①完善我国教育立法，使我国教育法律法规体系没有空白；②规范高中办学，将高中办学也做到“依法办学”；③减少和消除高中阶段的教育腐败现象。高中教育是我国教育腐败的高发领域之一，《高中教育法》的制定将有利于减少高中教育腐败现象的发生。

（二）改革和完善高考制度

目前，许多教育腐败案件都是围绕高考而发生，说明我国高考制度需要改革和完善。对此，笔者也提出以下观点。

1．取消或改革高考特别招生或优惠制度

保送制度目前来看是腐败产生最多的高考特别制度，事实上该制度已经成为拼比父母能耐的制度，所以必须取消。奥林匹克竞赛获奖加分制度目前是否取消的争议十分大，笔者认为，这种加分应该改革，不是获奖即加高考分，而应该是有条件加分，即获奖者报考与获奖项目一致的专业时才考虑加分。取消体育特长生加分制度，具有体育特长的学生可以报考体育专业（该专业对文化要求比较低），考入高校后，高校可以通过本校内部院系专业调整规定允许其更换专业。少数民族生优惠制度也需要改革，这种优惠，应体现在民族院校或普通院校的民族班。

2．严格未成年人户籍迁移制度

“高考移民”现象的消除需要公安户籍管理部门把关。事实上，考生要实现“高考移民”，首先需要将户口迁入高考录取分数线较低的省区，这种户口迁徙不同于一般的正常户籍迁移：一般的正常户籍迁移是一家人的户籍迁移，“高考移民”的户籍迁移是未成年人甚至往往是低于16岁者的迁移。未成年人一般情况之下不能被允许脱离监护人的监护而单独将户口迁往外省区，故公安部门在办理公民的户籍转移时，对未成年人户籍迁移要严格把关。此外，教育部门也要加强对“高考移民”现象的打击力度，将“高考移民”的认定由过去将户籍单独迁入的时间3年改为6年，增大考生成为“高考移民”的难度。

3．改革特殊专业招生制度

特殊专业的高考由于专业的特殊性，专业需要单独考试。从目前的情况看，有单一学校自行组织考试者腐败现象较多，由多个高校实行联考者腐败现象较少。因为单独由某一高校自行组织考试者，学生或家长通过人情考试的难度和成本较低，由多个高校实行联考者难度和成本则大大增加。所以，特殊专业招生由学校单独组织考试转变为由多个高校联考，可以有效将招考中的腐败现象减少。

4. 合理分配高考名额

教育行政管理部门要树立“部属院校是全国人民的院校”观念，不能随意对所在地省市在分配招生名额时作任意的照顾。建议部属院校的招生名额按照各省、直辖市、自治区分配名额，这样对没有或拥有较少部属院校的省区比较公平合理。

5. 加强对家长的反腐败意识教育

家长是学生的法定监护人，对子女的教育负有法定职责。从学生的成长要素看，家长、学校、社会是影响学生成长的三大要素。高中学生的家长是教育腐败的重要推手之一，也是上当受骗的最大群体之一。因此，各个高中学校有必要对家长实施反教育腐败的教育，也要实施一些防范他人利用高考招生实施诈骗的教育。

（三）改革学校基建与采购方式

学校基建与采购的腐败主要集中于三类人：分管基建和采购的校领导，基建处的领导，设备处和教务处领导。对此，必须采取有针对性的防范措施。

1. 禁止党政第一把手直接参与学校基建与采购工作，其他领导合理“分权”

由于传统的官本位思想在学校也有体现，第一把手一般他人难以约束，如果第一把手直接参与学校基建与采购工作，产生腐败的可能性很大。因此，要把“禁止党政第一把手直接参与学校基建与采购工作”作为学校防范腐败现象的规定制定下来。对于其他领导，也不能经济权力过于集中，要合理分权，减少大案要案产生的可能性。

2. 基建处、设备处和教务处的工作要阳光操作

学校的基建、设备、教材订购要实行集体管理，通过招标方式实施。其中，基建工程要实行招标、定标、施工管理、造价管理相互分离；设备订购要制订采购制度，由使用单位提出申请，设备处对其质量标准、价格实施审查，到货之后验收等规范性程序；教材采购亦要通过招标实施，并将折扣的使用方式以一定的方式公开。

3. 纪检部门要加强监督和实施法制教育

纪检部门要有针对性地对学校党政一把手和基建、采购方面的干部以及工

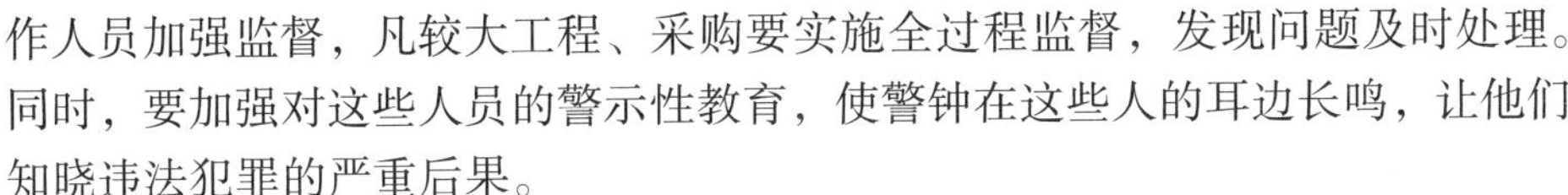

作人员加强监督，凡较大工程、采购要实施全过程监督，发现问题及时处理。同时，要加强对这些人员的警示性教育，使警钟在这些人的耳边长鸣，让他们知晓违法犯罪的严重后果。

（四）加大对学术腐败的打击力度

加大对学术腐败的打击力度，既要借助法律的威力，也要加强教育领域内部管理力度，让学术腐败者身败名裂，以还学术界的清净。

1. 使用法律武器，用法律手段打击学术腐败

有许多学术腐败侵犯了他人的知识产权，侵权人也由此走上了法庭的被告席。但目前各级法院对此类案件处理不够严格，有的久拖不结案，有的判决过于从轻，在一定程度上放任了这类案件的发生。虽然人民法院在处理这类案件时有一定的技术难度，但仍应该积极受理这类侵权案件，并在判决中依据法律规定的裁量范围适当从重处罚。如果学术腐败者在法律上受到较为严厉的制裁，慑于法律的威力，他们的行为将有所收敛。

2. 教育部制定有关学术规范的专门规章，并成立专门的学术规范委员会

教育领域是学术人员最为集中地地方，教育部也是拥有制定规章这种法律文件的国家机构。笔者认为，教育部应制定有关学术规范的专门规章，并成立专门的学术规范委员会，以弥补国家有关知识产权法律规定与法院判决此类案件的不足。从目前我国的知识产权法律规定看，有些规定不够细化，使法院裁量有一定困难；从人民法院处理此类案件的其他困难来看，限于法官的知识局限性，有些技术性问题由他们来解决存在较大难度；从法律责任来看，人民法院只能够使用民事制裁、行政制裁和刑事制裁，不能适用行政处分。而教育部制定的规章可以进一步细化法律，对何为学术不端的行为做一个较为明确的界定；教育部成立专门的学术规范委员会在处理知识产权案例上比较专业；此外，教育部的规章还可以对行政处分作出规定，包括撤销专业职务资格、取消教师资格、取消科研经费申请资格等等可以作出较为详尽的规定。

3. 加强对教育专业人员的学术规范法治教育

事实上，我国的教育工作者很少受到这方面的法制教育，导致他们对何为学术不端，实施了学术不端行为将要承担那些严重后果还不甚清楚，这也是一部分教育工作者走上学术不端的原因之一。因此，加强对教育专业人员的学术规范法治教育十分有必要，工作难度亦不会很大，有关纪检部门应把这项工作做好。

参考文献

[1] 许祖华. 2010. 西安一小学违规收取千万元择校费校长被免职. 新华网（http://news.xinhuanet.com/society/2010-11/27/c_12822664.htm）.

[2] 陈江，戴劲松. 2010. 海南"高考状元"落榜清华，谁之过. 新华网（http://news.xinhuanet.com/edu/2005-07/25/content_3261724.htm）.

[3] 陈成智. 2006. 高考移民与本地考生抢饭吃　海南考生伤有多深. 海南日报，09-19.

[4] 刘万永. 2010. 罗彩霞被冒名顶替上大学案8月13日长沙开庭. 中国青年报，07-13.

[5] 沈义，阳学智，张卫. 2004. 重庆买卖英语四级考题案宣判. 检察日报. 12-15.

[6] 王攀，詹奕嘉. 2009. 广东电白高考舞弊案主犯逍遥法外8年. 新华网（http://news.163.com/09/0518/09/59J9J76M0001124J.html）.

[7] 罗永久，鲁虹. 2008. 音乐学院7名教师涉嫌受贿被批捕. 楚天金报，06-14.

[8] 孔令泉. 2008. 浙江高校领域近3年147人涉嫌腐败受处分. 民主与法制时报，11-10.

[9] 杨昌平. 2010. 方舟子遇袭案终审宣判　肖传国被判拘役五个半月. 北京晚报，11-04.

[10] 陈瑜艳. 2010. 浙江高考体育乱加分 比赛名目繁多证书长途穿越. 中广网杭州（http://www.cnr.cn/china/gdgg/201008/t20100807_506858019.html）.

[11] 黎斌. 2004. 关于我国高中教育阶段立法的几点思考. 广西社会科学，(3)：68-71.

如何运用“侦防一体化”机制强化检察机关反贪前期工作
——深圳市盐田区人民检察院惩治与预防腐败工作经验与思考

深圳市盐田区人民检察院反贪局课题组[①]

深圳市盐田区人民检察院（以下简称为“盐田区院”）是全国检察系统中最早探索“侦防一体化”工作机制的基层院之一。十多年来，盐田区院坚持运用这一创新机制调整反腐败工作策略，完善基层检察院反腐倡廉工作体系，逐步在检察反贪工作领域[②]取得积极成效，形成了具有鲜明特色的“侦防一体化”深圳盐田模式，赢得了最高人民检察院职务犯罪预防厅、省市检察院和纪委的认可，并得到当地人大常委会的专题评议肯定。

当前反腐败形势依然严峻，随着国际国内情势的变化，职务犯罪侦防工作不断面临新问题、新要求，特别是对应广大人民群众的期望，反贪工作总体还是偏弱，有诸多的不足，无论是观念理念还是措施方法，都相对滞后，其中突出的问题是基层检察院反贪前期工作[③]十分薄弱，面对腐败问题的高发易发现状普遍处于较被动局面。本文结合盐田区院反贪防贪工作实践经验，试作一些探讨。

---

① 课题组成员包括：吴竟忠，深圳市盐田区人民检察院党组成员、副检察长、反贪局局长；孙践，深圳市盐田区人民检察院反贪局副局长，曾荣获“深圳市检察系统十佳侦查员”称号；顾江，深圳市盐田区人民检察院反贪局职务犯罪预防科科长；刘杨，深圳市盐田区人民检察院反贪局侦查一科副科长；彭达琦，深圳市盐田区人民检察院反贪局职务犯罪预防科科员；蔡可翀，深圳市盐田区人民检察院反贪局侦查一科科员。

② 完整意义上的反贪工作领域应当包括侦查职务犯罪、预防职务犯罪和相关社区关系建设三个主要方面。盐田区院反贪局在工作架构上包括了预防部门，工作思路和行动上要求侦防并重、功能互补，实践中讲求目标一致、手段互用、资源共享、行为互利。

③ 反贪前期工作并非是法律和检察机关正式文件明文规定的术语，而是以刑事诉讼法规定的侦查机关完成标准立案手续为界别标志，进行的习惯性工作阶段划分。狭义的反贪前期工作内容特指检察机关根据有明确指向的涉嫌职务犯罪情报线索，开展立案前的案件初步调查，收集符合法定立案标准的罪证的专门活动；广义的反贪前期工作内容更广，包括涉及建立多部门协作和多方合作机制基础上，开展对涉及腐败（不仅仅针对达到刑法立案标准由检察机关管辖的职务犯罪）行为的信息收集、汇总、整理、分析、筛选、管理等活动，以及经科学评估后对有侦查价值的情报线索开展经营以利于时机成熟后系统查处的活动，同时，也包括为立案侦查活动之后开展预防腐败工作进行资讯积累和研究防范对策的活动。

一、盐田区院概况及惩防腐败工作效果

盐田区成立于1998年，行政区域面积72.63平方公里，多丘陵，常住人口22.77万人，其中户籍人口4.26万人，非户籍人口18.51万人，全区机关工作人员、教师、医务工作人员总数约3500人，区属国有企业3家，驻盐上市企业3家。盐田区范围小，流动人口不多，属典型的“小政府、大社会”和“熟人社会”。盐田区院在编检察工作人员57人，反贪局设3个科（含预防科），工作人员总数12人，因此，办案人手不足和案件线索情报缺乏一直以来是制约盐田区反贪工作的两把“大锁”，但是，盐田区院努力克服困难，以“侦防一体化”机制带动了反贪业务的稳步发展。以近5年为例，共立案查处贪污贿赂等职务犯罪案件30件34人，涉案金额2414.81万元，港币142.08万元，其中大案要案比例为97%，移送起诉率94.1%，有罪判决率100%，上诉改判率、投诉率、申诉率均保持零的纪录；同时，在工作策略上改变反贪侦查部门与职务犯罪预防部门“各自运作、串联作业”的做法①，要求两者“紧密配合、并联作业”，并从组织、制度、执行三个方面不断推进侦查和预防职能的一体化②，特别是近两年，预防部门已经较好融入反贪全程业务，主动把为侦查办案服务作为工作重点之一。在为反贪前期工作服务中，预防部门通过义工和群众获取涉嫌职务犯罪行为的线索信息8件③，其中针对某领域职务犯罪撰写出分析预测材料1份，全程参与重点案件的办理工作3批9案，并建立“廉政之友”义工组织，初步建立起了覆盖全区4个街道的职务犯罪信息（情报）搜集和社区关系建设网络。

二、“侦防一体化”机制简介

“侦防一体化”机制的探索，受到全国多地检察机关的重视，它是检察机关内部包括反贪、反渎和预防部门共同开创的一种工作方法，它首先由预防业务部门提出，它改变了职务犯罪预防与侦查工作各自为政的局面，将两项工作放在同等位置对待，放在统一体制运行。探索和推行“侦防一体化”工作机

① 指检察机关内部称侦查与预防业务“两张皮”的运作现象。

② 盐田区人民检察院是检察系统中最早将职务犯罪预防部门设置在反贪污贿赂工作局内的基层检察院之一，便于从治理职务犯罪的角度统一指挥、部署对相关案件、单位、行业和领域的打防工作。

③ 其中7件是由“廉政之友”义工或由其联系的群众提供。2010年从群众来信来访举报职务犯罪涉案线索仅3件。

制的目标是通过优化配置、管理和运用反腐倡廉资源，强化预防腐败多方合作体制，实现预防与侦查工作的相互配合，相互促进，有效推动廉洁政府和廉洁社会建设，倡导公民广泛有序参与检察机关侦防职务犯罪工作。

“侦防一体化”机制建设一直是盐田区院反贪局长远规划和努力实践的一条工作新路，我们将它的长期建设发展道路大约设计为三个阶段。

（1）初级阶段“侦查为主、预防为辅”，预防工作围绕侦查办案工作提供必要的服务，尤其是要致力于为反贪前期工作服务，找线索、挖情报，拓宽反贪情报的渠道，同时加强分析调研，为侦查工作提供必要的职务犯罪预测和参谋意见建议，为具体案件办理提供必要的协助。

（2）中级阶段“侦防同为主”，此时侦查部门不仅办案，而且在办好案件的标准中需要增加为预防工作的内容①，在案中、案后还要与预防部门一起共同做好后续的总结分析、教育、群体行为指引等防贪性工作。

（3）高级阶段“预防为主，侦查以辅”，这也是符合党和国家治理腐败工作的总要求。打击不是目的，预防才是治本，此时要求侦查部门与预防部门一起共同致力于防贪工作和预防职务犯罪的社区关系建设，重点的工作、大量的工作应当是围绕行业、领域、社会清廉做好制度建设、预防指引和监督落实的工作，使广大的人民群众有更加积极的信念、有畅通无阻的渠道参与反腐倡廉的事业，与检察机关这样的专业机构一起致力于廉洁国家、法治国家的建设。

三、“侦防一体化”机制在基层的实际应用

就基层检察院而言，当前推进“侦防一体化”工作机制较具可行性的做法是探索如何以此强化反贪前期工作，其中盐田区院正在研究和切实开展的有以下四个方面：预防具体举措②作为反贪初查工作手段运用的问题、信息情报收集和网络建设的问题、对信息情报的科学管理与运用问题，以及“侦防一体化”机制的运行保障问题。

（一）预防具体举措作为反贪初查工作手段运用

推行“侦防一体化”工作机制，要求检察工作人员首先要摒除“案后才

① 诸如建立系统性的个案总结信息分析库、侦查对象数据信息共享、为后续预防工作的开展装订专门的案卷等工作。

② 此处预防具体举措指的是盐田区院结合预防工作要求和本区域实际开展的预防调查、促廉警诫教育谈话（盐田区院在检察系统首创的工作机制）、与国有大中型国有企业“廉政同行”等工作。

抓预防”和“个案预防只由预防部门抓”的观念与做法，作为预防部门的工作人员要革新思想观念，要善于利用检察窗口的工作优势，主动去发现职务犯罪线索，主动服务好侦查各阶段工作，要积极创造条件使预防工作成为丰富案件调查形式、增强案件突破能力的一种手段；作为侦查部门的工作人员要加强反贪前期工作意识，懂得运用预防工作的思路与方法去增强初查工作的隐蔽性[①]，为及早较全收集到涉案证据和情况服务，懂得与预防部门工作人员的平行配合，善于形成工作默契。这方面盐田区院积累了一定的经验，例如在2009年“5・22”医疗系统职务犯罪专案的查办过程中，盐田区院反贪局侦防两个部门充分发挥了“侦防一体化”工作机制的优势，以开展“医疗行业预防”的名义，在共同制订和讨论了详细的预防工作计划和反贪初查计划后，与区卫生局组成联合工作小组进驻涉案单位，分组、分批地对发案医院领导、中层干部、关键岗位的工作人员进行了促廉警戒教育谈话。在短短3天内，我们通过对该医院近20人的谈话和近百项管理制度的收集分析，摸清了案发背景，完成了相关证人的谈话笔录，掌握被举报人在采购耗材过程中严重违规操作的情况，判断其存在受贿犯罪嫌疑。之后，反贪局以此为突破口打开案件侦查局面，尽管犯罪嫌疑人到案直到刑拘期间始终不交代，也没有动摇全案的证据基础和全体办案人员的工作信心。这种通过“预防手段在反贪案件初查工作中的运用”为“5・22”专案的快速侦结和案后的系统预防工作奠定了坚实的基础。

（二）创建“廉政之友”义工服务队[②]，探索职务犯罪信息情报的收集机制和网络建设

以当前基层工作实践看，职务犯罪线索（情报）收集渠道单一、情势被动、质量不高、量数不平衡等问题一直是困扰检察机关反贪工作的瓶颈之一。盐田区院的情况则更加突出，辖区线索量少质低的局面多年来始终没有得到根本改善。为攻克这个难题，盐田区院反贪局从建立“侦防一体化”机制开始就认真开展调研，立志探索。随着近几年我们在公民参与方面的研究与初步实践，越来越感觉到检察机关的职务犯罪侦防工作离不开人民群众的广泛参与，我们较具可行性意义的做法是积极倡导和引导人民群众及社会组织广泛参与基

① 同时一举两得，侦查部门也是协助预防部门做好关口前移式的行业预防和系统预防工作，增强预防工作的力量。

② 由盐田区院与团区委2008年合作成立，为国内首家，在盐田优秀义工中招募成员。其主要职能体现在两个方面：一是协助预防工作，参与检察院组织的预防宣传教育和社区关系建设活动；二是协助反贪工作，为检察院反贪工作提供信息和情报。

层检察机关反贪工作的先要环节——拓宽职务犯罪信息（情报）收集的渠道和强化线索情报的经营。2008 年 6 月，盐田区院反贪局预防科与团区委义工联合作，共同组建了“廉政之友”义工服务队，在辖区范围内试点招募“廉政之友”义工（以下简称为“廉友义工”）。我们将该服务队按社会第三方组织定位及建设，帮助对其相关组织架构和基本制度建设完成，就交由其自身的理事会进行管理，区义工联负责组织建设指导，检察院预防部门负责工作业务指引和协调。“廉政之友”义工服务队主要的工作任务为：第一，提供职务犯罪的信息（情报），逐步建设和发展信息员网络，并适度参与检察院的案件初查；第二，协助检察院在社区和群众中开展预防职务犯罪教育宣传工作，参与职务犯罪的分析预测和相关预防对策研究；第三，成为检察机关与群众联系的重要桥梁之一，进一步加强检察机关反腐倡廉工作的形象与品牌建设。“廉政之友”义工服务队建立以来的实践已开始显现出它对于加强基层检察机关职务犯罪信息（情报）的收集能力，促进基层检察机关反贪前期工作效能的积极作用。两年中，廉友义工已累计向我们提供具有可查性的涉嫌职务犯罪行为的线索信息 8 件，其中 1 条情报通过反渎部门初查已具备立案基础，协助反贪部门开展案件初查工作 2 次。廉友义工还为我们提供了改进检察工作的意见建议 11 件，协助各类举报和预防宣传教育活动 16 次。

公民参与研究是当前改进政府管理效能的热门课题，对于检察机关的惩治与预防职务犯罪工作也意义非凡，天地广阔。初步的实践给予了我们继续探索的信心，除了拓宽信息渠道以外，为进一步增强基层检察机关反腐败的能力与实力，我们需要一支属于检察院自己的群众信息员队伍，甚至建设一个专门的工作网络。为此，我们又实施了两项工作：第一，分组建设两个网络，其一是检察官挂点工作网络，我们借助本院检察官联系基层机制，安排 41 名廉友义工与挂点检察官结成社区工作对子，按盐田区 4 个街道办事处 20 个社区进行分组，每个社区配 2 位挂点检察官带领所在社区的 1 ～ 3 名廉友义工定期联系社区工作站和居委会，根据需要开展预防职务犯罪宣传教育、法律咨询等活动，通过积极广泛的参与倡导社区廉洁文化；其二是职务犯罪信息（情报）工作隐性网络，反贪局借势第一个网络，由侦查一科、二科、预防科和反渎部门与廉友义工 4 个（街道）大组结成信息工作组，安排必要的活动经费，通过定期茶叙、定向培训和专项活动等方式进行充分沟通联系与业务指导，建立单一制联系的职务犯罪信息工作渠道。第二，为提高以上网络工作效能，我们还专门制订了“廉政之友爱心卡”计划，于 2010 年第二季度开始试行，目的是为廉友义工建立一个简便的工作载体，促进廉友义工在倡导和引导[①]群众参与检察机关惩治与预防职务犯罪工作方面的中间作用，架设起一条“社区（单位）—群众—廉政之友—检察官—基层检察机关”连续的交互式的信息通路[②]。这个活动计划要求廉友义工相对固定在其所工作或生活的社区，利用熟人社区的信任度与相对固定范围内的群众可以建立起较可靠的稳定沟通关系，以此提高职务犯罪信息的量与质，以及协助检察机关进行社区关系建设，在办案需要的时候还可以比较容易发动群众提供帮助[③]。作为试点，经对廉友义工专门培训后，第一批我们发放了 2 万张“廉政之友爱心卡”，均采用单线式联系方法。截至 2010 年 8 月，据粗略统计，与廉友义工建立固定有效联系的各界群众约 3300 人，群众有效参与率 16.5%。这个数据对于一项开创性的工作来说是相当令人鼓舞的。

（三）对职务犯罪的信息情报加以科学管理与运用

这也是盐田区院在探索和推进“侦防一体化”机制过程中最薄弱的环节。“侦防一体化”工作机制虽然提供了一种业务创新思路与方法，但要根本改变检察机关反贪工作普遍存在“打强防弱”的局面和观念还是相当不容易的，其中重要的一点就是预防部门的工作定位问题，即预防部门如何做的问题。就“侦防一体化”发展的初级阶段而言，我们认为预防部门全力以赴要做好职务犯罪的信息情报汇总、整理、分析和预测等科学管理工作尤其重要，这在技术和方法层面也是可行的。预防部门做好信息情报的科学管理，不仅有利于为反腐败斗争提供精确靶向作用，而且有利于提高对腐败问题识别、治理与防范对策的有效性。一直以来，有价值的举报线索少以及被动等待群众主动举报是制约盐田区院反贪工作的信息情报来源的瓶颈；加上刑事诉讼法修改以后明确规定“传唤、拘传的持续时间不得超过 12 小时”，以往反贪破案主要依靠长时间审讯犯罪嫌疑人的办案模式再难适用。如何打破瓶颈快速破案成为盐田区院

① 这项工作的开展需经过检察机关的话术培训及辅以宣传资料。2008 年 10 月，盐田区院反贪局曾专门组织全体廉友义工参观检察院，并结合预防理念和法律基础实务开展初级培训，帮助廉友义工提高认识和了解检察实务，帮助他们树立正确的反腐败理念，提高其监督、举报腐败行为和发掘情报信息方面的能力。

② 辅以互联网网站（盐田区院的阳光网）、即时通信工作（QQ 群组）加大相互之间联系的方便性与保密性。

③ 办案实践中，我们办案人员在抓捕犯罪嫌疑人、调查赃款财物去向等等工作上，经常需要当地公安、保安组织的协助，这虽然作用可观，但是也容易引起涉案对象的警觉。如果能发动有反腐败意识和技术的群众（有针对性地逐步培养群众的监督、预防等技术）参与和协助检察机关办案，走群众路线，将是一个更好的思路与趋势。

反贪局的主要研究课题，必须重视反贪前期工作，必须将办案的重心前移。这也是反贪工作推行“侦防一体化”机制的内在要求，从2010年开始，盐田区院反贪局同意由预防科牵头，另辟蹊径探索拓宽职务犯罪信息情报收集的渠道，研究对职务犯罪信息情报科学管理的方法，特别是探索如何建立“侦防一体化”信息工作平台，形成对涉嫌职务犯罪信息的汇总、整理、分析和预测系统，其中重点是以行业或领域为对象，依据多方数据与信息，强调进行主动调查、资料研究和分析基础上的类案预测，以及为侦查部门提供可行的线索经营建议[①]。我们的具体做法是：根据廉友义工或其联系的群众回馈的“某个行业存在不规范、不合法的现象”，预防部门介入初步调查，采取与群众秘密访谈、以廉政风险防控的名义到相关单位收集管理制度等方法多方获取问题材料，然后系统分析是否职务犯罪的可能性和相关程度，以及在提交的报告上列明后续调查的路径和附上全部调查材料。预防科将分析预测报告及时报告主管副检察长，并交举报中心进入案件线索管理流程，由院线索评估小组评审，若可查性较高，则交由指定的侦查部门查处或展开更严密的正式情报线索经营。我们认为通过这项建设性工作，不仅提高了线索情报的质量，增强了线索经营思维，也方便侦查人员明确侦查思路，提高成案率，为缩短办案周期打下了基础。此外，此类案件通常并不只是个案侦查，往往涉及行业整体，有多地多线群发的特点，侦办好行业的一批案件，也为“侦防一体化”后续的预防职能达成做好了扎实的工作。这项探索性工作从今年5月份开始，预防部门已完成1份线索分析报告，第2份也正在调查中。可以说，对于涉嫌职务犯罪信息情报科学管理的工作，我们已有了一个较好的开端。

（四）“侦防一体化”机制的运行保障

科学规范的管理是一项机制运行达效的重要保障。实践中，盐田区院重点抓两个方面的建设。

首先，是以检察委员会的名义制定和通过《盐田区人民检察院推行“预侦一体化”实施办法（试行）》、《对疑似职务违法犯罪人实施促廉警戒教育谈话规则》、《盐田区人民检察院关于建立健全预防职务犯罪工作体系的决定（试行）》、《盐田区人民检察院“廉政之友”义务工作者管理制度》等基本制度，将推行“侦防一体化”机制作为全院检察业务建设的一项重点工作加以认定与系统部署，明确了各部门（包括社会第三方组织）尤其是侦查与预防

① 同时，还可以将预防工作路径向前延伸，提前通过扎实的分析（及印证的办案结果），提出行业预防的系统对策。

部门在“侦防一体化”工作中的责权利，并且规定具体举措和执行方法，甚至细化到工作案卷的装订目录、侦防工作衔接的时间要求等等。这为盐田区院全面推进和科学实施“侦防一体化”工作机制提供了较完善的制度保障。

其次，建立“侦防一体化”工作在反贪局和反渎部门的统一规划、统一部署、分组分线实施与考核的机制。每年第一季度由主管侦查业务的副检察长主持反贪局（扩大）会议，研究和部署全年“侦防一体化”工作，旨在打破反贪、反渎和预防科室的部门主义，以“分区、分块、分责任”的方式[①]将相关围绕具体案件及针对行业廉政问题的检察预防工作目标与任务分解到反贪局各科室，每个科室负责与相关的主管部门联系，了解分析辖区内部分重点行业、单位、项目是否存在职务犯罪风险，在熟悉相关行业、单位和项目的基础上加强预防工作的指导、教育。而预防科则负责加强各组各线预防工作任务的督促落实，并且负责一个行业或领域的任务，遇有涉嫌职务犯罪的情况可以先行调查，形成分析意见及时报告主管副检察长。例如，侦查二科负责街道办事处等基层政府管理领域的预防工作，主动深入社区民间，联系廉政之友，宣讲反腐倡廉观念，争取群众在线索调查工作中的支持，成功迅速地查办了梅沙实业公司原董事长曾××受贿、私分国有资产案，并积极完成案中、案后的预防职能，通过发挥检察预防功能，很好地协助区委区政府开展梅沙街道办事处等涉事违纪单位的整改，以及对相关领导和区属企业班子的廉政教育，得到了区委的肯定；又如，预防科负责区内国有企业领域的预防工作，较好地落实了盐田区院富有创新性的与国有企业“廉政同行”系统方案，形成的相关经验在《广东职务犯罪预防》和《深圳纪检信息》刊载。

四、“侦防一体化”机制建设面临的发展困境

“侦防一体化”机制建设对于基层检察机关加强和改善反贪前期工作有着积极的意义与价值，最近最高人民检察院也出台了相关的工作文件，鼓励各级检察机关探索和建设“侦防一体化”工作机制。但是，由于这是一种完全源于基层实践的创新机制，面对严峻的反腐败斗争形势和检察机关反贪工作巨大负荷与地域不平衡，难免会让人对其实际的效用产生质疑。实际上多年来，我们也确实面临诸多约束机制发展状况，甚至是困境，集中表现在：其一，检察机关反贪部门长期以来形成的强势观念和保密思维，难以对“务虚”与弱势

① 2008年，深圳市人民检察院副检察长、反贪局局长程科伟同志视察盐田区院工作时，对盐田区院“侦防一体化”机制建设给予肯定评价时提出的工作期望。

的预防部门放权让权，做到侦查资源与预防部门分享，预防部门确实难以全面参与和系统参与侦查前段与中段的工作；其二，基于长期沿用办案数质[①]指标考核体系所形成的惯性思维和办案压力，侦查部门不太热心同预防部门一起共同承担案后的社会治理与防范工作，他们往往认为那是流水线的下一个环节——属于预防部门的任务，即使参与也只是认为拿个别案件来作作秀；其三，对科技投入的顾虑较多，检察机关的决策层可能是拿公安机关技术侦查系统的建设和线人工作机制作为对比参照系，那确实需要极大的财力与人力的投入，这实际上是存在认知偏差的；其四，预防部门工作人员本身也存在认知误区，没有充分认清检察机关反贪工作的情势，研判不同阶段的特点，在反腐败斗争严峻形势下需要主动确立为反贪侦查服务的意识和行动。

检察机关要推进“侦防一体化”机制建设，必须要打消顾虑，摆脱上述观念、体制和科技投入方面的困境，基于初步积累的实践经验，我们认为破除困境可能也可期：

第一，应当要充分相信和依靠群众，确信群众参与和舆论监督是重要的并且是低成本的反贪防贪策略之一，因此要不断拓宽渠道和建设网络，引导、倡导群众有序参与检察机关反腐倡廉事业，对于从群众中获得的信息要重视管理和反馈。

第二，检察机关侦防部门都要树立和积极培养公共管理的思维与工作方法，形成对刑事执法工作的必要补充，基于信息、资源、技术、办法等相关要素要有可行有效的统筹规划与回馈修正机制。

第三，检察机关需要自己的职务犯罪信息情报工作平台和系统。从建设成本考虑，我们有足够理由要增强预防部门在防贪和群众关系建设方面的职能优势，加大人力、物力和科技的投入，其中包括当务之急需要建立的能较好服务于反贪、反渎侦察工作的职务犯罪信息情报收集、汇总、整理、分析工作的科技平台，通过系统化的操作，增强为反贪前期工作服务的能力和水平。

参考文献

[1] 陈波. 2009. 反贪侦查实战要领. 北京：中国检察出版社.
[2]（英）杰瑞·莱特克里菲. 2010. 情报主导警务. 北京：中国人民公安大学出版社.
[3] 李成言，谷雪，俸锡金. 2004. 廉政政策分析. 北京：北京大学出版社.

① 检察机关自上而下建立了对反贪、反渎部门办案的数量与质量考核系统，并且是基层院整体考核最主要的一个部分，一般是按在编检察干部的人数确定年度指标。

公民参与职务犯罪预防的制度条件和发展对策

王　巍[①]

一、职务犯罪预防与公民参与

（一）基础概念的界定

“在我国，职务犯罪是指国家工作人员或其他依法从事公务的人员利用职务上的便利，滥用职权，不尽职责，侵害国家机关正常活动，致使国家和人民利益遭受重大损失，依照法律应受刑罚处罚的行为。”（席远科，2001）毋庸置疑，职务犯罪已是我国当前面临的腐败问题中最集中也是最严重的现象，并日益凸显四大特点：犯罪领域广泛化，犯罪群体化，犯罪手段多样化、智能化，犯罪跨区域化、国际化。面对我国职务犯罪状况转型升级的情形，利用国家暴力机关坚决打击职务犯罪无疑是最直接、有效的手段。但与此同时，针对职务犯罪产生的根源要加以预防遏制，防患于未然，将非法的公权力实施造成的损失降至最低才是杜绝和控制职务犯罪活动最根本的举措。职务犯罪预防有广义与狭义的概念区分。广义概念是指“国家和社会针对一定社会历史时期职务犯罪的状况、特点、原因和条件，调动社会各种积极因素和可能调动的力量，采取政治的、经济的、文化的、教育的、行政的、法律的等综合手段，以遏制、减少乃至最终消除犯罪的社会防范活动”（肖扬，1998）。狭义概念就是指特定的发挥职务犯罪预防功能的行为主体采取主动并且合法的措施所进行的具有针对性、非惩戒性、监督性的遏制与控制职务犯罪的“事前控制”活动。

预防职务犯罪是一项宏大的社会工程，需要动员全社会的力量共同进行，因而预防职务犯罪的主体具有广泛性和多元性。“预防职务犯罪的主体是指在预防职务犯罪的实践活动中能够以自己的主体性活动发挥预防犯罪功能的力

① 王巍，男，山东济南人，中共广东省委党校行政学教研部副教授，管理学博士。

量。”（肖扬，1998）这些主体包括执政党、国家机关、公司企业、事业单位、人民团体和每个公民个人。每个预防犯罪的主体在预防职务犯罪中所处的地位和作用是不尽相同的，只有充分发挥不同主体在预防犯罪中各自的功能，并使之相互配合，才能发挥出合力的作用。本文所探讨的以公民为主体的参与监督当属狭义监督的范畴，所探讨的监督主体是作为非公权力机构的社会组织和个人。伴随我国的民主、法制建设的成熟，公民监督正日益成为广义职务犯罪预防体制的核心的构成部分。

（二）职务犯罪公民监督的合法性与合理性分析

我国是人民民主专政的社会主义国家，人民是国家的主人和公共权力机构的委托人。因此，人民对于公共权力作为和公共职务行为有着监督、质询、建议、否决的真实合法性。《中华人民共和国宪法》第 2 条规定：“中华人民共和国的一切权力属于人民”，“人民依照法律规定，通过各种途径和形式，管理国家事务，管理经济和文化事业，管理社会事务”。现行宪法还确立了中国公民有批评权、建议权、申诉权、控告权和检举权。其次，公共职务行为是向人民群众履行委托管理国家事务的义务行为，当然应受到委托者即人民群众的监督、制约。《中华人民共和国宪法》第 27 条规定：“一切国家机关和国家工作人员必须依靠人民的支持，经常保持同人民的密切联系，倾听人民的意见和建议，接受人民的监督，努力为人民服务”；“由于国家机关和国家工作人员侵犯公民权利而受到损失的人，有依照法律规定取得赔偿的权利”。第 41 条规定：“中华人民共和国公民对于任何国家机关和国家工作人员，有提出批评和建议的权利；对于任何国家机关和国家工作人员的违法失职行为，有向有关国家机关提出申诉、控告或者检举的权利，但是不得捏造或者歪曲事实进行诬告陷害。对于公民的申诉、控告或者检举，有关国家机关必须查清事实，负责处理。任何人不得压制和打击报复。”公民参与监督的合法性显现了公民参与职务犯罪预防工作的权利。

此外，利用公民参与来遏制职务犯罪同样是具备极大合理性的。

1．真实性

职务犯罪是对人民根本利益、人民主权、政府与公民法律关系的极大侵害。因此，公民有充分的监督动机通过申诉、控告、检举、揭发等合法权利来行使对于职务犯罪和准职务犯罪行为的控制。公民对特定职务行为（公共权力）加以实质性、持续性的监督，对公职人员的犯罪心理会起到持久的震慑作用，对职务犯罪行为会起到全方位监视和揭发作用，从而真实地发挥了引导公权力归属公共性的积极作用，从根本上压制了职务犯罪的渊源。

2. 有效性

据广东省检察机关自身数据统计并结合深圳市检察机关的相关数据，在近5年所查处的职务犯罪案件中，经人民群众举报而发案被依法查处的约占统计立案数的50%。积极有效的公民监督体系针对公共权力和职务行为具有“可见而不可完全预知”的控制优势。换句话说，基于高效公民参与基础上的监控网络，会对公共政策和众多职务行为形成全方位、立体化，甚至包含伦理控制力量的监督效果。此外，公民监督大大提高了职务犯罪成本，降低了职务犯罪的预期收益和行为动机。

3. 督导性

首先，有效的公民监督所提供的职务犯罪线索和信息对检察院、公安机关职务犯罪案件侦破工作会起到良好的注意力引导作用；其次，强大的公民舆论和诉求压力对职务犯罪监控部门的工作能力和合法性基础会起到质询作用，对控制“职务犯罪黑数”①，提高职务犯罪监控部门的工作效率意义非凡。

二、公民参与职务犯罪预防的效能和条件

（一）公民参与监督的现状描述

实事求是地说，我国职务犯罪公民监督体制的发展水平较低，效能差。其根本原因在于我国职务犯罪公民监督制度缺位，应然的公民监督机制运转不顺畅。从公民参与的本位来考察，现实问题表现在四个方面。

（1）权力畏惧心理：受传统官本位文化的影响和既有的强权震慑，公民监督者害怕遭受打击、报复，不敢举报、申诉、作证。

（2）“搭便车”动机：从理性人的假设看，“高收益和低成本是私人有效参与的前提条件”（霍恩，2007）。现实是，我国公民监督还面临着比较高的介入成本，例如时间、精力、事业前景、个人安危等因素。虽然人民对于职务犯罪和腐败案件深恶痛绝，但是，有些腐败案件确实看不到对具体个人切身利益的损害。于是，很多人都怀有“事不关己，高高挂起”的动机心态，即希望于承担最小的参与成本获取最大化的反腐收益。

（3）公民监督意识薄弱：平稳求和的传统思想促使我们公民更多追求群体的和谐和集体利益，而较少向往个体的权利。受政治文化为主导的社会文化

① 职务犯罪黑数是指已经实际发生但司法机关尚未发现或未作处理的职务犯罪数。我国职务犯罪黑数较大是不争的事实，职务犯罪的内在特征与法制环境的消极方面是导致这一现象的深层原因，应当认识到职务犯罪黑数的社会危害性与一般规律，采取相应措施遏制其增长。

结构的影响，我国公民更是偏爱于诉求“贤人”或“青天老爷”来为自己做主和申冤。

(4) 监督渠道不畅：虽然我国建立了多种公众参与的途径与形式（行政复议、诉讼、控告、检举等），但大都流于形式或者因为法律监督权力机构之间的职能配置错乱，整合力量不强而导致监督路径低效甚至无效。公民有心揭发，但不知该如何揭发，到哪里去揭发，揭发以后怎么做。从我国公民（特别是农民群众）频繁跨级上访现象来看，“投诉无门”是我国公民监督效能低下的最重要的原因。

（二）传统的研究及其局限

伴随着社会主义民主政治的发展和市场经济体制的完善，我国政府对公民组织和公民个人在职务犯罪预防领域中的重要作用有了清醒的认识，社会化职务犯罪预防机制建设业已逐渐凸现公民参与监督的重要作用。但是，我们既有的理论解释和制度建设对策研究还比较粗陋，对于公民监督缺位和效能低下现象还没有体系化的研究和理性认识。在我们看来，主要存在以下两个重要的研究缺陷和改革实践操作误区。

第一，忽视公民本位。长期以来，我国政府基于集权的强势地位，往往将自身看作唯一合法[①]的社会管理主体。公民和非政府组织无非就是政府管理之外的附属品。基于政府自身的利益考虑，我国现有的公民监督的方法和程序对于公民来说，带有很大的操作困难和风险。例如，举报人保护制度的不完备致使政府很难周全地为举报人提供有效的人身和财产安全保护。“举报人举家逃难”已不再是什么新闻。举报激励落实不到位，进一步强化了公民的监督冷漠状况。

第二，公民参与的概念界定粗糙。从既有的文献来看，既往对于公民参与的概念分析过于简化。研究者大都将公民参与行为看作一个无内涵区分的大概念，并将它直接置于社会活动体制内加以功能描绘和意义研究，其理论认识和实践结果往往出于背离的尴尬情景。例如，轰轰烈烈的听证参与所形成的政策却往往因为后续的政策执行替代而变形；公民及其代表面对专业的文献和分析材料无从理解政策内涵、无法落实监督职能等现象屡见不鲜。所以说，实质有效的公民监督就变得扑朔迷离而无从下手。

---

① 合法性（legitimacy）是政治学的一个核心概念。《布莱克维尔政治学百科全书》把“合法性”解释为：来自于有关规定所判定的、“下属”给予积极支持和社会认可或者“适当性”，它指一种统治或者管理被承认和赞同的程度，并非单纯指合乎法律要求的状态（legal）。

（三）制约公民参与监督效能的四类维度

公民参与本身是一项相当复杂的社会活动，需要对其构件进行理性的剖析，从而抓住问题的要害，形成可资借鉴的建设对策。从公民本位的研讨起点出发，通过对公民参与行为的立体分解，我们认为，公民监督行为的效能（E）会受监督行为的广度（M）、强度（N）、深度（O）、宽度（P）关联制约，换句话说，任何一项缺位和情形滞后都会导致整体监督效能的低下，用一个直观的乘积公式来表达就是：

$$E = a\mathrm{M} \times b\mathrm{N} \times c\mathrm{O} \times d\mathrm{P}$$

M：公民监督的广度，即公民参与职务犯罪监督的人数或者说与特定监督对象相关联的群体和集团的介入数量。公民参与监督的人数越多即参与监督的广度越大，监控网络密度就会提升，广泛的参与是监督有效的基础保证，丰富的信息、多元的监督角度以及监督行为的合法性都依赖于公民广泛的参与。

N：公民监督的强度，即公民对某职务作为或者政策要件、内涵的理解与分析能力。公民集团或者个体的议政能力和政策素质会带来科学的监督效果：一方面，有深度的公民监督可以突破专业技术官僚设置的迷局；另一方面，有深度的公民参与确实可以为公共政策和公务人员的职务行为提供丰富的智慧和指导。这里举一个盐田区人民检察院所查办的真实案例：教育局一个管电教设备的教研员，利用自己编制设备技术配置表、参加评委、验收及整个管区学校电教设备的调配等职权便利，与个别不法投标商勾结通过设置带隐秘性的技术壁垒极大地增加其他投标商的落标几率的手段频频获利，在其任职5年左右的时间，仅从一个公司收受和贪污公款就达80多万元。

O：公民监督的深度，即公民对整个政策过程的跟踪、监控能力。职务犯罪不仅发生在决策阶段，更多的是一部分腐败分子利用自有的裁量权在政策执行阶段擅自修改政策和法规，歪曲政策精神，或者封闭政策执行效果，造成与事实不相符合的假象。具有深度的公民参与可以发挥自始至终的全程监督效果。

P：公民监督的宽度，即公民有资格介入自身监督权利的政策种类和职务行为领域。除了涉及国家机密的政策和相关职务行为之外，涉及公民利益的政策和信息都应当有序公开。政府应当避免政策问题的结构化①，合理界定政策问题的“质量约束”②（托马斯，2004）。监督宽度很大程度上依赖国家政治民

① 指最终决策要在预设的两个或者多个替代方案中进行有限选择，限制了公民的参与和主动性。

② 与最终决策本质相关的政策或者管理上的约束，例如技术约束、规章约束和预算约束。

主制度的发展和政府对公民参与的回应力度（见表1）。

表1　制约公民参与监督效能的四类维度

行为分析维度	发展阶段和水平等级		
	低	中	高（理想状态）
广度	受职务行为影响的直接当事人	受职务行为影响的直接客体与间接当事人	与职务行为关联的所有相关民众
强度	初步了解某职务行为或者公共决策的基本内容	理解某职务行为或者公共政策的背景、过程和预期利益分配	具备良好的政策分析能力
深度	介入至某职务行为初期或者公共政策的决策阶段	介入至某职务行为中期或者公共政策的决策与后继的执行阶段	介入至某职务行为全程或者公共政策
宽度	低“质量要求”和“结构化程度”较低的公共政策	中间状态	所有涉及公民切身利益的公共政策和职务行为

通过上述分析，可以认为，真实有效的公民监督要力求以上四类行为维度的由低级到高级的发展和相互间的配合。这涉及政府回应力度和公民参与的协同发展问题。由此，我们可以针对问题的内涵，引导出我国职务犯罪公民监督预防体制发展研究的结构性系统对策研究。

三、有效倡导公民参与职务犯罪预防的策略选择

从上述的分析可以得出结论：公民监督预防体制的发展绝对不是依靠政府单方面作为或者单一改革对策就可以完成的。积极的行政作为面对冷漠的公众终归无效，片面满足公民监督结构内涵的某一个方面改革并不能获得希求的监督效能。例如，听证制度可以极大地扩展公民参与监督的广度，但是我国至今所普遍采用的一次听证会制度（one - shot public hearing）却无法保证公民对公共决策执行和后继职务行为的有效监督。专家咨询会可以确保参与和公共监督的深度和质量，但是其对政策和职务行为的评判和监督的合法性自然就会降

低。所以说，我国公民监督预防体制必须要在尊重公民监督结构内涵的基础上，制定出调动政府和人民两方面积极性的改革策略，从制度建构的层面上塑造有中国特色的职务犯罪公民监督网络。西方先哲亚里士多德说：“人是政治的动物。”从需要层次理论的角度来考虑，当自身基础的低层次需要满足之后，人们就会追求更高的精神追求。“公民参与公共事务，实现公民的政治价值，是人类最高愿望的满足。”（李图强，2004）我国人民民主专政的国体的选择在根本上也保证了我国公民参与和公共监督的真实本质。伴随着我国社会主义市场经济的成熟所诱发出的政治民主和行政民主意愿必然会突破传统社会文化环境留下的沉疴。同时，公民参与意愿的生成和监督能力的提升需要政府的引导，特别是需要像检察机关这样的本身就负有基本职责的法律监督机关的引导和倡导。

（一）实施公共管理教育，提高公民的治事能力

伴随着公共事务管理分工化的发展大趋势，公共职务行为往往又是专业化的行政行为。公职人员所掌握的专业化知识和技能构成了高效管理的必要条件，也成为自由裁量权的合法基础。另一方面，个别公职人员也会借助专业化造成的监督障碍，寻求自身利益或实施公权力的设租活动，从而构成职务犯罪。在某种程度上来说，公民治事能力的弱化所导致的监督能力的低下确实降低了职务犯罪成本。换个角度讲，群众良好的素质和治事能力会提高公民参与监督的积极性，提高公民的政策分析能力，从而扩大公民参与监督的广度和强度。可以说，公民公共管理知识的丰富和治事能力的提升会在很大程度上消解职务行为的专业化屏障，从而遏制职务犯罪的发生率。

在此，我们引入并且强调公共管理教育的积极作用。管理学家法约尔（2007）说：“在家庭和国家事务中，对管理能力的需要与事业的重要性必须相互适应……因此，管理教育应当普及。”为此，政府应当为公民提供良好的关于公共行政领域知识的学习机会。作为检察机关根据《人民检察院组织法》第四条第二款“人民检察院通过检察活动，教育公民忠于社会主义祖国，自觉地遵守宪法和法律，积极同违法行为作斗争”之规定更有引领、帮助和促进公民提高思想认识和参政知识水平的法定义务。第一，充分利用开放的公共媒体。电影、电视、广播、公益广告是最方便有效的信息传播手段，也是实施公民教育最合理的路径选择。党和政府应当推进“责任媒体”的宣传、教育功能。使公民在接触真实信息，负责评论的基础上实现社会化和政治化。第二，推进公民和政府的互信、合作。公职人员“应当关心人际关系，人类价值……他们知识丰富，拥有深刻的理解能力，是社会合作体制的中心，不再是

政府中的独立实体”（沃尔多，1984）。伴随着我国公民素质的不断提高，政府应当寻求与公民的适度合作，在共治的管理过程中，公民得以官僚素质训练，政府决策也会获得更高的合法性。第三，构建社区教育平台。“社会学家袁方指出，社区是由聚集在某一地域内按照一定社会制度和社会关系组织起来的、具有共同人口特征的地域生活共同体。”（吴锦良，2002）共同的生活背景和人群状况的同质性决定了社区公共管理教育的针对性和有效性。社区学校在发挥管理知识培训，宣传党和国家的政策方面可以起到积极的作用，从而可以有效提高公民整体政治素养。以检察机关的角度思考甚至可以基于预防职务犯罪的职能出发，率先尝试在社区中帮助、推动、引导建立预防职务犯罪公民学校、课堂或在部分地方检察机关已在探索建设的警示预防宣教基地、园地的基础上作进一步的功能延展。

（二）培育合法的公民监督组织

公民监督组织隶属于第三部门的范畴，所谓“第三部门是指包括非政府组织、公民的志愿性社团协会、社区组织、利益团体、中介组织等各种独立于政府的公民社会组织或民间组织。它们是处于国家和家庭之间的一个中介性的社团领域。在同国家的关系上享有自主权并通过社会成员自愿结合而形成，通过参与社会公共事务的管理，保护或促进成员的共同利益或价值”（娄成武，2003）。在公民监督制度不成熟的前提下，公民会承担巨大的参与监督成本，这是我国公民监督效能弱化的直接原因。治理理论的兴起和第三部门在公共管理领域中业已验证的积极功能向我们提出了很大的启发：“培育和促进第三部门的发展，以此作为公民参与职务行为监督的组织载体，不仅可以有效降低参与成本，而且还可以在信息、专业技术、政策范围等方面形成优势互补，形成监督合力，有效加大监督诉求。”其优势作用表现在如下几个方面：首先，公民监督组织可以有效凝聚公众意愿和社会资本，通过自为的组织参与间接扩大公民参与的广度，提升公民参与积极性。其次，公民监督组织能够凝聚成员的专业优势，打破某些职务行为的专业化屏障。最后，公民监督组织具有广泛的代表性，较之公民个体，它拥有与政府及其官员进行利益博弈的更大实力。综上所述，发展公民监督组织是我国强化公民监督效能的一项重要举措，政府要在重视公民组织的基础上，进一步地为公民监督组织的发展做好制度保障。

第一，完善公民组织成长的法律环境。总的来看，我国的第三部门成长的法律环境并不良好。这是我国的第三部门不发达的重要原因之一。“我国的第三部门法律制度显然也存在着诸多重大的缺陷与不足。例如，第三部门（非营利组织）的民事关系从来是各国相关法律中最为重要的部分，而在我国则情况恰恰相反，行政管理的规定占据了相关法律的绝大多数，而有关非营利组织的内部组织、财产关系等民事问题，则极少规定。”（吴锦良，2002）

第二，提供非行政意愿性资源供给。在第三部门的“幼年期”，第三部门需要借助政府的各种资源才能获得良好的发展。第三部门需要政府给予资金上的支持，但是，如果政府以资源供给为条件，控制第三部门的行为意愿和监督能力，那么，第三部门的监督作用就会发生异化，从而重新归属到政府附属机构的行列之中。

第三，转移政府非核心公共管理职能。政府将某种权力移交给第三部门。一方面，政府职能部门的主导能力和信息量得到扩大；另一方面，第三部门在具体的公共事务管理过程中实现了对公共权力运作的亲历性和制约性，自然会对公共权力运作的职务行为形成监督效能。

（三）完善公民参与监督的保障制度建设

在社会主义初级阶段，政府依然是我国公共管理体系的核心部分。公民或者公民组织对公共职务行为和公共政策的监督意愿和监督效能以得到政府的有效回应作为前提。其次，科学而且完整的旨在引导、规范、捍卫公民参与监督权利的保障制度，也是公民参与监督活动稳定发展的必要条件。西方学者亨廷顿（1989）认为：“在制度化程度低，参与程度高政治体制内，社会力量会借助各种方式直接在政治领域里活动。”极易产生社会不稳定。为此，应该在我国国情考量和现有法制制度的基础上进一步健全公民参与监督的保障制度。

第一，政务信息公开法制化。“任何旨在预防和解决公共争议的执行，其基础必然是拥有一个充分知情的公众群体。”（Coner，1988）因此，满足公民的知情权，为其提供足够的政策信息和职务行为程序说明，是实现公众参与监督公共职务行为的一个基础条件。首先，获取真实的公共信息是公民治事能力发展的知识基础，政府不仅要向公民通报重大事件例如重大疫情的基本信息，还要逐渐扩大、公开和积极宣传其他公职行为和公共政策的基本情况，拓宽公民的信息来源，引导公民参与更加广泛的政策领域。其次，政府不仅要公开决策信息，还要逐渐公开政策执行过程和政策执行效果，满足公民参与走向“纵深”的需要。我国即将出台的《政府信息公开条例》在政务信息公开改革方面无疑迈出了一大步。

第二，举报人保护制度的可操作化。假借公共权力打击报复举报人是对公民参与监督活动的最大迫害。匿名举报虽然为公民监督屏蔽风险。但是，匿名举报因为举报信息的不完整，往往易造成线索查办中的困难，不利于提升司法效率和职务犯罪打击力度。因此，匿名举报不应当成为举报和监督的主流选择途径。要提升公民参与监督的信心，降低匿名举报率，就必须切实有效地保护举报人的合法权益。实事求是地说，我国在举报人的保护上并非制度空白。20世纪90年代初，全国各类“保护公民举报条例”就已成型。现行刑法中也规定，对举报人进行打击报复的行为将受到惩处。但这些规定中的惩罚条款过于原则化、条例化、适用范围也较窄，如果出现条款的相互冲突，适用性就会更差。所以说，举报人保护制度应该实现明确而细致的改革，实现可行性和可操作化设计，例如，明确举报人的知情权，举报人因举报而合理支出的补偿请求权，举报人获得奖励的权利等等，都应被一一细化。惟其如此，举报人才能被更好地纳入整个反腐资源配置的序列之中。

第三，建立公民监督诉求的政府回应制度。“政府回应就是作为公共管理主体的政府之于非政治整合的公民意愿和利益诉求的反应及相应予以回复的过程和作为。”（王巍，2005）具备“回应性”已经是现代民主政府的一个重要特征。我国公民或者社会组织对某些职务行为或者公共政策提出的质疑、控告等都需要负责的政府回应作为加以配合和进一步的引导。为此，面对公民的申诉和监督意愿，我国政府及其官员应该及时落实回应责任，不拖延，不回避公民的诉求。对待政府回应问题，应该努力做到两方面的工作转型。第一，从工具意义到责任意义：回应并不是敷衍了事，也不是政府管理之外的额外工作负担，回应体现了政府的管理责任，实现了政府和公民合理防止腐败的决心。第二，从被动的单边主义到主动的双边对话：政府回应应当打破单向性的传统，回应作为公民中心主义的公共服务一部分，其价值标准来源于多元对话对公共利益的真实界定，显示了公民在议程的建立、政策选择的拟定以及政策对话的形成中具有平等的地位。

（四）坚持党的领导，优化法定监督机构间关系

党纪委、检察机关、行政监察部门是我国打击腐败、预防职务犯罪的法定权力部门。他们之间的权力划分，职责分配以及对公民的回应效度直接决定了我国实际职务犯罪预防效果。如果监督机构之间的关系理不顺，权责分配不到位，就会产生扯皮、踢皮球的官僚主义作风，公民参与监督力量不能完全得以回应和落实，从而大大地牵扯整体职务犯罪预防体制的效度。

优化监督机构之间的关系，首先要明确党的领导地位，这是整合监督机构力量的关键。其次要针对不同监督机构的职能特征、工作程序、工作方法，合理分配工作重点和职责，对于机构间重叠的职能，特别要明晰双方的共同责任。

第一，坚持党的领导。党的十五大确立了反腐败要坚持“党委领导，党

政齐抓共管，纪委组织协调，部门各负其责，依靠群众的支持和参与，坚决遏制腐败现象”的领导体制和工作机制。反腐败的各项工作中要坚持“党委领导，党政齐抓共管，纪委组织协调，部门各负其责”的原则。在实践中有些地方相应组建了由党委挂帅、与检察机关合署办公的预防职务违纪违法犯罪工作机构，在统一协调反腐防腐力量、统一配置有限的政府管理资源、增进有专业检察职能指导的预防腐败的合力方面发挥出了一定的积极作用。

第二，发挥检察机关的专业监督作用。检察机关是党委统一领导下推进反腐败斗争的一个重要职能部门。检察机关的预防职务犯罪工作是党和国家整个预防工作最为重要的组成部分，预防工作必须在党委的统一领导和部署下开展，运用检察职能为党委治理腐败当好参谋。检察机关要结合办案主动开展职务犯罪预防工作。检察机关要根据检察职能针对可能存在导致职务犯罪的漏洞隐患，结合整体的改革发展，深入进行专题调研，采取切实可行的预防措施，对当前普遍存在的权力失控的腐败重点提出整改方案，争取党委特别是党委主要负责同志的理解与支持，全面贯彻加强相应的职务犯罪预防，从而达到事半功倍的预防效果。

第三，利用行政监察机关的内部监督优势。行政监察机关是行政组织内部设立的监察部门，它对其他行政机关和人员所有的职务活动实行监督职能。“行政监察植根于行政部门内部，详细了解监督对象的工作内容、程序和方法，从而可以实施经常性，具体性的行政监督作为。并且侧重于追究行政人员的个人行政责任。”（夏书章，2001）但是，行政监察机关作为行政机关的内部机构，在领导体制上、组织人事上、经费保障上、与党的纪律检查机关职能相对紧密相关式的合署办公办事上，受到或明或潜在的层层制约，使具体工作往往很难实施。不过，行政监察部门掌握的信息无疑是最真实和详细的。这就可以要求党的纪律检查机关、检察机关与行政监察部门形成良好的合作关系，以开展高效的职务犯罪预防和打击工作。

参考文献

[1] 席远科. 2001. 试论职务犯罪的预防策略. 江淮论坛，(2).
[2] 肖扬. 1998. 中国预防犯罪通鉴. 北京：人民法院出版社.
[3]（新西兰）穆雷·霍恩. 2010. 公共管理的政治经济学：公共部门的制度选择. 北京：中国青年出版社.
[4]（美）约翰·克莱斯·托马斯. 2004. 公共决策中的公民参与. 北京：中国人民大学出版社.
[5] 李图强. 2004. 公共行政中俄公民参与经济管理出版社. 北京：经济管理出版社.
[6]（法）法约尔. 1982. 工业管理与一般管理. 北京：中国社会科学出版社.

[7] Woldo, Dwight. 1984. *Administrative State*. 2nd ed. New York: Holmes & Meier Publisher.
[8] 娄成武，孙萍. 2003. 社区管理. 北京：高等教育出版社.
[9] 邓莉雅. 2003. “小政府、大社会”理念的再认识. 云南行政学院学报，(4).
[10] 吴锦良. 2002. 论政府机构改革与第三部门发展的互动关系. 中共福建省委党校学报，(1).
[11] (美) 亨廷顿. 1989. 变化社会中的政治秩序. 北京：生活·读书·新知三联书店.
[12] Coner. 1988. “A new ladder of citizen participation”. *National Civic Review*, 177.
[13] 王巍. 2005. 论政府回应的内涵和主导模式转型. 探索，(1).
[14] 夏书章. 2001. 行政管理学. 广州：中山大学出版社.